张立文 著

中国传统文化与人类命运共同体

中国人民大学出版社
·北京·

自　序

世界向何处去？"我们从哪里来，现在在哪里，将到哪里去"？在人类处在大发展、大变革、大调整之际，在世界正迈向新世纪、新纪元之时，各国都在探赜应对之策，我们也不能不反思这一时代的重大课题。

首先，要反思历史思维逻辑的前提。中华民族古代就曾智能创造世界未来天下和合的梦想。自信命运共同体，会当人类和合天。天下和合，唐孔颖达在疏《礼记·礼运》篇"圣人耐以天下为一家，以中国为一人者，非意之也"的大同世界价值理想时云："孔子说圣人所能以天下和合共为一家，能以中国共为一人者，问其所能致之意。"这不是一种意测度谋，而是能推致的和合天下世界。中华民族自古以来就有丰厚的"万国咸宁"的天下情怀，有强烈的"天下和平"的愿景意识，有致远的和合天下的精神追求，有深层的"天地万物本吾一体"的意识自觉。这种根植于中华优秀文化的精髓，凝聚着丰富的思想文化精华，成为中华民族标识的国家之本，民族之魂。"问渠那得清如许，为有源头活水来"。传承中华民族的国家之本，弘扬中华民族之魂，才能更好地创新和开辟未来，这是当代人的历史使命和担当。若丢掉根本，丧失灵魂，就等于斩断源头活水，割断精神命脉，断送创新未来。和合学在世界多极化、经济全球化、社会信息化、文化多元化、科技一体化的当下，在人类处于挑战不断、风险增多、恐怖活动、难民危机、气候变化的威胁持续之时，人与自然、社会、人际、心灵、文明的冲突，而造成生态、人文、道德、精神、价值的危机继续加剧之际，和合学的和合可能世界以和平、发展、合作、共赢为基点，转斩断、割断、断送为复活、续命、生生，以构建人类命运共同体的和合天下的价值理想世界。

其次，要提升理论思维逻辑的性能。在新世纪、新治理中，本书阐明了如何打造人类命运共同体和建构和合天下价值理想新世界的去处。如此，必须构建具有中华民族特色、风格、气魄、神韵的和合学的理论思维体系，以及自己讲、讲自己的中华民族理论思维话语体系。和合学概括出的五大冲突和五大危机，是对现存世界无数冲突和各种危机的宏观把握与分类提炼。但在不同的发展时期和不同的生存境域下，冲突和危机的表征方式是不同的，而且存在错综复杂的杂糅现象和搅拌情状，即几种冲突和危机纠缠在一起，形成剪不断、理还乱的冲突结和危机丛。这些时遇化和境域化的冲突结和危机丛，构成特定时期困扰人们的前沿问题。前沿问题的和合探索，是实现和合学从化解功能到建设使命的创造性转换的契机。

为弘扬尚和合的时代价值，在《和合哲学论》完稿后，和合学的形上追问已开拓出"在途中"的超越之路，和合学的爱智维度基本形成，"和合何为"的目的性问题及其终极根据已初步澄清。然在"和合是什么""为什么要和合"之后，"和合的终极关切、精神家园"的"和合可能世界"及"怎样和合起来"的程序课题，还需"探赜索隐，钩深致远"地追究。在追究中既需要宏观的胸怀、人类的情操、天下的视野，亦需要微观的精神、细小的求索、深入的研判。比如情感与理智、事实与价值、公理与私情、道德与功利、至善与审美等一切对偶化的范畴之间，都蕴涵着和合机制与精神。因而度越对偶化范畴的二元对立关系，提出更切近事实和问题本身的和合分析，是和合学落实任务和流行使命的需求。从宏观精神而言，要营造和合可能世界的氛围，探索和合可能世界何以可能，把握人类命运共同体理念，实现和合可能世界的价值理想。

最后，要培育理想人格。为指明世界向何处去和构建人类命运共同体的和合天下的价值理想，必须有一批具有世界视野、人类意识、自强不息、厚德载物、诚意正心、修齐治平的理想人格的人才，为其奋斗。我们要继承和发扬：中华民族传统文化中仁民爱物、民胞物与的思想；和实生物、和合五教的思想；己所不欲、勿施于人，己欲立而立人、己欲达而达人的思想；言必信、行必果的诚信思想；日新之谓盛德、与时偕行、唯变所适的思想；实事求是、追求真理的思想；天下为公、无私理政的思想；廉洁禁贪、勤俭戒奢的思想；选贤与能、讲信修睦的思想；协和万邦、中和位育的思想；等等。为世界向何处去提供有益的借鉴，为人类命运共同体的和合天下价值理想新纪元创造新生面，为造就新世纪、新纪元的理想人格开出新路径。

和合学是整个人类历史及其文明事业和合起来的艰辛历程，所有记述这一历程的经典文本，都是生命智慧的和合历程及其文明足迹。和合学虽有自己的诠释文本，并能不断从诠释文本中得到文献学方面的营养，但记载生命智慧和合历程的经典文本，都体现了和合起来的"足迹"，只有对经典文本做出和合诠释，才能将"所以迹"的和合精神体现出来。这样和合学才能扎根到生命智慧的历史沃壤中，逐渐成长为学术领域根深叶茂的大树。① 和合学作为开放包容、"在途中"的理论思维体系，期盼有志之士共同参与共建。明月清风无限好，绿水青山万里天。愿景和合学理论思维体系能给人类心灵带来明月清风，给人们精神带来绿水青山，是为万幸。

本书收集我近几年来有关和合可能世界浅陋微薄思议的文字和演讲稿，错误之处在所难免，诚请大家批评指正。现承蒙中国人民大学出版社领导俯允，杨宗元编审大力帮助和精细审核，以及张杰先生、符爱霞老师的句斟字酌，指正良多，他们为"他人做嫁衣"的精神，甚为感佩，特表谢忱。

张立文

2017年5月15日于中国人民大学

孔子研究院

---

① 参见祁润兴博士《〈和合哲学论〉之后和合学研究的新领域和新问题》，2004年5月。

目 录

新世纪　新治理

中国的世纪　人类的新纪元
　　——中华传统文化与人类命运共同体 ·············· 3
　　一、天下和合　真情一家 ·············· 3
　　二、新世纪、新纪元 ·············· 6
打造人类命运共同体的新世界 ·············· 14
　　一、新时代、新特点 ·············· 14
　　二、资本民主政治形态走向腐烂 ·············· 16
　　三、民主政治价值观带来的灾难 ·············· 19
　　四、资本民主政治的衰败 ·············· 22
　　五、人类命运共同体和合天下 ·············· 27
人类命运共同体的构建 ·············· 36
　　一、人类认识自己的历程 ·············· 36
　　二、人类命运的疏释 ·············· 37
　　三、人类命运共同体何以可能 ·············· 44
关学的共同体智慧 ·············· 48
论信息革命时代的中华文明
　　——经权、和实力与世界新秩序 ·············· 53
　　一、以"和"为核心的儒家文化 ·············· 53
　　二、信息革命时代给世界带来的大变化 ·············· 55
　　三、和而不同：顺应世界多元化发展的新思路 ·············· 57
　　四、如何让中华文明发扬光大 ·············· 61

和合外交与新型大国关系的思议 ················ 64
　一、和亲合作的效应 ························ 65
　二、和合外交的原则 ························ 68
　三、和合外交的理念 ························ 71
　四、和合外交的对策 ························ 73
王霸之道与和合天下 ···························· 78
　一、霸道主义的霸权横行 ···················· 78
　二、转霸道为王道的智慧 ···················· 81
　三、和合天下的圆梦园 ······················ 89

自己讲　讲自己

建构中国哲学思想话语体系和学派 ················ 103
　一、迷失——中国哲学思想话语的缺失 ········ 103
　二、辉煌——中国话语强势走出去 ············ 104
　三、复兴——建构中国哲学思想话语体系 ······ 107
　四、创新——建构中国哲学思想话语体系和学派 ·· 109
讲中国自己的哲学话语 ························ 113
和实力与中国梦 ······························ 116
　一、软实力的超越 ·························· 116
　二、和实力的意蕴 ·························· 117
　三、和实力的吸引力 ························ 118
　四、和实力的实践 ·························· 119
　五、和实力的建构 ·························· 120
　六、实现中国梦的理论支撑 ·················· 124
以中华和合文化护航"一带一路"建设实施 ········ 125
附：和实力的深刻意蕴与独特价值 ················ 128

尚和合　求实践

尚和合的民族精神 ···························· 137
　一、和合生意 ······························ 137
　二、和合二圣 ······························ 139
　三、中西理论思维的分野 ···················· 141
尚和合的时代价值 ···························· 144
　一、和合的世界观 ·························· 144

二、和合的价值观 …………………………… 145
　　三、和合的人生观 …………………………… 146
　　四、和合的道德观 …………………………… 147
　　五、和合的审美观 …………………………… 148
　　六、和合的国际观 …………………………… 148
和合学的思维特性与智能价值 …………………… 150
　　一、何谓和合与和合学 ……………………… 150
　　二、和合学的思维特性 ……………………… 151
　　三、和合学的智能价值 ……………………… 155
"和"的文化内涵 ………………………………… 160
　　一、传统经典中的"和" …………………… 160
　　二、民间思想中的"和" …………………… 162
　　三、"和"的当代意义 ……………………… 163
论气候和合学 ……………………………………… 166
　　一、气候新兴学科的兴起 …………………… 166
　　二、气候和合学的意蕴 ……………………… 169
　　三、气候和合学的建设 ……………………… 173
中华和合学与当代茶道文化的精神价值 ………… 178
　　和合——茶道文化的精神价值 ……………… 178
　　一、本质——茶道真文化的核心内涵 ……… 180
　　二、特点——茶道文化的四和合 …………… 182
　　三、创新——建构中华茶道学派 …………… 184
附：张立文与他的"和合"世界 ………………… 187
附：气候变化的和合之思 ………………………… 193
附：人因和合而灵昭不昧 ………………………… 198

新儒学　新人格

物之不齐，物之情也 ……………………………… 205
儒学是中华民族发展壮大的重要滋养 …………… 208
　　一、浴火新生 ………………………………… 208
　　二、生命不息 ………………………………… 212
　　三、和合儒学 ………………………………… 216
论儒学的创新 ……………………………………… 224
　　一、觉醒动能 ………………………………… 224

二、开放包容 ·············· 226
　　三、唯变所适 ·············· 228
　　四、仁和现释 ·············· 229
儒学的生命在于创新 ·············· 235
　　一、儒学的唯变所适 ·············· 235
　　二、儒学的新之所新 ·············· 236
解决现代问题需要传统生命智慧 ·············· 240
　　中华民族的灵魂和根本在中华文化 ·············· 240
　　中国文化对世界的贡献 ·············· 241
　　贫富差距拉大、仇官仇富如何解决？ ·············· 242
　　道德失落如何补救？ ·············· 243
燕赵文化的精神特质 ·············· 245
中印文明的互鉴互补 ·············· 251
　　一、互学互鉴 ·············· 251
　　二、互补互济 ·············· 252
中国与朝鲜李朝朱子学的比较及特质
　　——朱子、退溪、栗谷、艮斋思想的异同及其特色 ·············· 261
　　一、朱、退、栗、艮理气观的异同 ·············· 261
　　二、朱、退、栗、艮心性论的异同 ·············· 270
　　三、朱、退、栗、艮工夫论的会通 ·············· 278
　　四、朱、退、栗、艮思想精神的特质 ·············· 285
张璁革新精神的时代价值 ·············· 289
　　一、讲仁爱，重民本 ·············· 289
　　二、严禁贪风，修齐治平 ·············· 293
　　三、倡导革新，为国利民 ·············· 295
　　四、崇尚和合，天地人和 ·············· 297
　　附：萃取时代之精华 ·············· 300

后　记 ·············· 304

新世纪　新治理

中国的世纪　人类的新纪元
——中华传统文化与人类命运共同体*

"羲和敲日玻璃声，劫灰飞尽古今平。"世界浴火再生，羲和鞭策日车向前奋进，劫灰飞尽，灾难不起，日月顺行，天下太平。在此世界大变革、大动荡、大发展的全球化、信息革命的时代，针对一些近视眼者、逆潮流而动者、看不到人类未来命运灿烂前景者，中国以全球化、自由贸易引领世界潮流，以人类命运共同体理念指导世界前景，以和平、发展、合作、共赢化解人类命运共同体的焦虑和忧患。

一、天下和合　真情一家

人类命运共同体是人类的精神价值世界，是真善美的艺术理想世界，它蕴涵在世界各文明思想观念之中。在中国人的精神世界里，自古以来，就有着对价值理想世界（天下）的憧憬和对永恒价值的追求；就存在着一个度越任何具体邦国、王朝政权和儒道释等意识形态，体现着命运共同体的价值理想世界。其表述的话语虽多样而异，但同归而一，形式分殊，其理不二。

协和万邦，万国咸宁。《尚书·尧典》载："克明俊德，以亲九族。九族既睦，平章百姓。百姓昭明，协和万邦，黎民于变时雍。"① 举拔任用德才兼备的人才，使人亲密团结起来，表彰百官中妥善治理者，协调、和谐各诸侯国关系，使天下和睦、和平。朱熹弟子蔡沈注曰："万邦，天下诸

---

* 本文原载于《光明日报·哲学》2017年11月6日。
① 尚书正义：卷2：尧典//十三经注疏. 北京：中华书局，1980：119.

侯之国也。……雍，和也。此言尧推其德，自身而家、而国、而天下。"万邦即万国。"乾道变化，各正性命，保合大和，乃利贞。首出庶物，万国咸宁。"① 朱熹注曰："圣人在上，高出于物，犹乾道之变化也。万国各得其所而咸宁，犹万物之各正性命而保合大和也"②。天道、王朝、人事不断变化，各正性命，各得其所，天地万物保持最大的和合、和谐，和实生物，使天下万国太和、安宁的共同体的意愿得以实现。

大同世界，天下为公。"大道之行也，天下为公，选贤与能，讲信修睦。故人不独亲其亲，不独子其子。使老有所终，壮有所用，幼有所长，矜寡孤独废疾者，皆有所养。男有分，女有归。货恶其弃于地也，不必藏于己，力恶其不出于身也，不必为己。是故谋闭而不兴，盗窃乱贼而不作。故外户而不闭，是谓大同。"③ 这是中国古代先圣先贤的价值理想和价值目标。"天下为公"的社会制度，若为私，有违大道之行。天下为公是人类对于美好社会的普遍憧憬和意愿，为实现此，制定具体措施和制度，以制度的力量，让其得以实行。货"不必藏于己"的经济制度，人类没有必要把创造的财富归于己所有，而是社会财货为全社会成员公有的社会理想；"力恶其不出于身也"的劳动工作制度，人人各尽其力，但不为己，而为人民社会服务；"男有分，女有归"的分工制度，根据性别和需要进行分工，男耕女织等，每个人都有劳动工作的机会和权利，这就是"壮有所用"；"选贤与能"的官吏选拔制度，官吏是社会规则、规划的制定者，社会的管理者和实施者，及社会、人际各种关系的协调者，因此，必须选择有德的贤明和有能力的人来担任，绝不能提拔佞臣和任人唯亲，否则有违大同世界的大道；"人不独亲其亲，不独子其子"的泛爱众、兼相爱的原则，不独亲爱自己的亲人和子女，对他者也像爱自己的亲人、子女一样；"老有所终""幼有所长"的劳保、养老制度；"矜寡孤独废疾者，皆有所养"的福利制度；"讲信修睦"的人际、社会、国家、国际间关系原则，要以诚信化解其间误读、误判，以诚实无欺、真实无伪，建立互信、互诚、互鉴的关系，反对战争、恐怖，以和平、发展、合作、共赢和睦相处。大同世界设计的完善性、具体性、合理性度越了柏拉图的《理想国》，是当时世界上最完善的中国方案。遗憾的是，限于当时的信息条件，而未

---

① 周易象上传//朱子全书：第1册. 上海：上海古籍出版社；合肥：安徽教育出版社. 2002：90.

② 同①.

③ 礼记正义·礼运第九//十三经注疏. 北京：中华书局，1980：1414.

能普及世界。后来康有为作《大同书》，他目睹人类在不平等制度下的诸多痛苦，主张破除九界（国家、等级、人种、形界、家庭、私有制、行政区划、类界、苦界），认为"大同之世，天下为公，无有阶级，一切平等"。人类平等，世界大同，为世之公理。孙中山也倡议"天下为公"，使大同世界价值理想得以传播，为人类命运共同体提供了有价值的资源。

民吾同胞，物吾与也。"天地之塞，吾其体；天地之帅，吾其性。民吾同胞，物吾与也。"① 天地是人类的父母，吾人的身体和人性是天地赋予的。普天下的人民都是我的同胞兄弟，天地万物都是人类亲密的伙伴。尊敬长者，慈爱孤弱、幼小，凡天下疲癃残寡，都是吾人的兄弟。天地万物，各类人之间没有尊卑、贵贱之分，没有亲疏、上下之别。四海之内皆兄弟，为人类命运共同体提供平等、公正、正义的平台。

天下和平，修齐治平。"天地感而万物化生，圣人感人心而天下和平"②。感为感通、交感、感应等意。天地、阴阳交感化生万物，圣人与人的心灵感通、感应而导致天下和平、战争消除。如何消除？达致天下和平，安居乐业。人必须做到"物格而后知至，知至而后意诚，意诚而后心正，心正而后身修，身修而后家齐，家齐而后国治，国治而后天下平"③。天下和平是人类命运共同体构建的目标，天下战争、动乱、对抗是对人类命运共同体的破坏、损害、违戾。人们必须穷尽事事物物的道理，而获得各方面的知识，于是心的发动处能做到诚实，心正而善，这是人性修养、道德情操培育升华为修身养性的过程。"自天子以至于庶人，壹是皆以修身为本"，然后才能使家齐而家道正，国治而人民安居乐业，天下平而天下和平。这是人类命运共同体所经久追求的价值标的。

天下和合，共为一家。庄子说："天地与我并生，而万物与我为一。"④ 荀子说："四海之内若一家……莫不趋使而安乐之。夫是之为人师，是王者之法也。"⑤ 假如四海之内是一家，那么，人们不会隐瞒自己的能力，不会怨恨自己的劳苦，不论地处多么边远的国家，都使之安宁快乐，这是王道之治。在《礼记·礼运》的大同世界设计中，认为"圣人耐以天下为一

---

① 乾称篇//张载集. 北京：中华书局，1978：62.
② 周易象下传//朱子全书：第 1 册. 上海：上海古籍出版社；合肥：安徽教育出版社. 2002：98.
③ 大学章句//朱子全书：第 6 册. 上海：上海古籍出版社；合肥：安徽教育出版社. 2002：17.
④ 齐物论//庄子集释：卷 1 下. 北京：中华书局，1961：79.
⑤ 王制//荀子新注. 北京：中华书局，1979：124.

家,以中国为一人者,非意之也"①。这不是一种臆测,而是依据民情,教化民众使其知道事关自己利益,避免争夺相杀。孔颖达疏:"此孔子说圣人所能以天下和合共为一家,能以中国共为一人者,问其所能致之意。"②天下为公的大同世界就是一个和合天下的世界,也是人类命运体世界。王守仁认为这个和合天下的人类共同体世界应是"大人者,以天地万物为一体者也,其视天下犹一家,中国犹一人焉。若夫间形骸而分尔我者,小人矣"③。人之所以与天地万物为一体,天下一家,中国一人,是因为人有不忍人的仁爱之心,由此心出发见孺子入井、见鸟兽哀鸣、见草木摧折、见瓦石毁坏,便产生一种怵惕恻隐、不忍、悯恤、顾惜之心,是人的仁爱之心与孺子、鸟兽、草木、瓦石为一体的缘故,这是根于天命之性的灵昭不昧的心。

大同世界、天下为公、天下和平、民胞物与、天下一家、万国咸宁、天下和合,是中华民族往圣前贤以其对天下观的智慧卓识,为人类命运共同体提供的古代中国方案。如此全面、系统、合理、正义、公平的设计智能,是中华传统文化精华的体现,是中华文明精神文化的根和本的所在,在当时独领世界之鳌头,是中华民族对人类的贡献。

二、新世纪、新纪元

"问渠那得清如许,为有源头活水来"。习近平主席依据全球化和信息革命发展的趋势,以不畏浮云的胆识和高瞻远瞩的胸襟,融突而和合古今中外文化思想资源的精华,以其卓越智慧和智能创新、和合、升华中华民族传统的天下观;以"为天地立心,为生民立命,为往圣继绝学,为万世开太平"的博大情怀和历史担当,在新世纪、新纪元创造性地提出人类命运共同体理念,它将具有久远的意义和价值,体现在此理念自身所具有的时代的创新性、逻辑的度越性、人类的愿望性、命运的航向性、话语的自信性、融突的和合性。

时代的创新性。"不忘本来才能开辟未来,善于继承才能更好创新"。"抛弃传统、丢掉根本,就等于割断了自己的精神命脉"。源远流长的中华文明是我们在世界惊涛骇浪中站稳脚跟的根基,博大精深的中华优秀传统

---

① 礼记正义·礼运//十三经注疏. 北京:中华书局,1980:1422.
② 同①.
③ 大学问//王文成公全书:卷26. 明隆庆六年刊本.

文化是我们化解错综复杂冲突危机的钥匙。"观今宜鉴古，无古不成今"。看清今的世界，参透今的社会，认识今的彼此，夯实时代创新性的基础。创新是人类发展的首要路径，是社会兴旺的必要选择，是人们普遍的愿望标的，是全球治理的合理原则。当今世界、社会、彼此，仍然存在种种冲突、对抗、恐怖、动乱、战争的现象。中外古今无数历史事实证明：和则两利，斗则两害；和则共赢，战则共输。家和万事兴，行和万事通，国和万事成，世和万事和。家斗则衰，行戾则害，国斗则亡，世斗则乱，这是普遍的魔咒。中华民族是由5 000年文明化育、滋养的以和为贵的和平发展的国家，她有智慧、有能量跨越"修昔底德陷阱"，化解"老二不好当"的规律。尽管5 000年来"修昔底德陷阱"出现16次，12次演变为战争，4次避免了战争，但中国决不走国强必霸的道路，因为中国自古以来热爱和平，"中国需要和平，就像人需要空气一样，就像万物生长需要阳光一样"。要和平就不要对抗、冲突、动乱、战争，而要对话、协商、合作、共赢。

在当今全球化、信息智能革命的时代，而不是《鲁宾逊漂流记》讲述的那个时代。这个时代，世界像一个中国太极图式的阳中有阴、阴中有阳，你中有我、我中有你，相互依存、须臾不离，离就破坏了太极图；也像人类的"人"字，一撇一捺，亲密不分地紧紧拥抱在一起。若把"人"分离，就要用刀，即用武力、战争，把人分开，就会出现尸横遍野、血流成川，制造罪孽深重的人道主义灾难。中国依据天时、地利、人和，化解全球形形色色的冲突和危机，人类命运共同体理论是最佳的天下应对之道，是人类新世纪的新创造。

逻辑的度越性。人类命运共同体是一个关于思维形式和规则的科学理念。它依据人类在认识过程中的客观实践的事实，通过比较、分析、综合、抽象、概括、演绎、归纳等方法，形成概念、判断、推理，反映实践现实，揭示世界的本质，因此它具有无限的科学理论能量和魅力。之所以说是科学理论，是因为它比较、分析、综合、抽象了自公元前伯罗奔尼撒战争到近百年来的血腥热战和冰冷冷战的惨痛而深刻的现实历史教训，以及中国公元前的春秋无义战到后来的诸多动乱、战争和近代中华民族遭受帝国主义、军国主义侵略、凌辱、屠杀的痛心疾首的实存历史教训。依据当前世界和平、合作的全球发展大势和时代精神，概括、演绎、归纳、升华为人类命运共同体理念。它度越了冷战思维、霸权思维、单边思维、封闭思维、保守思维等，更施之以"和为贵"的天下和平思维、"以他平他"的相互平等思维、"己欲达而达人"的通达发展思维、开放包容的诚信合作思维、"交相利"的互利共赢思维，为世界打造新思维、新秩序，为人类塑造新理念、新精神。

为什么自古至今在一些人的思想行为中存在冷战、霸权、单边、封闭、保守思维，而拂之不去。尽管有种种错综复杂的原因，但一言以蔽之，是私字当头，利字当道。私利吞噬了文明、正义、民主、自由、平等、公正、诚信、友善、和谐；毁坏了和平、发展、合作、共赢、包容、开放、绿色低碳。私利不去则公道亡。私利者为谋自己集团党派、民族国家利益的优先化、最大化、独霸化，不惜为争夺领土资源、势力范围而挑起动乱、战争，使一些国家的人民陷入朝不保夕、妻离子散、流离失所、葬身海底的悲惨命运。他们以己利而伤天下之人。人类命运共同体以"秉德无私，参天地兮"的人道、博爱、奉献、大公精神，度越各集团党派、民族国家、意识形态、宗教信仰的差异，凝聚人类共同利益、共同价值、共同意愿、共同理想，引领人类迈向命运共同体的新世界。人类命运共同体怀抱无私的美德，参天配地，以共商、共建、共享的公德、公心、公行，实施"一带一路"的宏伟工程；以己达而达人的公德、公义、公正，"推动建设一个开放、包容、普惠、平衡、共赢的经济全球化"；以"天下为公"的公平、公理、公法、公明，构建"世界命运应该由各国共同掌握，国际规则应该由各国共同书写，全球事务应该由各国共同治理，发展成果应该由各国共同分享"，促进全球治理的民主化。人类命运共同体的科学理论，是"以至公无私之心，行正大光明之事"，所以可与天地长存。

人类的愿望性。人类命运共同体充分表达了人类将如愿以偿地达到预定目标的一种想法。人类之所以自然而然地、热切而急切地愿望人类命运共同体，是因为人类长期经历了，当代仍然经历着战争之苦、动乱之哀、分离之痛、冲突之悲、危机之忧，说明愿望是与人们的生命、财产、生活、安全的实存密切相关，进而诚笃地妙凝成一种思慕的想法。正如习近平主席所说："上世纪上半叶以前，人类遭受了两次世界大战的劫难，那一代人最迫切的愿望，就是免于战争、缔造和平。上世纪五六十年代，殖民地人民普遍觉醒，他们最强劲的呼声，就是摆脱枷锁、争取独立。冷战结束后，各方最殷切的诉求，就是扩大合作、共同发展。"[①] 不同的历史年代、不同的地区人民，尽管有不同的愿望、呼声和诉求，但聚合成人类的共同愿望，就是和平与发展。

---

① 习近平. 共同构建人类命运共同体——在联合国日内瓦总部的演讲. 人民日报，2017-01-20.

当前，人类命运共同面临着此起彼伏的各种错综复杂的严峻挑战和人与自然、社会、人际、心灵、文明间的尖锐的冲突和危机。在人类遭受环境污染、生态危机、雾霾困扰、气候变化的威胁下，若要金山银山，必先要绿水青山，人类愿望绿色、低碳、循环、可持续生产生活方式，而不走吃祖宗饭、断子孙路的捷径。在社会冲突严峻的地区和国家，人民深陷在水深火热的战争、动乱之中，"悲莫悲兮生别离"。他们无限悲惨地背井离乡，到处逃难，以致葬身海底，其最急迫的愿望是结束战争、动乱，谋求安居乐业。在不断遭受恐怖活动环境下的人民，整天担惊受怕，惶惶不可终日，最殷切的愿望是和解、和平、安宁的生活。生活在贫困线下的人民，最希望脱贫，有吃、有住、有工作，过上富足无忧的生活。在全球经济低迷，贫富、南北差距拉大的情况下，出现反全球化的声音，他们不认为经济全球化是社会生产力和科技进步的客观要求和必然趋势，而回到贸易保护主义、单边主义、孤立主义。全球人民诉求经济全球化，推动经济全球化进程更加包容、有活力、可持续。在人际关系紧张，人们被私利蒙蔽，"不管他人瓦上霜"的氛围中，迫切愿望人人修德、养德、敬德、畏德、行德，构建人心和善、家庭和睦、社会和谐、世界和平、天下和合的道德命运共同体。在互联网时代，人心躁动，"躁则神夭"，烦躁、焦虑、忧郁，而生精神危机、信仰迷惘，信仰是人的特殊价值需要，是对某种价值理想境界的崇拜和敬畏，人类命运共同体是一个美好的目标，也是一个赢得全球人们信仰的价值理想境界，以及各文明间共同尊崇的价值观，以融突和合各文明间价值观的差异。"天下同归而殊途，一致而百虑"。人类命运共同体是世界人民的呼声，全球各民族的诉求，人类共同的愿望。

命运的航向性。"我们从哪里来，现在在哪里，将到哪里去"？命运之神将指向哪里？人类诺亚方舟驶向何方？在全球前途迷航，寻找最佳航道之际，在人类命运的航船处于风雨飘摇、颠簸难进之时，人类命运共同体的科学理论，犹如航道上的灯塔，引领着人类诺亚方舟驶向美好的理想目标。"合抱之木，生于毫末；九层之台，起于累土；千里之行，始于足下。"[①] 实现美好的理想目标，要反思人类所面对实存的世界实际。人类命运共同体的方舟，要思虑全球实存的天时地利。"探赜索隐，钩深致远"。我们必须从大处、高处、全球处望远，即从合抱、九层、千里处钩深；从小处、末处、基地处索隐，即从毫末、累土、足下处起步。规划精确的航

---

① 老子新译：六十四章. 上海：上海古籍出版社，1985：200.

向目标,设计美好的理想蓝图。

1. 共商共治。"变故在斯须,百年谁能持?"世界的变故在斯须瞬息之间,百年来谁能维持不变?共同构建人类命运共同体的持久和平的世界,开创人类命运的新纪元,必须要"众人拾柴火焰高",妙合众人的智慧,凝聚大家的力量。现存是多元的世界、多样的全球,无论是政治理念、经济状况、文化艺术、军事安全、国家制度和价值观念、伦理道德、宗教信仰、风俗习惯殊异,以及局部战争、恐怖、动乱、冲突、危机层出不穷,此起彼伏。若要共同构建人类命运共同体,必须对话协商,通过有高超的智慧、精微而充分的商洽、商酌、商议,以取得共识互包、共鸣互信、共存互尊、共事互诚、共管互制,才能化解冲突危机,消弭恐怖战乱,逐渐弥合多元差异,以驶向一个真诚和平共治共处的新世界。

2. 共建共享。共同构建人类命运共同体宏伟而美丽的大厦,真诚地和平共治共处是先决条件,战争、恐怖、动乱使城市满目疮痍、哀鸿遍野,国家民生涂炭,饿殍载道。共建就是各方共同建设和合、和谐、普遍、安全、安身立命、幸福乐业的家园,共享所获得的成果。然而"无冥冥之志者,无昭昭之明;无惛惛之事者,无赫赫之功"。没有专心致志的精神,就不能取得显著的业绩,没有埋头苦干的干劲,就不能获得巨大的成功,要调动发挥建设人类命运共同体的各方积极性。

3. 共达共赢。无共建共享,就无共达共赢。"夫仁者,己欲立而立人,己欲达而达人。"在共建共享中,应该立己立人,达己达人,不应该排斥他者按照其国家的实际建构其发展道路,不应该制裁他者依据其国家的实际建立其发达模式。发达国家与不发达国家、民族间,要真诚互助,平等相待,同舟共济,共同发达发展,而不是你赢我输,亦不是我赢你输。在"贸易大繁荣、投资大便利、人员大流动、技术大发展"的全球化大潮中,各方共赢、多赢,建设一个人类命运共同体的新纪元。

4. 合作互鉴。无论是共商共治、共建共享,还是共达共赢,都离不开合作互鉴。"既以为人己愈有,既以与人己愈多。"[①] 尽全力帮助人,他自己反更充足;把一切给予人,他自己反更丰富,这是真诚合作互鉴的精神。《诗经》讲"投我以桃,报之以李"。天下万事万物,都是相互作用的。若以邻为壑,破坏合作,将一事无成。互鉴就是相互学习、吸收,在借鉴中海纳百川、有容乃大。合作互鉴是推动人类命运共同体诺亚方舟的

---

① 老子新译:八十一章. 上海:上海古籍出版社,1985:235.

不竭动力和源泉。

5. 绿色低碳。人类天地自然共生共存，和生和处而不相损害。天地万物是人类衣食住行用的父母，戕害自然就是戕害人类自己，毁坏自然就是毁坏人类自己。人类应该"仁民爱物"，热爱天地自然，就像爱人自己的眼睛。绿色低碳，建设一个绿水青山、清洁美丽的新世界。

人类命运共同体的诺亚方舟，在"东风好作阳和使，逢草逢花报发生"中起航，她目标明、航道正、风向顺、阳和使，一定能成功地驶向真善美的新世界、新纪元。

话语的自信性。在"人们对未来既寄予期待又感到困惑。世界怎么了、我们怎么办"之时，中国人感世运之变化，立时代之潮头，发时代之先声，提中国之方案，承中国之担当，倡导共同构建人类命运共同体这一时代课题，凸显了中华之智慧禀赋、精神品格、哲学思维、价值观念、审美情趣、道德精髓、天下情怀，彰显了文化自觉、文化自强、理论自信，最根本的是文化自信，以回应"世界怎么了？我们怎么办？"之问。

文化自觉、文化自信，体现为话语自觉、话语自信。文化这个概念、范畴，其定义众说纷纭。人类学家克罗伯和克拉克洪统计了从 1871—1951 年文化定义共 164 种，20 世纪 50 年代各国讨论文化，其定义不可胜计。我在《传统学七讲》中将其界说为"是人类在智慧赋予的实践活动发展中所建构的各种方式和成果的总体"。话语是人类在交往活动中以各种方式表达出来的思想和意思，以及把这种话语记录下来的文字。话语自信是对自己民族话语、文字的尊重和敬爱而形成的一种坚守弘扬、开放包容、互收互鉴、知行合一的话语心态和行动的价值取向。

我们应志存高远，构建具有中华特色、风格、气魄、神韵的话语体系，这是当代人应承担的历史使命和职责。中华民族作为文明古国，在政治、经济、文化、制度、军事等方面，在世界舞台上具有领先地位和强大的话语权，吸引了各地区、各民族、各国的留学生、学问僧，形成了汉字文化圈，或曰儒家文化圈。近代以来，中国落后挨打，中华民族长期形成的思想文化话语权逐渐丧失，话语自信转为话语自卑，甚至出现"以洋为尊""以洋为美""唯洋是从"，言必称希腊，照着西方话语、范式讲中国哲学、文化、思想，而不能自己讲、讲自己。世界各民族的哲学、文化、思想都有自己的话语体系，中国也有自己独特的话语体系，并形成具有原创性、主体性的自己讲中国哲学、文化、思想话语及自己讲中国哲学、文化、思想的话语自信，体现了时代意义追寻、价值创造、民族精神追求和独特精神标识。构建人类命运共同体是以中国的话语，在世界处于挑战层出不穷，风险日益增多的时代，提出了中国方案。联合国决议首次写入"构建人类命运共同体"理念，得到广大联合国会员国的普遍认同，"这是中国在联合国这个世界最重要的多边外交舞台上有效争得话语权的成功例证"。

融突的和合性。"讲仁爱、重民本、守诚信、崇正义、尚和合、求大同"，是对中华优秀传统文化言简意赅、钩深致远的概括，是中华文明的思想精华和道德精髓的妙合凝练、意境深远的彰显，具有重大的现实意义和时代价值。人类正处在大发展、大变革、大调整时期，也正处在挑战、战乱、冲突时有发生，恐怖活动、难民危机、气候变化、金融危机等阴云未散，冷战思维、强权政治、保护主义、民粹主义持续蔓延，人与自然冲突的生态危机、人与社会冲突的人文危机、人与人冲突的道德危机、人的心灵冲突的精神危机、文明之间冲突的价值危机等威胁不断时期。人类命运共同体理念以和平、发展、合作、共赢为宗旨，以尚和合思维为指导，以和生、和处、和立、和达、和爱为原理，融合、协调、化解各种错综复杂的冲突、对抗，而达尚和合的目标。天地自然、草木禽兽、民族国家、人民大众，都是实存的生命体，我们应遵循"和实生物"的"万物并育而不相害"的共生、和生原理；针对政党集团、宗教派别、民族种族、冲突各方，我们应按照"和而不同"的"道并行而不相悖"的共处、和处原理；针对不同社会制度、道路选择、价值观念、思维方式，我们应根据"己欲立而立人"的"己所不欲，勿施于人"的共立、和立原理；针对贫富差距、不发达状况、金融危机、保护主义，我们应依据"己欲达而达人"的互利共赢、兼善天下的共达、和达原理；针对恐怖活动、难民危机、强权政治、冷战思维，我们应发扬"泛爱众""兼相爱""以他平他谓之和"的和爱精神，这是人类之所以生存和持续存活的根源，也是和生、和处、和立、和达之所以能实施的基础。唯有如此，才能通达人类命运共同体的愿景。

"根之茂者其实遂，膏之沃者其光晔。"① 五千年中华文明的根柢深厚壮茂，人类命运共同体的果实就结得饱满丰硕；中华文化的土壤肥沃丰美，人类命运共同体就明亮悦目。人类命运共同体的理念起点，决定着理论创新的结果，任何理论创新都是从历史经验教训和实存问题故事开始，借鉴中华文明史创造性地回应现实问题，是时代创新性的进程，以彰显时代的价值力；理论创新之成为理论创新，并升华与构建为更深理论体系，

---

① 韩昌黎集：卷16：答李翊书//国学基本丛书：第四册. 北京：商务印书馆，1958：58.

是逻辑度越性的过程，以体现理论的能量力；理论逻辑度越性能量的释放，必须与人类同命运、共呼吸，为人类共同愿望呼吁，这是人类愿望性的表征，以凸显人民的推动力；人类共同愿望的诺亚方舟是航向真善美的未来世界，要通达这美好的价值理想境界，必须航道正、风向顺，这是命运航向性进程，以显现命运的指引力；人类命运共同体科学理论体系的完善圆融，使中国方案、中国声音为世界人民所认同、所点赞，登上世界多边外交舞台，是话语自信性的体现，说明文化的自觉力；人类命运共同体面对现实界的诸多冲突、战乱、恐怖威胁，提出和平、发展、合作、共赢为宗旨的化解之大道，是融突和合性的过程，以展示天下的和合力。由而施展了构建人类命运共同体科学理论体系生生不息的生命活力和现实实践的价值能量。她点亮了全球人民心里的明灯，她照亮了人类未来发展的道路，她开出了人类新纪元的新生面。

打造人类命运共同体的新世界[*]

"青山缭绕疑无路,忽见千帆隐映来。"疑是山穷水尽无出路之际,忽有惊喜,千帆若隐若现而来。尽管当今之世,世事多变,危机如山,重重叠叠,遮蔽视线,然而千帆竞渡,冲破盘绕重叠,希望在前。中华民族以"为天地立心,为生民立命,为往圣继绝学,为万世开太平"的胸怀,反思人类未来的前途和命运。随着人类面临的冲突、对抗、危机、挑战的增多,如何实现张载的"四句教",是当今政治家、经济学家、文化学家、思想家、哲学家的历史使命和时代担当,以能助推当代全球治理的变革,为实现中华民族伟大复兴创造更加辉煌的愿景。

一、新时代、新特点

当今时代的新特点,为五化时代:世界多极化,经济全球化,信息普及化,危机多发化,文化多样化。

世界多极化。弗朗西斯·福山认为:冷战后,在20世纪90年代,按照西方现成的答案是多党议会民主和自由主义市场经济来治理世界,世界上一切问题都会迎刃而解,因此"历史终结了"。冷战后,美国获得暂时的单极政治,但时间不长。"9·11"事件发生后,福山又写了《政治秩序的起源》和《政治秩序与政治衰败》,抱着"哀其不幸,怒其不争"的心情,认真剖析西方资本民主政治形态的弊病。他在《美国利益》2014年

---

* 本文承蒙著名经济学家杜厚文教授的诸多帮助,王文军、全定旺等博士帮助输入电脑,特此感谢!本文原载于《学术前沿》2017年6月号下半月刊。

1—2月号上发表了《美国政治制度的衰败》一文。联盟出现，新兴国家崛起，国际力量格局发生深刻变化，"七国集团"主宰世界治理的政治经济影响力已被削弱，出现了20国集团，形成了多极世界，不再是美国一国主宰的局面。特别是中美俄三极鼎立格局的出现，以及欧盟、非盟、东盟等多极格局的形成，虽有种种问题，但已是当今世界的大势。

经济全球化。尽管当前有人反对全球化，认为它加剧了跨国资本主义的剥削倾向、不平等和社会差别，但就全球化的基本形态来看，是人、财（资金）、物、技术和企业的跨境流动。这使融入资本主义制度的劳动力数量（利润的源泉）翻番。新兴国家的廉价产品保证了低收入人群的生活质量，使出口贸易和投资增长，发达国家与新兴国家以及不发达国家（资源输出）形成你中有我、我中有你的命运共同体。全球的冲突、危机，一国难以应对，只有合力才能共同化解。2008年国际金融危机，放任资本逐利，结果发生新的经济危机。缺乏道德市场，难以支撑世界发展繁荣。贫富差距拉大，有违公平正义，要"打造兼顾效率和公平的规范格局"，以免经济再度出现危机。当今中国引领世纪贸易自由化、经济全球化的潮流，奔腾向前。

信息普及化。当前信息智能革命改变了世界的面貌，世界不是相隔千山万水，而是就在眼前。它改变了人类生活的一切方面，改变了社会政、经、文、制，以及人的衣食住行用的一切方式。人的四肢变大、变远、变长、变强，人对外界的体验式感受被信息所取代。冲击着传统的民主、自由等价值观，也冲击着人们原有的价值理想。它营造了一个虚拟的时空，使以往的不可能成为可能，不能及的成为可及。人的生活方式、活动方式、思维方式以至于战争方式都变得信息化了。

危机多发化。自然生态（气候）、政治（难民）等威胁，恐怖、动乱、局部战争、贩毒等屡发，伦理道德失落（不文明行为，丧失了忠孝信义和仁义礼智），这些威胁着人的生命和生活安定；贫富差距拉大，财富以极端不平等和不合理的方式被分配；宗教冲突、经济危机等各种危机接踵而至。

文化多样化。宗教冲突，教派冲突（逊尼派与什叶派），巴米扬大佛被破坏，巴以冲突，叙利亚冲突，占领华尔街运动，巴黎爆发骚乱，希腊紧缩政策引发骚乱，这些均为不同宗教、不同信仰造成的冲突，显示了各种不同价值观的差异。

此"五化"一方面给世界带来发展、和平、合作、共赢的契机，另一方面也使人与自然、社会、人际、心灵、文明的冲突加剧，因此，需要化解生态、社会、道德、精神、价值等危机。一方面经济全球化、社会信息化极大解放和发展了社会生产力,创造了前所未有的发展机遇,另一方面也带来了需要认真对待的新威胁、新挑战。

二、资本民主政治形态走向腐烂

各国各民族根据文明历史和发展的实际国情,选择了不同的社会政治形态。然而合理的社会政治形态,不一定是现实的,现实的社会政治形态不一定是合理的,这是一种基于政治价值观的判断,所以,不同的政治价值观面对社会政治形态的选择可能是截然不同的。究竟如何选择是合理的、唯一的标准,即是否对人民有利,对全球人民有利。无数中外历史都证明这样的真理,"得众则得国,失众则失国","得民心者得天下,失民心者失天下"。对人民不利就会失民心,失民心则失国。因为"水能载舟,亦能覆舟",人民犹如水,人民能使国家存亡,所以社会政治形态的选择要合民心,即益民、利民、惠民、贵民、爱民,民是主宰社会国家的主人。人民的意愿,就是我们的目标。

当今世界现存政治形态,概而言之,有民主、专制、集权、分权,即君主专制、君主立宪、代议制、共和制、军国专政等,其中又互相渗透,你中有我,我中有你,只是其间所占比例不同,没有纯之又纯的一种形态。当前,无论哪种社会政治形态的民族国家,都应认同和平、发展、公平、正义、民主、自由、合作的人类共同价值,这也是联合国的崇高目标。我国也以民主、文明、自由、平等、公正、和谐为核心价值,然而,自视民主政治的国家总以非此即彼的二元对立价值观来遏制所谓非民主国家。

民主本身不是目的,它的价值在于它是一个有用的工具和形式。就资本民主政治形态而言,我们疑惑不解的是:民主政治形态为什么要挑动一些地区和国家的动乱?为什么制造谎言,出兵推翻别国的政权,杀害其国家领导人?为什么打压别国、别民族,制裁、遏制别国?为什么支持一派,打一派,造成人道主义灾难,出现难民潮?为什么干涉别国内政,不让别国人民自己做主等?这些都需要深刻反思。

反思这些问题后,我们不能不说资本民主政治出了大问题,它已经衰败。福山在《美国政治制度的衰败》一文中坦言:"如果我们更仔细地审视美国历史与其他自由民主国家的对比,我们就会注意到美国政治文化中三个关键的结构性特征……都出了问题"。他讲的三个关键结构即行政、司法和立法。他认为,由于司法和立法部门的影响力过大,加上"利益集团和游说团体影响力在增加,不仅扭曲了民主进程,而且侵蚀了政府有效运作的能力"。原设计的三权制衡就变成了否决制，什么事都很难办成。①这就是说资本民主政治形态结构性面临严峻危机。

资本民主政治形态根子已经腐烂。2015年是《大宪章》诞生800周年，英王约翰在1215年签署的这份文件启动了世界各地旷日持久的民主和民权斗争，如今传统民主陷入了困境，"自由之家"的年度报告显示，全球的政治权利和公民自由连续第九年出现了退步。2014年，一些国家的民主遭遇了25年最严重的威胁。美洲晴雨表报告，从智利到加拿大的25个美洲国家对选举的信任度急剧下降。②"民无信不立"，人民对国家不信任，国家是立不住的，民主便成为一纸空文。

美国2014年11月中期选举，美国《赫芬顿邮报》网站11月6日刊登哥伦比亚大学地球研究所所长杰弗里·萨克斯的文章《理解和克服美国财阀统治》，文中写道："可怜的美国公民以为他们刚刚选出了新的国会，从名义上说他们当然做到了这一点，公众确实投了票，但是在本质上，他们并未真的选出自己的政府。"他指出："政客一旦当选，就会支持主要捐款人的立场，于是政治的结果会趋向巨额财富。"这就是当前西方政治的病根。美国2016年的大选更证明这一点，"政治体制实际上是相对统一的，并且非常有效地服务于最有钱的富人们。"现在政策迎合四支重要游说力量：大石油公司、华尔街、防务承包商、医疗保健巨头。有的众议员认为，新总统给全球带来诸多不确定性，并加重激发国内外诸多冲突和不稳定，预示着"美国式和平的终结"，转向孤立主义和单边主义。③

"民主根子的腐烂"是美国乔治敦大学教授贾森·布伦南的话，揭示了民粹主义、孤立主义、单边主义最终会引发全球冲突和对抗，也加剧了本国各方面的冲突。譬如作为资本民主政治形态支撑的金融资本主义和实体经济之间的冲突，或者说是金融货币资本主义和实体资本主义之间的冲突将加剧。以往金融为实体经济融资并为其服务，今天金融功能变成了为自身融资，用钱套取更多钱，其与实体经济的关系完全颠倒了。当代金融资本出现了三大趋势：(a) 金融资本挟持政府、整体经济，控制政府决策；(b) 金融资本不产生就业，用货币炒作货币，用高科技高度计算机化，不需要大量人员；(c) 金融资本迫使世界上一切货币化，或者商品化，不管无形有形、物质非物质。

---

① 詹得雄. 资本主义在危机中求生存. 参考消息，2015-03-27.
② 800年后重塑民主. 基督教科学箴言报，2015-01-29.
③ 鲁比尼：美转向孤立主义或引发灾难. 参考消息，2017-01-09.

大众民主和资本主义之间冲突加剧。在西方，一些人视此两者为孪生体，民主是维护资本主义的政体，资本主义是民主政治的经济基础，并认为自由主义市场经济与多党议会民主是唯一普世真理。为了民众的选票，民主成为福利政策的"拍卖会"。在大量福利和公开支出剧增，国家又无法增加税收的情况下向人民、国内外和未来借债，导致出现国家债务危机。① 2013年10月美国政府停摆三周，政府对在职者承诺的提供医疗保险和退休福利是具有欺诈性的，因为主宰美国政治生活的力量是少数金融寡头，他们受到利益驱动，轻视社会保障和医疗保险，证明资本主义制度与人民社会权利的不兼容性。② 这种不兼容性，更加剧了其间的冲突而不可调和。"新自由主义最灾难性的特征是不平等的急剧恶化"③。它驱动着当前席卷西方的对民主政治形态的不满。

当前，多党制议会或选举是民主唯一合法性的标志和普世的价值观点受到质疑。民主的精髓并非就是多党制。所谓多党制，归根到底是两党制。美国民主党、共和党也在维护所谓两党制，然而两党注意力"主要是击败对手，而不是领导整个国家"。"在两党制的体制下，国会无法做出任何决策的国家，民主是否真的能够运作"。"多党制并非民主的精髓，民主的要义是能够对人民负责"④，对人民负责才是民主的真谛。

资本民主政治形态在今天已没有能力解决复杂的现代问题，如全球金融危机，不断扩大的社会不平等、不公平，全球变暖和多种形式的资源消耗，以及恐怖活动，即使最稳固的资本民主政治形态的国家也没有提供好的公共产品。新近资本民主政治形态化国家尝试的民主，甚至更没有效率。2003—2004年英美联军驻伊拉克临时当局引进民主体制，"表面下没有多少实质功能，制造民主幻象，几年后阿拉伯之春，民主过渡再次失败"。"民主制度中没有固有的东西令它同阿拉伯或其他文化难以兼容，相反，失败源于注重形式多过实质，他们复制了一个民主形象，而不是引入一个适应当地需要的运作良好、有包容性和负责任的决策体系"⑤。他们不根据当地社会实际，强行推行他们的所谓民主价值观，制造民主假象，只能以失败告终，也丧失了民主的信任度和影响力。

---

① 丁其林. 资本主义危机纵横谈（中）. 参考消息，2012-01-19.
② 郑讴，译. 美国政府关闭进入第三周. 中国社会科学报，2013-10-16.
③ 马丁·雅克：民粹主义正在挑战新自由主义霸权. 参考消息，2016-08-24.
④ 赵忆宁. 多党制并不是民主的精髓——美国学者述评美式民主. 参考消息，2013-12-26. 以上是美国霍普金斯大学国际问题高级研究学院教授皮特·鲍泰利教授的观点。
⑤ 约翰·博伊克，加里·米兰特. 民主僵化亟待重启. 参考消息，2015-03-23.

三、民主政治价值观带来的灾难

民主是很动人的字眼,被认为是普世的价值,美国自诩为其模板,然而其前总统卡特说:"美国没有行之有效的民主","我们的选举程序是全世界最糟糕的程序之一,这是因为过度的金钱介入"。在这种制度下,超级富豪及其代表、两党领袖是决定最终结果的人,其他政党实际上已经被排除在参与选举的门槛之外。总统选举并不是直接和普遍的,更不是由选民一人一票决定的,而是由选举人团决定的,这是一个由538人组成的团体。① 2016年美国大选,尽管希拉里多赢了286万张普选票,但选举人团选出了全国普选票数未占多数的特朗普为总统,而希拉里则创下了输掉大选但赢得普选票数最多的美国纪录。这种民主显然不是真民主,而是一种专制的变种。事实上专制资本主义打击了福山所说的自由民主制度已被证明是最可靠、持久的政治制度,福山说:"我们或许正在目睹,人类意识形态演变的终点和西方自由民主制度作为人类政府最终形式的普遍化。"但"伊斯兰国"的兴起,令西方自由主义的伟大胜利似乎显得空洞。罗伯特·库伯说:"比如我们谈论民主是普世价值,但究竟是什么时候,意大利妇女才获得投票权?而美国南部的黑人呢?因此在这个问题上,我们标准很肤浅。"(在意大利是1945年;我们可以这样说,在1965年之前,选举在美国都并非不受限制。)民主并不是绝对性普世价值。

文化历史学家雅克·巴尔赞在1986年说,民主的实质是人民主权,这意味着政治和社会平等。民主不能强加于人,只能逐渐发展而来,取决于"不同的要素和条件的集合"。美国卡内基国际和平基金主任威廉·伯恩斯认为,"更加开放的民主制度有一个核心,具有持久的吸引力",这个核心就是"人权的广泛概念,即人们有权参与对自己来说重要的政治和经济决策,并参与法制进程,以使这些权利制度化"。② 事实上资本民主政治形态既没有使人民真正获利,相反使政客、富豪获利,也没有使人民真正享有政治、经济的决策权和唯变所适地应对复杂的压力,反而由于争权夺利,使冲突和压力加剧。

---

① 詹姆斯·科克罗夫特. 美国的选举和未来:五个事实. 起义报,2016-05-30;参考消息,2016-06-02.
② 史蒂芬·德郎. 西方价值观正在失去影响力?. 纽约时报,2015-09-12;参考消息,2015-09-14.

资本民主政治形态的新自由市场主义埋下了经济危机、社会危机、制度危机的祸根。这三大危机的祸根在于新自由市场主义本身的不合理性。马丁·雅克认为："财富分配的不公和两极分化越演越烈，在美国尤为如此，而在西方世界的其他国家也不同程度上表现出来，因此目前面临的不止是一场深重的经济危机，也是曾经风靡一时的新自由主义的政治危机。……这需要在政治上和思想上进行重大转变才行。"凯利·布朗认为，"社会体系中最大的缺陷在于不公平。在欧洲和美国这都是现实"①。"在自由市场开放的框架内，通过对债务结构、货币和利率操纵，而将更多的钱转移到国际资本家囊中。所谓的1%的人从99%的人腰包中攫取利润，因此导致了民众对垄断资本及其对政治制度的操控产生了怨愤之情。"② 这种资本民主政治的恶瘤，只有变革社会体系中不公平、不正义、不合理、不民主的弊端，才能化解。

　　资本民主政治不是灵丹妙药，不能包治百病，只是有用的工具。民主政治形态的民族国家，有君主式的民主，有宪政式的民主，有总统式的民主，形式多样。民主政治形态的选择，应根据各民族、各国家的国情和实际需要而抉择。然而，西方资本民主政治形态的一些国家，为了推行其所谓的民主价值观，而采取各种卑劣的、不人道的手段：(a) 以武力干涉推翻一个世俗政权，而实行形式上的所谓民主，如伊拉克、阿富汗，结果带来更严重的恐怖活动和人道主义灾难，人民不能生活下去而成为难民。人民生活更不安定，自杀性爆炸不断，死亡无数。"在10多年后，我们仍要面对进攻伊拉克的结果。基地组织进化成"伊斯兰国"组织。奥巴马总统上个月在演讲中质疑2003年美国发动伊拉克战争是个错误。他说：'美军执行了所有任务，花费了约1万亿美元，但至今伊拉克依旧处于纷争之中'。"③ (b) 武力支持反对派，推翻卡扎菲世俗政权。英国《独立报》网站2014年9月27日发表迈克尔·哈利伯顿同基辛格的一段访谈："基辛格说：'利比亚是一场灾难。几乎可以肯定，所造成的生命的损失要比卡扎菲统治下多——这是一种可怕的结局'。我对他说，卡扎菲当政时期我曾在利比亚旅行，使我感到不安的是，我发现夜间在的黎波里外出比在世界上任何一个城市都安全。"④ 现在利

---

① 王亚宏. 新自由市场主义埋下祸根. 参考消息，2012-01-18.
② 詹姆斯·科克罗夫特. 美国的选举和未来：五个事实. 起义报，2016-05-30；参考消息，2016-06-02.
③ 外媒称美反恐14年换回新恐怖. 朝日新闻，2015-09-11；参考消息，2015-09-12.
④ 詹得雄. 世界在深刻变化中加速调整. 参考消息，2014-12-25.

比亚部族武装互相作战，人民苦不堪言，制造了大量难民涌向欧洲，而数千人葬身地中海海底。(c) 支持叙利亚反对派企图推翻巴沙尔政权，助长了"伊斯兰国"的诞生和扩大，法国《回声报》2014年9月29日刊登法国国际关系研究所特别顾问米尼克·莫伊西的文章："(伊斯兰国)是小布什时期美国的错误与阿拉伯伊斯兰世界经历的政治、种族和认同危机结合的悲剧产物"。美国军队打着民主反恐旗号闯进伊拉克、阿富汗、利比亚，本来被压制的教派、种族利益集团和国与国之间的宿怨爆发出来，以致战争、动乱不断，人道主义灾难更加严重。这是西方民主政治价值观在伊拉克、阿富汗、利比亚的失败。这个结果给西方那些迷信民主政治价值观是放之四海皆准的人一记耳光。

当今难民涌向欧洲已令欧洲人不堪忍受，"难民人数创纪录不止是一个地区的失败，而是全球的失败"。为什么有这样多的难民？难民潮的祸根在哪里？其原因何在？现在难民的来源地主要是叙利亚、伊拉克、阿富汗、利比亚等国。从"2015年1月到7月，超过16万难民抵达希腊，其中超过60%是叙利亚人"，"如今利比亚国内局势混乱，各派冲突不断"①。400万叙利亚难民生活在土耳其、黎巴嫩、约旦，这些国家已没有能力接收。追究其原因是由于美国推行其民主政治价值观。在美国推动下，欧洲一些国家支持推翻巴沙尔政权，而大力支持反政府的反对派武装推翻巴沙尔政府。在此过程中诞生了"伊斯兰国"，"从这个角度看，欧洲国家对叙利亚和利比亚的政策是完全失败的"②。给其他民族带来战争痛苦，自己也尝到苦果，这是现世现报。破坏一个国家的安定，也会给自己带来不安定。难民造成欧盟的分歧，捷克、斯洛伐克、匈牙利、波兰等国发表联合声明称，他们不会接受吸纳难民的强制或固定配额，也担心新来的穆斯林如何融入以天主教为主的社会，"我们没有清真寺或相应的机构为他们服务。这可能使极端化问题更为严重"③。最近，法国巴黎的恐怖袭击活动已造成130人死亡，参与恐怖活动的据说有混入难民的"伊斯兰国"恐怖分子。"德国自去年以来接纳了100万人以上的难民。在南部巴伐利亚州，7月发生了阿富汗难民制造的袭击事件。"④

难民潮动摇了《申根协定》，1985年法、西德以及比荷卢经济联盟

---

① 赴欧洲难民为何激增. 世界报, 2005-08-27；参考消息, 2015-08-29.
② 法媒称"蛇头"实际掌控欧洲移民潮 已成产业. 参考消息, 2015-09-07.
③ 难民危机凸显东西欧分歧 德国守护神形象遭反对. 参考消息, 2015-09-10.
④ 日媒：美反恐陷入"越反越恐"怪圈. 参考消息, 2016-09-13.

（比利时、荷兰、卢森堡三国）签署了《申根协定》，目的是逐步取消在这些国家共同边界的检查，设立人员自由流动的制度，1996年生效，如今欧盟28个成员中有22国加入。难民潮引起重新边界检查。① 这对欧盟的政治、经济、文化的冲击是巨大的、长期的，欧盟将要慢慢尝到这个苦果。

西方曾经有人认为推翻卡扎菲是错误行为，"意大利外长在2011年3月曾提醒打算向卡扎菲政权开战的法国和英国有关伊斯兰极端主义扩张和非法移民偷渡网络扩散的风险"。"欧盟可以要求美国为他们在欧洲大陆毗邻国家执行新保守主义意识形态而犯下的错误作出资金补偿。这种意识形态摧毁了当地政权，强加选举民主（在伊拉克演变为部落主义）或国家划分（在南苏丹演变为族群战争）。"② 美、英、法向卡扎菲政权开战，推翻其政权，消灭其身体，其结果是部族战争不断，造成难民涌向欧洲，这就应验了一句古谚语：善有善报，恶有恶报，不是不报，时候未到，时候一到，一切都报。

四、资本民主政治的衰败

民主价值观如果违背了人民的意愿，得不到人民的支持，就会转变为专制主义形式。有军队推翻民选政府形式，有君主立宪式民主形式。日本2015年9月19日在自民、公明两党在参议院议员占多数的情况下，强行通过了"解禁集体自卫权的安保相关法案"，使之成为法律，这是在民主党、维新党、共产党等在野党反对下通过的。安保法案引起日本国内民众强烈反弹，市民上街游行，每天在国会外聚集，反对者除认为安保法案破坏和平宪法外，亦批评安倍晋三独裁手段。德国《世界报》网站9月18日文章："日本国内的大规模抗议活动表明，这位首相在自己国内被很多人不信任。在抗议者高举的标牌上，有时他被和阿道夫·希特勒相提并论。"③ 这是当代一种多党制民主政治形态向专制、独裁演变的新形式。

就多党制的议会民主政治形态与一党制的两会民主政治而言，从决策效率上讲，皮特·鲍泰利说："在美国，有许多人对于政治体系的不作为

---

① 难民潮冲击申根协定. 世界报, 2015-09-14；参考信息, 2015-09-17.
② 法媒认为美应分摊欧洲"难民账单". 参考消息, 2015-09-02.
③ 中方警惕日新安保法案出笼. 参考消息, 2015-09-20.

表示了焦虑和愤怒。……国会的情况非常不妙,无法就争议问题达成一致,例如教育、移民、财政改革、政府借款、医疗改革等所有你能想到的大问题,都没有得到解决。……或许一党制没有那么糟糕,还是能发挥不小的作用的。"阿兰·皮萨说:"当你看到美国政治处于如此不作为的状态时,难免会想到,至少一党制可以做出决策。而做决策是很重要的。这种不作为会让你怀疑,在我们这种两党制的体制下,国会无法做出任何决策的国家,民主是否真的能够运作?在决定各项事务的优先次序以及做出决策等方面,近年来中国显示了强大的实力。"① 民主政治形态的两党为争权夺利,不顾及国家人民利益,互相对立否定,即使是对人民有利的法案,也很难通过。

从多党民主政治与一党民主政治的民主要义来看。鲍泰利说:"民主的要义是能够对人民负责。……或许中国会成为有史以来第一个通过一党制来实现民主的国家。尽管之前没人做到过,但是或许中国能做到。如果你希望保留一党制,同时提高国家的民主程度,那么就需要做到创建真正的法制体系,将党的权力与法律的权力分开来。……其次,在党内必须要有激励性的机制,人们不仅需要领导的喜欢,还需要下属和民众的支持,才能获得提拔。当然,还需要给新闻言论足够的空间。如果能够做到这三点,那么就可以在保留一党制、国有企业的同时,拥有真正意义上的民主政治体系。"② 鲍泰利又说:"根据普遍的逻辑,的确是必须有多党制才能实现真正的民主。但是一党制的运转,其优点在于能够利用过去的经验教训,政党有很强的决策能力,而这些恰恰是多党制的缺点。在多党制下,人民的视野局限于如何赢得下一届选举的胜利,但是一党制没有这种顾虑。我觉得中国或许能够开创历史先河,但这没有历史经验可循。而且,美国的民主就能正常运转吗?没有几个国家的民主是在正常运转的。"③ 中国若能开创先河,必须把民主与集中关系处理好。

如何运用好一党制民主与集中关系,内森·加德尔斯认为:"中国应当给予个人更多的尊严和权利,确保更多的言论自由,强化问责制,更加坚定地反腐败,'但不应该搞多党选举'。他认为,正是得益于政治体制的优势,中国在30年内令如此之多的人口摆脱了贫困,经济总量跻身于世界

---

① 赵忆宁. 多党制并不是民主的精髓. 参考消息,2013-12-26.
② 同①.
③ 同①.

前列。"① 构建美丽中国的核心价值：民主、自由、平等、公正、法治、和谐，个人的尊严、权利是其中应有之义。

从"华盛顿共识"与"北京共识"来看。2008—2009年的全球经济危机重创了几乎每个主要资本民主政治形态国家的经济，而在经济低迷时期，中国却几乎毫发未损。危机使许多西方国家领导人采取试探性的态度，不仅质疑自己的经济制度，而且怀疑自己的政治制度实际上包含严重的、可能无法修复的缺陷。美国前副财长罗杰·奥尔特曼说，这场经济危机使得"美国模式……陷于困境"。与中国领导层合理的、迅速的决策相比，这些缺陷尤为明显，因为中国领导层不必应对种种障碍，诸如实际上可能会质疑或阻碍其行动的立法、司法机构以及自由的媒体。经济学家约翰·威廉森原创了"华盛顿共识"一词，就连他也在2012年的一篇文章中承认，"'北京共识'看来正在损害'华盛顿共识'并迅速流行起来。""'中国模式'已经成为没有政治自由化的经济自由化的简略表达方式。……中国也为外商投资创造了极为有利的环境。然而，在中国模式中，政府保持着对经济的控制。……它在一定程度上开放了本国经济，但也确保政府控制战略行业，精选商界获胜者，通过动用国有资金决定投资，并推动银行业支持国家龙头企业。"② "全球经济危机过后，由于许多发展中国家的民众对民主制度不满，亚洲、非洲和拉丁美洲国家的领导人正在更为仔细地学习中国的发展模式，这一模式最终会促成他们国家民主制度的瓦解。"③ 其实，在整个东南亚，中国的模式都已获得相当的好评，著名的印尼学者伊格内修斯·维博沃写道："当然，东南亚国家没有就自己决定追随'北京共识'与否发表任何官方声明。人民是无意识地受到吸引而采纳中国模式的。"④ 中国并没有主动推行中国模式，也没有要别人采纳北京共识，但中国以和平、发展、合作、共赢的实绩呈现在世界舞台而引世人注目、学习。

从一党制的权力过分集中来看。邓小平在1980年8月所写的《党和国家领导制度的改革》一文中说："权力过分集中的现象，就是在加强党的一元化领导的口号下，不适当地、不加分析地把一切权力集中于党委，党

---

① 骆珺. 中国应积极发挥体制优势——专访国际著名专栏作家内森·加德尔斯. 参考消息，2012-12-04.
② 舒亚·柯兰齐克. 为什么中国模式不会消失. 参考消息，2013-03-28.
③ 同②.
④ 同②.

委的权利又往往集中于几个书记,特别是集中于第一书记,什么事都要第一书记挂帅、拍板。党的一元化领导,往往因此而变成了个人领导。全国各级都不同程度地存在这个问题。权力过分集中于个人或少数人手里,多数办事的人无权决定,少数有权的人负担过重,必然造成官僚主义,必然要犯各种错误,必然要损害各级党和政府的民主生活、集体领导、民主集中制、个人分工负责制等等。这种现象,同我国历史上封建专制主义的影响有关,也同共产国际时期实行的各国党的工作中领导者个人高度集权的传统有关。……革命队伍内的家长制作风,除了使个人高度集权以外,还使个人凌驾于组织之上,组织成为个人的工具。家长制是历史非常悠久的一种陈旧社会现象,它的影响在党的历史上产生过很大危害。……不少地方和单位,都有家长式的人物,他们的权力不受限制,别人都要唯命是从,甚至形成对他们的人身依附关系。……不论是担负领导工作的党员,或者是普通党员,都应以平等态度互相对待,都平等地享有一切应当享有的权利,履行一切应当履行的义务。上级对下级不能颐指气使,尤其不能让下级办违反党章国法的事情;下级也不应当对上级阿谀奉承,无原则地服从,'尽忠'。不应当把上下级之间的关系搞成毛泽东同志多次批评过的猫鼠关系,搞成旧社会那种君臣父子关系或帮派关系。一些同志犯严重错误,同这种家长制作风有关,就是林彪、江青这两个反革命集团所以能够形成,也同残存在党内的这种家长制作风分不开。……当前,也还有一些干部,不把自己看作是人民的公仆,而是把自己看作是人民的主人,搞特权,特殊化,引起群众的强烈不满,损害党的威信……这是封建主义残余影响尚未肃清的表现。……拿宗法观念来说,'文化大革命'中,一人当官,鸡犬升天,一人倒霉,株连九族,这类情况曾发展到很严重的程度。甚至现在,任人唯亲,任人唯派的恶劣作风,在有些地区、有些部门、有些单位,还没有得到纠正。一些干部利用职权,非法安排家属亲友进城、就业、提干等现象还很不少。可见宗派观念的余毒决不能轻视。"① 这是邓小平 30 多年之前说的话。

为纠此弊,中国采取了一系列重大的、积极有效的措施:把全面从严治党纳入战略布局、着力从严从细管党治党,加强和规范党内政治生活、着力净化党内政治生态。出台《中国共产党廉洁自律准则》《中国共产党纪律处分条例》《中国共产党问责条例》《县以上党和国家机关党员领导干

---

① 邓小平文选(一九七五——一九八二年). 北京:人民出版社,1983:328-335.

部民主生活会若干规定》等，指出民主生活会是党内政治生活的重要内容。而发扬党内民主、加强党内监督，是保证党内团结统一、保持党内先进性和纯洁性的一大法宝。这样，就可以把领导的权利关在笼子里，而不能过分集中了。要完善民主集中制，狠抓决策程序的系统化、严格化、合理化、群体化，不是一个人说了算，必须群策群力，充分反映群体和人民的意愿。要加强各级党委、纪委立德以民为本的思想，严格、认真自我监督，自觉接受党内和社会监督。要强化批评与自我批评，这是党的法宝之一，从中央到地方必须使批评与自我批评常态化、制度化、实效化。批评与自我批评应该坦诚相见、开诚布公，这是党内政治空气的清洁剂，是领导人进步的助推剂，也是思想污染的除尘剂。要强化、完善各参政党的民主监督职能，拓宽民主监督的渠道，丰富民主监督的内容和形式，支持民主党派履行其监督职能，监督执政党在"执政行为"中存在的问题。充分重视和改正他们提出的意见、批评，落实他们的建议。摆正民主与集中、集权与分权的关系。以民主管控集中，集中体现民主，分权监督集权，集权寓于分权。使中华民族的治国理政，体现王道荡荡的态势。

即使是多党制所谓的民主政治国家，也不是真正实行人民做主的，尽管实行民选，似乎国家负责人的选拔由国民选举产生，但事实上候选人必须有巨大的经济实力、政治背景、演说能力、党派的支持等。一般平民百姓当选议员都不可能，更不用说竞选国家领导人了（总统、总理等）。在竞选过程中，各党派为了自己政党能够获得票数，就会编造各种谎言，蒙骗选民，这是政客们惯用的伎俩，当选以后他们不去实现其诺言，选民也无法追究。当选后的领导人必须按照自己代表的党派利益制定政策，而罔顾人民的利益，所以人民的愿望根本不可能通过选举而获得实现。就此而言，选举的分权，实际是一种为集权服务的手段，一旦当选就成为集权者，甚至独裁者。分权是末，集权是本；集权是体，分权是用；分权是假，集权是真。

资本民主政治形态向集权演化的一种表现形式，如美国的选举人团，日本的"日本会议"等。日本《时代》周刊 2015 年 8 月 31 日发表文章《笼罩政权中枢的"皇国思想"》，文中记述 8 月 15 日靖国神社参拜道上架设的帐篷里聚集了约 600 人，这是"日本会议"正在举行"第 29 届战殁者追悼中央国民集会"，其中不乏首相辅佐官卫藤晟一、自民党政调会长稻田朋美等国会议员和地方议员的身影。"日本会议"会长田久保忠卫说："说满洲事变（九一八事变——本报注）是侵略战争，那是东京审判编造的故事。""日本会议"的兄弟组织为"日本会议国会议员恳谈会",在第三届安倍内阁的20名阁僚中有15名是该会成员。"日本会议"的基本方针是"尊崇日本国民团结的象征——皇室,培养国民的同胞精神""推进制定基于我国原有国家性质的'新宪法'"等。① 安倍晋三在国内在野政党和国内民众强烈反对下通过新安保法案,显示了安倍的独裁和专制,自二战结束以来首次允许该国军队到海外作战,公然违反和平宪法。②

中国宋代曾有集权与分权之争,宋代作为中国王朝君臣共治的融突和合的国家治理形态,经济发达、社会繁荣、科技发展,一般人认为是文艺复兴三大发明的罗盘、印刷术、火药在中国宋代以前早已被实用化了。李约瑟说:"11至12世纪(宋代)中国的科学水平已经达到世界的顶峰。"据推测,宋代的人均国内生产总值比当时的西欧还高。宋代实行科举制、文官制度,行政、司法和军事分权,在这种"文治主义"下,文化方面硕果累累,绚丽多彩,也许可以说,在世界史上,宋代是中国最辉煌的时期。从两千年前到19世纪中叶,中国在世界生产总值中所占的比率一直占20%至30%,当前的中国应该说是"重回超级大国"③。

五、人类命运共同体和合天下

"高山仰止疑无路,曲径通幽别有天。"在世界五化的新时代,人类向何处去,人类未来的命运究竟怎么样?尽管有几个主义嗡嗡叫地干扰,前进道路荆棘载途,但难以撼动人类命运共同体的参天大树。善知识,是人类命运共同体的不二法门,人类未来将迈开大步曲折地通向别有天地的命运共同体和合天下的康庄大道。

世界许多思想家、政治家都已经意识到世界格局的巨变。随着全球性挑战的日益增多,加强全球治理体系变革将是世界潮流,但当前"全球治理体制变革正处在历史转折点上",或处于过渡期。罗杰·科恩说:"过渡期是危险的,若不伴随着乐于重新思考已经改变的权利结构,这个过渡期的病态就会加倍。"④ 如何过渡?过渡到哪里去?科恩并没有说明。英国的

---

① 安倍被右翼团体"日本会议"左右. 参考消息,2015-09-02.
② 中方警惕日新安保法案出笼. 参考消息,2015-09-20.
③ 中国回归超级大国. 日本经济新闻,2007-03-19.
④ 世界处于危险过渡期. 参考消息,2013-11-20.

吉迪恩·拉赫曼也说:"目前国际政局看上去迫切需要某些非凡的新思维,许多大国都陷入了外交上的困境。"① 他所说的新思维,是讲"新的雅尔塔防御策略"、"背信弃义的阿尔比恩反击"和"疯子毛拉策略",这不是新思维,而是新瓶装旧酒而已,不能治理世界无序状态。"数百年来列强通过战争、殖民、划分势力范围等方式争夺利益和霸权逐步向各国以制度规则协调关系和利益的方式演进。"② "现存的全球治理制度包括联合国、世界银行、国际货币基金组织等等,已经没有能力协调主权国家之间的利益、防止它们之间的冲突。"③ "美国对联合国也不那么关心了。在一些领域,当联合国的议程和美国国家利益相冲突的时候,美国干脆就不参加这些项目了。这种情形也发生在其他所有国际组织。"④ 基于此,世界亟待创造新社会制度模式。世界必然会出现新的运作模式,来治理被危机困扰的全球秩序。

构建世界新秩序需要人类命运共同体的新思维、新理念引领,未来和合天下需要妙合而凝古今中外文明硕果和价值理想的精髓,以促进人类命运共同体和合天下的实现。

(一) 合作共赢、共同繁荣

合作共赢、共同繁荣是构建人类命运共同体和合天下的首要话题,在信息革命互联网时代"五化"的情景下,已取得共识。世界经济论坛主席克劳斯·施瓦布在 2011 年 11 月 7 日英国的《每日电讯报》发表《在当今的复杂时代,合作是唯一的生存手段》文章中认为:"科技进步的速度将以几何级数加快,加速发展的潮流速度、多样性和互联性正在催生一个全新的世界。政府、企业、科学和民间机构要携手努力,打造一个更妥善的、以全球规则为基础的系统"。法国前总理多米尼克·德维尔潘说:"主宰世界长达五个世纪的欧美权力秩序正在发生根本变化。……超级大国的时代和单边主义的时代已结束,世界正在从单级时代向合作时代过渡。"⑤ "类同相召,气同则合"。合作、共赢、共同繁荣已成为时代的心声和潮流。

当前,世界是一个你中有我、我中有你的休戚相关的命运共同体。"独柯不成树,独树不成林。"无合作哪有共赢、繁荣?每个国家、民族生

---

① 国际政治棋局亟需新思维. 参考消息,2014-12-10.
② 推动全球治理体制更加公正合理. 人民日报海外版,2015-10-14.
③ 世界秩序重建与中国角色. 参考消息,2013-09-26.
④ 同③.
⑤ 世界进入文明转换期. 参考消息,2009-02-05.

活在全球化、网络化社会中，国家要繁荣发展、世界要繁荣发展，唯有合作，不合作就会滞后、落后，就会被潮流排除出去，就不能生存。要生存，要繁荣发展，唯有合作，合作是获得共赢、共同繁荣的最佳选择。如何合作共赢、共同繁荣？《国语·郑语》记载"以他平他谓之和"。合作共赢、共同繁荣的彼此之间，他与他者之间是和平、和谐的，若以邻为壑，彼此为敌，他与他者搞对抗、搞冲突，把危机、灾祸转嫁给他者，就不能合作共赢、共同繁荣，而是敌对双输；合作共赢、共同繁荣就要他与他者之间、彼此之间平等相待、相互尊重，他与他者（即国家与国家、民族与民族、宗教与宗教之间）互谅互解、互帮互学、互鉴互信、同舟共济，化解分歧、误解、误判。共赢需要互利互惠，不要利此亏彼、彼赢此输，唯有共赢，才能持久合作。若"以权利合者，权利尽而交疏"。合作共赢、共同繁荣能化解多党议会民主政治形态中各党为本党利益而不顾他党利益的矛盾；能协调各国、各民族、各文明间冲突，避免产生对立、对抗而损害人民利益，造成不公平、不平等、不公正的格局，甚至社会发生动乱。推动全球合作共赢、共同繁荣，是打造人类命运共同体和合天下新秩序、新思维、新观念、新价值、新准则、新道德、新世界的基础理念。

（二）民主协商、共惠共治

世变无穷，御变之道亦无穷。世界千差万别，在世界多样化、危机多发化的情况下，各国、各民族、各宗教、各党派错综复杂，各有各的利益中心、诉求指南、威胁问题，其政治、经济、文化、制度、风俗习惯、宗教信仰互相差分，以至价值理念、伦理道德、思维方法存在差异。然而，"天下同归而殊途，一致而百虑"，其同归一致的御变之道是民主协商、共惠共治。民主的真谛是人民当家做主，不是一人做主。也不是几个政党轮流做主。因为天下是天下人的天下，世界是天下人的世界，非一个人、一个政党或几个政党的天下，非利益集团、金融集团、权力集团的天下。正如黄宗羲所批判的："以为天下利害之权皆出于我，我以天下之利尽归于己，以天下之害尽归于人，亦无不可。"[1] 他们以天下为自家的产业，"敲剥天下之骨髓，离散天下之子女，以奉我一人之淫乐，视为当然。曰：'此我产业之花息也'"[2]。所谓人民当家做主的民主，是依民心、顺民心、尊民心，为民心办事，这便是得民心得天下。全球的事情由人民来民主协商，体现民心所向，其最低限度是安居乐业。在难民营中的人、在逃难途

---

[1] 明夷待访录·原君//黄宗羲全集：第一册. 浙江古籍出版社，2005：2.
[2] 同[1]3.

中的人、在地中海葬身海底的叙利亚儿童，他们希望动乱吗？希望战争吗？他们迫切冀望安居乐业，他们痛恨挑起动乱者、发动战争者、破坏他们原有生活方式者、使它们流离失所者、制造了人道主义灾难者。难道这是那些标榜自己是"民主价值观"实施者、传播者所应做的吗？难道这是合法、合理的吗？难道这是合人性的吗？这简直是天下灾害的制造者，天下之罪人，必为天下人所指，<u>应毫不留情地谴责其不可饶恕的罪行</u>。

人民当家做主的民主协商，要依靠人民共治，才能实现共惠。要让人民讲话，讲心里话，言者无罪，闻者足戒，有则改之，无则加勉。国与国、民族与民族、文明与文明之间应该遵守这种底线原则。在这种基础上，民主协商化解分歧、误解、误读、误判、怀疑和猜测。这就需要建立全球共惠共治机制，各国、各民族、各宗教应把全球人类的利益放在首位，以无私忘我的精神，把自己的利益放在一边，相互包容、相互妥协、相互诚信、相互谅解，并平等参与共治，享有共惠的权利，使全球人民成为生死攸关的命运共同体，这是打造未来人类命运共同体和合天下新世界的必要条件。

（三）和达发展、共建共享

无论是发达国家，抑或发展中国家，都需要发展，不发展则停滞，停滞就会产生政治的、经济的、生态的、制度的危机。当前世界各种矛盾复杂、冲突重重、危机多多，发展犹如逆水行舟，不进则退，退则矛盾冲突、危机更加严重，产生恶性循环，唯有发展才能化解这些矛盾、冲突、危机。这大概是当前各国、各民族、各宗教的唯一出路和唯一"满足人民对美好生活的热切向往"之路。

"夫仁者，己欲立而立人，己欲达而达人。"自己独立了也要使别人独立，要让他者根据自己国情，自主选择发展道路和社会制度；自己发达了、发展了，也要帮助他者发达、发展，以达到共建、共享发达、发展的成果。如何发展？

第一，和平合作发展。这是发展的首要条件，没有和平的国内外环境，是不能发展的。动乱、战争唯有破坏，根本谈不上发展、共享。当前那些发生动乱、战争的国家，不仅没有发展，而且还在倒退，是全球难民的来源国，让世界承担其灾难、痛苦，这将对世界造成严重的威胁。所以必须营造和平发展的环境。合作包容才能发展，合作才能相互借鉴，相互帮助，取他人之长补自己之短，促进相互合作共赢发展，共建发展共赢机制，共享全球和达发展共建的成果，使各国、各宗教、各文明在全球合作中的权利、机会、规则平等、公正，使全球治理体系能真正代表全球人民的意愿和利益，促使全球进入真发展。

第二，正义公平发展。"理国要道，在于公平正直。"发展必须以人类命运共同体互利为利、互益为益，不能以个体、集团、党派、民族、国家之利为利、之益为益，更不能重利轻义、唯利是图，而牺牲他者的利益。若能正其义而不刻意谋其利，明正义之道而不计算他者。以公于人类命运共同体为公，背公为私。要做到"公道达而私门塞，公义明而私事息"。这样，和达发展就能正义、公平地进行。只有共建共享，发展的机会、发展的分配、发展的红利才能均等，才能激发各国、各民族、各宗教参与全球和达发展、共建共享的积极性，也只有使参与全球和达发展、共建共享的各国家、各民族、各宗教成为正义、公平的受益者和互利共赢者，才能真正发挥其和达发展、共建共享的积极性。

第三，开放创新发展。发展的本质是开放性的，任何发展都是开放型的，民粹主义、孤立主义、单边主义、保护主义是不能开放创新发展的，是与发展背道而驰的。在全球发展中，一些强势国家在制订全球发展规则时只顾自身、自集团、自民族国家利益，而罔顾或损害弱势国家的利益，这是单边发展，必将关闭发展，阻碍发展，以至倒退不发展。发展必须是"日新，日日新"，要不断创新。"日新之谓盛德，生生之谓易。"日日创新才能有最大的获得，这也是一种创新的德性。世界唯有日日新，才能生生不息，发展才有不竭的动力和生命力。不开放创新发展，生命力就枯萎了，凋谢了。人类命运共同体唯有在开放创新中打造和合天下。

第四，治理健全发展。建构全球治理发展协调机制，协调多方错综复杂的危机、冲突、矛盾，做到真正公平、正义、合理、合法、合作、互惠、共赢、共享，使全球在人类命运共同体新理念、新思维、新价值观的引领下，凭借"己所不欲，勿施于人"的原则，真正做到自己不要的，不加给别人。换言之，我要发展，也要使他者发展；我要幸福，也要使他者获得幸福。使共建全球和达发展成果真正惠及各国人民。各国人民共同发展，才是真发展；共同繁荣，才是真繁荣。这是人类命运共同体的和合天下的和达发展、共建共享的宗旨。

（四）保合太和、协和万邦

协和万邦，语出《尚书·尧典》："百姓昭明，协和万邦，黎民于变时雍。""万邦"，蔡沈注曰："天下诸侯之国。"唐尧之时，部族众多，不可胜计，即使到了西周，据传仍有诸侯八百。各诸侯国虽以周天子为共主，但军、政、财、法的权力以及人事官员任免均由诸侯国独立决定。所谓协和万邦，是指协调亲和各诸侯国，即融突和合天下诸侯，构成类似于今天的"联邦制"形态。百姓在尧的教化下，皆能自明其德性，即能自觉地改恶从善，万国之间亲如一家，和谐相处。中华民族三千多年来，一直坚信和合，坚持崇尚和平、合作，以"和为贵"，视"和"为最珍贵、最有价值的理念。"乾道变化，各正性命。保合太和，乃利贞。首出庶物，万国咸宁。"世界千变万化，万事万物各自端正其本性和生命，万事万物都保持它最大的和合，这是大吉大利的。它诞生万物，给予天下万国以平安和康宁。

唯有"保合太和"，才能"协和万邦"。如何"协和万邦"？一些有碍"协和万邦"的单位、团体、政党、国家逐渐被边缘化，最后退出历史舞台。譬如宗族势力的扩大，"1988年湖南岳阳市发生宗族纠纷，械斗600多起，造成人员伤亡500多人。"临湘县有8个《村组法》试点村，在选举中，有4个村选举了自己的族长为村主任。赵家村有赵、彭两姓群众，赵姓势力大，以多数票选赵姓族长为村主任，此后赵姓以强凌弱，用武力驱赶彭姓群众搬出赵家村，并打伤多人。① 宗族势力甚至为维护宗族利益而抗法，而且制造种种以强凌弱的暴力事件，妨碍社会安定。② 至于家庭，如果克隆人突破道德底线，以一个人的基因，克隆2 000个人，那么家庭作为生儿育女、延续人类生命的功能就荡然无存。若同姓结婚泛滥，传统家庭也就丧失了其存在意义了，那么家族也就失去其存在的基础。

当前一些国家被利益集团、金融集团、权力集团所操纵、控制。换言之，政客、政府、富豪、旧军官、大公司，以权金、权利、利金权三位一体，相互交易、相互勾结，狼狈为奸，而造成人际、社会、文明、宗教国际间的不公平、不正义、不合理、不和合的危机，造成人们背井离乡、妻离子亡、人际分离，社会动乱、恐怖、战争，生命财产朝夕不保，万国不宁。中亚、北非的难民潮汹涌冲击国际社会，造成社会不安定。所谓政党，在一些国家就是这三大集团的政治代理人，以不正义、不公平、不合法的手段谋取三大集团的利益，破坏"协和万邦"的实施，鉴于此，取消此三大集团，代之以非利益、非金融、非权力集团的人民大众的根本利益为宗旨，为全球人民谋利。权力集团就是利益集团、金融集团的政治代表，权力集团是一个集国家政治、经济、军事、外交、法律、制度、环保、人事、意识形态等领域的规则和原理的制订者、实施者于一身的集团。这些规则、原理的制订者，首先是贯彻三大集团的利益，而罔顾全球

---

① 新民晚报，1989-04-08.
② 吴江. 中国封建意识形态略考. 中共中央党校出版社，1992：181-182.

人民大众的利益。弗朗西斯·福山说:"美国又重新世袭化了。"世袭化的政治制度,就无可避免地、肆无忌惮地实行"一朝天子一朝臣"的政治格局,当权者为了获得自己的最大利益,独揽政治、经济、军事、文化、制度以及人事权,不惜排除异己,启用臭味相投者、裙带亲信者、投机拍马屁者等佞臣,这就完全破坏了"协和万邦"的实施。鉴于此,这就需打造人类命运共同体的和合天下新世界,融突和合各种各样的利益之争,以"申根"形式,融突边界之争。人类应以朱熹的"盖天地万物本吾一体"的胸怀、王阳明的"其视天下犹一家"的气魄,打造保合太和、协和万邦的人类命运共同体的和合天下。

(五)和爱天下、真情一家

和爱是天使,任何宗教都讲爱,基督教讲博爱,佛教讲慈悲、普度众生,伊斯兰教讲爱每个人,道教讲爱己爱人,儒教讲泛爱众、仁者爱人爱物。爱是人类之所以延续至今而不灭亡的所以然,人类正是由于有这份爱,才在艰难险阻中能够克服种种错综复杂的危机而奋勇向前。爱犹如阳光,给天下人以温暖,给天下人以朝气,给天下人以方向;爱犹如月光,给天下人以洁白,给天下人以宁静,给天下人以亮光。爱吹散了天空中的雾霾,清除了大地的污泥,肃清了社会的浊水,消除了人际的病虫。爱给天下人以幸福、给天下人以快乐;爱也会给人以悲哀,给人以痛苦。"喜怒哀乐之未发谓之中,发而皆中节谓之和。"中和之爱是人类命运共同体和合天下的大本达道。

和爱天下,是人间真情,人类不能割断真情、遗忘真情、忽略真情。"真情,是不虚、不私、不妄之情。真情不虚就是要忠诚老实、诚恳待人,真情不私就是要砥砺品德、刚正无私,真情不妄就是要光明磊落、坦坦荡荡。"① 如此,亲情、友情、爱情才能高尚恒久,才能有益于自己、亲人、友人、天下人,"才能铸就守望相助、天下同心的人间大爱"。我们要让真情大义像春风一样吹遍人类命运共同体的和合天下,给天下人带来真情一家的温馨、幸福和美满。

和爱天下、真情一家是打造人类命运共同体和合天下的新世界的基础和出发点。唯有和爱天下、真情一家,才能建构人类命运共同体和合天下的新世界。未来人类命运共同体和合天下的新世界是"老吾老以及人之老,幼吾幼以及人之幼"的世界,是"兼相爱"的世界。墨子把"兼爱"

---

① 习近平. 在2017年春节团拜会上的讲话. 光明日报, 2017-01-27.

的世界看作安定富足、没有战争、没有相篡、没有相贼的人人相爱的理想世界。他主张无差别的、无差等的爱，爱别人、别家、别国如爱自身、自家、自国一样。爱不分血缘亲疏，不论地位高低，不讲身份贵贱，不计区域远近，是一种平等的、公平的、普遍的爱；兼爱是度越个体、集团、政党、民族、国家利益的人类命运共同体和合天下的新世界的最佳价值选择。世界一切的冲突危机、动乱战争、假冒伪劣、恐怖杀人，一言以蔽之，"以不相爱生"①，"乱何自起，起不相爱"②。若天下人人相爱，天下就和平、合作、幸福、快乐、发展、富足。

和爱天下、真情一家何以可能？王阳明说："大人者，以天地万物为一体者也，其视天下犹一家……大人之能以天地万物为一体也，非意之也，其心之仁本若是，其与天地万物而为一也。"③ 之所以可能，是因为"其心之仁本若是"。"仁本"即是仁者爱人之本性如是。譬如，"亲吾之父以及人之父，以及天下人之父，而后吾之仁实与吾之父、人之父，与天下人之父而为一体矣"④。若如此，便能真情一家地不虚、不私、不妄，便能大爱天下，和爱全人类。

和爱天下、真情一家的人类命运共同体和合天下的新世界，其最低限度应如《走向全球伦理宣言》所规定的"全球伦理的原则"。（1）坚持尊重生命，不要杀人。"一切人都拥有生命、安全和人格自由发展的权利，只要不伤害别人的同等权利。任何人都没有权利在肉体上或精神上折磨、伤害，更不用说杀害任何其他的人。任何人，任何国家，任何种族，任何宗教，都没有权利仇恨、歧视、'清洗'、驱逐，更不用说消灭行为方式或信念与自己不同的'异己的'少数派。"当民族、种族、国家、宗教消失之时，唯有尊重生命的和爱真情。（2）坚持诚实公平，不要偷盗。"任何人都没有权利以任何方式抢夺或剥夺他人或公众的任何东西。""如果没有全球的公正，就没有全球的和平！""我们在利用经济和政治力量时，必须服务于人类，而不是滥用于争取控制权的无情战斗……特别关注儿童、老人、穷人、残疾人、难民和孤独者。"贪婪，使"人丧失了自己的'灵魂'、自由、宁静和内心的和平，从而丧失了使其成为人的那些东西"。人之为人，其底线道德，就是仁民爱物、民胞物与。（3）坚持言行诚实，不

---

① 兼爱中//墨子校注．北京：中华书局，1993：158．
② 同①154．
③ 大学问//王文成公全书：卷26．明隆庆六年刊本．
④ 同③．

要撒谎。应该不断地追求真理。"我们应该勇敢地为真理服务，我们应该保持表里一致、真实可信。"（4）坚持彼此尊重，相亲相爱，不要奸淫。"我们需要相互之间的关心、宽容、爱心与和解的意愿。"① 互相尊重、诚信、平等，是和爱天下、真情一家的基础。

和爱天下、真情一家的命运共同体和合天下的新世界，是真善美的世界，真实、全善、完美的世界，才是真实的未来人类命运共同体和合天下的新世界，这是一个和生、和处、和立、和达、和爱的世界，是一个人和、地和、天和，人乐、地乐、天乐，人美、地美、天美的天地人和乐、和美的人类命运共同体和合天下的新世界，也是未来人类命运的终极境界。

---

① 孔汉思. 全球伦理——世界宗教议会宣言. 何光沪，译. 成都：四川人民出版社，1997：15-26.

人类命运共同体的构建

"炎火成燎原之势,涓流兆江河之形",星星之火可成燎原,涓涓细流可成大江。尚和合的人类命运共同体话语,它将汇聚大众的意愿而成和平的潮流,它将妙凝百姓的呼声而成合作的春雷。它唤醒了昏昏沉沉的天地万物,它敲响了人类命运共同体美美与共的钟声。

一、人类认识自己的历程

人是什么?人自从诞生以来,就没有停止过自我反思,思则得知人与人既具差分的殊相,又具融合的共相。由其殊相,构成人与人之间的民族、种族的区别;由其共相,构成人类之为人类的类存在的特性,即人类本质特性。荀子说:"水火有气而无生,草木有生而无知,禽兽有知而无义,人有气、有生、有知亦且有义,故最为天下贵也。"① 人的社会道德价值,构成与天地间其他事物在本源上的差分。人类命运共同体是求索人类共同的本质属性。古希腊德尔菲神庙"认识你自己"的古训,是人类反思、认识自我的自觉。中外古今学者曾乐此不倦地探讨、论争对自己的认识。

中国古代智者基于直觉思维,发现人与动物在形体上的差异,认为人是"二足而无毛"②的动物,这与柏拉图以"人是无羽毛的二足动物"异曲同工;王充认为"人,物也,万物之中有智慧者也"③,与苏格拉底"以

---

* 本文原载于《光明日报·哲学》2017年5月15日。
① 王制//荀子新注. 北京:中华书局,1979:127.
② 非相//荀子新注. 北京:中华书局,1979:55.
③ 辨祟篇//论衡校释:卷24. 上海:商务印书馆,1938:1007.

人有智慧"有相似之妙；《无能子》认为"裸虫中繁其智虑者，其名曰人"①，有智虑即有思想，黑格尔说："人之所以异于禽兽，由于人有思想"②，两者如出一辙；《无能子》认为人是社会动物，人与动物的区别是人有"夫妇之别，父子兄弟之序。……有君臣之分，尊卑之节"③，亚里士多德亦认为"人类在本性上，也正是一个政治动物"，具有"社会本性"④。马克思说："人是最名副其实的 ζῶον πολιτικόν（指社会动物——编者注）"⑤。社会是表示人与人之间互相联系、作用的共同体。从形态上看，社会是对一般社会关系的整合协调、融突和合，使人际关系具有一定凝聚力、向心力，构成一定的共同体。

1944年卡西尔出版他的《人论》，他认为海德格尔把人定义为"会言语的动物""理性的动物"，不如定义为"人是符号的动物"⑥。若把人定义为符号的动物，如哈巴狗是狗，狗便是符号，便抹杀了人与禽兽的区别，否定了人的主体性、社会性、主动性、创造性、道德性、审美性、感情性等本质属性，基于此，我为恢复人的七性，在《新人学导论》中，把人重新规定为"人是会自我创造的动物"⑦，后改为"人是会自我创造的和合存在"。天地赋予人以生命，也赋予人创造能力，这是人有别于禽兽的特殊属性和能力。人之所以有自我创造力，是因为人集天地、阴阳、五行之精华，"天地絪缊，万物化醇；男女构精，万物化生"⑧。是多元差异、对待、冲突的事物，通过絪缊、构精的融合形式，由冲突—融合—和合为新事物、新生儿、新结构形态。万物变化，固无休息。几千年来，人类对于自身的体认不断拓展、深入，这个体认，固无休息，而将永续。

二、人类命运的疏释

人在"认识你自己"的过程中，命运是人类在现实生活中与自己的生

---

① 圣过//无能子：卷上. 北京：中华书局，1981：2.
② 黑格尔. 小逻辑. 北京：商务印书馆，1980：38.
③ 同②.
④ 亚里士多德. 政治学. 北京：商务印书馆，1981：7.
⑤ 马克思恩格斯全集：第12卷. 北京：人民出版社，1962：734.
⑥ 恩斯特·卡西尔. 人论. 上海：上海译文出版社，2003：42.
⑦ 张立文. 新人学导论. 广州：广东人民出版社，2000：23-44.
⑧ 周易系辞下传第六//朱子全书：第1册. 上海：上海古籍出版社；合肥：安徽教育出版社，2002：141.

存利益、未来发展密切相关的话题。它是古今中外人人所关注和困惑的问题，普通老百姓、哲人思想家都曾议论它、解释它，其说殊异，但却是一个具有重要理论价值和现实意义的哲学问题。

先秦时，人们崇拜、敬畏天命，夏道尊命，"有夏多罪，天命殛之"，"夏氏有罪，予畏上帝"①。由于夏桀为恶，天（上帝）下命诛杀他，这为商汤推翻夏朝的合理性、合法性找到了天命的依据。商末政治腐败，纣王淫欲无度，罪大恶极，周武王吊民伐罪，不仅在于"天命靡常"，而且在于"惟德是辅"，天命授予"敬德保民"的人来治理天下。天授命与否是与王朝君主的德性相联系的，人的主体性的行为活动、治理天下好坏与能否祈天永命相关联，但天命观念的绝对性、永恒性有了松动，甚至出现怨天、咒天的思想："不吊昊天，乱靡有定。式月斯生，俾民不宁。"② 以天为不善良、不仁慈，天命观念在人们思想中逐渐松动，天神、天命失去了绝对的权威性，人的力量逐渐取代天命的支配力。"夫民，神之主也"③，"国将兴，听于民"④，"良臣将死，天命不佑"⑤。开启理性的觉醒、哲学的突破。在某种意义上反映了人对自我命运的反思，由天命不佑转化为对命运的关照。

对命运，自古以来中外哲人就各说齐陈，诠释多元。孔子认为，命运是人力不可抗拒的必然性的力量。"道之将行也与？命也。道之将废也与？命也。公伯寮其如命何！"⑥ 一种主张或事情能否实行与废除是由命运决定的，人怎能与命运相争！孔子一方面以命运为必然性的异己力，认为人们要敬畏它；另一方面孔子认为要认知命，"不知命，无以为君子也"⑦。不懂得命运，怎样能做君子，强调人的主体的能动性及其作用，"为仁由己"，"我欲仁，斯仁至矣"⑧。发挥自我主体的能量的人，被称之为"知其不可为而为之者也"的人，显示了孔子与命运抗争的精神。孟子绍承孔

---

① 尚书正义：卷8：汤誓//十三经注疏．北京：中华书局，1980：160．
② 毛诗正义：卷12：节南山//十三经注疏．北京：中华书局，1980：441．
③ 春秋左传正义：卷6：桓公六年//十三经注疏．北京：中华书局，1980：1750．
④ 春秋左传正义：卷10：庄公三十二年//十三经注疏．北京：中华书局，1980：1783．
⑤ 春秋左传正义：卷41：昭公元年//十三经注疏．北京：中华书局，1980：2024．
⑥ 论语集注：卷7：宪问//朱子全书．上海：上海古籍出版社；合肥：安徽教育出版社．2002：197．
⑦ 论语集注：卷10：尧曰//朱子全书．上海：上海古籍出版社；合肥：安徽教育出版社．2002：241．
⑧ 论语集注：卷4：述而//朱子全书．上海：上海古籍出版社；合肥：安徽教育出版社．2002：128．

子,他说:"莫之为而为者,天也;莫之致而致者,命也。"① 舜、禹、益儿子的好坏事情,没有人叫他们做,他们做了,这是天意;人没有致力而获得某种成果,这是命运。一个老百姓要得到天下,必然要与舜、禹一样道德高尚。孟子认为人们的追求不外"在我者"与"在外者"两种,"求则得之,舍则失之,是求有益于得也,求在我者也。求之有道,得之有命,是求无益于得也,求在外者也"②。仁义道德需依靠自我去求得,自己不努力去追求,就不能得到。富贵利达能否得到,要符合道义,才能得到,这取决于命运。把命运与人的道德修养相联系,王符有相似的观点,他说:"凡人吉凶,以行为主,以命为决。行者,己之质也;命者,天之制也。在于己者,固可为也;在于天者,不可知也。"③ 人的吉凶祸福,既与人自己的道德品质修养相关,这是自己可以做到的;又与人的命运相关,这是人自己不可知的。

道家认为,命运是支配人的生存状况,而人却不知其所以然的一种自然而然的力量。老子说:"归根曰静,静曰复命,复命曰常,知常曰明。"(《老子》第十六章)回归心性的精神,是其本存的状况,也是其常态,体认其中的道理叫做明。"夫莫之命而常自然"(《老子》第五十一章)。命是一种没有外在干涉的顺任自然的状态。庄子发挥老子思想,他说:"不知吾所以然而然,命也。"④ 我不知其所以然而然,就是要顺任自然的命运。"达命之情者,不务知之所无奈何。"⑤ 通达命运的实情,不必去追求自己所无可奈何的东西,顺任自然而然的安排。"死生、存亡、穷达、贫富、贤与不肖、毁誉、饥渴、寒暑,是事之变,命之行也。"⑥ 人的一切生存状况都是命运的使然,人是无可奈何的。"知不可奈何而安之若命"⑦,知道无可奈何,不能与命运抗争,只有安心顺任自然的命运,这是具有德性的人才能做到的。

儒墨两家在先秦被称为"世之显学"。墨子却与儒道相对待,倡导

---

① 孟子集注:卷9:万章上//朱子全书.上海:上海古籍出版社;合肥:安徽教育出版社. 2002:376.
② 孟子集注:卷13:尽心上//朱子全书.上海:上海古籍出版社;合肥:安徽教育出版社. 2002:426.
③ 巫列//潜夫论笺:卷6.北京:中华书局,1979:301.
④ 达生//庄子集释:卷7上.北京:中华书局,1961:658.
⑤ 同④630.
⑥ 德充符//庄子集释:卷2下.北京:中华书局,1961:212.
⑦ 同④199.

"非命",否定命运决定人、社会、国家的生存状况。他认为,对执著有命的话语不能不加以驳斥,因为这是"天下之大害也",是"执有命者"的谎言。"自古以及今,生民以来者,亦尝有见命之物,闻命之声者乎?则未尝有也。"① 既未见有命运的事物,亦未闻有命运的话语。人的贵贱、荣辱、贫富、饥饱,社会国家的治乱、宁危,不赖于命运的安排,而决定于主体人的能力价值,"天下之治也,汤武之力也;天下之乱也,桀纣之罪也。若以此观之,夫安危治乱存乎上之为政也,则夫岂可谓有命哉。"② 国家的治乱安危依赖君主如何治国理政。如果像禹、汤、文、武为政天下,使饥者得食,寒者得衣,劳者得息,国家太平。为了使国家治而不乱,宁而不危,人们贵而不贱,荣而不辱,富而不贫,饱而不饥,王公卿大夫必须竭股肱之力,殚精竭虑,人们早出暮入,男子耕稼树艺,妇女纺织,上下都丝毫不怠倦才能实现,而不依靠命运的安排,这样才能利国利民。墨子进而揭露了执有命者的政治意图和本质。他说:"命者,暴王所作,穷人所术,非仁者之言也。"③ 这是为君王残暴行为造成人民穷困作辩护的言词。如果听信"暴人之道",就不能兴天下之利,除天下之害,国家就不能富强、兴旺。

荀子虽属儒家,但与孟子在诸多观点上相对待,在人性论上孟子主张性善论,荀子主张性恶论;在天命论上孟子倡存心养性事天,荀子呼吁"从天而颂之,孰与制天命而用之"④。顺从赞美天,不如控制天命而利用它。既不承认天的意志性、神圣性,亦否定了传统的天命论。人可以发挥自己的主体性、能动性,利用天地自然变化的规则为人服务。因此,荀子拒斥有一种人力不能抗争的异己力量和必然趋势的命运。认为命运是一种偶然的遭遇,"节遇谓之命"⑤。"遇不遇者,时也;死生者,命也。今有其人不遇其时,虽贤,其能行乎?苟遇其时,何难之有?"⑥ 死生是命的必然性,人一定会死;时运具有偶然性。一个人虽贤,不遇时运,不能实行其贤才,若逢时运,就能实行其贤能。荀子这个智能创见,开启了哲学史上对命与运的不同诠释:命是一种必然性的价值导向,运是一种偶然性的价值导向。但由于古人对概念、范畴内涵的模糊,导致两者又往往混沌不

---

① 非命中//墨子校注.卷9.北京:中华书局,1993:413.
② 非命下//墨子校注.卷9.北京:中华书局,1993:423-424.
③ 同②426.
④ 天论//荀子新注.北京:中华书局,1979:278.
⑤ 正名//荀子新注.北京:中华书局,1979:367.
⑥ 宥坐//荀子新注.北京:中华书局,1979:483.

分,这影响后来的王充和范缜等人的思维轨迹。

两汉时期,哲学思潮的核心话题是"究天人之际"。董仲舒从负面灾异遣告讲"天人感应"说,扬雄取"和同天人之际"的路数,王充则从正面讲"符瑞是应"说,这凸显了时代的精神。王充认为天是气的自然现象,与"云烟无异","天乃玉石之类也"①。否定天有意志,天地犹如夫妇,交媾而生子女。"天地合气,万物自生,犹夫妇合气,子自生矣。"② 天不是有意志的"故生人",而是犹如人身上生虱子,是不知不觉自然而生。但王充也没有完全摆脱天命论,他从宣汉思想出发,歌颂汉德丰雍,天降祥瑞。他认为人和国的命运一方面有其必然性的价值导向,另一方面又有偶然性价值导向。他说:"以命当富贵,遭当盛之禄,常安不危;以命当贫贱,遇当衰之禄,则祸殃乃至,常苦不乐。"③ 命当富贵,遇到当旺盛的时运,永久平安无险;命当贫贱,遇到当衰弱的时运,祸殃就来。命运的好坏,与偶然性的时运相合,就有常安常苦的机遇。"贤不贤,才也;遇不遇,时也。"④ 有才高行洁的人,没有与时运相偶合,便退在下流;有才薄行浊的人,却与时运相偶合,而居众人之上。"举事有是有非,及触赏罚,有偶有不偶。"⑤ 以偶然性诠释赏罚,对是非的赏罚是时运。

南北朝时梁朝武帝萧衍笃信佛教,竟陵王萧子良亦笃信佛教,他与范缜辩论因果报应话题。子良问:你不信因果,世间何得有富贵贫贱?范缜回答说:"人生如树花同发,随风而堕,自有拂帘幌坠于茵席之上,自有关篱墙落于粪溷之中。坠茵席者,殿下是也,落粪溷者,下官是也。"⑥ 人生犹如同一棵树上的花,一阵风刮来,花都掉下来,有的通过窗帘,掉在褥垫上,有的通过篱笆掉在粪坑中。掉在褥垫上就像你王子,掉在粪坑中就像我范缜。人的贫富贵贱的命运,就像随风而坠的花朵,落到哪里,完全是偶然的,不是因果报应决定的。范缜度越了天命必然性的价值导向,批评了佛教因果报应论的价值导向。

北朝刘昼生活在北齐,与范缜相对应,主张命运的偶然性。他说:"命运应遇,危不必祸,愚不必穷;命运不遇,安不必福,贤不必达。故

---

① 谈天//论衡校释:卷11. 上海:商务印书馆,1938:475.
② 自然//论衡校释:卷18. 上海:商务印书馆,1938:775.
③ 命义//论衡校释:卷2. 上海:商务印书馆,1938:51.
④ 逢遇//论衡校释:卷1. 上海:商务印书馆,1938:1.
⑤ 幸偶//论衡校释:卷2. 上海:商务印书馆,1938:35.
⑥ 范缜传//南史:卷57. 北京:中华书局,1975:1421.

患齐而死生殊，德同而荣辱异者，遇不遇也。"① 命运与偶然性相适应与否，其后果有云泥、天壤之别，患难相同而人的生死不同，德操相同而人的荣辱殊异，这与人偶然遇到的机遇、时运相关联。社会人事、自然现象，均有遇不遇的偶然性的价值导向。

宋明时期随着商品经济的繁荣、科技的发达、国内外交往的频繁，"为天地立心，为生民立命"的主体意识觉醒，"民吾同胞，物吾与也"的共同体意识自觉。张载提出了"人定胜天"，王安石喊出了"天命不足畏"的呼声，而与孔子"畏天命"相对待。朱熹的弟子陈淳为学生讲授理学主要概念、范畴时整理了《北溪字义》一书，陈淳说："命一字有二义：有以理言者，有以气言者，其实理不外乎气。"② 不是董仲舒所说的天"故生人"，而是"人物之生，不出乎阴阳之气。本只是一气，分来有阴阳，阴阳又分来为五行"③，因此就产生形形色色各种事物。这否定了天命的意志性、主宰性。所以程颢、程颐提出"不必言命"，"贤者惟知义而已，命在其中。……若贤者则求之以道，得之以义，不必言命"④。人们唯有求道得义，而命运已蕴涵在义中。"人贤不肖，国家治乱，不可以言命。"⑤ "圣人乐天，则不须言知命。"⑥ 乐天知命，一循于义，国家的治乱，人的贤不肖，都不是命运的安排，也不是天命决定，因此，没有必要讲命。朱熹曾点赞二程言义不言命的观点，是前圣所未发的创新，他们把命运从天命论的束缚中解放出来，让人自己掌握自己的命运。王夫之认为人的主体的能动性、有为性，可以改造人自身的命运。他说："君相可以造命，邺侯之言大矣！进君相而与天争权，异乎古之言俟命者矣。"⑦ 邺侯李泌曾主张发挥人的主体性、能动性，与天争权，把人的命运由任天决定争回到自己的手中。老百姓亦可以造命，"一介之士，莫不有造焉。祸福之大小，则视乎权藉之重轻而已矣"⑧。老百姓有与君相平等的创造自己命运的权力，凸显了主体的自觉。颜元在答问中，肯定了命运由人自造。"或问：'祸福皆

---

① 遇不遇//刘子校释：卷5. 北京：中华书局，1998：233. 这与王充《论衡·逢遇》"处尊居显，未必贤，遇也；位卑在下，未必愚，不遇也"（论衡校释：卷1）意同。
② 张加才.《北溪字义》集校//诠释与建构——陈淳与朱子学. 北京：人民出版社，2004：237.
③ 同②.
④ 河南程氏遗书：卷2上//二程集. 北京：中华书局，1981：18.
⑤ 河南程氏遗书：卷11//二程集. 北京：中华书局，1981：120.
⑥ 同⑤125.
⑦ 读通鉴论：卷24：唐德宗//船山全书：第10册. 长沙：岳麓书社，1996：934.
⑧ 同⑦935.

命中造定，信乎？'先生曰：'不然。地中生苗或可五斗，或可一石，是犹人生之命也……生命亦何定之有！'"① 人生命运犹如禾苗，人用肥料培育它，五斗可得一石；如果摧折它，一石可得五斗。这是人为造成的，以证人的命运可以自己创造，而不是命定的。魏源提出"人定胜天，既可转贵富寿为贫贱夭，则贫贱夭亦可转为贵富寿"②。人的贵富寿与贫贱夭的命运是自己创造的，而不是天命决定的。"造化自我，此造命之君子，岂天所拘者乎？"③ 天不能限制人自己创造自己的命运，人的命运自己创造。

命运与人人利益相关，因而从先秦到近代，中国的哲人思想家在探索命运过程中见仁见智，各美其美。或以为人的命运是人力不可抗拒的必然性；或以为是不知其所以然的自然力量；或主张非命；或倡制天命而用之；或主张命运是一种偶然性力量；或讲命是必然性，运是机遇，是一种偶然性的力量；或主张为生民立命，君相民可以造命。凡此之见，人的命运话题的发展历程，是人度越天命控制、理性觉醒、主体自信，人自己解放自己，自己掌握、创造自己命运的呈现。

命运话题也是全人类共同面临的课题。或认为人的命运及一切遭遇都是一种必然性的价值导向。古希腊的赫拉克利特说："命运的本质就是那贯穿宇宙实体的'逻各斯'。'逻各斯'是一种以太的物体，是创生世界的种子。"④ 逻各斯是神，是一种必然性，作为贯穿逻各斯的命运，亦具有必然性。"一切都遵照命运而来，命运就是必然性"⑤。或认为人的命运是由神决定的，在《伊利亚特》史诗中天神宙斯决定人的命运，在《新旧约全书》的《创世记》中神（上帝）造天地万物，造人，人的命运由神（上帝）安排，人自己无能为力。或认为命运是一种偶然性的价值导向。或认为每个人都可以自己创造自己的命运，弗兰西斯·培根说："不容否认，一些偶然性常常会影响一个人的命运，例如长相漂亮、机缘凑巧、某人的死亡，以及施展才能的机会等等；但另一方面，人之命运，也往往是由人自己造成的。正如古代诗人所说：'每个人都是自己的设计师。'"⑥ 他也讲命运的偶然性，认为要抓住时机，他说："善于识别和把握时机是极为重要的。在一切大事业上，人在开始做事前要像千眼神那样察视时机，而在进行时要像千手神那

---

① 理欲第二//颜习斋先生言行录：卷上. 北京：中华书局，1987：623.
② 默觚上·学篇八//魏源集. 北京：中华书局，1976：21.
③ 同②.
④ 北京大学哲学系外国哲学史教研室. 古希腊罗马哲学. 北京：三联书店，1957：17.
⑤ 同④.
⑥ 弗兰西斯·培根. 论幸运//人生论. 长沙：湖南人民出版社，1987：175.

样抓住时机。"① 古谚说：时机老人先给你送上它的头发，如果你没有抓住，再抓就碰到秃头了。能否抓住时机是考验人的智慧。能否抓住时机、机遇，也就是你能否设计自己、创造自身命运的机遇，遇不遇不能靠命运之神的恩赐，而要靠自我洞察能力、智慧潜能和对时机的把握。

中西对于命运的体认大体上有相似的元素，但命运的必然性与偶然性具有不同的特点：命具有常态性、常规性、确定性、预期性；运具有非常态性、非常规性、非确定性、非预期性。命与运的这种非相应性，构成了既冲突又融合的和合形态。之所以中西各个时期对命运的疏释有差分，其原因是各时期人文语境、认知水平、思维方式、价值观念的局限性，而具有时代的印记。据上所述，所谓命运是指人的生命主体的过去和现在的际遇与赖以存在的生活环境的融突和合所形成的生命经历和生存状态。

三、人类命运共同体何以可能

"旧学商量加邃密，新知培养转深沉。"人类命运共同体是对中外传统命运论的智能创造和卓识开新。融突而和合是打开人类命运共同体的一种智慧，是化解人类生存厄运的一种武器。中华民族自古以来就有一种强烈的人类命运共同体意识和天下为一家的情怀。"四海之内若一家。故近者不隐其能，远者不疾其劳，无幽闲隐僻之国，莫不趋使而安乐之。"② 天下四海，现代可以理解为全球或者全人类，不论地处多么边远的国家，都能共享安乐。朱熹把人类命运共同体的范围打开，范围达至天地万物。"盖天地万物，本吾一体，吾之心正，则天地之心亦正矣；吾之气顺，则天地之气亦顺矣。"③ 王守仁接着说："大人者，以天地万物为一体者也，其视天下犹一家，中国犹一人焉。"④ 人类社会、宇宙自然都统摄在人类命运共同体之中，因为自然环境、生态危机与人类命运息息相关。古人认为要实现天下为一家的人类命运共同体，必须知民情，以义理教化民众；使民众明白对自己有利，心安不疑；对祸患加以防范，避免争夺相杀。

人类命运共同体何以可能？天下万物都有其特殊性和共性，无特殊性则物物无分别，无共性就不能成其为类事物，人与人若无共性，就不能成

---

① 弗兰西斯·培根. 论时机//人生论. 长沙：湖南人民出版社，1987：109.
② 王制//荀子新注. 北京：中华书局，1979：124.
③ 中庸章句//朱子全书. 第6册. 上海：上海古籍出版社；合肥：安徽教育出版社. 2002：33.
④ 大学问//王阳明全集：卷26. 上海：上海古籍出版社，1992：968.

其为人类。从人类内在自身诉求而言：（1）人类是群居的，人与禽兽不同的特质是"人能群，彼不能群也"①。人为什么能合群，是因为人能分工，人是能自我创造的和合存在。"故百技所成，所以养一人也。"② 人的生存需要各种技能和各种资料的创造，一个人做不到，必须分工合作，构成生产、生活共同体。分工合作何以能行，是因为人讲义礼。"故义以分则合，和则一，一则多力，多力则强，强则胜物。"③ 分而和合，和合构成人类共同体，共同体力量强大，就可以竞争取胜。所以"人生不能无群"，"群道当，则万物皆得其宜，六畜皆得其长，群生皆得其命"④。主张群生。在西方，无论是柏拉图、亚里士多德，还是近代伏尔泰、孟德斯鸠都认为，人不能单靠自己达到自足，而要具有自然合群性，这把人导向社会生活，这是人得以共同生存的法宝。（2）人是社会存在物，有社会性。群道具有道德理性，群道是指具有人所特有的本质力量与主体能力的人所构成的人类命运共同体的社会，它是体现分工合作、互联互帮、互惠互利的命运共同体，它是具有政治性、道德性、意识性的社会共同体。从这个意义上说，人是度越了纯生物性的"动物社会"的存在者，因为人是道德理性的和合存在者。亚里士多德认为，"理性比任何其他的东西更加是人"⑤。中国古人认为人类有气、有生、有知、有义，"故最为天下贵"。"仁义德行，常安之术也。"⑥ "礼也者，贵者敬焉，老者孝焉，长者弟焉，幼者慈焉，贱者惠焉。"⑦ 人类生来都是一张白纸，唯有通过社会道德理性的教化，才构成常安的命运共同体。（3）人是有情感的和合存在者，人若无情，非人也。孟子认为"人皆有不忍人之心"，具有恻隐、羞恶、辞让、是非之心。人类在实践、认知活动中，会对某一事物产生一定的情感状态，如见孺子将入井，而产生怵惕恻隐的情感，这种情感是人的本性的体现。"中华民族历来重真情，尚大义"，一句"回家过年"，牵动着亿万人的最温馨的情愫。万家团圆，共享天伦，走亲访友，共祝美好，贯穿其中的是浓浓的亲情、友情、爱情，这是一种"不虚、不私、不妄之情"，它铸就了守望相助、天下同心的人类命运共同体。

---

① 王制//荀子新注. 北京：中华书局，1979：127.
② 富国//荀子新注. 北京：中华书局，1979：139.
③ 同①.
④ 同①.
⑤ 北京大学哲学系外国哲学史教研室. 古希腊罗马哲学. 北京：商务印书馆，1964：328.
⑥ 荣辱//荀子新注. 北京：中华书局，1979：43.
⑦ 大略//荀子新注. 北京：中华书局，1979：442.

从人类外在的时代需要而言：（1）在全球化、信息智能革命时代，民族、国家不分大小、贫富，在全球紧密相连的世界里，已是你中有我、我中有你，利益高度融合，彼此依存。一荣俱荣，一衰俱衰，和合则两利，抗争则两败，和则兴，斗则亡，谁也不能独善其身，全球命运休戚相关，兴衰与共。（2）在"互联网+"的全球环境中，人类共同拥有的唯一家园，变得越来越小，牵一发而动全身。一国一民族的政治、经济、文化，以至选举出现问题，就掀起影响全球各国各民族的风波，以至引起全球人们的忧愁、恐惧、愤怒、疑虑。在互联网时代，和合学是对一般社会关系的有序化、理性化，使人际、国家之间关系转化为共同体关系，这种关系是基于共同体之间的理解，对他者的信任和诚信。这使互联网畅通无阻，助推人类命运共同体进程。（3）人类共同面临人与自然冲突而造成生态危机，人与社会冲突造成人道危机，人与人冲突形成道德危机，人的心灵冲突带来精神危机，文明之间冲突产生价值危机。此五大冲突与危机，把人类命运紧密联在一起，一国一地区均无法单独应对、化解，唯有竭诚合作才能改善。它把各个国家的家庭、社会、党派、宗教等利害关系统合而整合在一起。冲突与危机是灵感的源泉，为人类命运提供了共同体生活的契机。于是融突而和合的和合学应运而生，其和生、和处、和立、和达、和爱原理，是整合、协调、化解五大冲突与危机的最佳选择，而使全球取得共识，产生一定凝聚力、向心力，形成全球某种稳定内在秩序、共契一致的人类命运共同体。

正如联合国社会发展委员会第55届会议主席菲利普·查沃斯所说："当前世界各国之间相互依存程度日益提高，人类面临各种各样的严峻挑战。在这样的形势下，'构建人类命运共同体'理念体现了中国人着眼于维护人类长远利益的远见卓识。"① "这一理念已经得到广大联合国会员国的普遍认同，也彰显了中国对全球治理的巨大贡献，正在以稳健步伐迈向世界舞台中央的中国向联合国提供了可以惠及全人类的公共产品，这是中国在联合国这个世界最重要的多边外交舞台上有效争得话语权的成功例证"②。联合国决议首次写入了"构建人类命运共同体"理念。

如何构建以和平、发展、合作、共赢为宗旨的人类命运共同体？（1）我们要登高远望，开放包容。人类面临大发展、大变革、大调整时代，在此错综复杂的全球环境中，必须高瞻远瞩，"鸿鹄高飞，一举千

---

① 构建人类命运共同体凸显中国贡献. 参考消息，2017-02-20.
② 同①.

里"。度越一般世事的种种关系形态，以和合学思维的开放包容性，使各文明之间彼此互相理解、借鉴、尊重、吸收，这为人类的长远利益、未来命运提供智慧卓越的中国方案创造了机遇。（2）要广开言路，海纳百川。人类命运共同体是连接人与自然、社会、人际、文明融突和合化、有序理性化、殊相共相化、逻辑结构化的过程。必须博学切问、广采群谋。"故驰骛乎兼容并包，而勤思乎参天贰地。"海纳百川，才能有容乃大，人类命运共同体才能长成参天大树。（3）要坚定意志，排除厄运。人类正处在挑战层出不穷、风险日益增多、冲突危机不断的时代，也遭遇冷战思维、强权政治、恐怖主义、难民危机、气候变化等厄运。幸运与厄运是人类命运共同体中两种表现形态。人类不能等待天赐福音，"坚志者，功名之主也"。以坚强的意志，化解厄运，这是建构人类命运共同体的支柱。（4）要勇于创造，引领开新。朱熹说："勇往直前，说出人不敢说底道理。"习近平说："敢于走前人没有走过的路，敢于抢占国内国际创新制高点。要把握创新特点，遵循创新规律，既奇思妙想、'无中生有'，努力追求原始创新，又兼收并蓄，博采众长，善于进行集成创新和引进消化吸收再创造。"① 把人类命运共同体构建得更美好。（5）要健全机制，信息通畅。在构建人类命运共同体途中，坎坷与坦途、危难与安宁、忧患与乐道、失败与成功相伴相随，于是要加强信息、智库、决策、笃行机制建设，使国内国际信息畅通无阻，统筹全局，除各种机构智库外，要发挥民间智库的功能，制订公正、合理、公平、正义、前沿、远见、卓识的中国方案。厄运激发奋斗精神，危难使人类奋发图强，忧患升华精神境界，坎坷引发创造灵感。人类命运共同体的幸运，是对为其虔诚奋斗者的奖赏②，人类命运共同体的凯歌定能响彻寰宇。

---

① 习近平. 在知识分子、劳动模范、青年代表座谈会上的讲话. 人民日报，2016-04-30.
② 蔡永宁. 论命运. 北京：中国人民大学，2000.

关学的共同体智慧*

巍巍太白,人杰地灵。北宋五子,蓝田四贤。养蒙圣功,传承正学。泱泱关学,薪火相续。人才辈出,济济雕雕。旧学新知,其命维新。关中自古理学之邦,上启文武周公,下开宋元明清,弘扬关学共同体智慧,是彰显中华文化命脉的担当。

关学作为地域文化,但具有全国共同体的整体性、价值的普适性,与其他学派共同构成濂洛关闽即宋代理学的四大主流学派。关学与洛学同为理学的创建者、奠基者。如果说程颢的"吾学虽有所受,天理二字却是自家体贴出来"的话,那么张载"为天地立心,为生民立命,为往圣继绝学,为万世开太平"。他们继往开来,开启理学。程颢智慧创新理学的新思维、新观念、新学风、新称谓。张载则阐明理学的宗旨和方向,是指导理学为学思辨和笃行的纲领,也是理学的核心价值观、宇宙观、天下观、道德观的宣示。张载的《西铭》以天地为人类父母及民胞物与的思想,以及"天下为一家""中国为一人"的命运共同体观念,为天下确立共同体文化价值,并将"天下无一物非我"的孝亲、仁民、爱物的共同体的本根与"太虚即气"的形而上学相融合,构成体用一源的共同体核心观念和理论思维体系。

发扬关学共同体智慧,对体认当今的时代核心价值将有所裨益。

"仇必和而解"的智慧。张载绍承儒、道、墨等家思想,著《正蒙》和《横渠易说》。他在注《周易·乾·彖》的"乾道变化,各正性命,保

---

* 本文原载于《光明日报·国学》2016年4月18日。

合大和，乃利贞。首出庶物，万国咸宁"时说："万物皆始，故性命之各正。惟君子为能与时消息，顺性命、躬天德而诚行之也。精义时措，故能保合大和，健利且贞"①。君子只有从"与时消息"、"精义时措"、性命顺、天德躬这几个维度上真诚笃行，才能保合太和。张载又和合儒家的"和为贵""君子和而不同"，老子的"万物负阴而抱阳，冲气以为和""知和曰常，知常曰明"以及墨子的和合思想，智能创造为《正蒙·太和篇》。"太和所谓道，中涵浮沉、升降、动静相感之性，是生细缊、相荡、胜负屈伸之始。"② 把太和作动态的、辩证的形而上学的诠释，又把气本作形而下的交感而生则聚有象的阐发。作为客形客感有象的事物，便会产生对待或矛盾，"有象斯有对，对必反其为。有反斯有仇，仇必和而解"③。具有深刻的、普适的现代价值。在当前世界不太平，各种冲突危机多发，局部战争、动乱、恐怖袭击屡发不断的情况下，唯有以"仇必和而解"的精神和智慧，以和化解仇恨。之所以有仇恨，张载认为都是"爱恶之情"和争夺物欲之私利的结果，只有转爱恶之情为仁爱，转物欲之私利为公利，才能使世界和谐，人人安居乐业。若仇必仇到底，冤冤相报，何时能了！结果是国家受损，民族式微，人民遭殃，危害全人类的和平发展。

"为生民立命"的智慧。仇若不化解，生民的性命就不能保障。关学的人生抱负和命运共同体的目标是"为万世开太平"，是为国、为民、为天下百姓。张载及关学学人以海纳百川的宽阔胸怀、天下的视野、崇高的价值理想、高尚的伦理道德，处处事事以民为本。本固才能邦宁。然北宋中期土地兼并加剧，农民破产，即使丧失土地，他们却照样纳税，农民苦不堪言。为化解农民疾苦，张载试行"井田制"。他认为"治天下不由井地，终无由得平"④。主张把土地收归国有，然后分配给农民，限制大地主、官僚的土地兼并特权，企图解决当时贫富不均的两极分化问题，使农民能够生活下去。因此，他主张革新变法，"凡变法须是通，'通其变使民不倦'，岂有圣人变法而不通也？"⑤ "变而通之以尽利。（理势既变，不能与时顺通，非尽利之道。）"⑥ 穷则变，变则通，通则久。变法为民为国谋利，民与国通达而长久。通与久的有力措施是使民得到土地，这是"养民

---

① 横渠易说·上经//张载集，北京：中华书局，1978：70.
② 正蒙·太和篇//张载集，北京：中华书局，1978：7.
③ 同②7.
④ 经学理窟·周礼//张载集，北京：中华书局，1978：248.
⑤ 横渠易说·系辞下//张载集，北京：中华书局，1978：212.
⑥ 横渠易说·系辞上//张载集，北京：中华书局，1978：205.

之本"。吕大钧提出:"为国之计,莫急于保民。保民之要,在于存恤主户;又招诱客户,使之置田以为主户。主户苟众,而邦本自固。"如何保民存恤,张载主张改革赋税,"取之不如是之尽,其取之亦什一之法也,其间有山陵林麓不在数"①。行什一税法,以减轻农民负担,为生民立命。

"民胞物与"的智慧。"为生民立命"的精神支撑是"民胞物与",这也是其共同体思维的基础。《西铭》说:"乾称父,坤称母。予兹藐焉,乃混然中处。故天地之塞,吾其体;天地之帅,吾其性。民吾同胞,物吾与也。"天地是人类的父母,人禀气于天,赋形于地,妙合而凝成人身。人体与万物之体虽各异而分殊,人性与万物之性亦分殊,但都禀天地之气与理,而理一,故解为"理一分殊"。既然人人皆禀天地的理气,全人类都是我的同胞兄弟;人的体、性与天下万物的体、性均本于天地而无不同,所以天地万物,若动若植,有情无情,都是我的伙伴朋友。这是以"天下为一家,中国为一人"的博大情怀、人文悲愿。王夫之说:"由吾同胞之必友爱,交与之必信睦,则于民必仁,于物必爱之理,亦生心而不容已矣。"这便是孟子"亲亲而仁民,仁民而爱物"的传承。张载"民胞物与"的共同体智慧影响两大哲学家,朱熹说:"盖天地万物,本吾一体",我的心正气顺,天地的心气亦正与顺。王守仁说:"大人者,以天地万物为一体者也,其视天下犹一家,中国犹一人焉。"在当今人与自然发生严重冲突,生态危机危害人类之际,民胞物与是古人顶层设计,启发今人觉解。对天地间草木禽兽、水土山川都应该像爱护人类自己一样爱护它们,与它们共生、共存、共立、共达。

"心统性情"的智慧。民胞物与,体现一种伟大的爱心,"仇必和而解",也必须有一种和爱之心,才能和解。心如何统摄性情?这关联心与性、性与情、心与情的问题。张载面对以往形形色色的性恶论、性善论、善恶统一论、性三品说等等观点,度越前人,独辟蹊径地提出"天地之性"与"气质之性"说,既坚持了性善论,又诠释了恶的来源与善恶统一论。后来朱熹赞扬说:"以气质论,则凡言性不同者,皆冰释矣。"故此"极有功于圣门,有补于后学"。气质之性既是性,又包含了情。所以张载逻辑地提出"心统性情者也。有形则有体,有性则有情。发于性则见于情,发于情则见于色,以类而应也"。凡有形体的事物,都有其固有的性,有性便有情,两者互相存有,而不分离。情是性的发动,形色是情的发

---

① 经学理窟·周礼//张载集,北京:中华书局,1978:250.

动。情是心理的情感活动，如喜怒哀乐未发为性，已发为情。"情则是实事，喜怒哀乐之谓也，欲喜者如此喜之，欲怒者如此怒之，欲哀欲乐者如此乐之哀之，莫非性中发出实事也。"喜怒哀乐情感活动的发生，便成为事实，即情感活动的物事化，此物事化的情感行为未必是恶，如果"皆中节谓之和，不中节则恶"。善恶的标准是发而中节与否。不中节是因为"情伪相感而利害生，杂之伪也"。由于情与伪互相感应和掺杂，使情昏蔽为恶。若以爱心、善心来统摄性情，性与情皆为善。朱熹称赞说："性对情言，心对性情言。今如此是性，动处是情，主宰是心。横渠云'心统性情者也'，此语极佳。"① 心所以是主宰，因为"性是体，情是用。性情皆出于心，故心能统之"②。尽管"心统性情"引起宋明理学家不同诠释与论争，但以"仁义礼智根于心"，心具四德之善，以四德之心统摄性情，性情亦为善而非恶。张载从道德理性的高度凸显了中华民族的道德精髓，从心这个根底构建道德的本然和应然。

"为往圣继绝学"的智慧。关学不仅有自强不息的求道精神，而且有厚德载物的包容精神。蓝田吕氏生活在"今大道未明，人趋异学，不入于庄，则入于释。疑圣人为未尽善，轻理义为不足学，人伦不明，万物憔悴"的时代。有鉴于此，吕大临叹道："呜呼！去圣远矣，斯文丧矣。先王之流风善政，泯没而不可见；明师贤弟子传授之学，断绝而不得闻。"为求索未明的大道，去对待圣人之学的疑惑，纠轻义之学，使往圣的斯文大明于世，恢复先王的流风善政，普泽天下。蓝田四兄弟废寝忘食，"相切磋论道考礼"。他们从礼契入，多层面诠释大道和考索礼义。吕大临认为，礼之本在于"修身正心貌言"；礼的效用在于"节文乎仁义者也"，"使强弱寡众群而不乱"，"修小过小不及"；礼的规范在于"今人之所备所能，并不在于贵贱"；礼的体则"始于冠，本于昏，重于丧祭，尊于朝聘，和于射乡"。从礼的本、用、体和规范等方面，弘扬往圣礼的内涵。张载志道精思，以礼教化培养人性。"盖礼者滋养人德性，又使人有常业"，他认为"人之所以为人，礼义立也"。这就是发扬孔子"不学礼，无以立"的思想。这是从礼的行为规范、伦理规则到形而上的继绝学之道的探索。吕大临说："中者，道之所出，天道天德降而在人，谓之性，性无内外，皆一体"。中不仅是道之所由出，而且是性和天道。吕大临揭出"圣人之学以中为大本，虽尧舜相授以天下，亦云'允执其中'"。把中升华为形而上

---

① 后录下//张载集. 北京：中华书局，1978：338.
② 同①339.

本体。从中为形而上的大根本出发，逻辑地认为中为道之所由出。尽管程颐认为"此语有病"。但吕大临依其对《中庸》"中也者，天下之大本也"的体认和觉解，坚持他自己的观点，这是他和程颐的分别，也是其独具匠心的创新，这是关学共同体智慧的源头活水。

经世致用的智慧。如果说《正蒙》《西铭》是以形而上学为主而不废形而下的话，那么，其道与礼融合，道与器相兼，是关学精神智慧的实践特色。关学注重研究天文、兵法、医学等实践，在探讨自然科学中，张载发展了西汉以来的地动说。他少时喜谈兵，时因宋西部常受西夏侵扰，人民常遭杀戮和掠夺，他曾写信给时任陕西招讨副使的范仲淹，讨论边防问题。他曾计划联络一些人，组织武装力量夺回洮西地方。他试图进行军事变革，化解北宋积弱局面。吕大钧作《世守边郡议》，主张"使边郡略法古意，慎选仁勇之士，使得世守郡事，兵民措置，悉以委之，租调收入，一切不问"。以使边防"安静不扰"，人民得以安居乐业。他们关心黎民疾苦，为民办好事。在吕大防与范纯仁共相时，事事关心人民之利。吕大防在任永寿县令时，力排众议，将远处的涧水引入县城，解决百姓无井缺水问题，百姓感其恩而称"吕公泉"。他在任青城知县时，一改利用"圭田粟入以大斗而出以公斗"的刻薄百姓输租之法，化解了百姓"虽病而不敢诉"的不合理制度。他认为治国方略应以"养民、教士、重谷为国家之本"。其《吕氏乡约》的德业相劝、过失相规、患难相恤、聚会主事等，是关学经世致用共同体智慧的具体体现。

关学共同体的精神智慧，既是化解北宋时诸多冲突危机之道，也体现了当时时代精神，亦是对理学核心话题的共同阐发。即使历史的车轮，已过去千年，然其精神智慧却是中华民族文化哲学宝库中一颗璀璨的明珠，在当今仍然发出其灿烂的光辉，若化作化解错综复杂冲突危机的利器，则大益于振兴中华民族。

论信息革命时代的中华文明[*]
——经权、和实力与世界新秩序

21世纪是人类历史的大转折、大发展、大转型时期。在当今信息智能时代,时空观、价值观、军事观、语言观的变化预示着一种新的思维方法的出现。我们应该有立足全球的眼光,以全人类的视野来建构新的世界文明,中华文明"和而不同"的观念是顺应世界多元化发展的新思路。要使中国在国际舞台上享有其应有的地位,在增强经济、军事话语权的同时,必须增强具有中国特色的"和实力"。

一、以"和"为核心的儒家文化

中华文明之所以生生不息、永继弥新,是因为它是一个海纳百川、有容乃大的体系。远古时代的炎黄文化是西戎、北狄、南越、东夷与中原文化的融合,是和而不同的文化和合体。中国传统文化是一个开放体系。比如中华文明,先秦时代"百家争鸣",存在儒家、道家、法家、墨家、兵家、阴阳家等各学派的论辩。到了汉代,虽然提出"罢黜百家,独尊儒术",但当时董仲舒的儒家思想把法家、名家、阴阳家(阴阳五行思想)等各家思想都吸收进来。魏晋时期儒学与道家学说相互融合而成玄学,南北朝、隋唐时期则融进了佛家文化,到了宋明理学的时候,把儒释道的思想融突和合起来。唐代曾提出儒释道三家兼容并蓄,合而为一,但没有成功,不过宋明理学做到了这一点。儒释道三家是有矛盾冲突的,比如佛教

---

[*] 本文原载于《学术前沿》2013年第8期。这是樊保玲根据录音整理,并经作者本人审阅的。

持一种出世的思想，是不拜皇帝的，不考虑传宗接代的，儒家则认为佛文化无君无父，不忠不孝（儒家讲"不孝有三，无后为大"），所以说，从伦理道德而言，佛家是和中国文化有冲突的，但是宋明理学则以儒家思想为核心融合佛老，因此宋明理学不仅是儒学发展的顶峰时期，也是一次思想解放运动。它剥去了披在《五经》身上神圣不可侵犯的、疏不破注的外衣，敢于疑经改经，六经注我。到了近代，各种西方思想潮水般涌进中国。现代新儒家则把西方思想与中国传统思想融合起来，如冯友兰把"新实在论"的思想融合进来，胡适把杜威的实用主义思想融合进来，牟宗三则把康德的思想融合进来，使中西文化得到融合会通。冯友兰在《贞元六书》之一的《新理学》中，开宗明义地声称"我们是接着宋明以来底理学讲底"。牟宗三和熊十力则是接着陆王心学讲的。[①] 现代新儒学的出现和当时中国所处的政治环境密切相关，中国当时处于亡国灭种的危急关头，中国知识分子意识到必须发扬中华文明的精神，以抗衡日本军国主义政治上、军事上、文化上的侵略。冯友兰在《新理学·自序》中说："去年中日战起，随学校南来，居于南岳。所见胜迹，多与哲学史有关者。怀昔贤之高风，对当世之巨变，心中感发，不能自已。……遂成此书。"[②] 可以说，现代新儒家是基于抗日背景而对中华文化的创新与发展。

在当今信息智能时代，人类面临的危机是没有国界的，在"地球村""太空船"中，中国存在的问题也是世界的问题，世界的问题也是中国的问题，你中有我，我中有你。因此，在探讨中国问题时必须具有全球的视野、人类的意识。亨廷顿认为，世界冲突的根源不再是意识形态，而是文化方面的差异，主宰世界的将是"文明的冲突"，未来世界的主要冲突将是由伊斯兰文明援手中华文明，威胁西方文明。[③] 我们不认同亨廷顿的文明冲突论，因为他误读了中华文明，不懂中华文明以"和为贵"的思想原则，但是文明价值的危机还是存在的。除了文明的冲突和危机之外，与此同时，还存在人与自然、人与社会、人与人、人与人的心灵等冲突，由此引发了生态危机、社会危机、道德危机、精神（信仰）危机。[④] 在信息智能革命时代，中华文明的建构必须充分认识时代的冲突和危机，才能掌握时代精神，做出唯变所适的应对，提出新的理论思维。

---

① 贺麟. 当代中国哲学. 南京：胜利出版公司，1947.
② 冯友兰. 新理学. 上海：商务印书馆，1939.
③ 亨廷顿. 文明的冲突与世界秩序的重建. 北京：新华出版社，1999.
④ 张立文. 和合学概论——21世纪文化战略的构想. 北京：首都师范大学出版社，1996.

二、信息革命时代给世界带来的大变化

21世纪是个大转折，也是大发展、大转型时代。在这个时代，既是各种矛盾冲突危机突发期，也是错综复杂期。从人类发展历史来看，人类经历了农业革命时代、工业革命时代，现在进入了信息智能革命时代。这个时代尽管不是采取暴力的形式，但是它所引起社会、政治、经济、文化、制度、军事、生态、生活方式等全方位的变化的深刻度和影响力，超过了农业革命和工业革命时代。我们可以看到，信息智能革命给人类生活带来了巨大变化，并渗透到了人类生活的各个方面，比如人们的生活方式、写作方法、交往（流）方法、购物方式、恋爱方式、思维方式，甚至偷盗诈骗的方式，等等。据2013年1月15日中国互联网络信息中心发布的《第31次中国互联网络发展状况统计报告》，截至2012年12月底，我国网民人数达到5.64亿，网络普及率升至42.1%，网络政治参与方式更加多样化、普及化、快速化，是政治民主、言论自由、人权保障的标尺。信息智能革命引起人们在衣食住行用各个方面的变化，是农业革命时代和工业革命时代所不可想象的。概括而言，信息智能革命时代主要带来了四个方面的变化。

一是时空观的变化。工业革命时代，远隔千山万水，两个人见面需要坐火车、汽车、飞机，费时费力，现在却可以随时在手机上见面和交流，时间和空间的差距完全被打破、被颠覆了。世界的联系不仅仅越来越紧密，而且越来越快速直接，世界确实成了以前所讲的地球村，传统时空观念被颠覆。时空观的变化也构成了对伽达默尔所讲的时（间）空差的再审视。他认为要复原过去的事情及认识是不可能的，而信息革命时代对传统时空观的打破也是对伽达默尔解释学的挑战，预示着新时空观的诞生。

二是价值观的变化。我们的价值观念受到了前所未有的挑战，过去我们认同的道德、伦理、文化、政治、经济、生态、审美、制度等观念都受到了冲击。为道屡迁，农业革命时代和工业革命时代的价值理想随信息智能革命而发生变化。农业革命时代，中国古人的价值理想就是"大同世界"，而到现在，就不能说世界发展的价值理想是走向"大同"，而应该说是"和而不同"。世界的发展应该是多极化的，将来不是一个国家统治世界，也不是冷战时期那种社会主义国家以苏联为首、资本主义国家以美国为首这样两元对立的格局，而应该是趋向多元化、多样化、有差别化。譬如宗教，经几千年来的发展，即使再过100年、500年，仍然是多元存在，

而不会走向"统一"或"大同"。又如各国根据自己国家的实际,选择不同发展道路和社会制度,也是多元、多样存在,也不能"大同",而只能是"和而不同"的和合。从这个角度讲,大智能时代的价值理想对农业革命时代的"大同观念"提出了挑战。同时,也对工业革命时代的自由、民主和人权等价值理想提出了挑战。现在,我们每个人都可以用手机、电脑在微博上对社会各方面问题代表个人自由发表意见和看法,这在一定程度上实现了人的自由权利和民主权利,自由、民主、人权已不是完全意义上的价值理想。况且,美国的民主也未必是真正的人民民主,两党之间轮流坐庄能算真正的民主吗?尽管是全民投票,可是谁的资金多,谁就处强势地位,谁就掌握舆论权,谁就可以造成舆论爆炸,以吸引选民的眼球,这就是约瑟夫·奈所讲的"软实力"。普通民众能有这种力量吗?有的国家表面民主,实际一党独霸政坛。从这个意义上看,无论是农业革命时代还是工业革命时代的价值观念,在信息智能革命时代都受到了挑战和颠覆。在这样的背景下,应该有什么样的价值理想?在世界多元、多极,承认差别和矛盾的情况下,我国提出建构和谐社会、和谐世界这样的价值理想,是符合信息智能革命时代背景的价值理想,也是人们所期望的价值理想。

三是军事观的变化。在军事上,现在已经不是二战时期那种依靠枪炮等武器拼杀对抗的时代了,而是通过信息控制、制导无人机、导弹等方式,是信息攻击战、网络战时代了,将来的战争也势必是信息战和网络战,要么破坏对方的网络或者破解对方信息,要么是机器人(如无人机)的战争等。传统的战争观被颠覆,战争的形势完全发生变化。随着科技不断进步,战争形势和内涵不断提升,假如发生核战争,必将是人类的末日、地球的末日,就不仅仅是一个国家或地区的毁灭。

四是语言观的变化。信息智能革命带来文字、话语形式的变革。信息智能革命时代网络十分发达,网络上出现了很多过去不可想象的网络语言,如给力、河蟹、山寨、粉丝等。对于这些网络语言,我想冯友兰时代的人们都不明白这是什么意思。语言文字的变化预示着思想的变化,预示着新思想的出现。

以上这四个方面的变化都预示着新的思想、新的思维、新的理论的出现。21世纪,中华文明究竟能够做出什么样的贡献?中华文明中哪些思想对建构新时代的世界文明是有用的?我们应该有立足全球的眼光,以全人类的视野来建构新的世界文明。

三、和而不同：顺应世界多元化发展的新思路

"和"，《国语·郑语》上曾诠释为"以他平他谓之和"①，"和"的意思是"他"与"他"之间应该互相尊重、互相平等。这是世界文明对话的游戏规则，各文明主体的"他"与"他"之间、文明主体与自然之间、各宗教主体"他"与"他"之间、各矛盾冲突主体"他"与"他"之间，尽管存在贫富、强弱、优劣、高下的差分，或价值观念、宗教信仰、社会制度、生活习惯的不同，但都应该"和而不同"，而不应该"同而不和"。抛弃一切对"他者"的成见，或先入为主的偏见、恶见、破见，以不迷心之正见尊重他者。从这个意义上讲，对于自然，我们应该尊重自然万物；对于人类，我们尊重人的生命；对于国家，我们尊重国家的独立性。以"和"为"贵"，就"贵"在"他"与"他"之间是互相平等的、互相尊重的、互相信任的，不以势压人，而以理服人；不以力强人，而以情感人；不以假言哄人，而以行动人，这是多元世界必由之路。这可以从以下几个方面来看：

从生命的意义而言，天地万物是从哪里来的？人是从哪里来的？这是每个民族都探讨的重要命题。中国文化的回答与西方不同。中国讲"和实生物"，"故先王以土与金木水火杂，以成百物"②，不是上帝创造万物，而是互相矛盾的物质（如水、火是不容的）互相杂合而产生了万物。西方个别国家以自己为老大、为霸主，认为他们可以创造世界、保护世界，似乎是现世的"上帝"，别人都得遵循模仿他。自从古希腊文明以来，他们都认为世界万物的本源是"一"，巴门尼德说："存在即是一。"无论是水、火、原子，或是理念、共相、实体、本体、上帝、绝对精神，等等，都在追求一个唯一的、绝对的、至极的形而上本体、实体的统一性。换言之，都是"上帝"或其变种。中国对天地万物本原的认识则不同，认为世界的本原是多元的，多样不同的事物可以在相互冲突中融合，在融合中蕴涵冲突，甚至互相矛盾的事物都可以相反相成，因此中国文明海纳百川、有容乃大。尽管中国宗教那么多，却相互之间不"打架"，无论是藏传佛教、伊斯兰教、道教，都可以相互兼容。一个寺庙里面，甚至可以祭拜儒释道

---

① 郑语//国语集解：卷16. 北京：中华书局，2002：470. "夫和实生物，同则不继。以他平他谓之和，故能丰长而物归之。若以同裨同，尽乃弃矣。"

② 同①.

三教的教主或其他神灵，这在其他宗教庙堂里是不可想象的，也是绝对不允许的。中华文明具有包容性、宽容性，故能海纳百川，不会把与自己不同的东西排斥出去。西方一元论，非此即彼的文化，就具有排他性、独裁性，异教徒会被处死，而中华文化则是讲人与自然、社会、人际、文明间冲突融合，和合相处，这就是"和生"思想。这犹如一种后现代的思想，不尊奉权威，注重他者。

当今世界文明，文有不文，明有不明，干戈不息，爆炸不断，战争、动乱、恐怖此起彼伏，无日不见于媒体。治疗如此严重文明病症，应该是多管齐下，包括政治的、经济的、法律的、制度的、价值的、心灵的、军事的方法，所有这些方法，都应以"和而不同"为原则，以和平、合作、发展、共赢为目标。中华文明自古以来倡导和为贵，主张"和平共处"，周恩来在20世纪50年代提出了世界各国"和平共处"的五项基本原则。尽管人与人之间，民族、种族之间，国家之间有不同、有差别，但是可以求同存异、和平相处。现在我们依然坚持"和平共处"原则，这与中华文明是一脉相承的。在世界多极化、文化多样化、宗教多元化的现实世界，就应该承认和而不同、和平共处。希伯来文化和希腊文化结合成了基督教文化，希伯来人和上帝定的契约叫"旧约"，后来的叫"新约"。无论是基督教文化还是伊斯兰文化，或是儒教文化、佛教文化，都不主张杀人，而主张和平。这是1993年芝加哥世界宗教议会所获得的共识。中国决不搞"同而不和"、结党营私、党同伐异、围堵、制裁他者。和而不同、和平共处是中国和平发展、永不称霸外交政策的重要原则。为此，当今世界文明应确立这样一些原则："己所不欲，勿施于人"为世界文明一切行为活动的指导原则；"以他平他谓之和"为世界文明一切行为活动（对话、交流、谈判、互动、贸易等）的"游戏规则"；和平、合作、发展、共赢为世界文明的价值目标。孔子在回答子贡"有一言而可以终身行之者乎"的问题时说："其恕乎！己所不欲，勿施于人。"子贡也说："我不欲人之加诸我也，吾亦欲无加诸人。"讲了己与人、人与人、他与他的恕道原则。尽管当今世界存在不同的阶级、民族、集团、宗教、制度、政治意识的差异，这些差异、分别造成各种冲突，但冲突不应导致对抗和战争，现代的战争很可能导致两败俱伤的结果，唯有通过对话、谈判，互相谅解、妥协，而走向融突的和合，这是最佳的决策和选择。

世界经济发展不平衡，有发达国家、发展中国家、不发达国家，这是一个普遍的现象，中国国内也存在中西部地区发展不平衡现象。如果将来的发展越来越不平衡，贫富差距不断拉大，从国家的角度来看，这是国家发展的不稳定因素之一，从世界的角度来讲，也是诱发世界动乱的重要原因之一。中国历史上发生的改朝换代的农民暴动，最主要的原因就是贫富不均，《汉纪·孝武皇帝纪四》记载"富者田连阡陌，贫者无立锥之地"，穷人生活不下去了，只好起来反抗。为了避免地区、国家之间贫富差距拉大所造成的稳定与安全隐患，发达的国家应该帮助不发达国家发展经济。尽管中国还不发达，但仍然帮助不发达的民族、国家的发展，譬如"一带一路"、中非合作。中国自己穷得不能扩建铁路，却帮非洲建坦赞铁路，许多工人甚至付出了生命。我们自己"勒紧裤腰带"，饿着肚子，却支援越南抗法抗美。中国一直在不带政治条件地帮助不发达国家。[①] 中国的这种做法可以在中国古代文明中找到思想源头，孔子曰："夫仁者，己欲立而立人，己欲达而达人。能近取譬，可谓仁之方也已。"（《论语·雍也》）自己独立了、立业了，要帮助别人独立、成功立业；自己发达了，要帮助其他民族、国家发达。长期以来，发达国家、发展中国家、不发达国家，在资源占有、财富分配、发展机会等方面是不均等的，这就制约了世界经济持久稳定的发展。没有广大发展中国家的发展，谈不上世界真正的发展，没有不发达国家的脱贫致富，也说不上世界真正的繁荣。回顾一下，西方资本主义国家，几乎都是在采取殖民主义的方式中发展起来的，如美、英、法、德、意、日等国。在资本主义原始资本积累时期，它们通过贩卖黑奴、剥削殖民地人民血汗、发动战争、获得赔款等方式搜刮了别国，富裕了自己。中国郑和下西洋比哥伦布发现新大陆早几十年，有新闻报道，在肯尼亚发现了中国的铜钱，说明中国在明代已经到达了非洲一带。尽管郑和船队装备精良，却毫无侵犯别国之意图，反而将丝绸、金银、瓷器等珍贵的手工艺品奉送给各国。而西方国家在哥伦布等人开辟了新航线之后，带给沿途国家的是战争、殖民、掠夺。只有走共同发展的道路，世界才会太平，这是中华文明所坚持的和平共处、合作共赢的原则。

和合是中国文明的精髓和首要条件，主张人与自然、社会、人际、心灵、文明之间的冲突和危机，通过和合学的和生、和处、和立、和达、和爱五大原则来化解，即通过对话、交流、合作、互动、谈判，实现求和平、谋发展、促合作、获共赢。和合是中国古代先贤先哲对于自然、社会、人生各种现象背后本质的概括，是生命智慧的体验，智能创造的结晶，成为中华传统文明中被普遍接受的人文精神和价值观念。《中庸》说：

[①] 中国对非政策与西方有本质不同. 参考消息, 2013-04-10. 转载自西班牙中国政策观察网站 2013 年 4 月 8 日文章.

"中也者，天下之大本也；和也者，天下之达道也。"和是天下互相交通、沟通、交流、对话的最大的、最普遍的道理。中华文明自古以来就以"百姓昭明，协和万邦，黎民于变时雍"作为处理国家关系的原则。中华和合文化要和平，不要战争；要发展，不要贫穷；要合作，不要对抗。主张国家不论大小、贫富、强弱，政治上互相尊重其主权和国格，反对以大欺小，恃强凌弱，倚富压贫。必须抛弃冷战思维，清除你死我活、你衰我强、我胜你败的非此即彼的博弈思想，建立公平、公正、安全的国家关系机制，倡导各国、各民族平等协商、合作互补、互利共赢、相互借鉴，推动全球经济朝着均衡、普惠目标发展；主张各国、各民族都有平等参与国际事务的权利，在国际政治、经济、文化、生态关系中，恪守公认的国际法及国际关系准则，建构和谐世界；各国、各民族、各宗教在相互交往中，即使有着差异、冲突，亦要坚持博爱精神和人道主义原则，消除一切由于民族、种族、教派和意识形态差异而带来的人道主义灾难；坚持贯彻"仁民爱物"的原则，以"和而不同"原则处理国际争端；世界各国、各民族、各宗教要求同存异、和平共处、尊重人权，不损害其他国家的尊严和核心利益；坚持"与邻为善，以邻为伴"原则，巩固睦邻友好关系，协调与周边各国、各民族关系，营造和谐稳定、合作互惠的周边和国际环境。

　　国际关系错综复杂、变幻无常，即使表面风平浪静，却暗流汹涌澎湃。如此，必须审时度势，唯变所适。借鉴中华先贤先哲的经权思维，所谓"经"是指原则性、常规性；所谓"权"是灵活性、变动性。"经"即坚持联合国宪章、和平共处五项原则，维持世界和平，促进共同发展；"权"即依据天时、地利、人和的变化，适时采取灵活对策，调整战略战术方针。董仲舒以阴阳理论解释经与权关系："天以阴为权，以阳为经。阳出而南，阴出而北。经用于盛，权用于末。以此见天之显经隐权，前德而后刑也。"① 经阳权阴、经南权北、经盛权末、经显权隐等性质与特征。经阳是向太阳的，故南面；权阴是背太阳的，故北向。经与权，一显一隐。换言之，居和平而思动乱，居友好而思祸患，居安全而思凶险。《周易·乾文言》说："知进而不知退，知存而不知亡，知得而不知丧，其唯圣人乎？"掌握理事发展的趋势，适时进退存亡，就可立于不败之地。经与权又是互相依赖、渗透、联系、转化的。经也是活的，如果把原则性僵化，就成为死的教条。《孟子·离娄上》记载：孟子的嫂子溺水，依据礼

---

① 阳尊阴卑//春秋繁露义证. 北京：中华书局，1992：327.

制,"男女授受不亲",是不能用手去拉她的,但从人情来说,"嫂溺不援,是豺狼也。"孟子在此两难中,选择援手去救嫂子,"嫂溺,援之以手者,权也"。这虽然违背了经的原则性,但却是权的灵活性的体现,赵岐注曰:"权者,反经而善也。"这是符合道德善良之心的,这善良之心,就是民意,要根据形势和所在国的大多数民意,即民心的向背,灵活运用经与权的思维方法。

在世界多极化的形势下,应运用多集团、多盟、多合作组织、多结盟等之间的复杂而错综的情况,以高超的智慧、全球的眼光、君子的气度、自强的精神、理智的力量,运用各大国、集团、结盟、合作组织之间融突而和合的空间,并扩充其余地,以达世界和平、合作、发展、共赢的目标。

四、如何让中华文明发扬光大

当古埃及文明、古巴比伦文明、古印度文明,在历史的潮流中断裂之时,中华文明却以强大的生命力,生生不息,发展繁荣。中华民族是智慧的故乡、哲学的家园、善思的疆土,取得了无可比拟的辉煌成就。

然而自古文明都遭难,由于清末的腐败,中国成了受帝国主义列强欺凌、侵略、掠夺的"羔羊"。帝国主义列强在中国肆无忌惮地杀人放火,瓜分中国领土,污蔑中国为"东亚病夫"。中国在受尽屈侮中体验到落后就要挨打,软弱就要受侮。要使中国摆脱贫困,必须发展经济、军事、政治、文化的力量;要使中国在国际舞台上享有其应有的地位,必须发展科技、经济、军事、文化、制度、艺术与话语。为此,在增强经济、军事话语权的时候,必须增强具有中国气魄、特色的"和实力"。

什么是"和实力"?它是中华民族自古以来一贯坚持的以"和为贵""和而不同""己所不欲,勿施于人"的核心价值之一,在现代意义上,它是军事权、经济权和话语权的融突而和合。军事权的威胁力是后盾,有此后盾,腰杆子就硬;经济是基础,基础丰厚,底气就足。有强大的后盾与扎实的基础,话语权的吸引力才有分量。光有军事权的威胁施于人,这是侵略者、占领者;光有经济权施于人,这是经济掠夺和殖民;光有话语权,是不可能吸引人的。唯有三力和合,才能发挥最大的正能量。"和实力"亦是从和平共处五项基本原则到建设和谐社会、和谐世界的最合理、最有力的体现。中国高举维护世界和平、建设和谐世界的大旗,中国作为一个大国,在核武形势越来越严峻的情况下,应以负责任大国的姿态,积极参与化解朝韩半岛走向核武边缘的困局,制止越来越紧张的形势。积极、主动访问当事国和有关国家,协调各方分歧,求同存异,并分析国际、东亚和当事国形势,说明核武器使用后果,使他们恢复理智,迈上和平发展道路,营造东亚、世界和平环境,这是发挥中华和实力的最佳机遇。我们应该抓住这个机遇,增强建设和谐世界的吸引力和影响力。

美国战略沟通专家埃米·扎尔曼主张"超越软实力、硬实力和巧实力"。他在文章中认为,进入21世纪,由于信息技术、全球商务和媒介等因素,世界形势已与以往大不同,单纯用硬实力、软实力的概念来处理国际事务已不合时宜。因此,"'软实力'这个如今无处不在的概念已经丧失了在国际事务中的效用。现在该对反映21世纪现实的政治实力做出新理解了"①。"和实力"超越了软实力、硬实力和巧实力,反映了新世纪政治、经济、军事、文化、外交的新变化,亦唯变所适地在处理国际事务中的各个方面开出了新生面、新理解、新思维、新观念、新气象。"和实力"必然会被各民族、各国人民所接受和认同。

为此,必须不遗余力地发展、增强自己的军事力、经济力、文化力、政治力,唯有把自己的事办好了,中华民族真正强大了,就不怕"五鬼"来闹腾、来干扰、来限制、来制裁、来围堵。即使"五鬼"来闹,也可以稳坐泰山,冷静应付,不乱方寸,以不变应万变。

必须坚持改革开放,坚持以经济建设为中心,以科学发展为主题,推进经济、政治、文化、社会、生态建设;推进科技、文化、制度、理论、观念创新;促进各国、各民族、各团体的交流、对话、谈判,相互借鉴、相互信任、合作共赢;推进各国、各民族、各团体互相吸收,取长补短、共同发展、共同富裕。

必须加强"和实力"的宣传和传播,消除对中华民族和平发展的误解、误读,消除对中国"威胁论""新殖民主义论"的有意歪曲、污蔑。为此,中国要了解各国,要认识世界;世界要了解中国,各国要了解中国,才能打消误解、误读,才不会被心怀叵测者的歪曲和污蔑所蒙蔽。尽管一些人既包围、围堵中国,又使用恶人先告状的伎俩。这就需要国家和媒体作出迅速反应,揭露其阴谋,驳斥其造谣意图,消除其不良影响,使国际社会明白事实真相,真正认识中国,认识中国为维护世界和平、发展、合作、共赢所做的不懈努力和良苦用心,以便团结国际各种力量,共同奋斗。

---

① 21世纪"实力"如何发挥作用?. 参考消息,2012-07-26. 转载自美国《全球主义者》在线杂志7月17日文章。

必须促进中国文化"走出去",这是使世界认识中国过去、现在、未来的必然选择,是使世界了解中华民族传统的、现代的文化的有效方法,也是世界认识中华民族未来走向,及其实行的政治、经济、文化战略方针、实践方法、价值趋势的最佳选择。当今是外国文化"走进来"的多,而中国文化"走出去"的少,"进出"很不平衡。我们把外国的政治、经济、文化、科技、法律、制度、管理、小说、艺术、戏剧、电影、电视,等等,各方面的,甚至第三流的东西都"搬进来"、翻译过来了,而我们自己的第一流著作,特别是人文社科类理论著作却很少被翻译。这种不对称的现象,既限制了国际社会对中国的了解、理解,也增加了造成误解的可能性。国家新闻传播出版等单位必须努力积极合作,迅速改变这种状况。这既是实现中华民族伟大复兴的大事,也是实现共同构建人类命运共同体的大事。

和合外交与新型大国关系的思议[*]

现在的国际关系是非常复杂的，天下还不太平，各种冲突错综复杂，动乱、战争频发，其中受苦受难的是无辜的老百姓。灾难造成了几十万甚至几百万人的逃亡。在此情况下，建构一种合作共赢的新型大国关系就显得尤为重要。中华民族自古以来就坚持和平外交，以和平方式来解决国家、民族之间的争端和冲突，以对话、交流、谈判来化解各种矛盾。在处理民族与民族、国家与国家之间的关系时，中国历史上多次采取和亲方式。尽管学术界对和亲有不同的评价，但无论如何，和亲化解了战争的爆发，促进了双方在政治、经济、文化上的互动、交流，使边境人民获得了安定生活。和亲在历史上曾起着积极作用，也体现了中华民族和平外交的价值。与中华民族和平外交的历史一脉相承，和合外交理论是当今世界新型大国关系理论的重要基石。在当今的时代背景下，只有合作、和平才能够使得世界变得更加安全、稳定，同时，也能为我国的发展创造一个良好的外部环境。

和合学主张以和生、和处、和立、和达、和爱五原则，通过对话、交流、互动、谈判来化解冲突。实现求和平、谋发展、促合作，落实合作共赢，同舟共济。在政治上应该互相尊重，平等合作；经济上应该互利共赢，优势互补；文化上，应该互相借鉴，和而不同；安全上应该互相信任，互相帮助；环保上应该互相合作，共同发展，使我们的地球成为一个清洁、美丽的星球。

---

* 本文原载于《人民论坛·学术前沿》2013年第11期，本文按原稿有所增加。

一、和亲合作的效应

中华民族自古以来坚持和平外交，以和平方式来解决国家、民族之间的争端和冲突，以对话、交流、谈判来化解各种矛盾，也只有合作、和平才能够使得世界变得更加安全、更加稳定，为我们国家创造一个良好的外部环境。

从国家和国家的和实力关系来看，《三国志》的《蜀书·诸葛亮传》里讲到诸葛亮派人到吴国去，"因结和亲，遂为与国"。《三国演义》中有非常详细的描述。当时刘备在荆州，本来说好刘琦去世以后，要把荆州还给吴国。当刘琦去世以后，吴国就派鲁肃到了荆州，他的目的是想讨回荆州。诸葛亮就跟刘备商议，诸葛亮对刘备说："等鲁肃来的话，无论他讲什么，你都以模糊的态度来应付。"然后诸葛亮对鲁肃说："刘备本来是中山靖王之后，孝景皇帝的玄孙，当今的皇叔，自高皇帝开基立业，传到今天。天道好还，应复归正统。今天下本是刘氏天下，他来继承刘氏天下这么一个地方本来是应该的，而且他也应该有一个地方，一个安身之地。你们吴国的主公本是钱塘小隶的儿子，对建立汉朝没有什么功劳，你们已经占据六郡八十一州那么大地方，尚自贪心不足，欲吞汉土，现在还要荆州，刘氏天下，我主刘皇叔倒无分，这就没有道理了。"说得鲁肃非常尴尬，无言以对。但是，鲁肃说："我来的时候是奉孙权的命令来的，你如果不归还，我回去怎么交代啊，恐怕我主和周瑜不答应，若兴动干戈，皇叔岂能安坐荆州。"诸葛亮说："乃由我们主公立一借荆州的文书，当我们有了安身之地，我们就归还荆州。"鲁肃问："你们夺得什么地方算是安身之地呢？"诸葛亮回答道："四川的刘璋昏庸暗弱，我们准备到那儿去，若图得四川，那时便还。"这样就打了个条子给他。鲁肃回去以后见到了周瑜。周瑜一看就说："这是空纸一张啊！你上当了。他们名为借地，实是混赖。"鲁肃也觉得非常尴尬。周瑜说："你如果这样向孙权汇报的话，孙权肯定不满意。"鲁肃很恐惧。周瑜说："你不妨先等等去见孙权。"正好在这个时候，有探子报告，说刘备的甘夫人死了。听到这个消息以后，周瑜非常高兴。周瑜对鲁肃说："我有计划了，使刘备束手就缚，荆州反掌可得。我们主公（孙权）有一个妹妹，她还没有出嫁，正好可以招刘备上门。当刘备来了以后，我们就可以把他扣起来，作为人质，换取荆州。"

孙权听了这个计划以后，他也觉得可行。孙权对吕范说："近闻刘备丧妇，吾有一妹，我欲招赘刘备为婿，永结姻亲，同心破曹操，以扶汉室。"他就派了吕范到荆州，说明孙权准备把他的妹妹嫁给刘备。但是因为孙权的母亲吴国太非常爱这个女儿，所以希望刘备到吴国来完婚，听到这个话，刘备就觉得这个事情有点蹊跷，他对吕范说："中年丧妻，大不幸，骨肉未寒，安忍议亲。"吕范说："人若无妻，如屋无梁，岂可中道而废人伦。"刘备与诸葛亮商议，诸葛亮叫刘备答应这门亲事。同时诸葛亮还要赵云陪刘备一起去，并带五百兵士，并且给了他们三个锦囊妙计。刘备、赵云一行到了南徐州，打开第一个锦囊，第一个锦囊是说，到了吴国以后，五百兵士一到城里，要大造吴国要刘备作为女婿的舆论，使人人知道此事，并大量地买东西，把这个消息传播全城，刘备要牵羊担酒拜访乔国老，说明吕范为媒，娶孙夫人之事。刘备等依计而行，先去拜访乔国老，乔国老听了以后非常高兴，便来找孙权的母亲。乔国老说："我来贺喜了。"吴国太说："有什么喜事啊！"乔国老说："令爱已许刘备为夫人，今刘备已到，何必相瞒。"吴国太听了非常吃惊，她说："我根本不知道啊！"她一面派人去问孙权，一面派人去城中探听。他们回来汇报，说有此事，女婿刘备已在驿馆安歇。吴国太见了孙权，就说："你招刘备为女婿，为何瞒我？"孙权说："这是周瑜要取荆州之计，以招婿为名，以便拘囚刘备于此，以荆州来换。"吴国太大怒，骂周瑜无计取荆州，却使美人计，若杀了刘备，我女儿便成望门寡，以后如何嫁人。乔国老也说："若用此计，也被天下人耻笑。"吴国太说："我不认得刘备，明日在甘露寺相见，若中我意，就将女儿嫁给他。"吴国太见了刘备，觉得刘备一表人才，有英雄气概，就是说刘备是一个仪表非凡、有气度的人物，所以吴国太看了以后也感到非常高兴，对乔国老说："真吾婿也。"乔国老说："刘备有龙凤之姿，天日之表，国太得此佳婿，真可庆也。"这个时候就搞得孙权没有办法了，吴蜀的这门和亲，使得刘备与孙权联合起来共同对付曹操。

  这个故事说明国家与国家之间，以和亲办法来消除彼此间的冲突，达到团结共赢的目的。

  从民族之间的关系来看，西汉时张骞通西域，他在出使西域的过程中，了解到匈奴和乌孙国合谋侵犯中原的情况。当时匈奴经常到边境来骚扰，抢夺牛羊人口，对中原经济造成很大的破坏，给人民带来了非常大的痛苦。怎样来对待匈奴，在汉代是国防的大问题。张骞建议，令乌孙"东居故地，妻以公主，与为昆弟，以制匈奴"[①]。汉武帝采纳其建议。

---

  ① 西域传//汉书：卷96下．北京：中华书局，1962：3902．

汉武帝一方面做好军事准备来抗衡匈奴，另一方面也采取和亲的办法，以断匈奴与乌孙国的结盟。准备远嫁公主与乌孙国和亲。汉武帝要江都王刘建的女儿刘细君远嫁乌孙。刘细君到了乌孙以后，嫁给了乌孙国的国王。这个国王年纪已经很大，死了以后，她是要继续嫁给继承王位的原乌孙国国王的孙子军须靡。这从中原的道德观来看，是乱伦的大问题。但是汉武帝带话告诉她，应该服从当地的风俗。刘细君在那里生活了四年，她曾作歌曰："吾家嫁我兮天一方，远托异国兮乌孙王。穹庐为室兮旃为墙，以肉为食兮酪为浆。居常土思兮心内伤，愿为黄鹄兮归故乡。"① 表达了她自己一腔悲愁，生活不习惯的痛苦，以及思乡的惨凉，终于郁郁而亡。

和亲联盟既为抗匈奴，也为了能够得到乌孙国好的马种。为了继续跟乌孙国修好，太初四年（公元前101年），汉武帝就把楚王刘戊的孙女解忧公主嫁给了乌孙国的国王，其实是为了政治结盟的需要。解忧公主积极配合汉朝，遏制匈奴，为加强汉与乌孙的结盟做出了贡献。在乌孙国生活了差不多半个世纪，嫁了三任国王，她到七十岁的时候，给朝廷写了一封信，这个时候已历汉武帝、汉昭帝，到汉宣帝了。信上她陈述思乡之念，希望能够回到故土，回到长安来，将遗骨埋葬故国。宣帝非常同情解忧公主，甘露三年（公元前51年）她与其儿女三人，回到了长安。汉宣帝以正式公主的身份敕封房屋、田地、丫鬟仆人等等，但过了两年，她就去世了。

汉代依靠和亲来维持民族之间团结的事例，还有大家都知道的昭君出塞。当时匈奴的呼韩邪单于，匈奴的单于就等于国王，"及呼韩邪单于朝汉，后咸尊汉矣"②。时"单于自言愿婿汉氏以自亲。元帝以后宫良家子王嫱字昭君赐单于。单于欢喜"③。呼韩邪单于向汉朝求婚，汉朝就把王昭君嫁给单于。这个故事还颇有一番曲折，元帝尽召后宫妃嫔，命画师画美女像，想在他后宫中挑选。王昭君认为自己很美，所以她就没有给画像人以贿赂，而其他人纷纷都给画像人一些贿赂。因为王昭君没有给贿赂，所以被画得不美，就是说被丑化了，元帝一看不美，就把她嫁给匈奴。

但是，当她出嫁的时候，元帝亲自看到王昭君非常漂亮，气质非常高贵，就有点后悔，想把她留下来。但因为已经允诺了，不好反悔，就赏赐

---

① 西域传//汉书：卷96下. 北京：中华书局，1962：3903.
② 西域传//汉书：卷96上. 北京：中华书局，1962：3896.
③ 匈奴传//汉书：卷94下. 北京：中华书局，1962：3803.

给她绵帛 2 万 8 千匹，絮 1 万 6 千斤，及黄金、美玉等，亲自送出长安十余里。昭君在车毡、细马的簇拥下，肩负汉匈和亲重任，历时一年，到达漠北，被匈奴封为"宁胡阏氏"，意为匈奴有了汉女作王妻，边境安宁始得保障。公元前 31 年，呼韩邪单于去世，留下一子，名伊屠智牙师，后为匈奴右日逐王。按匈奴"父死，妻其后母"的风俗，她又嫁给呼韩邪单于继承人复株累单于。王昭君去世后，被厚葬。昭君出塞使得匈奴对于边界的侵犯有所收敛，维持了汉匈边境的和平局面。使边塞烽烟熄灭 50 年。从这点来看，和亲对于民族的团结和民族的和解是有一定作用的。

再如唐朝的文成公主。当时西藏的松赞干布向唐朝求婚，唐朝就把文成公主嫁给了他。文成公主的父亲是江夏郡王李道宗，他是李渊的堂侄，因战功被封为任城王。贞观十四年（公元 640 年），太宗一道圣旨，将她召到长安，封为文成公主，以待远嫁吐蕃。贞观十五年（公元 641 年）与松赞干布联姻。文成公主出嫁时，唐朝不仅有非常丰厚的赏赐，同时她还把当时的技工，就是一些技术人才、农业人才、工业人才，以及纺织、刺绣等等这些人才，都带到了西藏。这些人到了西藏以后，不仅促进了西藏经济的发展和手工艺的进步，而且也保持了中原和西藏的和平。

唐朝后来又有金城公主李奴奴出嫁到西藏，李奴奴是唐中宗的养女。神龙三年（公元 707 年）吐蕃赞普遣使向唐朝请婚，中宗许嫁。景龙四年（公元 710 年）春，迎金城公主入藏，中宗赠以绵缯、杂使百工和龟兹乐，命左卫大将军杨矩持节送至吐蕃，赞普为她另筑城居。入藏 30 年，力促唐与吐蕃和盟。此间虽有小战争，由于金城公主的努力，双方使臣往来频繁，化解了冲突。所以和亲政策，使得当时的民族关系得到了和解。

这就是说，我们在处理民族和民族之间、国家与国家之间的关系时，不是对抗，而是对话；不是战争，而是和平。以和而不同的办法，来取得共同的发展。尽管学术界对和亲有不同的评价，或认为是屈辱妥协，或认为是历代统治者为统治服务，或认为是维持民族友好关系的最好办法。但无论如何，和亲化解了战争的爆发；促进了双方在政治、经济、文化上的互动、交流；使边境人民获得安定生活。和亲在历史上曾起着积极作用，显示了中华民族和平外交的价值。

二、和合外交的原则

当前国际关系和政治格局中，存在各种干扰和平、发展、合作、和合、互利、共赢的种种冲突。发达经济体经济低速发展，欧债危机阴影继续笼罩，新兴经济体增长放缓，各种保护主义盛行，国际外汇、证券、大宗商品市场持续波动，全球发展不平衡加剧，全球能源资源和市场竞争加大，综合国力竞争空前激烈，国际安全风险呈多元趋势，霸权主义、强权政治、新干涉主义上升，国际恐怖主义、民族分裂和极端宗教势力猖獗，防扩散形势严峻；亚太地区战略投入和博弈加强，西亚、北非动荡；粮食安全、能源安全、重大自然灾害、气候变暖、重大传染病、走私贩毒、网络安全等全球性问题，影响地区和各国社会稳定。这是众多学者文章中所概括的现存的冲突。世界还不安宁，不安全，这是各界的共识。

发展中国家群体性崛起，整体实力和影响力的上升，影响着地缘政治格局和改变着世界经济版图，带来国际关系的调整，成为维护和平的力量。资源、资本、产品、信息、人才以空前规模和速度在世界范围内流动，国际合作多层次、全方位拓展。以信息革命为先导所带来的人工智能改变了人们传统的价值观、道德观、时空观、审美观、世界观。这也是当前众多学者、政治家的共识。

在世界多极化、经济全球化、文化多样化、信息普及化的深入发展和持续推进的形势下，和合学能协调、平衡、化解、和谐各种国际关系。和合是古今贤哲对自然、社会等各种现象的形而上体认，是对当今人类社会所共同面临的人与自然、社会、人际、心灵、文明之间冲突危机进行化解的智慧。和合是中华民族传统思想中被普遍接受的人文精神和价值观。中华民族虽历经磨难，但"和为贵""保合太和"理念根植于中华民族文化土壤，影响中华民族对外交往的思维和方式。实现国与国、民族与民族的和合，人与人的和睦，人与社会的和处，人与自然的和谐，人类社会才会实现共同繁荣发展，中华民族的伟大复兴梦想才会实现。

"和"是中华民族外交政策的核心价值，是处理国与国、民族与民族关系的基本方针。它不是权宜之计，而是贯彻始终的理念，从古代和亲到20世纪50年代的和平共处五项原则，都体现了中华民族不是穷兵黩武的国家，而是一个爱好和平、坚持和平的国家。中国的和合外交主要有以下六个原则：

第一个原则是"百姓昭明，协和万邦"。在西周的时候，传说有诸侯八百，这就是说有八百个诸侯国，怎样使各国能够和平相处，不要你打我、我打你呢？于是周公提出九族亲和，百姓都能守道德，协和万邦。周公认为，家不和要使家和，国不和要使国和，国与国不和要协和，这是天的意志，否则要受天罚。国家与国家之间，应该相互和谐，和平地相处，把这作为处理国家与国家之间关系的一种原则。

第二个原则是"己所不欲，勿施于人"。自己所不想要的，也不要加给别人。我不想要战争，也不将战争加给别人。也就是说，要坚持和平的指导思想，不要把战争的、罪恶的行为强加给别人、别的国家，这样才能使国家与国家、民族与民族之间能够和平友好相处。这是达到协和万邦的条件，要求自己国家、民族做到"己所不欲，勿施于人"。

第三个原则是"己欲立而立人"。你自己立起来了，你自己独立了，或者你自己成功立业了，你要让别人、别的国家、别的民族能够独立，能够成功立业，这也是处理国家与国家、民族与民族之间关系的原则，以达到互相帮助、互相信任、合作互补、互利共赢的状态，使国家、民族之间和谐共存。

第四个原则是"己欲达而达人"。在国际事务中，自己发达了，也要帮助别的国家、民族发达起来，做到共同发达。长期以来，发达国家、不发达国家、发展中国家，在资源占有、财富分配、发展机会等方面是不均等的，这制约着世界经济的持久发展。没有广大发展中国家的发展，谈不上世界真正的发展，没有不发达国家的脱贫致富，谈不上世界真正的繁荣。如果贫富差距越来越大，这将是一个国家动乱的原因之一；就国际来说也一样，将是世界不安定的根源之一。国际社会要共同发达，才能真正做到和平共处。

第五个原则是"以他平他谓之和"。国际间各民族、各国家都是平等的，应该互相尊重，只有互相尊重他国、他人的利益，而不去侵犯，做到互利共赢，这样才能够互相和合。只有各民族、各国家互相平等相待，才能真正做到和平共处。

第六个原则是"与邻为伴，与邻为善"。坚持睦邻惠邻，我们把周边国家作为我们的同伴来看，作为朋友来看，以善心善行来对待。俗话说，"远亲不如近邻"。中华民族以往与周边民族以和亲来化解争议，今天我国虽与周边个别国家有争议，但中国是一个讲原则、负责任、求和平、谋合作的国家。中国在1997年亚洲金融危机中的行为表明是睦邻惠邻的好邻居。今后中国仍会坚持互惠互利、合作开拓，共同营造繁荣发展的地区经济。

中国的民族外交原则遵循《中庸》"和也者，天下之达道也"的思想，"和"是世界普遍通达的原则，是人类共同的价值理想。唯有坚持"致中和，天地位焉，万物育焉"，天地万物才能够得到发展。所以，和平外交实际上是各个国家为自己创造一种发展的良好环境、利己利他、共同发展繁荣的原则。

三、和合外交的理念

中国要和平,不要战争;要发展,不要贫穷;要合作,不要对抗;要共赢,不要私利。这是中国人民的心声,也是世界人民的意愿。中国和合外交的理念,渊源于中华民族深厚的文化和睿智的生命智慧。

第一,和平合作。面对共同的冲突和挑战,如何让人类共享和平、安全、幸福、快乐、富裕的生活?和平合作是换来安全、幸福、快乐、富裕生活的根本和基础。陷于战争和动乱,人民的衣食住行用难以保障,生命也无法保障,人民坠入痛苦的深渊,安全、幸福、快乐、富裕一起被埋葬。和平才能发展繁荣,发展繁荣才有安全、幸福、快乐、富裕;合作才能互相交通、对话,互相理解、信任,从而获得和平。若互相对抗、猜疑,互相怨恨、不诚,就不能合作,和平发展就会遭遇种种灾难。

尽管当今世界存在不同社会制度、宗教信仰、价值观念、风俗习惯,但全球所面临的冲突危机是共同的,如气候问题、生态危机等,需要协调各方面利益,互相合作,共同应对。任何一个国家都没有足够力量来应对人类生存、发展、安全等方面全球性的冲突和危机。加强合作,同享机遇,共克时艰,才能获得全人类的和平、发展、合作、共赢的美好前景。

第二,博爱人道。当前人道主义灾难不断,儿童、妇女等弱势群体权利受损。中华民族自古以来讲究不忍人之心,儒家主张"泛爱众",墨家主张"兼相爱",佛教倡导慈悲为怀、普度众生。全人类若"老吾老以及人之老,幼吾幼以及人之幼",人道主义的灾难就不会发生,弱势群体的生命、安全、幸福就不会受侵犯。全球通过人人努力,将消除由民族、种族、宗教、制度、意识形态等差异所造成的歧视、制裁、封堵、封锁等方面的人道主义灾难。中国外交历来以博爱人道理念作为指导思想,并坚持实施。

第三,包容互谅。中华民族主张"道并行而不相悖""君子和而不同"。全球有200多个国家,2 500多个民族,4 000多种语言,诸多宗教及新兴宗教,各国、各民族的历史背景、文化传统、社会制度、意识形态、价值观念、伦理道德、精神气质等存在差异,这些差异不应该成为冲突斗争的借口或原因。人类应互相包容、同情、谅解,尊重多样化、多元化,不要强求一律,道不同可以互相包容地并行发展;尊重各国人民自主选择适合本国国情的社会制度、发展道路、生活方式。超越各种差异，特别是社会制度、意识形态等所造成的歧视、偏见、误解和围堵。使全球成为多元共存、共生、共处、共享、共立、共达的和合世界。

第四，平等互信。中华民族自古就主张"以他平他谓之和"。我们国家以及我们国家的民族与人民和其他国家以及其他国家的民族与人民之间都是平等的。各国、各民族都有平等参与国际事务的权利，都有平等对话的权利。平等才能互相尊重，不平等既不能互相尊重，也不能互相信任。不平等就不能公平、正义地看待、评价一个国家、民族的事务。不互信就不能公正、诚实地评价、处理不同国家、民族的不同制度、道路、观念的问题。要真正做到"以他平他"的外交理念，处理国家争端。国与国之间，不论大小、贫富、强弱，一律平等。不因为国家小，贫穷、衰弱，强的国家就可以欺负弱的国家，富的国家就可以剥削、制约、制裁贫的国家。只有超越这些差异，互相尊重、平等相处，才能使整个国际社会达到和合。我们国家一直凭着这样的外交思想、原则来指导外交活动，处理国家和国家、地区和地区之间冲突。主张和平对话，不要战争，不要动乱。动乱两派在争夺自己权利与利益的时候，都没有考虑到对国家和人民所造成的灾难。发生动乱的地方，两派为了自己的利益、权利，而危害人民，只有通过平等互信，照顾各方利益，才能化干戈为玉帛。

第五，互利共赢。中华民族自古就体认到"民吾同胞，物吾与也"，"天地之塞，吾其体；天地之帅，吾其性"。地球只有一个，它是全人类共有的家园。对待各种全球性冲突危机，应互利共赢、平等协商、合作互补，这就显得特别突出。在当前地球村、互联网大潮下，各国、各民族的依存程度大大提升。各国、各民族的人民都是我们的同胞，天地万物都是人类的伙伴。因此，全球应该同舟共济，共享权利，同负责任。倡导各国、各民族相互借鉴、相互信任，协商合作，求同存异，互不干涉内部事务，推动经济全球化朝均衡、普惠目标发展；积极开展公共外交，人文交流，互相学习，取长补短，互利共赢。增进各民族、各国人民之间的情感，维护世界和平、发展、合作。假如不互利共赢，对中国采取不同形式的制裁、限制、打击，把中国作为假想敌，使中国发展受到种种干扰、阻碍，使中国经济陷于困境，以致人民生活艰难，中国13亿人口，如果1亿人口流向国外，世界怎么承担？会造成什么状况？一些有头脑的、智慧的政治家、思想家和未来学者，应该预想到这一点，中国人自己本身的稳定，自己本身能够吃饱，经济得到发展，这本身就是对世界和平的贡献，是对世界的稳定、不发生动乱的贡献，也是对世界能够继续得到发展的贡献。所以，一些明智的、有智慧的思想家，应该以互利共赢的心态对待中国，应该尊重中国根据自己的国情，来选择自己发展的道路和指导思想。

中华民族和合外交理念是符合联合国宪章的，也是符合人情、符合人性的。人性本来是讲爱的，世界各宗教都讲爱，不是讲恨的。在爱的思想指导下，人类应该爱自然、爱生命、爱人民、爱公平、爱正义、爱和合，使世界充满爱。

四、和合外交的对策

当今世界处在大变革、大调整、大转型的信息革命阶段，一切都要在信息革命的天秤上重新定位、衡量，外交工作也不例外。在信息每时每刻都千变万化的情况下，中华民族相信万变不离其宗，坚持以和为贵，主张国与国之间、民族与民族之间，应该通过对话、谈判、交流、互动来化解冲突和矛盾。尽管中国外交面对冲突多发期，但只要能"处变不惊，稳中求进，迎难而上，开拓创新"，就能开出新局面。

当前，随着美国战略向亚太转移，各种争议、冲突、问题也多起来。一些人利用这些情况，不是去消除、化解争议、冲突，而是采取各种手段挑起争议、冲突，唯恐天下不乱，在乱中有人渔翁得利，有人火中取栗，有人不劳而获，扮演各种不光彩的角色。中国的和平发展，是为了永保和平，是为了维护中华民族自身的安全，这对于全球的和平也是一种保障。事实证明，中国在面对世界各地区的争端、冲突中都是采取并倡导和谈、对话、包容、互利、合作的方法，绝不去制造麻烦，这是国际社会有目共睹的。尽管中国绝不去搞对抗、冲突，但一些不怀好意的人，总把"中国威胁论"扣在中国头上，以使自身获得更多、更大的利益。中国决不去冲击既定的共识，如在东海、南海问题上坚持"主权归我，搁置争议，共同开发"的和平、友好的共识，但一些人故意破坏共识，挑起冲突。对此，中国一直主张和平合作，顾全大局。

第一，和平发展，合作共赢。中国外交坚持和平共处五项原则，坚持建构和谐世界的理想，这是我国外交的重心。在外交上，应高屋建瓴，站得高才能看得远，认真制定全面、系统、整体的战略构想。既具有长期的谋划性，也具有阶段的应变性。这就是说，没有战略构想，我们就没有一个长远的思考，所以，我们国家应该出台一个全方位的战略构想。同时也应该有一套战术方案,来应对当前的一些问题。只有把战略构想和战术方案有机结合起来,才能够使我们国家在今后一段时间内,在处理国家与国家之间、民族与民族之间,以及处理各种突发冲突的时候,有一个明确的方向和指导思想,而不是临时抱佛脚,头痛医头,脚痛医脚,乱了自己的方寸。有了全面、全方位的战略战术布局,我们就能稳坐泰山,居高临下,把握世界大局,使我们在行动上、处理问题上能够主动,而不会陷入被动。

第二,分析矛盾,洞悉主次。只有很好地、很准确地把握主要矛盾,我们在处理各种问题时,才能比较主动。国际间矛盾错综复杂,表现的形式纷繁杂多,有主要的、次要的,有显露的、隐蔽的,有前台的、后台的,有唱红脸的、唱白脸的,等等,我们不能被其所迷惑。我们怎样处理好和美国的关系,以建立新型大国关系,这是我们外交当中的一个主要问题。一是美国要保持其在亚太的领导权,这同新兴国家的发展和崛起是有矛盾的。二是在美国次贷危机的影响下,中国经济的发展与美国贸易的摩擦也在不断增加。三是我国军队的现代化,引起了一些周边国家和美国的猜疑和误解。四是我国太空技术以及电子互联网的普及,也被一些国家误读。由此来看,我国同美国的摩擦,不仅会存在,甚至还会增加。我们要怎么应对?

要积极通过多渠道谈判、对话,来消除猜疑、误解。积极开展经济合作,来扩大共同利益。开拓多方位的合作机遇,以消解这些矛盾,或者减弱这些矛盾,使其边缘化。完善各方面沟通机制,升级战略、安全和经济、军事对话渠道。在对话中,既坚持原则立场,也要在一些次要问题上做一些适当的妥协。谈判、对话是一个互相妥协的过程,也是在一定程度上、一定限度上共事的过程。在某一些非原则、与国家利益无关的问题上,可以韬光养晦,这对于我们来说,是有好处的。但如果有关国家原则、核心利益,必须明确表明我们的严正立场,半步不让。在某些非原则问题上,不要做"出头鸟",因为做"出头鸟"对于国家的发展,对于和谐世界建设,会造成一定程度的损害。从这样几个方面来应对,积极建构与美国新型大国关系。这种新型大国关系,应超越意识形态和陈旧观念,"切实尊重和照顾彼此核心利益和重大关切"。以相互尊重为前提,以合作为途径,以共赢为目标,促进世界和平与发展。这符合中美两国发展的要求,也更能为我们创造一个和平发展的环境,同时,这对世界和平也做出了贡献。

第三,分别对待,分化瓦解。主要矛盾化解好了,次要矛盾就可以迎刃而解。中国经济发展和军事现代化的不断增强，导致一些周边国家去寻找平衡的力量。一些本来已经解决的问题，现在又重新被挑起造成冲突和矛盾。针对这种情况，我们应该分别对待。比如：东盟有很多国家，情况是不同的，不少国家与我国不仅没有争议，而且很友善；即使一些国家有争议，也很理智，不能一律看待。个别国家挑起争议，东盟内部曾加以制止。我国可以通过经济合作，而增强与东盟的友好团结。在1997年亚洲经济危机的时候，我们曾帮助了它们，如果当时我国人民币不稳定的话，东亚一些国家的经济可能要走向破产。

从此而观，我们应该分别对待。一些强硬的、顽固的"个别人"，他们不断兴风作浪，推波助澜，对他们要采取孤立、打击的办法；对于摇摆不定的，要摆道理，分析利害关系，加强经济合作，争取团结；对友好的国家，要互利共赢、合作发展、互惠共荣，巩固持久友好关系。这样分别对待，便能起到分化瓦解的作用。也只有这样才能取得一个比较稳定、和平的周边环境。另外，不要放松"以邻为伴，与邻为善"的和实力的宣传和弘扬。共同营造和平、稳定、安全、繁荣的地区环境，这对于各国的发展都是百利而无一害的。

第四，经权互补，体用相兼。中华民族文化以"经"为常规性、原则性；以"权"为变动性、灵活性。董仲舒认为"先经而后权，贵阳而贱阴也"①。以阴阳与经权相配，重经而轻权。意蕴经为体，权为用。王弼说："权者，道之变。变无常体，神而明之。"② 朱熹对经权作了全面的论述，"经，是常行道理。权，则是那常理行不得处，不得已而有所通变底道理。"③ 常行道理为原则性，变通道理为灵活性。经权既不杂，又相依不离。"只是虽是权，依旧不离那经，权只是经之变。"④ 经权互补，体用相兼。在当今和合外交事务中要坚持"经"，即要坚持和平共处五项原则。建构和谐世界也是我们的原则，但是我们在处理一些问题的时候，要有灵活性，不要把原则固定为死的东西，原则是活的，是有生命的，也就是说，我们要根据具体的情况来具体采取一些灵活的政策和办法。

我们往往在坚持"经"的原则性的时候不太注意"权"的灵活性；在坚持"体"的根本性的时候，不太注意"用"的适应性、适用性。特别是

---

① 阳尊阴卑//春秋繁露义证．北京：中华书局，1992：327．
② 论语释疑//王弼集校释．北京：中华书局，1980：627．
③ 朱子语类：卷37．北京：中华书局，1986：990．
④ 同③994．

我们在坚持原则性时，是否要注意民心向背的问题？中国古代一直讲民为邦本，今天讲以人为本。一个国家存亡之根本在于民心的向背。中国古人认为这是决定一个国家的兴衰、存亡的关键。从这个意义上看，我们一定要注重所在国的民意，一定要注意研究这个国家民族的现实状况、历史状况，以及未来的发展。只有对这个国家民族的过去、现在、未来的发展，以及民心所向有一个非常好的了解和深入的认识，我们才能够做出一个正确的判断。在这个问题上，要经权互补，两手并用，既讲原则性，又讲灵活性，以取得和合外交的极大成功，这是考验我们的外交智慧。我们应该有大智慧来应对错综复杂、迅速变化的国际问题，为营造和平、发展、合作的世界作出贡献。

第五，谦虚谨慎，大国风范。《尚书·大禹谟》里说"满招损，谦受益"。就是说骄傲自满会招来损害，甚至灾祸；谦虚谨慎会受到益处，以至吉利。换言之，"骄傲使人落后，谦虚使人进步"。在任何时候，任何情况下，都应该记住这个箴言，这也是中华民族之所以被誉为礼仪之邦的原因所在。我们在国际的谈判、对话、交流过程当中，在参加国际会议当中，在态度上应该谦虚谨慎，应该有大国的风度和君子的风范，来应对一些争论和冲突。在国际会议上，尽管在心理上"刚"，但在表现上"柔"，决不可采取一种傲慢的、盛气凌人的、咄咄逼人的口气和态度，若如此，在互相交流、谈判、对话中，就会起相反的作用。本来是好事，本来是可以取得成果，可以互相合作的问题，很可能因为你的态度引起别人的反感，结果吹了，谈不成。我国经过三十多年的改革开放，尽管在经济上以及各方面的事业上取得了很大的成就，但是这些成就同发达国家比起来，很多地方还是很落后的。比如，在军事上我们快速发展航母，发展军事的信息化、现代化，而美国已经有十几艘航母了。同发达国家相比，无论从军事力量，还是从科技力量上来看，我们都还是落后的。虽然我国经济总量是世界第二，但是我国的人均国内生产总值（GDP）还是很低的，我们还是个发展中国家，西部地区还有很多的穷困的地方。在这种情况底下，我们千万不要被现有的成绩冲昏了头脑，骄傲是使人退步的，我国作为一个大国，每个人都要像一个大国的人，不要由于个人的行为，有损大国的形象，维护国家形象，也是每个人的责任。

第六，运用多极，游刃有余。在世界多极化的格局底下，我国应该认真分析各方情况，深刻体会各极核心利益，掌握各极重大关切所在，预计未来发展趋向，灵活运用多极所形成的有利的态势与利益空间，使我们在世界政治游戏与国际事务中，游刃有余，整合各种力量，向有利于我国发展方向前进。同时,运用多极化中各方利益倾向的差异,使其互相制约、互相牵制。在这些方面,中国古代有非常智慧的、成功的事例,儒、道、墨、兵各家都曾有创造性的运用,我们应该很好地学习、借鉴、弘扬,定能度越困局,攻克时艰,开出和平、发展、合作、共赢的世界新局面、新风气、新格局,实现共同构建人类命运共同体的愿景。

王霸之道与和合天下[*]

我为《理想国》和《大同书》所震撼,立足于21世纪,思考人类未来之命运,乘着他们飞翔的翅膀,梦想遨游于中华大地。仰观俯视,浩浩太空,天造地造,天地无心,人造其心,"为天地立心,为生民立命"。为天地、为生民的融突和合,才能立心、立命。立命的前提是立道。所以《张载集·近思录拾遗》载:"为天地立心,为生民立道,为往圣继绝学,为万世开太平。"① 近千年已逝,然此"四句教",仍有其时代价值,以圆和合天下的开太平之梦。

一、霸道主义的霸权横行

如何立心、立命、立道,是当今世人的忧患。世人以"大旱之望云霓"的心情,期盼"天下有道"②,孔子有言:"朝闻道,夕死可矣。"其急切之情已表。希望重建"天下有道"的世界秩序。中华历史上曾出现三维的价值取向:王道取向、霸道取向及霸王道杂之的取向。

在当前全球化、信息智能革命的时代,也是太空的时代、追求天下有道的时代,其标的是为世界开太平。当下为什么把已翻过去的两千多年前争论

---

* 本文原载于《人民论坛·学术前沿》2016年第20期。本文参考了作者指导的翁俊山博士的博士论文《和合天下——先秦儒家和合天下论》、干春松的《重回王道——儒家与世界秩序》、赵汀阳的《中国作为一个政治神学概念》,本文还承蒙著名经济学家杜厚文教授的帮助。

① 张载集. 北京:中华书局,1978:376.

② 孔子说:"天下有道,则礼乐征伐自天子出;天下无道,则礼乐征伐自诸侯出。"季氏//论语译注. 北京:中华书局,1980:174.

不休的王霸之辩重新翻出来，是因为其相似之处，古事知今，其命维新。

全球化和信息智能革命扩展了利益集团、金融集团、权力集团称霸世界的空间，加剧了与非利益、非金融集团群体以及非权力集团的人民大众之间的紧张关系。利益集团利用已拥有的无限制的能量，渗透、控制社会政治、经济、文化、军事、企业各领域以及各所有制的生产、分配、消费、流通各流程，在工业、农业、交通、能源、金融、新兴产业（包括文化产业）等方面形成利益垄断霸道格局。21世纪是金融全球化发展到垄断的世纪，是金融全球化的时代，它无孔不入，无所不占。金融集团制约政治，收买政府，操纵选举，支配意识形态。在资源占有和财富分配上拉大贫富差距，财富集中到富人手中。特别是主权财富资金不断膨胀以及对政治、经济的掌控，而形成对财富的寡头垄断，造就金融霸道。无论是利益集团，还是金融集团，都需要权力集团的支撑和处处开绿灯，否则利益集团的利益最大化和金融集团的资本横行就会受到遏制和打击。三者相互勾结，狼狈为奸[1]，打造其霸道世界，推行霸道主义，使世界陷入战争、恐怖等人道主义灾难之中，离王道越来越远。

全球化、信息智能革命像一个浪潮，它不受任何限制、无孔不入地游荡在政治、经济、文化、制度之中和各国家、民族、宗教地域之间，以及男女老少的日常生活活动之内。其支撑、制约、统摄着世界的方方面面，谁站在这个浪潮的潮头，就成为这个浪潮的引领者。自近代工业化以来，便萌发了全球化运动，为追求利益的最大化，殖民主义开始了在全球用武力征服、掠夺、奴役世界殖民地的运动，殖民主义瓜分世界势力范围，从事可耻的毒品贸易，贩卖黑奴，其掀起的腥风血雨的全球化是与血汗相伴的，中国这个文明古国也成为列强吞噬、殖民的对象。尽管20世纪末期以来的全球化、信息智能革命与以前的全球化有巨大的差分，然从全球化作为资本最大化这方面来看，二者有其相同之处。谁在全球化的政治、经济、文化、军事中位于强势地位，谁就可以称霸世界，实行霸道之治，制造谎言，公然侵略其他主权国家，屠杀其国人民大众，或支持反对派以至包括恐怖组织，搞垮、搞乱过去被它们殖民的主权国家，使这些弱势国家的人民大众遭受严峻的灾难，人财两空，只能以难民身份到处流浪。霸道强势统治世界，实行霸道之治，而讲正义、文明、公正、和合的王道之治处于弱势，难以张扬，如何转弱为强、转霸为王？以往已付出血的代价，

---

[1] 张立文. 正义与和合：当代危机的化解之道. 人民论坛·学术前沿，2015（14）：72-83.

今后也要付出惨重的代价，世界才能有所改观。灾难使人痛心，痛心使人觉悟，觉悟使人摒弃霸道，而期望王道浴火再生。

全球化、信息智能革命是全球的运动，信息智能革命更促使全球化进程。它不断跨越时空的、地域的、国家的，以至太空星球之间的物理时空的界限，它把个别的、部分的、集体的统统海纳百川似地吸引到全球整体这个球篮中来，全球成为你中有我、我中有你的太极图式的阴中有阳、阳中有阴的共同体结构。仅依赖单边主义、霸权主义的范式已不能应对、担负自然的、社会的、宗教的错综复杂的挑战和冲突，更难以化解其挑战和冲突，唯有合作之道，才能共富、共赢、共荣、共乐。"得道者多助，失道者寡助。"得道就是得人心，得人心是王道的根本内涵。霸道的霸权主义不得人心，而处处碰壁。之所以处处碰壁是由于缺失道德价值的支撑，霸道从思维意识到行为活动都是"缺德"的，霸权主义者在血腥屠杀，制造人间地狱的同时，无耻地宣扬什么"王道乐土"，这种挂羊头卖狗肉的把戏，是他们惯用的伎俩，是侵略者遮蔽其滔天罪行的遮羞布。当前霸道主义者在世界各地干尽种种"缺德"的事，说了形形色色"缺德"的话，即无理之事、无理之言，却把自己打扮成站在道德制高点的形象，来评判世界视听言动的是非曲直。世界秩序都被他们打翻了颠倒过来，为他们的私欲服务，为他们霸权主义大行其道服务。正义的、公正的、文明的、和合的王道被他们歪曲、篡改、糟蹋而改头换面，为其侵略的罪恶野心开道。

在全球化、信息智能革命的助力下，霸道主义者的霸权之手伸得更长，出现了政治霸权、经济霸权、文化霸权、军事霸权、海洋霸权、话语霸权等。政、经、文、军、海霸权虽在近代资本列强的殖民运动中充分表现，当下又以鲜明的新形式出现。过去受殖民、被压迫的人民虽有所警惕，但受压迫、被殖民国家、民族现阶段基本上属于不发达国家或发展中国家、民族，在各个方面都处于弱势。在话语霸权方面，尤其如此。他们利用其高科技与遍布世界各个角落的媒体，控制、引导、掌握世界舆论，并潮水般涌入不发达国家和发展中国家，以其强势话语霸权迫使其接受。一方面西方列强在各个领域制定体现其价值利益的各项标准，不发达国家和发展中国家不得不接受和遵照其标准，而丧失了自己的话语权；另一方面不发达国家和发展中国家由于主体意志的软弱，文化自觉和话语自觉缺失，而只能照着西方列强话语讲，形成西方列强"话语霸权"，以至于在国际舞台上难以听到表达不发达国家和发展中国家意识和意志的话语诉求以及符合其利益的标准和原则。因此，必须首先培养、提高不发达国家和发展中国家、民族的文化自觉、自信和话语自觉、自信，尽管殖民者在殖民化的过程中，摒弃以至消灭殖民地国家、民族传统的文字、话语，以殖民者的文字、话语代替之。以前殖民地国家、民族，很大程度就是今天的不发达、发展中国家、民族，应重建自己国家、民族的主体意识和主体意志及文化自觉，并吸收西方列强话语文字中优秀因子，智能创新自己国家、民族的话语体系，打破其话语霸权。

在全球化、信息智能革命进程中，霸道主义者加紧宣传、推行、实施其价值观霸权，他们利用各种各样会议、会谈、出访等机会，大谈其价值观，他们身上挂着"民主价值观"的牌子，嘴上喊着"积极和平主义"，心底里却是那反真民主的冷战思维和独霸世界的军国主义意识。真民主、真和平对于霸道主义国家经济支柱的军事工业来说，是无利可图的，挑起国家间、地区间的紧张与冲突，以收渔人之利。

尽管人们对全球化和信息智能革命进行"秋后算账"，莫衷一是，但全球化和信息智能革命的浪潮汹涌向前，不可阻挡。当前，中国已成为经济全球化的引领者。"互联网＋"改变了人类活动的一切方式，变革人的政治、经济、文化、军事行为方法。人类活动的这些方式和方法，虽然不断地、强力地冲击着原有民族国家体系的堤坝，依然受到来自现存民族国家体系的阻拦，但已打开的缺口，是阻遏不住的。人民不得不来思考全球化、信息智能革命时代人类未来的生存世界、意义世界和可能世界。人类要生存下去，期盼建构一个天和、地和、人和，天乐、地乐、人乐的天地人共和乐的和合天下。仰观俯察天下，以类天下万物之情，与天地人之宜，亟须实行王道，以通向和合天下。

二、转霸道为王道的智慧

基于全球化、信息智能革命上述考量，追求和合天下，有理由回到王道与霸道之争的源头，反思古人化解霸道的智慧，梳理王霸之争的历史脉络，体认王道与霸道的本质及其图谋，为当下转霸道为王道，转传统为现代，提供参考系和互鉴系。这里的"转"有度越、转生的意思。因为全球化、信息智能革命并非造就、扩展霸道主义霸权的力量，而是使不发达国家、发展中国家在全球资本、技术、市场的流动中、扩散中受益，实现其前所未有的发展，有益于人民大众，与此相向而行的是，唤醒了一批新兴国家的政治、经济、文化的自觉与自信，从而要求更多地参与全球化、信息智能革命的进程。这就为度越和转生营造了条件，为建造全球秩序的和合天下奠基，也为王道开出新生面、新路径。

回观中华民族①传统文化思想宝库的王道与霸道之论，这是世界文化中极其珍贵的财富。拙著《中国哲学范畴发展史·人道篇》中有《王霸论》一章②，对各个历史时期王霸之道的内涵、性质、特点、意义、影响做了系统阐述，本书探赜王道与霸道的缘起，及以王道化解霸道何以可能的智慧。

王道与霸道之论的起因，是由于社会矛盾冲突尖锐化，周王朝与诸侯国之间，诸侯国与诸侯国之间，诸侯国内部君、臣、人民之间的维系关系危机化，伦理道德脆弱化，礼仪规范边缘化，动乱战争经常化，仁义廉耻缺失化，人民无以安居，天下无有太平。正如刘向在《战国策·叙录》中所总结的"道德大废，上下失序。至秦孝公（公元前381—公元前338年），捐礼让而贵战争，弃仁义而用诈谲，苟以取强而已矣。夫篡盗之人，列为侯王；诈谲之国，兴立为强。是以传相放效，后生师之，遂相吞灭，并大兼小，暴师经岁，流血满野。父子不相亲，兄弟不相安，夫妇离散，莫保其命，湣然道德绝矣。晚世益甚，万乘之国七，千乘之国五，敌侔争权，盖为战国。贪饕无耻，竞进无厌，国异政教，各自制断；上无天子，下无方伯；力功争强，胜者为右；兵革不休，诈伪并起。"道贯古今，纵横而观，相似而契：（1）谲诈之国，以强势称霸世界，攫取以往殖民地财富，为富不仁，致使世界贫富差距拉大；（2）篡盗之人，成为总统、总理，以强凌弱，挑起动乱、发动战争，暴师经岁，到处驻军，使被侵略、动乱国家民族流血满野，四处逃难，惨沉海底；（3）霸道主义者的种种"缺德"事件、行为，使得被侵略、被搞乱国家人民莫保其命，父子不相亲，兄弟不相安，夫妻离散，可谓道德绝矣；（4）霸道主义的霸权者贪饕无耻，竞进无厌，上无视国际公约，下不顾人民意愿，力功争强，把本国和被侵略的动乱国家人民推向万劫不复的境地，不能自拔；（5）为了推行其价值观，其兵革不休，诈伪并起，或制造假情报，或恶人先告状，所谓"欲加之罪，何患无辞"，而制造无数人道主义灾难、罪行累累，罄竹难书。

不忘历史，有益察今。王道何以化解霸道的智慧：其一，敬德保民，以人为本。这是王道的核心价值之一。霸道反之，缺德害民，不顾人民死活。周公从夏商之所以灭亡的历史经验教训中体认到，夏商末年的夏桀和

---

① 中华民族的民族，不是指单一的汉族，而且包括其他55个少数民族。中华民族是一个广义的名字符号，也不是狭隘的民族主义意义上的民族。

② 王霸论//中国哲学范畴发展史（人道篇）．北京：中国人民大学出版社，1995：677-708．

商纣霸道无德,丧失天的受命。商汤、周武推翻夏商是替天行道,符合天的意志和王道价值。"皇天无亲,惟德是辅。民心无常,惟惠之怀。"① 天超越亲疏,只辅佐有德之人;民心并不永久拥护、支持谁,只关怀、拥护有恩惠于人民的人。在天命无常的情境下,人唯有依赖自己主体道德修养,"肆惟王其疾敬德。王其德之用,祈天永命"②。王应该以身作则,恭敬德行,尊重人民,天才能长久地授予王治理天下的大命。无德,不以人为本根,天就要收回王治理天下的大命。民之所欲,天必从之。民心就是天心,天命顺从民心,得民心者得天下,失民心者失天下。民心向背决定能否"受天永命"。以"水能载舟,亦能覆舟"的智慧来制约、化解霸道,而行王道。

其二,克明俊德,修身养性。这是王道之治者必须具备的条件,是克制霸道之治的无上智慧。尧、舜、禹、汤、文、武、周公都"聿修厥德"。周文王、武王所以能推倒商纣的霸道统治,就在于他们终日乾乾,修养德性,怀保小民,惠鲜鳏寡,使万民安居乐业,自己不敢游猎取乐。周公要成王继承文王功业,"无淫于观、于逸、于游、于田,以万民惟正之供"③。不要把人民的赋税用于悠游、享乐、田猎上面。周公要成王以道德自律,不能"有所淫佚"。如果以为霸权到手,先享乐再说,不思人民疾苦,整天怠情纵乐,像商纣那样,肉林酒池,迷乱亡国,这便是殷鉴,是霸道之治后果。今之霸道主义的、掌握霸权的统治者应该幡然悔悟,修身明德,改过从善,转霸道为王道,这是王德之本,本立而德行,德行而国治,国治而全球咸宁。

其三,为政以德,公平正直。这是王道的核心内涵。德政即仁政。仁者爱人,泛爱众,而亲仁。要亲爱天下的百姓。如何泛爱众?要"老吾老以及人之老,幼吾幼以及人之幼",仁民爱物,天地乾坤是我们的父母,爱天地万物都应像爱自己同胞兄弟伙伴一样。仁为两个人,对待他与他者应该"己所不欲,勿施于人","己欲立而立人,己欲达而达人"。霸道主义者反之,"己所不欲,要施于人",己欲立而使人不立,己欲达而遏制、阻止人发达。霸道主义者总是以小人之心度君子之腹,唯怕人立、人达有碍其霸道,有损其霸权。其实全球唯有共立、共达、共富、共荣、共赢,才能共和、共乐、共宁、共安、共享。若霸道主义霸权盛行,恐怖活动频

---

① 尚书正义:卷17:蔡仲之命//十三经注疏. 北京:中华书局,1980:227.
② 尚书正义:卷15:召诰//十三经注疏. 北京:中华书局,1980:213.
③ 尚书正义:卷17:无逸//十三经注疏. 北京:中华书局,1980:213.

发不止，恶性事件屡发不断，人民大众无宁日，世界无宁日。若以德治仁政治理天下，以公平正直处理世事，才符合王道原则。"无偏无陂，遵王之义；无有作好，遵王之道；无有作恶，遵王之路。"① 不要有偏颇，不要有私好，不要为非作歹，要遵循王道的规范、道义、正道治国理政。如此才能"无偏无党，王道荡荡；无党无偏，王道平平；无反无侧，王道正直。会其有极，归其有极"②。无偏私、无朋党、无反道、无偏侧，这是王道正直的内涵和原则。如果任命能遵照王道原则办事的人为官吏，那么天下臣民就都会归向王道的最高原则。春秋时，王道被作为当时人们的政治价值理想和治世理政的最高原则。《左传》记载：中军尉祁奚请求告老退休，晋侯问他接替的人选，他推荐自己的仇人解狐，将立而卒；又问他，他推荐自己的儿子祁午，祁午做了中军尉。"称其仇，不为谄；立其子，不为比；举其偏，不为党。《商书》曰：'无偏无党，王道荡荡'，其祁奚之谓矣。"③ 以王道喻祁奚的无偏私、不朋比、不结党的大公无私的美德，可见王道并非狭义的先王之道或帝王治国治民的善道，而是广义的遵照王道最高原则治国理政的人，这是王道的道德价值标准。只有如此智慧，才有可能化解、消除霸道的不公平的偏颇、私人的爱好、结党营私、违犯法度的霸权。他们提拔、任命亲信和臭气相同的佞人，干尽天下坏事，必遭人民的唾弃。

其四，王霸之道，仁力以分。孟子深恶痛绝诸侯争霸战争造成的流血成河、白骨遍野的残酷情境，斥责霸道。他说："以力假仁者霸，霸必有大国；以德行仁者王，王不待大。"④ 假借仁义，以强力征伐他国而称霸，即以战争杀人而取得霸权，人心是不服的，依靠道德实行仁义可使天下归服，"以德服人者，中心悦而诚服也"⑤。以德行仁与以力假仁，是王道与霸道的本质内涵和特征，亦是其分野。此前墨子从兼相爱、交相利核心价值观出发，曾说："我以为人之于就兼相爱、交相利也，譬之犹火之就上，水之就下也，不可防止于天下。故兼者，圣王之道也，王公大人之所以安也，万民衣食之所以足也。"⑥ 他认为"兼即仁矣，义矣"。兼相爱、交相利的王道是施行于天下的普适价值，是王公大人安定、万民衣食充足的所

---

① 尚书正义：卷12：洪范//十三经注疏. 北京：中华书局，1980：190.
② 同①.
③ 襄公三年//春秋左传注. 北京：中华书局，1981：927.
④ 孟子集注：公孙丑上//朱子全书：第6册. 上海：上海古籍出版社；合肥：安徽教育出版社. 2002：286.
⑤ 同④.
⑥ 兼爱下//墨子校注：卷4. 北京：中华书局，1993：180.

以然的根据。孟子也认为王道的价值是"春省耕而补不足,秋省敛而助不给"①。辟土治田,养老敬贤,衣食补助充足。现代霸道主义的霸权者也往往"假仁",打着仁义的旗号而行战争、动乱之实,其邪恶的用心,路人皆知。王道之本是仁,"窃惟王道之本,仁也"②。霸道之本是力,"合强以攻弱,以图霸"③,"谋得兵胜者霸"④。以强力攻打弱小,取得战争胜利而称霸天下。"兵胜者霸"是建立在成千上万人的尸骨和痛苦之上的,是血流成河汇聚成的。王道之本在仁,不仅"通德者王",而且要切实实施"王者之法,等赋,政事,财万物,所以养万民也"⑤。如何养万民、衣食足?孟子设计的方案是"五亩之宅,树之以桑,五十者可以衣帛矣。鸡豚狗彘之畜,无失其时,七十者可以食肉矣。百亩之田,勿夺其时,八口之家可以无饥矣。谨庠序之教,申之以孝悌之义,颁白者不负戴于道路矣。老者衣帛食肉,黎民不饥不寒,然而不王者,未之有也"⑥。这便是王道之治的社会蓝图和"理想国"。天下万民心悦诚服王道,自然心恶痛绝霸道,这是以王道的价值理想社会克服霸道的动乱、战争、死亡的有效方法,从经济基础上转霸道为王道的智慧。

其五,隆礼尊王,重法而霸。春秋战国之时,各学派对王道与霸道各持己见,各是其是。商鞅入秦,与秦孝公讲王道,"吾说公以帝道,其志不开悟矣",于是商鞅说霸道,"吾说公以霸道,其意欲用之矣"⑦,秦孝公对王道与霸道不同态度,归根到底受立场和价值观的左右,其表现形式为礼与法的差分。《商君书·更法》说:"三代不同礼而王,五伯不同法而霸"。商鞅以三代为王道,五霸为霸道。王道以礼治,五霸以法治。荀子说:"君人者,隆礼尊贤而王,重法爱民而霸,好利多诈而危,权谋倾覆幽险而尽亡矣。"⑧ 以隆礼与重法为王道、霸道的分殊。所谓"礼者,政之挽也。为政不以礼,政不行矣"⑨。礼是治理政事的指导原则,而具有法

---

① 孟子集注:告子下//朱子全书:第 6 册. 上海:上海古籍出版社;合肥:安徽教育出版社. 2002:417.
② 河南程氏文集:卷 5:上仁宗皇帝书//二程集. 北京:中华书局,1981:513.
③ 霸言//管子校注:卷 9. 北京:中华书局,2004:472.
④ 兵法//管子校注:卷 6. 北京:中华书局,2004:317.
⑤ 王制//荀子新注. 北京:中华书局,1979:124.
⑥ 孟子集注:梁惠王上//朱子全书:第 6 册. 上海:上海古籍出版社;合肥:安徽教育出版社. 2002:258-259.
⑦ 史记:卷 68:商君列传//国学基本丛书. 上海:商务印书馆,1932.
⑧ 天论//荀子新注. 北京:中华书局,1979:277.
⑨ 大略//荀子新注. 北京:中华书局,1979:445.

度、标准的意义;"礼者,节之准也。程以立数,礼以定伦。"① 礼是度量天下万物以及人际等级伦理关系寸、尺、寻、丈的准绳。故此"国无礼则不正。礼之所以正国也,譬之犹衡之于轻重也,犹绳墨之于曲直也,犹规矩之于方圆也,既错之而人莫之能诬也"②。治国理政的礼的标准已制定,那么任何人都不能欺诈了,而只能依礼而行。礼作为国家政治制度、礼节仪式、道德规范,是人生、事成、国宁的原则和根据,"故人无礼不生,事无礼不成,国家无礼不宁。君臣不得不尊,父子不得不亲,兄弟不得不顺,夫妇不得不欢。少者以长,老者以养"③。礼是君臣、父子、兄弟、夫妇不得不尊、不亲、不顺、不欢的原则和必须遵守的道德规范,以维护社会秩序和伦理关系。这是国家命脉所在,"人之命在天,国之命在礼"④。礼是为人的最根本的原则,"礼者,人道之极也"⑤。治国理政,礼法并用,王霸道杂之。礼作为根本原则具有法的价值,并以礼代法的部分效能,以礼制法,以王道制约霸道。所谓"王霸道杂之",基本上是王主霸辅、礼主法辅的形式。

其六,天理人欲,王霸义利。唐宋之际,"道统"遂成热门话题。道统论辩的核心内涵与天理人欲、王霸义利相关联。韩愈认为,自尧、舜、禹、汤、文、武、周公、孔、孟以后,道统便断而不得其传。从尧、舜至孔、孟的先王之教,即王道或曰道统的内涵,便是"博爱之谓仁,行而宜之之谓义,由是而之焉之谓道,足乎己无待于外之谓德……"⑥,它的效能价值是"以之为己,则顺而祥;以之为人,则爱而公;以之为心,则和而平;以之为天下国家,无所处而不当。是故生则得其情,死则尽其常,郊焉而天神假,庙焉而人鬼飨"⑦。这是韩愈所说的王道,而非佛老的道。历经唐末藩镇割据和五代的战争动乱,王道的道统、社会价值理想和伦理道德遭到极其严重的破坏和废弃,人欲横流,私利膨胀,为争权夺利,子弑父,弟杀兄层出不穷,霸道嚣张。宋明理学家,绍承道统,弘扬王道,重树价值理想,重构伦理道统。程颐为其兄程颢所作的《墓表》中讲:"周公没,圣人之道不行;孟轲死,圣人之学不传。道不行,百世无善治;学

---

① 致士//荀子新注. 北京:中华书局,1979:226.
② 王霸//荀子新注. 北京:中华书局,1979:169-170.
③ 大略//荀子新注. 北京:中华书局,1979:449-450.
④ 强国//荀子新注. 北京:中华书局,1979:253.
⑤ 礼论//荀子新注. 北京:中华书局,1979:314.
⑥ 原道//韩昌黎集:卷11. 北京:商务印书馆,1958.
⑦ 同⑥.

不传，千载无真儒。……先生出，倡圣学以示人，辨异端，辟邪说，开历古之沉迷，圣人之道得先生而后明，为功大矣。"① 誉程颢为道统继承人，为往圣继绝学，为王道的复明者。程颐之所以这样讲，也有其合理性，因为程颢自家体贴出"天理"二字，把隋唐以来儒释道三教兼容并蓄的文化整合的方法落实到"天理"上，开启了理学的新时代、新思维、新体系、新学风，也演绎出了王道与霸道的新话题、新内涵、新生面。理学家在融突和合儒释道三教理论思维中建构了理学形而上学理论思维体系。程颢将其"天理"打开，呈现在政治价值理想层面，便表述在"王道之道"这个古老话题上，可谓旧瓶装新酒。程颢在《论王霸札子》中说："得天理之正，极人伦之至者，尧、舜之道也；用其私心，依仁义之偏者，霸者之事也。王道如砥，本乎人情，出乎礼义，若履大路而行，无复回曲。霸者崎岖反侧于曲径之中，而卒不可与入尧、舜之道。"② 一是天理之正，一是用其私心，"二者其道不同"，不可混淆。回应了司马光王霸道同而成功有大小和王安石王霸道同而心异论。"仁义礼信，天下之达道，而王霸之所同也。夫王之与霸，其所以用者则同，而其所以名者异。何也？盖其心异而已矣。"③ 道同心异。程颢则认为道不同心亦异。"苟以霸者之心而求王道之成，是炫石以为玉也。"④ 以霸道的心求王道，无异于把石头夸耀为宝玉，这是骗人的勾当。二程认为："王道与儒道同，皆通贯天地，学纯则纯王纯儒也。"⑤ 促使王道的内在化，向内圣的伦理化靠近，儒道向王道的外王驱动而政治化，王道与儒道通贯圆融。

程颢承韩愈的道统说，韩愈仅论孟子以后，道统就断了，程颢便接续讲汉唐，"汉、唐之君，有可称者，论其人则非先王之学，考其时则皆驳杂之政"⑥。这个论题成为朱熹与陈亮王霸论辩的中心。朱熹给予王道与霸道以界说：王道为"天理流行"，霸道为"人欲横行"。前者为夏、商、周三代王道之治，后者为三代以下霸道之治。究其原因，三代都遵照尧、舜、禹相传的"人心惟危，道心惟微，惟精惟一，允执厥中"的十六字密旨。他说："夫尧、舜、禹之所以相传者既如此矣，至于汤武则闻而知之，而又反之以至于此者也。夫子之所以传之颜渊、曾参者此也，曾子之所以

---

① 河南程氏文集：卷11：明道先生墓表//二程集.北京：中华书局，1981：640.
② 河南程氏文集：卷1：论王霸札子//二程集.北京：中华书局，1981：450-451.
③ 王临川集：卷67：王霸//国学整理社.上海，世界书局，1935：425.
④ 同②451.
⑤ 河南程氏文集：卷11.//二程集.北京：中华书局，1981：411.
⑥ 同②451.

传之子思、孟轲者亦此者也……然自孟子既没，而世不复知有此学，一时英雄豪杰之士或以资质之美，计虑之精，一言一行偶合于道者，盖亦有之，而其所以为之田地本者，则固未免乎利欲之私也。"① 尧、舜、禹到孟子心法密旨传授不断，以后这心法密旨就丧失不传了，于是汉唐以来利欲之私流行，即使一些英雄豪杰有一言一行与此偶合，但从根本上说未免乎利欲之私。"尧、舜、禹、汤、文、武以来，转相授受之心不明于天下，故汉唐之君虽或不能无暗合之时，而其全体只在利欲上。"② 所以三代自三代，汉唐自汉唐，两者不可混同。汉高祖、唐太宗都是"假仁借义，以行其私"，而得以成功，但仍是如唐太宗那样，无一念不出于人欲之心，他所在的社会是一个人欲横流的社会。

陈亮与朱熹的道德价值观有差分，对三代与汉唐道德价值评价亦异，于是陈亮以堂堂正正的智勇与朱熹展开论辩，陈亮说："本朝伊洛诸公，辩析天理人欲，而王霸义利之说于是大明。然谓三代以道治天下，汉唐以智力把持天下，其说固已不能使人心服；而近世诸儒，遂谓三代专以天理行，汉唐专以人欲行，其间有与天理暗合者，是以亦能久长。信斯言也，千五百之间，天地亦是架漏过时，而人心亦是牵补度日，万物何以阜蕃，而道何以常存乎？故亮以为汉唐之君本领非不洪大开廓，故能以其国与天地并立，而人物赖以生息。"③ 陈亮批驳了朱熹的观点，以事实说明汉唐亦是王道的体现，而不能割断历史。朱熹认为这是陈亮"推尊汉唐，以为与三代不异，贬抑三代，以为与汉唐不殊"④。混同王道与霸道，有害人们对其本质的认识，导致天理与人欲不分，因而提出"存天理，灭人欲"的主张，认为人不能有一毫人欲之私，以天理制约、消除人欲，以王道化解霸道，转霸道为王道。明代，尽管王守仁心体学与程朱理体学有差分，但对王道与霸道的体认上大体一致。他说："三代之衰，王道熄而霸道猖；孔孟既没，圣学晦而邪说横。"⑤ 霸者济私欲，王者存天理，因此亦提出"存天理，灭人欲"主张。气体论集大成者王夫之认为："王者以清心寡欲为本，而无欲之极，天下为公，推而行之，其教之养之之政，一本于恻怛之至诚。霸者异是：其心，利欲之心也。"⑥ 王霸义利，天理人欲之辨之说

---

① 晦庵先生朱文公文集：卷36：答陈同甫//四部丛刊初编缩印本. 上海：商务印书馆，1919.
② 同①.
③ 又甲辰秋书//陈亮集：卷20. 北京：中华书局，1974：281.
④ 同①.
⑤ 答顾东桥书//王文成公全书：卷2. 明隆庆六年刊本.
⑥ 四书训义：卷27//船山全书：第7册. 长沙：岳麓书社，1992.

之所以成为热门话题，是重建伦理道德的需要，也给人们提供了一个价值理想境界。

鉴古知今，转古化今，现代霸道主义的霸权者，与历史上的霸道主义何其相似乃尔。虽然称霸一时，但终究不会长久，秦始皇统一六国而独霸，也只不过15年左右。在2 500余年王道与霸道论争中，中华民族以其卓越智慧、理念、方法制约、管控、化解、转生霸道，而使中华民族逐步迈向王道之治，创造了中华文明。政治上，率先实行文官制度，公平、公正、不分贵贱地通过科举选拔官员；经济上，最先实行商品贸易和发行纸币；文化上，甲骨金文、诗词歌赋、琴棋书画等光辉灿烂；科技上，四大发明助力了西方资本主义的发展。政、经、文、科技都在世界上独占鳌头，无可比拟。然而，霸道仍有其生存的空间，特别是近代以来，西方利用中国发明的火药、指南针，为其海外殖民服务；运用中国发明的纸为其传播宗教价值观效劳，实行其政、经、文、价值观的侵略。军国主义者假"王道乐土"，为其侵略中国和东南亚罪恶暴行遮羞，这就是孟子所说的"以力假仁者霸"，以实现其独霸天下的野心，以推行其霸道主义价值观于天下。

三、和合天下的圆梦园

在全球化、信息智能革命时代，如何构建"天下有道"① 的全球秩序？有鉴于当代霸道主义者在全球极力实现其霸权，拉拢、勾结盟国，以便独霸世界。再鉴于中华民族源远流长的王道控制，化解霸道，转霸道为王道的智慧，为唯变所适地适应全球化、信息智能革命时代的需要，必须智能创新。既继承又超越王道，扬弃霸道。这是因为王道与霸道的逻辑前提是主权国家统治者或掌权者主体意识或意识形态的张扬，以控制、凌驾于万物之上的"一"或"独"为目标，以号令天下，而无视人民大众的存在，摧残人民大众的主体性、意志性、创造性，没有使王道成为人民大众自悟的意志和自觉的行为，也没有使人民大众体认霸道的真面目和觉悟其危害后果。所以必须度越王道与霸道，其命维新为"和合之道"，简称"和合道"。这是实现"和合天下""天下有道"的方式和必由之路。

---

① "天下"曾见于《尚书·召诰》："其惟王勿以小民淫用非彝，亦敢殄戮，用乂民若有功。其惟王位在德元，小民乃惟刑用于天下，越王显。"孟子说："天下有道，以道殉身；天下无道，以身殉道。"孟子译注：卷13：尽心章句上. 北京：中华书局，1960：321. 之前孔子说："天下有道，则礼乐征伐自天子出。"论语译注：季氏. 北京：中华书局，1980：174.

自全球化、信息革命以来，地球成为一个村，人民可以放眼世界。在中华文化走向世界的情况下，"天下"成为人文社会科学领域研究的热门话题，基本上是从历史学、民族学、文化学、文字学、政治学等层面进行阐发。① 然而，任何学说唯有在人类与自然、社会、人际、心灵、文明冲突危机中，铸炼出化解之道和解决之方，提炼出既能体现时代精神，又能回应时代核心话题的理论思维，才能引领时代思潮，如儒家求大同的社会价值理想。柏拉图在《理想国》中认为，治理城邦是为了实现正义，探讨城邦的本质是揭示和解释正义，"哲人成为这些城邦的君主，或今日被称为君主和权贵的人们真诚地、恰当地热爱智慧"。② "哲人王"热爱智慧是全体的智慧，而城邦体制的本质是其灵魂的投影。他们的天下价值理想世界，都是一种虚拟的境界。即使是现代学者对"天下"的论述，主要着眼于政治、制度层面的内涵和价值，未能充分诠释"天下"所意蕴的价值本质、化成依据、德性根基、人本之源、制度基石，没有发现天下价值共同体特征及天下和合本质。③ 天下观是中华民族对生存世界的境理时空的真实改造，是意义世界人生价值活动的性命之善和修身养性实践，及可能世界"道、和"的和合天下价值理想的整体观。

当下人类共同面临着人与自然冲突而产生的生态危机；人与社会冲突，如贫富不均、战争、恐怖等造成社会、人文危机；人与人的冲突出现道德危机；人的心灵冲突形成精神、信仰危机；文明之间冲突构成价值危机，它凸显在政、经、文、军、制度、宗教、生态、人伦、道德之中。如此，这个世界是充满严峻冲突危机的世界，是不太平的天下。这样不能不激起世人共谋出路、共同思考：未来人类向何处去？人类的命运如何？天下观如何开展？以及如何构建和合天下？

中华古人有浓厚的天下情怀，有为天下开太平的强烈意愿，构建了"大道之行，天下为公"的大同世界的价值理想。在大同世界的价值结构中，其合理度应是"圣人耐以天下为一家，以中国为一人者，非意之也，

---

① 杨联陞的《从历史看中国的世界秩序》，是从历史学视角来讲天下；王柯的《民族与国家》是从民族学角度探讨天下观；汪晖的《现代中国思想的兴起》和葛兆光的《中国思想史》从文化思想视域来讲天下与国家相关话题；于省吾的《释中国》考证中国名称的起源、由来和形音义；赵汀阳的《天下体系——世界制度哲学导论》、邢义田的《从古代天下观看秦汉长城的象征意义》、安树彬的《从传统天下观到近代国家观》，是从政治秩序来讲天下；盛洪的《为万世开太平》是从经济学角度讲天下。
② 柏拉图. 理想国. 王扬，译注. 北京：华夏出版社，2012：201.
③ 翁俊山. 和合天下——先秦儒家和合天下论. 北京：中国人民大学，2010.

必知其情，辟于其义，明于其利，达于其患，然后能为之"①。要实现天下为一家，中国为一人，必须知民情；以义理教化民众，明白有利的事，使其安心；晓达祸患而防护，以避免争夺相杀。孔颖达疏："此孔子说圣人所能以天下和合共为一家，能以中国共为一人者，问其所能致之意。"② 这不是一种臆测度谋，而是能致的大同世界境界。"天下和合"转换为"和合天下"，"天下和合，共为一家"的远景蓝图是在农业社会平台上建构的《礼运》的大同世界，而"和合天下"是建构在全球化、信息智能革命、太空时代所描述的人类未来的蓝图。世异事异，唯变所适，其命维新。

"四海之内若一家，故近者不隐其能，远者不疾其劳，无幽闲隐僻之国，莫不趋使而安乐之。……是王者之法也。"③ 以往中国人以"家国天下"为责任载体，当下应以"和合天下"为责任载体。"天下之本在国，国之本在家"，"齐家"才能治国、平天下，这是建构在小农经济基础上的"家国天下"价值观、天下观。和合天下以和生、和处、和立、和达、和爱的和合学五大原理为价值观、天下观。在中国人的精神世界里，原来存在着一个度越具体政权、体制，如城邦、邦国、王朝、封建、郡县等，以及体现着时代精神、价值理想、全球秩序的价值和合道体，从这个意义上说，"天下"本质上是一个价值和合道体。

现代人类为了从五大冲突和危机的痛苦煎熬中解脱出来，共同向往和追求和合天下，这是和合天下何以可能的扎实基础。在此基础上可以建构金碧辉煌的大厦，可以飞龙在太空，可以登陆太空中的任何星球，在某个星球上开启新起点，描绘新蓝图，建立新世界。新世界造就新人类、新理论、新思维、新方法，而有新体制、新伦理、新道德、新精神。什么是和合天下，和合天下如何可能？

第一，建构和合共生机制，寻求和合天下正义。和合共生是中华文化的精华和历史基因。和合天下是正义的天下。中西哲人都把"正义"作为其价值理想追求的目标。荀子说："正利而为谓之事。正义而为谓之行。"④ 为正当利益去做，称为事业；为正义而做，叫作德行。杨倞注："苟非正义，则谓之奸邪"。奸邪为非正义的行为。"不学问，无正义，以富利为

---

① 礼记正义：卷22：礼运//十三经注疏. 北京：中华书局，1980：1422.
② 同①.
③ 王制//荀子新注. 北京：中华书局，1979：124.
④ 正名//荀子新注. 北京：中华书局，1979：367.

隆，是俗人者也。"① 以富利为人生最高的目标，那是没有正义的俗人，人应该以正义为价值目标。柏拉图的《理想国》，贯穿其书的思想主题是论正义。从《对话纲要》中可以明白：第一部分是"初探正义"；第二部分是"寻找和确认正义"；第三部分是"正义的城邦有可能被建立的条件"；第四部分是"论非正义"；第五部分是"灵魂的道路和正义的报酬"②。正义不可避免地与各利益主体产生紧张冲突，因为无正义（非正义）以富利为隆，或"对金钱极度贪婪"③。富利已全面吞噬了正义，金钱贪婪完全毁灭了正义，也毁灭了和合共生及各利益主体。

利益这个恶性毒瘤已全面扩散，自然、社会、人际、心灵、文明无一不被其侵染，政治、经济、文化、科技、军事无处不被其充塞，思想、哲学、艺术、宗教、文学、历史处处都被其占据，国家、民族、集团、党派以至太空领土都成为其"殖民地"。它无孔不入，无处不占，并极力增强其毒性，扩大其扩散面，变异其新品种，积聚其侵占力，严重威胁和合共生。因此不能任利益这个毒瘤肆行，毒瘤不被管控，世无宁日，毒瘤不被去除，人类无宁日。时至今日，利益这个"魔鬼利刃"，仍然在慢慢地宰割着人类和合共生肢体，麻木不仁者，受其一刀一刀地分尸；从痛苦中觉醒者，将起而反抗，人类将以自己的热血凝聚成万丈能量，融化这"魔鬼利刃"。

人类要建构体现并代表全人类和合共生利益的新主体，这个新主体度越了自然、社会、人际、心灵、文明各利益主体的差分和冲突，圆融无碍地携手共建和合共生的、生生不息的和合天下。利益在历史发展阶段中，是与价值观相联系的，换言之，是与正义、非正义价值相匹配的。当前人与自然、社会、人际、心灵、文明间的关系原则，都没有为人类提供一种唯变所适的价值准则，即使是和生、和处、和立、和达、和爱的五大原则，也还未被全球所全盘认同为和合共生的共同价值原则，这五大原则作为全球共同价值原则，在一定意义上，是与正义价值原则相匹配的。

当和合共生的和合天下逐渐实现，体现全人类利益的新主体出现，人类命运共同体利益越来越显著、强烈，人类利益新主体的内涵越来越丰富、充实，便冲击着、改变着原有各利益主体，原有各利益主体能量被削

---

① 儒效//荀子新注. 北京：中华书局，1979：105.
② 柏拉图. 理想国. 王扬，译注. 北京：华夏出版社，2012：396-408.
③ 同②405.

弱,以至被边缘化。譬如认同民族国家体系的利益主体,就被代表全人类利益的新主体所替代。这是建构和合天下的核心价值。

第二,建构和衷共济机制,寻求和合道体。和衷共济是中华文明和东方文明的精髓,在和合天下架构下,代表全人类共同利益的新主体以和衷共济、和平合作为思考问题的出发点和立足点。自从民族国家体系逐渐成为世界体系的政治形态以来,民族国家便以主权国家的姿态参与世界事务,以自身利益作为衡量、判断、评价的唯一标准和原则。让我们这一辈人记忆犹新的是,当我国处在最困难、食不果腹、勒紧裤带过日子的时候,我国出钱、出粮、出武器、牺牲将士帮助那个所谓"同志加兄弟"国家的解放,现在它却与昔日敌人联手,使其侵占的中华民族祖宗留下的领土合法化,撕毁体现"主权在我,搁置争议,共同开发"的和衷共济、和平合作的协议,而搞摩擦、冲突,以至对抗,这种忘恩负义的缺德行为,证实了在民族国家体系内"没有永恒的朋友,也没有永恒的敌人,只有永恒的利益"这句话。也使我们领悟到,没有什么真正的"同志加兄弟",而只有"利益加利益",这是民族国家体系间关系的本质。

在民族国家体系内,往往会导致如伯特兰·罗素所说:"每个大国都声称不仅对国内事务而且对国外事务都拥有至高无上的主权。这种对至高无上的主权的要求更导致一个大国与其他大国之间发生纷争。……事实上,这种对绝对主权的要求就等于是一切外部事务都依靠武力来解决。"[①]民族国家体系内各利益主体间,往往产生冲突和对抗,破坏和平合作。康德在《永久和平论》中从主权国家视域来权衡国际事务,探讨人类实现永久和平的途径,如果只规定权利而没有明确相应义务,只有相互防范而没有相互理解和信任,就不可能实现永久和衷共济、和平合作。当某个大国声称对国内外事务具有至高无上的利益时,它就会把全球统摄划归到其主权范围内,这就是导致20世纪两次世界大战和美、苏冷战的原因。如美国攻伐阿富汗;编造谎言,侵略伊拉克,绞杀主权国家领袖萨达姆;侵略利比亚,枪杀其领袖卡扎菲;搞乱叙利亚,培育了"伊斯兰国"恐怖组织,使恐怖活动散布全球,人民遭殃,结果害人害己。又如原本是和平之海、友好之海、合作之海的南海,由于美国"亚太再平衡"战略,以实现其海上霸权,使南海变成不平之海、冲突之海,这是对国际正义的亵渎,其结果必将是"竹篮打水一场空"。

[①] 伯特兰·罗素. 自由之路. 北京:文化艺术出版社,1998:435.

这种全球的形势不是如西达·斯考克波所说的"找回国家",而是度越民族国家体系,找回人类曾追求的天下一家、大同世界。传承和度越中华民族传统的"王道",拒斥当代民族国家体系中的"霸道",建设和衷共济、和平合作的和合天下"和合道体"。和合道体在思维模式上以多元融突和合论取代一元论、单边论;在政治模式上以和合道取代霸道主义;经济模式上以人为本取代金融、利益、权力集团三结合;社会模式上以和合学的五大原理取代社会达尔文主义;文化精神模式上以和合天下的价值理想境界化解、弥补信仰缺失、道德滑坡、心灵无住、精神迷惘的困境。

和合道体度越民族国家体系,"以人为本"、和衷共济、和平合作是其宗旨。它向新主体敞开无限可能空间,在天、地、人三界中发挥人的智能创造,天地因人的创造而获得存在的价值和意义,新主体也在智能创造的实践活动中获得新生命、新活力。和合道体是人与天地参的华美乐章,是仁爱和乐的温馨家园。

第三,建构民胞物与的全球伙伴机制,寻求生存、意义、可能和合世界。民胞物与是中华文明的精华和发展动力,以此建立新的全球伙伴体系,建构一种体现人类共同愿望的普适价值观,是维护全球秩序的最基础的课题。在全球化、信息智能革命、太空世界体系中,人类共同点、关节点、互通点、共同意愿点越来越多;联系越来越多,可谓心有灵犀一点通;人们认同的普适价值观越来越多;点赞和合天下价值观的也越来越多。这四个"越来越多",为和合天下价值共同体夯实了基础。尽管当下仍然有狭隘民族主义、经济保护主义、宗教激进主义、自我孤立主义、民粹主义等动摇和合天下价值共同体的基础。然而,时代驱动着价值共同体的建设,不可阻挡。

人类还只能生存在这个地球上,天地自然赐给人类衣食住用行的资源,若无此,人就不能生存,生民就会毁灭。然而人类却不以天地自然为自己的同胞伙伴,不以德报恩,却以暴力战天斗地,恩将仇报。致使生态危机、环境破坏:空气污染、雾霾遮天、河水发臭、山岭光秃、大地沙化、水旱灾害。归根到底,这都是人的无智所为。中国人都知道因果报应的道理,人类若对我们这个地球恩将仇报,天地自然对人类就会仇将仇报,仇仇相报,何时了?人类应遵循"万物并育而不相害"的箴言古训。爱护地球就像爱护自己眼睛,敬畏天地自然就像敬畏自己祖宗,尊重天地自然就像尊重自己命运之神。天地自然是人的保护神,是生养人的父母。人类目前只能生存在这个唯一宜居的地球之中,人类与地球通过一系列时空序化的中介，融突和合为生存情境、生存条件或生态环境、生态条件，人类又通过价值理性的实践，遵循有序的生存法则、原理或生态原则、规律，智能创造优秀的、舒适的、美丽的、幸福的政治、经济、文化、道德、制度、管理的生态环境；以及"学有所教、业有所就；劳有所得、病有所医、老有所养、幼有所育、住有所居"的生存环境。建构和合天下天蓝、水绿、山青、气净的生存世界。

在建构和合天下的生存世界（在天、地、人三界，此为地界）中，知生存环境的理（规律），才能实行理，以变易生存环境，给予生存世界以意义和价值，人类自身也获得意义和价值。于是"人为什么生存，怎样生存，即人活着为什么、怎样活才有价值与意义"便进入意义世界（人界）。人将自身的智能赋予、投入对象，是行理易境对象化、物化的过程，亦是对象价值化、意义化的过程。一切有关意义性、价值性的事物、状态、规范、原理、原则、规律的总和，构成人所特有的意义世界。人作为天地的精华、万物的精英，是追求价值和意义的灵长。人生的价值和意义，就在于创新。人的智能创新是人之所以有价值和意义的灵魂。《左传·襄公二十四年》记载，叔孙豹讲："'太上有立德，其次有立功，其次有立言。'虽久不废，此之谓不朽。"此"三不朽"都属智能创新的驱动，都是对人民大众事业的贡献，以实现人生的价值与意义。这使人的有限的肉体生命转变为无限的价值生命，虽死犹生，永远活在人的心里。若为钱而活，为色而活，为权而活，为钱、色、权所迷，则虽生犹死，最终被人民所唾弃。和合天下的意义世界需要建构"三不朽"的世界。

人是会自我创造的和合存在，不仅追求人生价值和意义，而且追求灵魂的安顿、精神的家园、终极价值理想的信仰世界，这便是和合可能世界（天界）。莱布尼茨在《单子论》中说："这个世界是一切可能的世界中最好的世界"。可能世界的概念是他在《论形而上学》中提出的。在中国哲学中如老子"非常道"世界、程朱天理世界、《红楼梦》"太虚幻境"世界等。在中华民族文化中，往往把终极的价值理想的可能世界与境界论联系起来，儒释道三教追求精神世界的解脱与自由是相同的。道、释求一己的解脱和度越，以求可能的神仙世界与西方极乐世界，即精神自由境界。儒家重道德修养，由己及人及物，以达修齐治平的大同世界。这些可能世界是通过思维逻辑构造而创生的可能结构机制，体现和合精神的优美性原理。思维逻辑活动是精神高级活动，是反映事物一般特性、内部联系和运动规律及运用智能进行推理，创造合乎逻辑的理论体系。和合天下的和合可能世界，是建构一个人和、地和、天和，人乐、地乐、天乐，人美、地美、天美的天地人共和乐、共和美的世界。

第四，建构创新包容、公平共享机制，寻求生活安全、和谐、幸福、自由。没有创新就没有发展，也无所谓公平；没有包容就没有繁荣，也无所谓共享。中华文化强调民为邦本、本固邦宁，和合天下突出民为世本、本固世宁。如此，必须彻底改变弱肉强食的丛林规则，彻底去除民族国家体系内的"战国"规矩，彻底废弃国强必霸的逻辑，终止霸道主义的霸权行为，建构得民心的维护全球秩序的全体人民大众的自卫机制，目前安保体系，都是保卫主权国家权力集团、金融集团、利益集团的最大利益而建立的，是他们的保镖，而罔顾人民大众、少数族裔的生命财产的安全。建立人民大众自愿的、尽义务的，又是人民大众推荐的自卫机制：人民平时从事各行各业工作，抽一定的时间从事监督、检查、化解、协调事业不达标、各种缺失事情、民间矛盾等。民事由民议、民管、民办、民决和人民的保安员协调。建构整体性、协同性、系统性公共安全体系，维护和合天下人民的安全、安定、安宁、安乐、安闲、安康。没有以强凌弱、以大欺小、以权压人；没有干扰破坏宁静的生活，没有谎言造成心理的紧张，没有恐吓使人惧怕；没有战争、恐怖带来的死人和威胁；没有贫富不均，贵贱差分；没有国界的限隔，没有你抢我夺。天下一家，民胞物与。王守仁说："大人者，以天地万物为一体者也，其视天下犹一家。"[①] 度越了国家、民族、种族、宗教等之间的"形骸而分尔我"的界限。天下人犹一家人，天下犹如一家人一样温馨，享受一家人的和睦、快乐和幸福。

这是一个很大、很大的家，如何管理这个家？需要有卓越智慧的管理者，不需要打着民选的民主旗号而行独裁统治的骗术。美国记者法里德·扎卡里亚1997年在《外交》双月刊撰文说："民选的政权，往往通过全民公决而再次当选或权力得到加强，它们无视自己权力构成的局限性并让公民丧失了基本权利和自由。"[②] 以民为本，建构人民大众自我管理体系，把人民大众的意愿作为目标，人民大众的意愿是全球安全、和谐、民主、自由、公平、公正、幸福、诚信、和爱，自我管理体系要为实现人民大众的意愿而努力，人人都能自觉地实行自我管理的责任和义务，使全球成为人民大众自己的全球。人民大众中的每个人，都是自我管理的主人，没有管理者与被管理者差分，人人都是管理者与被管理者，相互互鉴、互助、互谦、互励，而能持久地使人民大众的意愿得以实现。

---

① 大学问//王文成公全书：卷26. 明隆庆六年刊本.
② "非自由民主"潮流在中欧国家扩展. 参考消息，2016-05-13.

中华民族自古以来就有"天地与我并生，而万物与我为一"①，"天地之塞，吾其体；天地之帅，吾其性。民吾同胞，物吾与也"②，以及"天地万物，本吾一体"③等思想，简言之，是一种命运共同体思想。它简单说明这样一个道理：天地万物都是和生（共生）、和处（共处）、和立（共立）、和达（共达）的，而无孤生、孤处、孤立、孤达。和合天下是一个和实生物、和平共处、己欲立而立人、己欲达而达人的命运共同体关系。在这个共同体关系中，每个人的命运都休戚与共。在此基础上建构民议机制，民议种种与命运共同体休戚相关的事，也就是与每个人命运相关的事，因此民议机制使每件事的决定都能公平、公正、平等、合理。

人民大众自我管理体系的自卫机制、意愿目标、民议机制构成自我管理体系的运行程序。

第五，建构知行合一的德礼机制，实现和合天下的人心和善。柏拉图在《理想国》中反复论述"自我节制"精神。④"因为一个懂得自我节制的人心目中必定拥有某种生活准则，无论何时何地，他说话办事都按这一'尺度'。只有真正认识和掌握了这一'尺度'，一个人，如果他是一个平民，才有可能安排好自己的生活和家务，如果他是一个统治者，才有可能治理好由各种不同阶层组成、体现着不同社会利益的城邦。"⑤ 在和合天下体系中，这个尺度就是德与礼。中华民族对德与礼的敬畏，就是对"自我节制"精神高度理性的表现。"自我节制"精神用中华话语来说，就蕴涵着"吾日三省吾身"和改过迁善以及克己复礼为仁，非礼勿视、非礼勿听、非礼勿言、非礼勿动。德为道德"尺度"，礼为行为规范"尺度"。

在和合天下的范围内，人人有卓越智慧、高尚的道德。德在中国文字中作"悳"，《说文解字》释为"外得于人，内得于己也。从直从心"。是指行为规范处理得当，内外、人己和谐，都能有所获益，这就是人与自然、社会、人际、心灵、文明之间都按照德与礼的尺度而行。"直心"即对于自然、社会、人际、心灵、文明有一种普遍的爱心、责任意识，即仁民爱物的胸襟。⑥ "直心"即是和善之心、正直之心、公平之心、公正之

---

① 齐物论//庄子集释：卷1下. 北京：中华书局，1961：79.
② 正蒙·乾称篇//张载集. 北京：中华书局，1978：62.
③ 中庸章句//朱子全书：第6册. 上海：上海古籍出版社；合肥：安徽教育出版社. 2002：33.
④ 柏拉图. 理想国. 王扬，译注. 北京：华夏出版社，2012：162.
⑤ 同④2.
⑥ 张立文. 和合学概论——21世纪文化战略的构想. 北京：首都师范大学出版社，1996：144.

心、敬爱之心，以度越贪、嗔、痴、慢、疑的五心。正直、公平、公正、敬爱之心，可统摄于和善之心。中国古人早就主张"彰善瘅恶"，扬善除恶。认为之所以产生善恶的心，是因为"夫民劳则思，思则善心生；逸则淫，淫则忘善，忘善则恶心生"①。韦昭注："民劳于事，则思俭约，故善心生也。"把善恶心的产生与人的劳、逸的活动联系起来，度越了人性本善、性本恶的观念，把善恶之心的产生还原给人，给主体人的实践活动留下空间，主体可自己主宰、支配自己的善恶实践活动。"君子以遏恶扬善"②，小人却积恶遏善。"夫行者善则谓之贤人矣，行者恶则谓之不肖矣。"③ 君子与小人、贤人与不肖，从对待二分中突显善与恶。并以善恶的后果劝诫世人。善使人贵、寿、贤、福、吉，恶使人贱、夭、愚、祸、凶，这就给主体人的选择以价值导向，因为"无善心者，白黑不分，善恶同伦，政治错乱，法度失平。故心善，无不善也；心不善，无能善。"④ 心善是一切善行、善事、善情、善智、善思、善言、善听等实践活动的前提和出发点，这就是"心善、无不善"，心不善，一切反之。因此，中华民族主张时时刻刻注重修身养性，不管是别人看不见、听不到，还是很隐蔽、很细微，没有表现、没有显露出来的情况下，都要十分谨慎，只怕有违做人的道德，要不放松对修身养性的培育，提升道德情操、品德，这是构建和合天下最基础、最根本的关键，失去这一关键点，就失去了一切。

德是和合天下的精神支柱和行为指南，是人民大众凝聚力和向心力的活水，亦是和合天下之所以建立的根据，及其维护的重要依据。因此，人人皆要敬德、畏德、修德、养德、行德，建构以德为主导的自然、社会、人际、心灵、文明的融突和合机制，营造和合天下道德共同体。

德既是和合天下新主体内在的道德心性修养，如诚意、正心的"内圣"功夫，亦是实施仁义礼智和修齐治平的"外王"功夫。礼作为行为规范，是把德作为其内涵的指导原则和标准尺度。中华民族自古以来被称为礼仪之邦，是天下文明之地、人道之区、人文之域。礼的重要功能是"分"，人人各位其位，各尽所能，各负其责，各美其美，天下和合，"礼之用，和为贵"。礼是人人必须遵守的，犹如马路上的红绿灯，红灯停车、

---

① 鲁语下//国语集解：卷5. 北京：中华书局，2002：194.
② 周易象上传//朱子全书：第1册. 上海：上海古籍出版社；合肥：安徽教育出版社. 2002：109.
③ 新书：卷9；修政语下//百子全书. 杭州：浙江人民出版社，1984.
④ 定贤//论衡校释：卷27. 上海：商务印书馆，1938：1115.

绿灯通车，否则就会有生命危险。和合天下的智能车也要遵守交通规则，有此规则，才有交通秩序，这种秩序就是礼的一种具体体现。人也一样，"不学礼、无以立"。礼是人的立身处世之本，无礼，人就无立足之地。中国古代立身处世应"父慈子孝，兄爱弟敬，夫和妻柔，姑慈妇听，礼也"①。可见礼与德是圆融的，无德的礼是虚礼。礼关系到人在人际关系中如何立足，若人人依礼而行，就会达到和谐、和睦、和平、和善、和合。

中华民族的礼乐文化中，礼是刚性的，乐是柔性的。在和合天下中礼具有法的价值与意义。自古以来礼法并用，礼律并称，礼与律互为表里。"礼刑其初一物，出礼入刑之论，固将以制民为义，而非以罔民为厉也。"②礼刑其初为一体，出礼入刑，为古代中国普遍的现象，礼刑共同起着制约、规范、指导人的行为的作用，违礼就要受刑法的制裁、惩罚。礼法惩罚的性质和方式有差分，礼借助德，运用教化、舆论力量来维护，刑法依条例来执行；效果也差分，导之以德、齐之以礼，人就自觉遵纪守法，而不犯罪，若导之以政、齐之以刑，人可以一时不违礼，但没有羞耻之心，还会违礼犯法。因而要敬礼、畏礼，亦即敬法、畏法。孔子认为"为礼不敬，临丧不哀，吾何以观之哉"。③ 行礼不严肃恭敬，行丧礼不悲哀，我是看不下去的，因为礼体现了人的道德品质。崇德尚礼，修身律己，人心和善，人间和顺，天下和合。

此五方面是对于人类未来命运的梦想。人类从诞生以来，从来未放弃过梦想，在这个地球上的东西南北中，各国、各民族、各宗教都有过自己的梦想，梦想是人类未来美好的价值理想，憧憬光辉灿烂的温馨家园。柏拉图的《理想国》，摩尔的"乌托邦"，奥古斯丁的"上帝之城"，莱布尼茨的单子世界，黑格尔的"绝对精神"世界，哪个不是虚拟化的梦想世界。中华民族是善梦的，如《庄子》的逍遥之游，《礼记·礼运》的"天下为一家"的大同世界，朱熹的"净洁空阔世界"，王守仁的"太虚之境"，曹雪芹的"红楼之梦"，康有为的《大同书》，孙中山的"天下为公"，哪个不属诗意化的梦想之境；各宗教的凡天堂、凡天国、凡神仙世界、凡西方极乐世界，哪个不是信仰化的梦想的境域。无论是虚拟化的梦想之世，还是诗意化的梦想之境，以及信仰化的梦想之域，都是人类几千

---

① 昭公二十六年//春秋左传注. 北京：中华书局，1981：1480.
② 唐律疏议序//唐律疏议. 上海：商务印书馆，1929.
③ 论语集注：卷2：八佾//朱子全书. 第6册. 上海：上海古籍出版社；合肥：安徽教育出版社，2002：92.

年来不断追求的、梦寐以求的价值梦想世界。

当今已是全球化、信息智能革命的时代，可称为"太空时代"，科学把天空作为人类的太空，人类参赞宇宙，谱写最美乐章。与嫦娥拥抱的梦想，已经实现；与火星、土星等会面，以至到它们那里与它们共同生活的梦想，也不是不可能的。未来人类可以在另一个星球上建立新天地，它将是一个天和、地和、人和，天乐、地乐、人乐，天美、地美、人美的天地人和乐和美的和合天下的梦想天地。人类未来是能够圆梦的，我们暂称此为"圆梦园"。"圆梦园"度越了"伊甸园"，她没有绝对主宰者，而只有人民大众的和合共生、和衷共济、公平共享、民胞物与、互助友爱、崇德尚礼、幸福快乐。她是人人肉体安乐的温馨家园，更是人人灵魂安顿的温馨家园，她是无限美好、璀璨的和合天下、天下和合之园，她将在时光河流的冲刷下，更显露其夺目光辉。

自己讲　讲自己

建构中国哲学思想话语体系和学派[*]

中华民族有五千年的文明史，中国人的禀赋是善于智能创造，中国的发明创造曾助力西方资本社会的发展，中国的发展曾居世界鳌头。近代中国，由于闭关自守，落后于西方，而西方以军事、话语、经济、文化的强势实力侵略中国，这就刺激中国知识分子追寻中国落后的原因与西方先进的缘由，在这个追寻、检讨中出现一些偏差，一些人把落后的缘由简单归咎于中华思想文化。

一、迷失——中国哲学思想话语的缺失

近代以来，中国落后挨打，中华民族长期以来形成的思想文化话语权逐渐丧失。在西方列强的挑战下，一些中国人迷惑了，天朝帝国迷惑了，夷夏之辨倒过来了。在前赴后继地向西方追求真理的人中，一些人片面地认为东方文明是主静的，而西方文明是主动的；东方文明为自然、安息、消极、依赖、苟安、因袭、保守、空想的；西方文明为人为、战争、积极、独立、突进、创造、进步、体验、科学的。这种文明的比较，一贬一褒的文明价值判断，容易给人在心态、思维、观念上产生一种误导和迷惑，使人丧失了民族文化的主体性和自信，出现了文化自卑和鄙视中华民族文明的心理状态。他们接受西方非此即彼的二元对立思维，一切以西方真理为真理的观念，导致了"一切不如西方的"一种强烈的与传统文明实行彻底决裂的观念，甚至出现了抛弃传统文化、丢掉根本、割断精神命脉

---

* 本文原载于《中国人民大学学报》2017年第5期。

的激烈行为，提出"打倒孔家店"的口号。

在人们思想迷惑的情境下，冯友兰先生在20世纪30年代出版的《中国哲学史》两卷本的"绪论"中说："哲学本一西洋名词，今欲讲中国哲学史，其主要工作之一，即就中国历史上各种学问中，将其可以西洋所谓哲学名之者，选出而叙述之。"这就肢解了中国哲学和哲学家思想的整体性、有机性、逻辑性、生命性，犹如庄子寓言，南北海二帝倏和忽，结伴到中央浑沌帝那里去玩，受到浑沌帝的热情招待，为报答浑沌，倏、忽商量按照他们的样子改变浑沌，七天凿七窍，凿好七窍，浑沌死了。把中国哲学选出、拣出西方哲学所谓哲学的资料而叙述之，这样中国哲学精神、灵魂没有了，中国哲学也死了。这就是冯友兰所说"照着讲"，即照着西方哲学讲。在迷惑之中，在有意无意、不知不觉间，丧失了中国哲学思想的话语权。因为哲学之所谓哲学的定义标准是西方制订的，我们只能照着讲，但冯友兰系统地讲中国哲学史，有开创之功。

1949年以来，我们学苏联，以《联共（布）党史简明教程》四章二节"辩证唯物主义与历史唯物主义"为标准，以日丹诺夫《在关于亚历山大洛夫著"西欧哲学史"一书讨论会上的发言》中的"哲学史也就是唯物主义与唯心主义斗争的历史"为原则。我们照着他们讲中国哲学史。1957年在北京大学临湖轩召开中国哲学史方法论讨论会，这个讨论会最后得出了一个结论：代表先进阶级——唯物主义——辩证法；反动阶级——唯心主义——形而上学。孔子为没落奴隶主阶级代表，于是其思想是唯心主义的，是形而上学的；老子为小农阶级代表，其思想是唯物主义的，是辩证的，后来听领导说老子是唯心主义的，又改老子为没落奴隶主阶级的代表。这就是我们失去自己哲学标准和话语权的结果。在"文化大革命"中，"以阶级斗争为纲"发展到极致，"打倒孔家店"就成为口头语。中国哲学以儒法斗争为线，儒家反动保守，法家进步。因此，以儒为唯心，法为唯物。"评法批儒"成为"破四旧"及打倒"封、资、修"的理论武器。而中国优秀传统文化的精华几乎都成了封建的糟粕、被烧掉的对象和被抄家没收之物。孔子成为林彪反革命集团的替罪羊。所谓"批林批孔"，这不仅不是照着讲，而且是打倒讲，完全没有中国自己的话语权，这样一来，话语体系就直接搬用和移植西方的。

二、辉煌——中国话语强势走出去

"话语权"是1939年英国著名学者卡尔提出的，他认为国际权力格局分为三种：军事权的胁迫力、经济权的收买力和话语权的吸引力（舆论控制力）。之后话语权的内涵、价值被强化、扩展，并被政治化、意识形态化。于是哈佛大学的约瑟夫·奈依西方的二元对立思维将军事力与经济力称为硬实力，话语力称软实力。他认为软实力有三个维度：一是文化背景，二是政治价值观，三是外交政策。依据此三个维度，他认为俄罗斯和中国不了解软实力。① 他所说的软实力实质上是西方宣扬其政治价值观的工具和手段，并以此来建构其话语体系，然后渗透到各个领域，为其所制订的、代表其利益的各领域的规则、标准服务，为掌控世界舆论服务。

中华民族作为文明古国，其军事、经济、政治、文化、制度在世界舞台上具有领先地位，具有强大的话语权，吸引了各国、各地区、各民族的留学生，曾在东亚形成汉字文化圈，或曰儒学文化圈。

汉武帝时随着在朝鲜设四郡（乐浪、临屯、真番、玄菟），儒学亦传到朝鲜，随后其教育内容、形式、体制、目的都与儒学相关，并成为其政治理念和道德伦理标准。《三国史记·高句丽本纪》载：小兽林王二年（372年）正式成立大学、设博士，仿中国教育制度；新罗元圣四年（788年）模仿科举制度，始定读书出身科。朝鲜李朝成立成均馆、建文庙，研究儒家义理、传承朱子学，并成为其政治意识形态，形成朝鲜儒学的话语体系。

日本史书《古事记》载：应神天皇十六年（285年）百济博士王仁以《论语》献给朝廷，儒学的政治理念、道德观念被日本上层所接受。仁德天皇实行仁德之治。推古朝圣德太子（574—622年）摄政期间，多次派遣使者、留学生、学问僧到中国学习中国儒家经典及学说。他亲自制定旨在对官吏道德训诫的《十七条宪法》第一条就是"以和为贵，无忤为宗"，以儒家礼治为本。7世纪大化革新之后，儒家政治理念成为统治阶层的政治原则，促成儒学教育，祀孔始于701年。游学僧圆尔辨圆（1203—1280年）是"传入日本宋学第一人"。德川幕府时代（1603—1867年），儒学倡导"大义名分"，把纲常伦理绝对化的程朱理学作为其占统治地位的思想，在日本政治、经济、文化、教育的话语权中具有统治地位。日本出现诸多朱子学、阳明学的大家及不同的学派。

在公元前2世纪，汉字、儒学经典及儒学仁义思想已传入越南。汉武帝于公元前111年，在越南设交趾、九真、日南三郡，位于其中部和北部。1070年李圣宗在升龙（今河内）修文庙，越南开始儒学化。1075年开科

---

① 约瑟夫·奈. 中国和俄罗斯不了解软实力. 外交政策（美国），2013-04-29.《参考消息》转载。

取士，考试科目为儒学经典。1076年设国子监，实行儒学教育。后来在黎朝、阮朝的400余年间，独尊儒学。阮朝时，春秋祭孔、学校教学、政府文书、科举考试一律用汉字，汉文化话语完全普及。

明代以后，中国的哲学、伦理、文学、艺术、政治经耶稣会传教士介绍到西方，便引起西方人的兴趣，如奥皮茨、托马西乌斯、莱布尼茨、沃尔夫、腓特烈一世（普鲁士王国国王）等。莱布尼茨认为中西文明各有所长，西方以哲学与科学理论见长，中国以道德哲学见长。他说："在实用艺术及自然物的实际应用上，我们总算与他们处于同等地位，我们与他们各有自己的知识，可用来与对方进行有用的交流……在实践哲学方面（虽然承认这一点几乎是可耻的），他们确实比我们更有成就。这指的是道德学与政治学的规律。其实，要描述中国人的规则与世上其他人相比，是多么善美地导向太平与社会的安定，实是不容易的事。他们的目的，是尽量减少人与人之间的不和。"① 莱氏基本上是把中西放在平等的天平上进行比较，比较客观。特别是他发明了二进位数学，并从白晋送给他的邵雍的《伏羲先天六十四卦方圆图》中得到印证，这是中西哲学思想的相契之处。莱氏认为，他的形而上学与朱熹理气之学相通，他认为理是中国思想中的第一义，是至高、至善、至纯、至静、至微、至神而无形的，唯有人的智力能认识，并由此产生众善，等于莱氏自己哲理中的神。② 尽管这种比较欠妥，但莱氏看到中西哲学智慧的相似性并对中国思想热烈向往。沃尔夫可算是莱氏的继承人，他发表了《中国实践哲学》，在此文的结论中说："我已述出古中国智慧的原则，就如我已多次公开说明，这些原则与我本人的原则也符合，而这也是我希望在此会合的各位高人能够接纳的事。"③ 他认为中国人的智慧原则与我们的原则完全一致，他承认自己的道德哲学与儒家的学说相合，儒家学说是一种本乎人的理性与自然的、模范的非基督教的哲学体系。因此，他尊重"中国哲学的悠久历史"。他尊崇孔子，以孔子是中国智慧的重建者。又一些思想家如伏尔泰等尊崇儒学，认为儒学是世界上最好的、最合于理性的哲学，以此来批判基督教神学。魁奈认为中国的道是儒家学者讲的天理天则，就是自然法的根本，是中国政治伦理的基础，他认为中国人对自然法的研究已经达到了尽善尽美的最高水平。

---

① 秦家懿. 德国哲学家论中国. 北京：三联书店，1993：11-12.
② 同①21.
③ 同①168.

三、复兴——建构中国哲学思想话语体系

中华民族话语的强音在东亚、东南亚及欧洲都发挥了正能量。中华民族的政治、文化、思想、哲学、制度成为学习的样板,甚至成为一些国家占统治地位的哲学思想话语体系。如何复兴近现代以来丧失了的中华民族话语权,建构有中国特色、气魄、风格的哲学思想话语体系,是全国人民和广大学者的期盼。

首先,要胸怀理想,志存高远。

陆九渊说:"人惟患无志,有志无有不成者"[①]。建立中国哲学思想话语体系应有敢于转"哲学在中国"为"中国的哲学"的志气。哲学这个词出在西方,就此而言,若以希腊哲学为哲学,可以说哲学在中国。若以哲学为爱智慧,可以说中国是爱智慧的民族,这是西方国家学者普遍认同的。五千年来中华文明和哲学思想的话语体系发生、发展、繁荣,以及走出去为其他国家所受容、认同、吸收,并成为其意识形态,这是中华民族爱智慧的智能创造。希腊人辟出哲学之路,是他们的精神家园,中华民族也开出了爱智慧的哲学理想之路,是我们的精神家园。尽管各走各的路,但也有其"家族类似"性。哲学作为爱智之学,是我们时代的语言、文化、传统、制度、社会、生活的升华,是中华民族时代精神的体现,是中国人志存高远的精神家园的建构,是中国人的胸怀理想。抛弃照着讲,而自己讲、讲自己的具有中华特色、风格、气魄、神韵的学科体系、学术体系、话语体系,这是建构中国哲学思想话语体系的目的。

其次,要自定界说,自立标准。

哲学之所谓哲学,哲学家之所谓哲学家,是西方按照西方哲学资源制定的定义和标准,胡适在《中国哲学史大纲》的"导言"中说:"哲学的定义,从来没有一定的。我如今也暂下一个定义:凡研究人生切要的问题,从根本上着想,要寻一个根本的解决,这种学问,叫做哲学。"[②] 他是按实用主义来定义哲学的。冯友兰在两卷本《中国哲学史》的"绪论"中说:"哲学一名词在西洋有甚久的历史,各哲学家对于'哲学'所下之定义亦各不相同。为方便起见,兹先述普通所认为哲学之内容。知其内容,

---

[①] 语录下//陆九渊集:卷35. 北京:中华书局,1980:439.
[②] 胡适. 中国哲学史大纲:上卷. 上海:商务印书馆,1919:1.

即可知哲学之为何物,而哲学一名词之正式的定义,亦无需另举矣。"① 所谓哲学内容,按西洋哲学为宇宙论(对于世界之道理),人生论(对于人生之道理),知识论(对于知识之道理),他是按新实在论来定义哲学的。胡适和冯友兰基本上是照着其师承的西方关于哲学含义讲的。李石岑的《中国哲学十讲》(世界书局,1935 年版)认为应以对什么是物质的回答来决定哲学的性质,即以精神与物质来划分唯心与唯物来讲中国哲学。范寿康与李石岑一样,他在《中国哲学史通论》的"绪论"中说:"外物反映到我们意识之中,我们头脑里面的观念方才产生,这就是唯物论的见解。简单地说,唯物论的根本要旨就是主张我们的意识乃系把外界的存在加以反映而成的。"② 这正如贺麟在《当代中国哲学》中说:"辩证法唯物论盛行于'9·18'前后十年左右,当时有希望的青年几乎都曾受此思潮的影响。……辩证法唯物论的书籍遂充斥坊间,占据着一般青年的思想了。"③ 因此,李石岑、范寿康在青年中讲辩证法、唯物论,这就是很自然的了。

因各哲学家的哲学观点不同,所以"各哲学家对于哲学所下定义亦不相同",如果中国哲学要建构中华民族自己的哲学话语体系,必须根据中国哲学与西方哲学差分的实际,自下定义:"哲学是指人对宇宙、社会、人生之道的道的体贴和名字体系。"即以自己独特的、中华民族的哲学,在与各国、各民族哲学对话、沟通的实践中建构中国哲学的话语体系,并得到其他民族的认同。有异才能互补,有差分才能和合。这是中国哲学思想自信和不失主体性的标志,是建构中国哲学思想话语体系的前提。

再次,要发己之声,言己之事。

世界各民族的哲学都有自己的话语体系,西方哲学有其西方哲学的话语体系,印度哲学有印度哲学的话语体系,中国哲学有中国哲学话语体系。一个民族的理论思维,一个时代的哲学思潮或一个哲学家的哲学话语体系,是由诸多具有不同内涵的概念、范畴构成的。哲学思想的概念、范畴,既是人类的、民族的认识精华的成果,又是认识不断发展途中的"驿站"。各民族哲学思想总是以核心概念、范畴的方式,体现特定时代的意义追寻和价值创造,以建构安身立命的精神家园。从先秦到明清,形成了具有中国哲学思想特色、风格、气魄、神韵的原创性、主体性的中华民族哲学思潮的核心概念、范畴,譬如道/德、天/人、有/无、性/情、理/气、

---

① 冯友兰. 中国哲学史:上册. 北京:中华书局,1961:1.
② 范寿康. 中国哲学史通论. 北京:三联书店,1983:15-16.
③ 贺麟. 当代中国哲学. 南京:胜利出版公司,1947:72.

心/性等，而每个哲学家亦有其不同的核心概念、范畴，以及不同的概念、范畴的逻辑结构，彰显了中国哲学思想与时偕行的强健步伐，而呈现为各显风采、百花齐放的大观园。这与希腊哲学的宇宙论、人生论、知识论，哲学教科书的思维与存在、唯心与唯物论，现象学的存在者、存在、本体论、存在论、此在、意向性，语言哲学的指称、称谓、世界图景、语言游戏、家族类似等大异其趣。每种哲学若离开自身的、整体的、独特的哲学话语体系，就不是其自己。若抛弃这套核心范畴，就等于割断自己哲学思想的命脉。传承、弘扬、创新中国哲学思想的命脉，是当今中国学者义不容辞的历史使命和职责，也是建构中国哲学话语体系的根基。

最后，要互相尊重，互发火花。

假如说世界各民族哲学具有"家族类似"性的话，那么，其呈现出的特点是"或恐是同乡"。在中西哲学话语体系融突和合的大视域里，在人文价值的时态、空态纵横碰撞融突互动互补中，思议的广域必定开花结果。各民族哲学话语体系虽然有差分，但没有优劣、高低之别，都是各民族爱智精神精华的结晶，各民族在互相对话、交往、会通中，应该互相尊重、互相借鉴、互相吸收，并以此为基础，转碰撞为互济、转冲突为互补，融突而和合，开出世界哲学的新生面、新体系、新话语。在此，既不能搞西方哲学中心主义，也不能搞东方哲学中心主义。这是建构中国哲学话语体系的必要条件。东西方哲学若以各自哲学为中心，以其范式为理论导向，以其话语为标准，就破坏、毁灭了各民族哲学话语间互相尊重、互发火花的时机。

四、创新——建构中国哲学思想话语体系和学派

"博大精深的中华优秀传统文化是我们在世界文化激荡中站稳脚跟的根基"。中国哲学思想话语体系源远流长，"积淀着中华民族最深层的精神追求"，传承着中国哲学思想话语体系的生命智慧，弘扬着具有中华民族独特精神标识的哲学思想话语体系。提升中华民族哲学自信、文化自信，有必要建构中国哲学思想话语体系和学派。

中华民族从先秦、两汉、魏晋、隋唐、宋元明清以来，各个时期，学派林立，百家争鸣，学术创新，哲学辉煌。尽管每个时代哲学思潮的核心话题是共同的，但细究起来，各个学派的话语系统却有差分，如先秦儒、道、墨、名、法、阴阳、兵的话语系统，两汉董仲舒、王充、扬雄的话语系统，魏晋贵无派与崇有派的话语系统，隋唐佛教各宗派的话语系统，宋

元明清理体派、心体派、气体派的话语系统。虽然各个时期，各派各宗有话语差分，但"道并行而不相悖"，各派各宗共同为中华文化、哲学思维的发展繁荣、璀璨生辉做出了贡献。

所谓学派，是指"具有共同学术渊源、学术宗旨、研究兴趣、研究倾向、研究范式组成的学术共同体"[①]。学派具有区别于其他学派的特质。它不是宗派，也不是帮派，它代表学术传统和独特的学术风格、特色、神韵以及话语系统。我们必须要有文化自信、哲学自信。"立足中国，借鉴国外，挖掘历史，把握当代，关怀人类，面向未来"，建构中国自己的哲学话语体系和学派。

第一，勇立潮头，敢于创新。

在当今全球化、信息智能革命的互联网的时代，地球已被压缩成一个村，人与人、国与国、民族与民族、宗教与宗教都成为村中休戚相关的命运共同体。但世界并不太平，各种对抗、冲突、恐怖、战争相继不断，人与自然、社会、人际、心灵、文明之间的冲突和危机有增无减，世界各国、各民族的智者都在探索化解之道。尽管在化解之道上陷阱遍布、荆棘丛生，知难而退就会前功尽弃；逆水行舟，奋勇向前，尚可达到目标。退则就会被急流所淹没，进则尚有达到彼岸的希望。探索化解之道，就意味着创新，创新是一种"标新理于二家之表，立异义于众贤之外"的工作。尽管创新意味着痛苦和磨炼、攻击和批判，因为它需要冲决原有定式、原则、原理、观念、方法，以及自己习以为常的思维定势、价值尺度，而使人往往陷入彷徨、矛盾之中，但它预示着新生命火花的再次燃烧，凸显着中国哲学思想话语体系的浴火重生。只有不怕下地狱的精神和不畏"枪打出头鸟"的气概，才能勇立潮头，任由各种惊涛骇浪的冲击，我自屹立不动地建构成中国哲学思想话语学派，而与世界各国、各民族的哲学思想话语体系相比肩。

第二，奇思妙想，无中生有。

奇思妙想，必本于"情穷造化理，学贯天人际"。对天地变化的妙理能进行有情感的交流而体认入微，对自然和社会的演化规则有深刻的了解而融会贯通。为学之道，本于思，在此基础上的奇思妙想，就是有根据的、合理的思和想。思则得之，就能实现中国哲学思想话语体系的建构和学派的建立。在中华文明史上，中国的政治家、哲学家、经济学家、科学家、宗教家，他们甘于寂寞、乐于清苦、终日乾乾，以无中生有的奇思妙

---

① 彭永捷. 张立文学派. 保定：河北大学出版社，2014：1.

想，创新中国的科举制度、文官制度，在世界上最早发行纸币，建立百花齐放的哲学思想体系，以及四大发明，助推世界资本主义的发生、发展。在以往的历史上，哲学理论思维体系的创造和科学史上跨时代的科学发明，无不都是思想家、哲学家、科学家无中生有的奇思妙想的结果。无不都是他们"不顾旁人是非，不计自己得失"，勇往直前，说出人不敢说的道理的结果。若无无中生有，已有之物、之道、之学，便不是新。新之所新是前之无，所以为新。只有敢于奇思妙想，突破一切既定、既成之想之思，才能开出新路径、新生面，走前人没有走过的路，启前人没有想过的思，这是开创中国哲学思想话语体系和学派的必经历程。

第三，不畏浮云，抢占高层。

"不畏浮云遮望眼""直挂云帆济沧海"。乘着强劲的风势，劈开浮云，胸怀高远，挂起云帆，一定能渡到沧海的彼岸，实现中国哲学思想话语体系和学派创新的目标。也许有些人会看不惯，以至冷嘲热讽，事后也可能褒贬不一。既然是一种理论创新、思维创新、话语创新、学派创新，就与旧有的、习惯的、既成的有区别。人们就会有不同意见、不同看法和不同理解，以致招来批评，如此而退缩，明哲保身，多一事不如少一事，安安稳稳过日子，就显然是被浮云遮望眼，没有"天地万物本吾一体"的胸襟，没有"为天地立心，为生民立命"宇宙观、天下观的眼光。中国哲学思想话语体系要抢占高层，登高望远，行谨胜祸，不畏艰难，夕惕若厉，志之所趋，必能梦想成真。

第四，立足中华，放眼世界。

中华文明延续着中华民族的精神血脉，应激活其蕴藏在精神血脉中的生命力。立足中华，就要深刻、精到地认识自己。希腊德尔菲神庙的"认识你自己"是常理，只有更深入地认识自己的文明，才能更好地认识他者、各民族、各国的文明，知己才能深入地知彼。只有讲好中国哲学自己的思想话语体系，才能更好地吸收其他民族优秀的哲学思想话语体系。一个民族哲学思想话语的丧失，也就标志着其深层哲学思想灵魂的丧失。因为民族的哲学话语标志着使用这种话语的民族文化之根、之魂、之体。黑格尔曾经说："教给哲学说德语"，"如果哲学一旦学会了说德语，那么那些平庸的思想就永远也难于在语言上貌似深奥了"[①]。他认为哲学作为古希腊人爱智觉醒，是他们用"自己的语言"的智能创造。中世纪基督教哲学

---

① 苗力田. 黑格尔通信百封. 上海：上海人民出版社，1981：262.

家，用拉丁语讲哲学，其对于表达新思想已成为僵死的话语，只有运用自己民族规范化的语言，才能表达哲学思辨精神。换句话说，中华民族的母语，是建构中华民族哲学思想话语体系和学派的源头活水。用母语的思辨精神进行逻辑理论思维、哲学话语思辨的表达，是最睿智、最有效的选择。然而，世界各民族的文明是丰富多彩的，放眼世界，各文明之间应相互尊重和处，相互信任互鉴，相互包容吸收，相互平等和合。"八音合奏，终和且平"。和合天下，万国咸平。这是推动建构中华民族哲学思想话语体系和学派的强大动力。

讲中国自己的哲学话语[*]

近代西方列强以国强必霸的"丛林思维",以炮舰打开中国大门,随之而来的鸦片、器物、制度、价值观像潮水一样涌进中国,"先进的"中国人以为西方的那一套可以救中国,因为他们认为真理在西方,而不在东方或中国。在清算、检讨中国为什么受到列强侵略,为什么落后时,过分地归咎于文化方面。在这种思想的助推下,中国哲学思想整体上失去了自己的话语权,经史子集的学术分类被取消,经学退出学术殿堂,"哲学在中国",但没有"中国的哲学"。

所谓话语是指能说出来表达思想、意思的话,以及把这种话记录下来的文字。自汉张骞通西域,后来形成"一带一路"的丝绸之路和茶马古道,中国哲学思想(儒道哲学思想)的话语系统传到东亚、南亚以及欧洲,在东亚形成汉字文化圈,或曰儒学文化圈。

中国古代在东南亚儒学的话语权具有强势的态势,朝、日、越建立了自己的儒学话语体系,这成为其主导的意识形态、统治思想。在21世纪的当代,中华民族应继承博大精深的中国哲学思想话语体系,发扬其在古代世界话语体系激荡中强势站稳脚跟的传统,追求代表着中华民族独特精神标识的话语体系的复兴。

五千年中华文明是中华民族爱智慧的智能创造。在雅斯贝尔斯所说的轴心时期,中国与希腊相当,产生了老子的《道德经》,记录孔子及其弟子言行的《论语》及《庄子》《孟子》《荀子》《韩非子》《墨子》等具有卓

---

* 本文原载于《光明日报》2016年11月9日。

越智慧的开创之作，也开创了"哲学突破"。特色鲜明、资源丰厚、表达独创的中华哲学思想话语体系走向世界，使世界重新体认中华哲学思想话语体系的独特风采。

以往之所以只能"照着讲"，是因为哲学的定义、标准是西方人规定的，他们并不了解东方哲学，更不了解中国哲学。中国哲学的定义、标准只能按照中国哲学的实际情况，即按照中国哲学的起源、性质、特色和中国的时代精神来制定。况且哲学之所谓哲学，各国、各时代、各哲学家的规定、界说和标准也不一样，它是各哲学家依据其哲学观、价值观、方法论、知识论而定的。

既然"哲学定义，从来没有一定的"，那么我们就可以依照中国哲学的实际，自下定义："哲学是指人对宇宙、社会、人生之道的道的体贴和名字体系。""体贴"有体悟、反思、反省、体验等意思，即是一种反思的反思；"名"指概念，"字"指对概念范畴的解释。唯有中国哲学自定界说、自立标准，才能与其他民族的哲学相互对话、相互沟通。

每个民族、每个时期哲学家、哲学思潮的哲学体系，是由诸多相互联系、相互作用的概念、范畴通过逻辑结构的形式来建构其哲学话语体系的。概念、范畴是思维的反思，是对世界中事物最一般、最本质的特征，以及化解世界诸多冲突危机之道的抽象概括、提升的反映，是时代精神的精华的凝聚。中国哲学以其生命智慧、智能创造，凭借2 000多年来创造的一整套独特的哲学核心概念、范畴而登上世界哲学舞台，当下我们应发扬中国哲学独特创造的概念、范畴话语体系，在世界哲学舞台上讲好中国哲学自己的话语故事，大声发出中国自己的话语声音，才能使世界懂得、了解、体认、理解中国哲学。

哲学原属爱智的学问，智慧是生命的觉解状态，热爱生命必然追求智慧，中国哲学史是中华民族热爱生命、追求智慧的心路历程，这是中西哲学的共同追求。在全球化、信息智能革命的时代，在互联网时代，唯有促使中西哲学、中印哲学、中阿哲学、中非哲学在对话、交流、会通、互补、互济中共同发出光辉灿烂的哲学火花，才能在共同繁荣发展中推进世界哲学更上一层楼。

当代人类命运共同体共同面临着人与自然、社会、人际、心灵、文明之间的冲突，并相应产生生态、社会、道德、精神、价值的危机，面对此五大冲突和危机，世界唯有将其化解，人类才能继续生存下去，否则就会毁灭，迎来末日。因此，世界各国、各民族的智者都在探索化解之道。

创新是一种前无足迹、成果、规则可循的事业，中华民族要建构自己的哲学思想话语体系和学派，也无既成的样板可依傍，只能根据中国哲学思想话语概念、范畴和其逻辑结构的实际及中国哲学思想话语体系的发展"游戏规则"，敢想前人所未想，敢做前人所未做，才能实现建构中国哲学话语体系的学术之梦。

开创中国哲学思想话语体系和学派，在世界哲学思想话语体系竞争中，在西方哲学思想话语体系的强势环境中，学人们需付出人一己十、人十己百的努力，既要兼容并蓄、博采众长，又要艰苦奋斗、坚持不懈，才能攀登高峰。

建构中国哲学思想话语体系和学派，无疑要立足中国哲学思想话语体系，讲好中国哲学思想话语的故事，讲好自己对时代精神核心概念、范畴的体贴，讲好中国哲学思想话语对"话题本身"的重新发现，讲好中国哲学思想话语对每个时代所发生的冲突危机的艺术化解，讲好中国哲学思想话语，才能完成自己对安身立命、价值理想和精神家园的至诚追求。立足中华母语话语体系，必须放眼世界，学习、借鉴、吸收其他民族优秀文化和话语体系，海纳百川，才能有容乃大，使中华民族哲学思想体系和学派建构得至善至美，使中华民族哲学思想话语体系和学派在世界哲学思想话语舞台上，显出璀璨的光辉。

和实力与中国梦

为什么要讲和实力？这是实施"一带一路"建设的需要。"一带一路"是一条求和平、重友好、促发展、谋合作、讲共赢的道路。通过共商、共建、共享，实现共同发展、共同富裕、共同兴旺、共同美满。

一、软实力的超越

和实力是对于硬实力、软实力和巧实力的超越。什么叫软实力？软实力是20世纪90年代哈佛大学教授约瑟夫·奈提出的。他曾任卡特总统的助理国务卿，克林顿总统的助理国防部长兼国家情报委员会主席。他是根据1939年英国著名现实主义者卡尔（E. H. Carr）的观点提出来的，卡尔认为国际权力格局，可以分为三类，一是军事权，二是经济权，三是话语权（舆论控制力）。他认为军事权是一种胁迫力，经济权是一种收买力，话语权是一种吸引力，也就是舆论的控制力。约瑟夫·奈以二元对立思维，把军事力和经济力作为硬实力，而把通过吸引和说服获得更优结果的能力概括为软实力。[①]

约瑟夫·奈认为软实力这个概念可能是新的，但概念所表示的行为并不是新东西。自他提出软实力以后，美国前任国务卿希拉里提出了"巧实力"的概念，她是想把软实力和硬实力结合起来，动用一切手段。其实这个思想也不是什么新思想，20世纪改革开放之初，邓小平就提出"物质文

---

① 约瑟夫·奈，张国祚. 对话"软实力". 光明日报，2012-07-10.

明和精神文明一起抓"。如果说把物质文明理解为军事力和经济力的话,那么精神文明实际上就是一种软实力,也就是文化力量、精神力量。从这个意义上来看,精神文化不仅体现一种软实力,而且是一个民族的根、民族的魂。中华民族文化有五千年的历史,这在中国人民的思想当中,有非常大的吸引力、亲和力和影响力,是中华民族的精神家园。一个国家如果没有自己的文化精神力量,这个民族就不可能有生存发展的可能性,也就是说一个民族没有它的精神文化,等于这个民族的生命力就枯萎了。如果说一个民族没有精神文化的灵魂,那么这个民族也就没有前进的方向,没有指导的思想。从这个意义上看,软实力体现一种精神文明,对一个民族来说是非常重要的价值观念。

二、和实力的意蕴

和实力是指军事、经济、话语、制度实力的冲突和融合,及其在冲突融合的实践交往活动中和合为一种新实力的总和。

和实力是军事、经济、话语和制度的和合,没有军事力量作为后盾,话语权就没有力量,腰杆子就不硬。没有经济权作为基础,话语权的底气就不足,话语没有分量,人家不理你,等于没有话语权。没有制度的保障,军事权、经济权、话语权也无法实践。从这个意义上说,和实力强调军事权的后盾功能,经济权的基础作用,话语权的精神指导效能,制度的保障效应。四者和合,能够发挥其整体效能,夯实综合国力。

和实力的"和"意蕴多元冲突融合、多元包容,而不是二元对立的潜在冷战思维。和实力是一种"海纳百川,有容乃大"的思维。约瑟夫·奈所说的软实力的目标是为了推行民主政治价值观,而西方二元对立的思维必然导致独裁独断,即对所谓的"非民主国家"采取制裁等方法。和实力的目标是和平发展,合作共赢,有利于人类的长远发展,是为世界人民谋福利的。

当今世界,地区冲突、对抗不断,如何化解?有以军事力量推翻一个政权,这样换来的不是民主、自由,而是动乱;有支持反政府势力,造成大量无辜百姓流离失所,成为难民;在制造国家、地区动乱过程中,不是给人民带来和平,而是恐怖事件不断发生,人民不得安生;制裁、遏制一些国家、民族,不是共同发展,而是限制其发展;用各种手段拉拢一些国家,围堵发展中国家;等等,不一而足,这些不是给人民幸福,而是带来无穷的灾难。唯有和合学的和平、发展、合作、共赢是最佳的化解之道。因为世界人心所向的是和平发展、合作共赢,而不希望战争、动乱和对抗。战争和动乱对普通老百姓来说都是灾难。和实力是全世界普通老百姓的祈求，是从人类的长远利益考虑，也是从人类的永继发展考虑。因此，从人类长远看，软实力竟浮沉，而和实力终久大。因为，和实力的终极目标是营造一个和谐世界，实现人类命运共同体的天下和合的新世界。我们现在实行"美丽中国"和"美丽世界"，实现天蓝、水清和地绿，这就是为人民谋福利。

三、和实力的吸引力

中华民族在先秦时就注意运用和实力，儒家主张德治，以德治理国家；墨子主张"非攻"，倡导和实力；老子提倡"无为而治"，"道常无为而无不为，侯王若能守之，万物将自化。化而欲作，吾将镇之以无名之朴。无名之朴，夫亦将不欲，不欲以静，天下将自定"（《老子》第三十七章）。王弼认为，无为就是顺自然，侯王恪守无为之道，天下万物就自然而然生化不息，以无为这种和实力开导、教化、影响私欲膨胀的人或统治者的纵欲，以无名之朴的无欲制约他们，天下自然就会安定，这是以和实力来治理天下，"我无为而民自化"。在处理民族与民族之间、国家与国家之间的关系时，不是对抗，不是以战争来取得胜利，而是用和实力的方式来取得合作共赢的发展。

和实力的吸引力、影响力在中国的历史上得到了大发展。从精神文化的吸引力、影响力来看，中华文化传播到东南亚等国家，形成了汉文化圈，包括韩国、日本、越南等，这些国家过去都曾使用汉字。中国人民大学孔子研究院，正在整理国际儒藏，已经出版《国际儒藏》的韩国编。古代韩国、日本、越南学习、尊崇孔子的儒家思想并与本国实际相结合，创造性地发扬了儒家思想，因此有大量有关的儒家著作。当然，也有从中国传入的研究道家、佛教的著作。中国和实力的吸引力、影响力是通过和平的渠道使得它们主动地来学习中国的文化，学习中国的思想。比如，唐代有诸多日本的、朝鲜的留学生与和尚到中国来学习文化思想、宗教等，甚至朝鲜朝一些知识分子到中国来考进士，在中国当官。

当时朝鲜朝不仅有知识分子到中国来考进士，而且他们自己国家也学中国的科举考试制度来选拔官吏，越南也是如此。他们不仅学中国的汉字，学中国的儒家思想、伦理道德、价值观念、礼仪形式，同时也学中国的各种制度。朝鲜李朝把中国的朱子学，即朱熹的思想学问作为其意识形态，以朱熹的思想作为其国家的正统学问，所以其国家的制度、礼义、考试、思想、道德都以朱子学为标准。日本在幕府时期，曾经以朱子学为意识形态。越南13世纪以后，也以朱子学为意识形态。这些国家把中国的儒家思想，宋明理学中的朱子学作为其统治思想，可见中国的和实力对于这些国家影响的深刻程度。

韩国老百姓在日常生活中，都是以中国的礼仪制度作为处理人与人之间关系的原则。百姓特别注重《朱子家礼》，并对其进行更详尽的规定和注释，在家尽孝道，处世讲仁、义、礼、智、信。李朝时的朱子学大家李退溪、李栗谷以朱熹《白鹿洞书院学规》为范本，作为其陶山书院等书院的学规。他们实行儒家思想教育，国家设立太学、成均馆，教授儒家经典等。中华文化思想、价值理念具有强大的吸引力、观念的凝聚力、文化的亲和力，对他们国家的发展确确实实起了很大的作用，也产生了很大的、很好的效果。韩国三星公司创始人李秉哲以《论语》作为人生和经营的指导，而取得事业的成功。被誉为日本"资本主义之父"的涩泽荣一的名言，就是"《论语》加算盘"，亦获得事业的大成功。

四、和实力的实践

中华民族有几千年"和实力"的实践活动，有"和实力"在应用中所取得的实际效果和经验，这是约瑟夫·奈也不得不承认的。他在和张国祚对话中说："中国古代文化对软实力就有很好的理解，虽然没有使用这一专有名词。"又说："中国传统文化一直以来就颇具吸引力。社会和谐、礼仪、孝道、同情原则等儒家价值影响了东亚地区"。既然如此，我们又何必跟着他唱软实力呢？何不自己讲、讲自己的和实力，以超越硬实力、软实力、巧实力！《参考消息》2012年7月26日刊载的美国战略沟通专家埃米·扎尔曼文章认为，进入21世纪，由于信息技术、全球商务和媒介等因素，世界形势已与以往大不同，单纯用硬实力、软实力的概念来处理国际事务已不合时宜。因此，"'软实力'这个如今无处不在的概念已经丧失了在国际事务中的效用"。和实力以和平、发展、合作、共赢的原则，以共同构建人类命运共同体的原理，维护世界和平，促进共同发展，反映新世纪的新变化，唯变所适地在国际事务中开出新生面、新思维、新气象，并为世界各国人民所接受。

中华和实力，不仅创造了中华民族的文明，而且影响东亚各国走向文明。如何建构和实力？和实力如何化解硬实力、软实力、巧实力、锐实力，而走向全球？

第一，继承、弘扬中华民族传统和实力。传统是一面镜子，它影响国家民族的指导思想、理论思维、价值观念、伦理道德、人文气质、交往方式等，和实力作为首要价值和传统思想的精髓，影响精英文化，也影响草根文化。在人们日常生活的衣食住行用、婚丧嫁娶、生儿育女、礼尚往来中的和实力精神，随风俗习惯、生活方式而传播。在传统社会中，和实力是通过家庭和天然共同体的教化而自然完成，如家规家训、民风习俗、行为规范、交往礼节等。当今的和实力的影响力，扩大到家庭、学校、社会、传媒、影视、网络、报刊等，如在人与自然、社会、人际、心灵、文明之间传递和实力，即建设和合人际、家庭、校园、国家、社会、世界等。

第二，加强文化和实力的传播能力，这是扩大辐射和实力的影响力、话语力的有效方法。积极推进文化和实力交流、合作，是提升文化和实力的重要支撑和有效选择。在完善文化走出去时，鼓励以民间的形式走向世界。如此，要创新和实力的传播手段，提高舆论引导力，善于通过电影、广播、互联网在传播中的作用，使其成为传播和实力的新阵地、对外影响的新平台、公共文化服务的新前沿。增强和实力话语权的吸引力、影响力、效用力、认同力，形成与我国经济力、军事力相匹配的力量。

第三，和实力建设的实现，可落实到和谐社会、和谐世界、人类命运共同体的建设。和实力是一种和合架构的最佳实力。由于全球化、网络化，全世界各地区、各国间你中有我、我中有你的相互依存性增强，形成命运共同体，如气候变暖、疾病、犯罪、恐怖主义等，将跨越严格的国界，向全球挑战。这就需要互相合作、和衷共济来化解。当前不仅是政治人物、媒体掌握全球传播手段，老百姓的微博、电脑、手机也掌握这种手段，这就削弱了国家硬实力、软实力的力量，而实力很大程度上源自民众如何解读和理解，因为在个人电脑、微博上发布话语信息，可以立刻传播到全球，成为化解某种冲突的手段，成为冲决实力网罗的武器，在这种情境下，只有和实力的和合架构才能应对各种实力的挑战，包括硬实力、软实力、巧实力、锐实力，因为得天下者，在于得民心，失天下者，在于失民心。在当下尽管一些看似硬实力、软实力强大，然失去全球的人心，其强大也是虚的。全球人心在于和平共处、合作共赢，人心向着人和天和、人乐天乐，天人共和乐的人类命运共同体和合世界。

五、和实力的建构

度越硬实力、软实力、巧实力、锐实力的和实力的和合架构。世界政治实力已不完全主要通过军事武力威胁和经济强制力来取得对别人的控制权,软实力也不完全掌握在政治领导人和国有媒体手里,进而取得对他人的话语吸引力和影响力。在这种情况下,全球人心想望和平合作,而不希望由于冲突动乱而流为难民。在难民营里生活的人,是绝对不愿意在武力威胁下成为死亡、流离失所的牺牲品的,和实力才是他们所期盼的。

怎样来建构和实力?

第一,人与自然和生的和实力建构。"万物并育而不相害",人作为天地万物中的一物,是这个地球万物中的一员。当前人与自然遇到了很多的问题,譬如说二氧化碳排放量的增加,全球气候变暖,使得冰川融化,自然灾害加剧。

人与自然的和谐关系是人之所以生存与发展的最根本、最基础的关系。和谐关系如天人合一、天人合类、天人合德等,应追求天人和合的和实力。老子说:"人法地,地法天,天法道,道法自然。"尊重自然,按照自然的发展规律,自然而然地来调整人与自然的关系。庄子说:"天地与我并生,而万物与我为一。"天地万物和我为一。所以应该把人与自然看作命运共同体,而不是互相矛盾的冲突体。

西方有主客二分的天人相分思想,加拿大的威廉·莱斯在《自然的控制》中说:"人生于自然之外并且公平地行使一种对自然界统治权的思想就成了统治西方文明伦理意识的学说的一个突出特征。"这是西方传统的"人类中心主义",自然只具工具价值,反之有"自然中心主义",非此即彼。和合学的和实力,超越非此即彼的对立思想,克服现代技术的控制,达到和生的天人和合。

天人和生的和实力规则:(1)天人和合,不离不杂。朱熹说:"盖天地万物本吾一体。"(2)天人合序,与时偕行。周文王临终时对武王说:"山林非时不升斤斧,以成草木之长。川泽非时不入网罟,以成鱼鳖之长。不麛不卵,以成鸟兽之长。……孤寡辛苦,咸赖其生。"① (3)尊重自然,敬畏自然。天为乾父,地为坤母,天地自然是人的父母。父母与子女之间既亲爱和合,又互相敬重。

第二,人和他者和处的和实力建构。"以他平他谓之和",世界各民族在长期历史发展中,各自智能创造了姹紫嫣红的文明,各个文明之间没有

---

① 汲冢周书·文传解. 四部丛刊初编本. 上海:商务印书馆,1919:14-15.

高低贵贱之分，也没有优劣强弱之别。各文明之间"他"文明主体与"他者"文明主体，如他者民族、种族、国家、宗教间应该是平等的、公平的。他与他者文明之间应该互相学习、互相借鉴、互相尊重，以做到和平共处，以化解各个文明间的种种冲突，以免造成误判、误解。各文明主体在世界事务的处理中，通过对话、谈判达到和平合作的目标。

人和他者和处的和实力规则：（1）和而不同，求同化异。孔子说："君子和而不同，小人同而不和。"世界各国、各民族、各宗族尽管有诸多不同，但可以和谐、和合，决不能以强凌弱，搞霸权主义。（2）互相尊重，平等相待。各国、各民族、各文明都有其核心利益，不损害彼此核心利益是尊重他者的基本原则。（3）清除偏见，一视同仁。各国、各民族依据其历史的、现实的实际，选择自己的发展道路和国家体制，这是各文明主体独立和自由的体现，应该得到一视同仁地尊重，而且不能被加强某种价值观，才能使世界获得和平、发展、合作、共赢，为人类谋福祉。

第三，人的身心和立的和实力建构。人的身心是指人的身体与心理、生理与意识、肉体与精神、存在与意识的融突而和合关系。和实力主张身心的和谐健康。从身体、生理、存在方面说，要养生；从心理、精神、意识方面说，要养性，圆融为修身养性，和达和立。修身养性从修身说，使人的身体的五脏六腑取得平衡。中医上讲，身体的阴阳要平衡，阴阳不平衡，就会生病。人的身体和人的心灵是统一的。如果说心情不好，那么得病的机会就多；心情不好，病就可能加重，所以人的身体和精神思想是联系在一起的，身心应该取得一个和谐、平衡、和合的状态。

身心和立的和实力规则：（1）诚意正心，涵养用敬。《大学》八条目讲格物、致知、诚意、正心、修身、齐家、治国、平天下。致知在格物，格物在于穷物理，物理用力穷尽，一旦豁然贯通，众物的表里精粗没有不认识到的，吾心的全体大用也就明白了。诚意即不自欺，不欺人，诚信慎独。若欲动情胜，心邪不正；意诚才能心正，心正而无所恐惧、忧患，而能修身。居敬才能立诚，唯有专一、严谨、庄重、肃穆地居敬，做到诚意正心，否则涵养不可能达到由敬入诚，尽己之性，尽人之性，尽物之性。（2）中和位育，无所不及。身与心的喜怒哀乐的情感未发出来时，是寂然不动的中，发出来感而遂通符合节度，无过不及，恰到好处是和。中和是天下的大本达道。推致中和，便可以位天地、育万物。如果有偏有倚，过头或达不到，都不符合中节，不符合和立的和实力规则。（3）贵和包容，仁爱礼让。身体各部分之间要协调、和谐，阴阳与心火、肾水、脾土、肝木、肺金之间的相生相克要和谐、平衡、协调。身心又与外在的自然生态、人际关系、社会环境、伦理道德、经济市场、艺术情趣相联系，于是要有仁民爱物的不忍人之善心，要有互相包容的宏大的胸怀，而实现和立的和实力。

第四，人与社会和达的和实力建构。社会是指人的社会，是由人构成的相互不离不杂的生活共同体，人生活在社会中。社会由经济、政治、文化、制度、生态结构和合而成。在实践过程中，促使社会经济、政治、文化、制度、生态协调、平衡、和谐。

社会和达的和实力规则：（1）改革开放，日新盛德。社会也像人一样，有生、老、病、死，这是社会发展的规则，新生社会朝气蓬勃，蒸蒸日上，社会发展到一定阶段，就会出现诸多矛盾冲突，犹如人到中年以后就不断患病，以后走向衰亡、死亡。所以社会必须不断改革开放，才能激活其生命力。不断创新，才能保持其生命活力，日新而永葆青春，这是最根本的德性。因循守旧，不思进取，必然走向死亡。（2）公平正义，德法兼备。贫富、城乡、贵贱的差别，分配、资源、权利占有等不正义、不公平现象，必须通过法治和德治双管齐下，依法治理，以德相辅。（3）国强民富，快乐幸福。国家综合实力提升，人民富裕，人人幸福感增强，快乐生活，社会安定团结，和睦相处。

第五，人与世界和爱的和实力建构。和爱的和实力，要以"己所不欲，勿施于人"的爱心，促使各民族、各国和平共处，和立和达。尽管各民族、各国价值观念、利益、社会秩序不同，发展水平不同，但可以求同存异，"君子和而不同"。和爱的和实力超越霸权主义、单边主义、狭隘民族主义和保护主义。世界还不太平，各种冲突交织一起、错综复杂，各国、各民族要发挥聪明才智，以和平、发展、合作、共赢精神，发挥互尊互重、平等互信、包容互谅、友好互鉴理性。在当今世界，事实证明，和平才能发展，动乱、战争不仅不能发展，而且使生命财产遭殃，难民剧增。发展为和平提供社会稳定的条件。和平、发展需要合作。世界经济论坛主席克劳斯·施瓦布认为，合作是当今复杂时代唯一生存手段。不合作，和平和发展就没有保障。唯有合作，才有可能获得共赢，不合作，共赢就无从讲起。以世界和爱的和实力来协调世界各国、各民族的冲突，建设一个没有战争、没有欺骗、没有偷盗、没有奸淫的和合世界。和爱的和实力的释放能使得世界变得更加美好、更加美丽，人们期待一个美丽的世界，一个和合的世界，这个和爱的和合世界就是人和、地和、天和，天乐、地乐、人乐的天地人共和乐的美好世界。

六、实现中国梦的理论支撑

和合学和生的和实力是实现中国梦的基础。和生是和实生物，尊重生命。《周易》上讲"天地之大德曰生"。实现中国梦，是以人为本，尊重每个人的生命，这是基础，所以我们反对战争，反对杀人，反对杀生物。

和处的和实力是实现中国梦的条件。中国古代讲"天地万物本吾一体"，天、地、人三才，天地是大宇宙，人是小宇宙。因此，我们主张"和而不同"，尽管国家与国家、民族与民族不同，但我们可以和平共处。"求同化异"，增强共同利益，化解矛盾冲突。在维护和平、共同繁荣、共同发展和共同富裕的情况下，实现和谐世界的梦想。

和立的和实力是实现中国梦的保障。"己欲立而立人"。人与人之间，国家与国家之间，企业与企业之间，自己立起来了，也希望别人能够立起来，而不是大鱼吃小鱼。同样的企业生产同样的产品，应该看到，对你来说，对方是促进你不断创新进步的动力。因此，和立是实现中国梦的保障，而且这也是中国企业发展的正确道路。为此，我们要立德、立功、立言。立德是提升自己的道德素质，做人要诚信；立功是每个人都可以建构自己的事业，可以从日常生活中做起，例如，平时对垃圾分类；立言是讲话、写文章，心怀为人民、为人类做贡献。和立反对霸权主义、强权政治、新干涉主义。

和达的和实力是实现中国梦的目标。"己欲达而达人"。在国际关系中，共同发达，互利共赢，平等互信，包容互鉴，尊重世界文明的多样性。具体而言，和达就是尊重世界文明的多样性和发展道路的多样化，互相尊重各自根据自己国家和民族的实际而选择的发展道路。从国内看，和达就是根据实际情况，不断调整，使经济能够持续发展。

和爱的和实力是实现中国梦的境界。爱自然、爱社会、爱国家、爱人民。只有爱，才能使国家、民族、人际、文明、自然之间，都能够得到和谐发展。只有爱心才能让社会和谐，也只有爱心，才能使中国梦实现。

中国梦实现的理论支撑，就是和合。和合才能实现建设和平、发展、合作、共赢的和谐世界的梦想。

以中华和合文化护航
"一带一路"建设实施[*]

"一带一路"作为国家大建设,正在为全球国家、人民营造福祉,带来互联互通的大促进、经济大发展,资金、物资、人才、文化思想大交流的可预期效果。但是,在经济融突和合的同时,不同的政治制度、价值观念、发展道路、风俗习惯、文化背景、宗教信仰之间,发生一定程度的摩擦、碰撞现象不可避免。在实施"一带一路"大建设过程中,要充分挖掘我国和合文化的内涵和精髓,充分发挥其融通作用,护航"一带一路"建设顺利实施。

和合文化是中华民族祖先创造的文化精髓,是中华文化首要价值,是体现时代精神的精华之一,在"一带一路"大建设实施过程中,可以发扬其超越历史的地域国家、意识形态、政经文制、宗教信仰的定位,而赋予其普适的新时代文化价值。和合文化的时代价值,蕴涵着深刻的文化思想资源,其内涵有五个方面:"和生、和处、和立,和达、和爱"。"和生"是指"天地之大德曰生",和实生物,尊重生命,以人为本;"和处"是指"天地万物本吾一体",尽管国与国之间、民族与民族之间存有差异,但我们可以和而不同,求同化异,和平共处,增强共同利益;"和立"是指"己欲立而立人",自己立起来了,也希望别人立起来,国家不分大小贫富,共同独立,主权平等,尊重其自主选择社会制度和发展道路;"和达"是指"己欲达而达人",自己通达、发达了,也帮助别人通达、发展,共同发达,互利共赢,互信互鉴,尊重世界文明的多样性和发展道路的多样

---

[*] 本文原载于《人民论坛》2015年7月号上半月刊。

化；"和爱"是指"泛爱众""兼相爱"，热爱各国、各民族人民大众，爱他国、他民族像爱自己国家、自己民族一样，"仁民爱物"，爱万物，爱自然，营造和平发展、合作共赢、互惠互利的生态环境，以实现"一带一路"共商、共建、共赢地发展。

我们要充分发挥和合文化的融通作用，不但要与有关国家发展经济往来，还要注重民心交融和文化交流，传递我们和平合作、诚信协商、互学互鉴、互惠互利、公平正义、合理和宜、开放包容、凝聚共识的诚意，争取在更高水平、更大范围、更深层次上合作共赢，共同发展。

如何智能运用和合文化护航"一带一路"大建设实施，须做好以下几项工作：

一是充分了解"一带一路"沿线国家的国情，循序渐进推进合作和交流。相关国家国情错综复杂，政治、经济、文化、外交、制度背景以及价值观念、宗教信仰、风俗习惯各有不同，对我国的"一带一路"建设有不同解读，这就需要我们深入调查研究，有针对性地进行融通交流，特别是要研判、分析、掌握有关国家领导人的政治倾向和实力背景，深入了解其对我国"一带一路"建设构想的态度，研判其政策的可持续性，以免因领导人的更替给我们造成被动局势。根据各国不同情况，分别对待，逐渐推进。

二是集结、培养国内外一批能够推动"一带一路"建设实施的专业人才。实施"一带一路"建设，需要设立专门机构和选择相关大学，成立"一带一路"学院，集结、培养一批有智慧、有能力、精通业务的专业人才，这些人才应具备正确解读"一带一路"共商、共建、共享构想的能力，传播和平、发展、合作、共赢的和合文化精神。并在各有关国家的中国使馆中设立从事沟通、协调、实施"一带一路"的专门人员，从而能够得心应手地与沿线国家进行互动交流，并进行动态跟踪研判分析。

另外，"一带一路"建设的顺利实施，一定要得到沿线国家精英人士的支持与配合，要在相关国家培养一批理解"一带一路"宗旨和对我们友好、信任的人士，以和合文化精神为切入点，吸收他们到相关大学的"一带一路"学院学习，通过专门培训，使其对"一带一路"建设有全面、正确、深入的理解，并坚信"一带一路"建设将为他们带来实实在在的利益。在对人才的遴选中，要格外关注、培养相关国家政界和党派中的年轻人，尤其是军界人士。加大与军界人士的沟通、交往、交流并辅以必要的培训，增加感情积累，达成发展共识，取得他们的信任和支持，这对我们有十分重要的意义。将来即使一些国家领导人更替，也不至于对"一带一路"建设造成太大的影响。

三是发挥外交大使和文化参赞的作用,加强与沿线国家媒体的合作。中华和合文化讲求"和为贵""和而不同""和衷共济""和气生财",素以"己所不欲,勿施于人"作为处理国际关系的原则;以"己欲立而立人,己欲达而达人"的原则帮助不发达、落后地区和国家;以"讲信修睦""以邻为伴,以邻为善"的原则与国际社会和平、和睦相处;以和平、发展、合作、共赢的精神,构建人类命运共同体世界。驻外大使和文化参赞应通过各种渠道广泛宣传中国"一带一路"的构想和其中蕴涵的"尚和合"的时代价值。同时,要充分加强与沿线国家媒体的合作,通过媒体恰当地造势,将我国和合文化理念传递给所在国的政治、经济、文化、军队各界人士和广大人民,使和合文化精神得到认同并深入人心,进而树立起中国是人类命运共同体中"负责任大国"的形象。

四是充分发挥国家和民间各种机构的作用,通过国家和民间文化交流讲好中国故事,传播好中国声音。

"国之交在于民相亲,民相亲在于心相通。"相关国家的民意认同和支持是顺利实施"一带一路"建设的前提保障。

我国举办的"一带一路"国际合作高峰论坛在北京召开,论坛的主题为加强国际合作,共建"一带一路",实现共赢发展。共商合作大计,共建合作平台,共享合作成果。这是一种"大道之行,天下为公"的情怀,是人类命运共同体和合天下理念的发扬。中国是多民族、多宗教国家,世界各大宗教,在中国都有教徒,可以与"一带一路"相关的国家顺利沟通、交流,讲好中国各宗教教徒和平共处、互信互帮的故事,传播好世界你中有我、我中有你的人类命运共同体的声音。将中华民族所追求的"贵和尚中、善解能容、厚德载物、和而不同"的宽容品格和独特魅力传播到世界。

五是将人类命运共同体的和合文化纳入各国孔子学院的思想课程。孔子学院作为东方文化的传播载体,在全世界各国多有设立,将人类命运共同体的和合文化纳入孔子学院思想课程,是传播"一带一路"要旨的重要渠道。同时可以利用微博、微信、Facebook、Twitter等世界性的社交网络,广泛传播和阐发"一带一路"建设中的人类命运共同体的和合文化精神。还可以通过互派留学生、访问学者,最大限度发挥相关国家留学生和访问学者讲好中国故事、传播中国声音的文化使者作用。

附:和实力的深刻意蕴与独特价值[*]

和实力是军事、经济、话语、制度的融突和合,以及在其融突的实践交往活动中和合为一种新实力的总和。

人民论坛:您毕生都致力于中华文化的研究和传播,并在国内率先提出了"和实力"的概念。按照您的解读,究竟何为"和实力"?

张立文:要理解"和实力",首先必须先了解何为"软实力"。1939年,英国著名学者卡尔提出,国际权力格局分为三种——军事权的胁迫力、经济权的收买力以及话语权的吸引力(舆论控制力)。据此,哈佛大学教授约瑟夫·奈按照西方二元对立的思维将前两者称为硬实力,后一种称为软实力。后来,希拉里提出了"巧实力",主张软硬兼用,可动用一切手段。

中国引进了软实力的概念,并努力地理解运用,但2013年4月29日,约瑟夫·奈在美国《外交政策》网站上发表题为《中国和俄罗斯不了解软实力》的文章,否定了中国对软实力的理解。在这种情况下,继续跟着西方讲软实力,没有太大意义,中国需要阐释和传播"中国话语"。

"和实力"这一概念是我最早于《中国文化创新的思议》一文提出的,这篇文章是接受人民日报社《学术前沿》的约稿写成的,发表于《学术前沿》2012年第5期,在这期《学术前沿》的目录摘录中还专门摘了和实力观点。后来,我又在《人民论坛》2013年第16期发表了题为《和实力的意蕴与建构》一文。这两篇文章分别被《红旗文摘》于2012年第6期与

---

[*] 本文原载于《人民论坛》2015年第19期,采访记者刘瑞一。

2013年第8期刊登。此后，又有其他媒体就这一话题对我进行采访，我因此获得"2013年度十大思想人物"称号。目前，"和实力"的思想已得到一些人的认同，我甚感欣慰。

概括而言，和实力是指军事、经济、话语、制度等实力的融突和合，以及在其融突的实践交往活动中和合为一种新实力的总和。

四者融合，不可或缺。和实力是军事、经济、话语、制度的融突和合，缺一不可。没有军事实力做后盾，话语权就没有力量，腰杆子就不硬；没有经济发展做基础，说话底气就不足，话语就没有力量，人家就不会理睬，等于没有话语权；没有制度保障，军事权、经济权、话语权也无法实现。军事的后盾功效、经济的基础作用、话语权的精神指导以及制度保障，四者和合，发挥大效能，综合提高国力。和实力强则国强，和实力弱则国弱，这是衡量国家强弱的标志，也是国家民族能否永续发展的表征。

理论创新，世界价值。和实力是中华民族理论思维的特点，也是中华特有的世界观。世界万物从哪里来？是一元的上帝创世，抑或中华的"和实生物"，这决定着人们对世界的根本看法。西方从古希腊的柏拉图到费尔巴哈，都认为一元造物，这就导致西方世界的思维是独断论、独裁论，因而产生霸权主义、冷战思维。而中华"和实生物"是多元融突和合生物，因而能开放包容，海纳百川，排斥独断论，主张和合论思维。由此，中华价值观是以和为贵，价值目标和追求是和平、发展、合作的人类命运共同体的和合天下。

继往开来，唯变所适。和实力继承了《尚书》的"协和万邦"、《周易》的"保合太和"、孔子的"和而不同"、老子的"万物负阴而抱阳，冲气以为和"，以及对汉代以来和亲政策的绍承和发展。随着社会的发展，唯变所适地开出现代"和平共处五项原则"。当前中国在一切国际争端、冲突中主张通过对话、谈判，和平解决问题，努力建设和谐社会、和谐世界。和实力这个概念能够很明确地体现当前国际核心话题和国际主流趋势，并随时代的变化而不断适应时代的需要。

时代价值，振兴中华。"和合"一直是中华民族两千多年来的核心概念、首要精神、时代价值和实践活动所遵照的原则。中华民族以"和"建构政治、经济、文化、艺术等，"和"是深入人心的思想，如和衷共济、和气生财等。和实力是用自己民族话语表达、体现中华民族的思想和优秀文化，是民族文化自信、自觉的表现。一味用西方的话语不能完全表达我们的思想，也是民族文化自卑心理的流露。在振兴中华、发扬中华民族传统文化的今天，应以文化自信精神表达中国的话语思想。

宗旨目标，和平发展。和实力是当今世界的人心所向，是和平发展、合作共赢精神的体现。世界人民不希望战争、动乱和对抗，因为任何一次战争、动乱、对抗，都会造成人道主义灾难，制造大量的难民，这是任何人都不愿意看到的。和实力从人类长远利益出发，维护百姓安居乐业，是实现人类永续发展的基本条件。其宗旨、目标是营造和谐世界、和谐社会，这是世界人民的愿望，是对人的生命的尊重，是中华民族重人本思想的体现。

一个民族只有用自己的语言来习知那最优秀的东西，这东西才会真正成为它的财富。

人民论坛：相对于"硬实力""软实力"，"和实力"这一概念有何鲜明特征？

张立文：首先，自己话语，民族自信。一个民族只有用自己的语言来体认那最优秀的东西，才能消化为自己的东西，这东西才会真正成为它的财富。中国的语言文字与西方不同，中国文字与物相联系，是仰观天文、俯察地理、求解自然和社会知识的结晶，故是象形文字，通过形象认识事物，由形及义。如"和"字，过去是"口"在左边，"禾"在右边，其意思是每个人都可以有饭吃，人有了饭吃，就不会出问题。"合"字，一人一口，人人都有饭吃，天下就太平了，所以古人讲"民以食为天"。而西方是拼音文字，必须是形－音－义。因此，中西方认识事物存有差距。德国哲学家黑格尔说过："如果哲学一旦学会了说德语，那么那些平庸的思想就永远也难于在语言上貌似深奥了。"因此他提出"教给哲学说德语"。中华民族应该讲自己讲的话语，讲自己的和实力，这是民族发展水平和文明程度的标志，是这个民族理论思辨能力和语言逻辑能力的标志，是民族自信的一种表现，也是传播"中国话语"的客观要求。

其次，历史实践，经验总结。汉武帝时期是中国和实力最强的时期，无论在军事、经济还是话语、制度上都很强，但他依然采取和实力的方针，先后把刘细君和解忧公主嫁给乌孙国国王。唐太宗时，和实力与汉武帝一样强，出嫁文成公主，维护了与西藏的和平与共处关系。明代郑和七下西洋，当时中国的军事、经济、话语实力也很强，他的船队是当时世界上最强大的，但郑和下西洋不是为了建立殖民地、贩卖黑奴、抢掠财物，而是宣扬和平。有日本、韩国的留学生、留学僧到中国学习先进文化，参加中国进士考试，甚至在中国做官。和实力是历史实践经验的总结。

再次，超越硬软，分辨是非。"和实力"是对"硬实力"、"软实力"

和"巧实力"的超越，是从整体高度看一个国家的实力，是一种综合国力。约瑟夫·奈认为软实力很大程度上取决于三种基本资源：该国的文化、政治价值观和外交政策。

从文化上看，美国是以斗争为核心价值的二元对立文化。从古希腊到黑格尔都追求事物背后的统一性，即主宰者或造物主。中国则不同，强调"仇必和而解"，主张"和实生物"，强调多元包容，一切冲突通过和平解决，五行相生相克，相反相成，多元冲突和合生物。

从政治价值观看，软实力本身蕴涵着西方民主价值观，并向全世界推行，但实际上往往水土不服，"阿拉伯之春"所带来的社会动乱、恐怖活动猖獗，造成人道主义灾难和人民流离失所，这就是一个例子。把世界分为"民主国家"和"非民主国家"，这实际上是冷战思维的延续，也是美国霸权主义、单边主义思维的翻版。

从外交政策看，西方表面追求和平，但由于受二元对立思维的影响，总想寻找假想敌，好像没有一个对立面、假想敌，就没事可做一样，于是就像一头不安分的狼，到处推行西方的政治价值观，或直接出兵干涉，或支持反对派，或经济制裁，到处插手，制造动乱。中国坚持和平外交政策，绝不去制造对抗和动乱。例如，对于钓鱼岛问题，本来两国领导人已达成"主权在我、搁置争议、共同开发"，即和平合作，但由于日本购买钓鱼岛而挑起东海紧张，中国政府有理、有节地进行反制。这显然是从两国人民的根本利益出发，和平共处，为人民造福。

最后，王道霸道，此消彼长。中国和实力是王道之治，这是中华民族几千年来的理想政治和政治价值观，曾吸引东亚各国，并被各国所效仿。如韩国曾以儒家的朱子学为统治思想，现在全国还保有300多所乡校，这是古代乡人聚会议政的地方。王道之治一言以蔽之就是"己所不欲，勿施于人"。西方自近代以来推行霸道政治，则是"己所不欲，要施于人"。一些国家不允许别人把战争强加给自己，却把战争强加给别人，如发动对伊拉克的战争就是一种霸道思维和冷战心态。和实力与其相反，和实力就是实现世界和谐、国家安定、人民安居。

和实力的战略意义体现在五个方面：世界秩序，最佳选择；实现中国梦的有力保障；缔造世界和平的伟大力量；实现美丽中国、美丽世界的支撑力量；人类永续发展的需要。

人民论坛：您认为提出并打造"和实力"的战略意义在何处？

张立文：结合中华民族的传统与现实，并从人类发展的高度来看，和实力的战略意义主要体现在以下五个方面：

世界秩序，最佳选择。在全球化的信息智能革命时代，世界向何处去？虽然和平与发展成为时代主题，然而，世界并不太平，民族、种族、宗教冲突依然不断，动乱、战争时有发生，人类社会远未实现理想中的和平。西方化解这些冲突的模式，要么是直接军事干预；要么是支持反对派，挑起内乱；要么是经济制裁；要么是宣扬民主价值观；要么是挑起国与国之间的争端。而依据和实力战略，"以他平他谓之和"，尊重他者，国家不分大小、强弱、贫富，应平等相处。遵守和而不同的原则，求同化异。中西可谓是两个路向，一个是"君子和而不同"，一个是"小人同而不和"，这是中西的本质特性。运用好经与权的原则，经是原则性，是核心利益；权是灵活性，具体问题具体化解；建立对话机制，及时交流看法，防止误解、误判。

和实力是实现中国梦的有力保障。中国梦是指"国家富强、民族振兴、人民幸福"。实现中国梦的目标，唯有和实力才能保障其实现。军事力强大了，国家强大了，就可改变过去"东亚病夫"的悲惨境遇，而不再受人凌辱。努力钻研关键技术，发展海陆空、网络信息等各方面的力量，才能真正强大。经济权方面，中国经济虽为世界第二，但人均GDP仍然很低，民富才能国强，国强民富是中华民族复兴的基础和条件，这是物质方面的。精神方面，话语权和文化、艺术、人文社会科学、伦理道德、文明礼貌等相应发展，和军事、经济等发展相匹配，这是文化自信、民族自信的表现。在和平、发展、合作、共赢为世界主流的情况下，唯有和，人民才能幸福，否则就在战争中逃难、死亡。和平才能发展，合作才能发展，互利共赢是合作的基础。

和实力是缔造世界和平的伟大力量。中华民族和实力强大了，不但缔造了一个中国模式，而且中华民族"和为贵"的价值观、话语权影响的扩大与世界人民的愿望相结合，就可以为和平增加砝码，保证世界沿着和平的道路发展。各国有此和平发展的机遇期，就可以实现世界共富。

和实力是实现美丽中国、美丽世界的支撑力量。如何实现气清、天蓝、地绿、水净的目标？人类工业化的做法是单纯追求GDP的增长，结果造成严重的环境污染。和实力寻求军事、经济、文化产业的发展与自然、社会保持平衡、和谐。中华传统文化主张天人合一，"天地万物本吾一体"，"仁民爱物"，爱万物，就像爱人类自己一样。人要有一颗善心，一颗仁爱万物之心，才能实现这一目标。

和实力是人类永续发展的需要。全世界是一个命运共同体，各国应为世界的和平、发展、合作、共赢贡献力量，需要彼此加强交流、合作、互信、互鉴。人类要永续发展，必须发挥和实力的功能。我们不能留给子孙后代一个动乱、对抗、逃亡、多苦多难的世界，一个不能持续发展的灾难世界。

中国和实力形势大好，但仍需打造。

人民论坛：您认为中国现阶段的和实力呈现怎样的态势？应如何打造中国和实力？

张立文：总体来看，中国和实力形势大好。首先，中国和平、发展、合作、共赢的主张使和实力深入世界人心，再加上"一带一路"和亚投行的建设，为和平、发展、合作、共赢的和实力做了实实在在的诠释。我国解决地区冲突、对抗问题的和实力主张得到了国际社会的认同，为冲突地区的人民带来福音，为人类造福祉。

其次，中国在军事、经济、话语、制度的实力方面有很大的增强。我们话语权有了力量，在国际社会中，中国成为不可缺少的力量方。缺少了中国，一些问题就难以得到公平、合理的解决。

最后，中国和平发展的事实证明，发展不是走资本主义掠夺、战争、殖民的老路。中国创造了迅速崛起而又和平发展的模式，这为现处于不发达国家的发展提供了现代化发展的模式。中国发展模式得到了一些国家的赞同，并开创了大国间和平共处的新模式。

但与此同时，我们必须承认，中国在军事、经济、话语、制度方面都还比较落后。我国还是发展中国家，与发达国家相比，人均 GDP 较低；军事力量有待进一步增强，特别是在发达国家对我国技术封锁的情况下，在核心技术方面仍然落后；文化影响力虽有增长，但还不够。在这种情况下，应首先把自己发展好，打造中国和实力。具体说来，主要包括：

改革开放，日新盛德。改革开放是和实力能够一以贯之的关键，也是激活自身生命力的有效措施。日新日日新，才能使和实力得到不断发展。

公平正义，平衡协调。要使军事、经济、话语、制度平衡协调发展，使城乡差距、资源分配不公转化为公平、公正。唯有如此，才能维护安定团结的局面，才有利于和实力建设，实现"四个全面"的伟大战略布局。

诚意正心，涵养用敬。讲诚信，不自欺，也不欺人。心正言诚便能使和实力得以提升。如果物欲横流、贪污受贿、假公谋私，就不能打造真正的和实力。

尚和合　求实践

尚和合的民族精神*

和合文化的提出本身就是一次智能创新,和合这个富有创新性的词,最早见于《国语·郑语》。《国语》曾被称为《春秋外传》。"语"是古代记言的史书,史书有记言与记事之分。《国语》没有被列为五经,与利禄之路无缘,它被冷落的历史际遇,反倒保留了它记言的本真。

一、和合生意

和合思想的提出有它的社会政治背景。西周的时候,周幽王八年,即公元前774年,史伯和郑桓公纵论天下形势,讲到了和合。为什么此时讲到和合?在周幽王的时代,是西周没落腐朽的时代,当时周幽王宠幸爱妃褒姒,褒姒很漂亮,但整天愁眉不展,就是不肯一笑。周幽王为了使她能够开心一笑,可谓是用尽了各种手段,不管是歌舞,还是逗笑,可最终都没有能使她一笑。最后有人给周幽王想到了一个主意,就是让周幽王点燃骊山烽火台上的烽火,幽王便以烽火戏诸侯之方获得褒姒一笑。到犬戎发兵直扑镐京,镐京危急之时,他再放烽火,没有一个诸侯国君带军队来救幽王了,结果幽王被杀,褒姒被抢去,西周灭亡。

作为周幽王司徒的郑桓公预见到周将灭亡,他问史伯怎样能够避免这样的灾难。史伯就讲古代人为什么能够建立大功,国家社稷怎么延续很长的时间,很重要的原因是,像唐尧、虞舜、夏禹、商契、周弃等那样在天

---

* 本文原载于《中国文化报》2014年7月10日。

地和人事之间创造和合生意,"商契能和合五教,以保于百姓者也"①。商契是商朝的一个祖先,他能够和合五教。五教是指父义、母慈、兄友、弟恭、子孝,这样就能够保护百姓。

周幽王之所以会灭亡,一个很重要的原因就是他不搞和合,搞剿同,他专信一个佞臣虢石父的意见,排斥周宣王时的正直大臣,同时又宠幸褒姒。这种情况就像是什么呢?史伯举了个例子,比如说一种声音,如果说只是一个单调的声音,那是一个噪音,而不是美音;一种东西,只有一种颜色,那不是美色;一种食物,只有一种味道,那也不是美食,也不会有美味。如果专门搞剿同而不搞和合的话,那就一定会灭亡,这就是史伯认为西周之所以亡国的一个重要原因。

和合是人们对社会生活各层次、各种冲突社会现象的认知和提升。治理国家也一定要和合,要有包容的态度,采取大臣各方面的意见,才能把国家治理好,不然的话,如果只搞专一,就一定会灭亡。

和是什么?如何和?这在《左传》的记载中得到回应。《昭公二十年》记载有晏婴与齐景公的一段对话。齐景公问:和与同有差别么?晏婴说:有差别,和譬如美味的肉汁,必须是将盐、酱油、醋,还有各种调料融合在一起,才能够做成"和羹"。在厨师和合加工过程中,哪种调料不够就加一点,过多了就减一点,使烹饪的食物鲜美。这就是说它必须是各种食物、各种佐料与厨师的智慧劳作和合在一起,才能够变成美味。如果只有一种原料的话是根本做不出美味的。

晏婴认为,所谓各种不同的佐料,是指互相冲突、矛盾的东西,不是相同的东西。如果是相同的东西,那就是"以水济水",仍是水,不会发生性质的变化。晏婴列举这些例子,是为了说明政治。他说君臣关系也是这样,不能是君主认为行的,臣子也认为行;君主认为不行的,臣子也认为不行,这就是没有不同的意见的同。做臣子的应该是,君主认为行的,臣子指出其中不行的部分,而使行的部分更加完善;君主认为不行的,臣子指出它行的部分而去掉不行的部分,这样就能使政事平和,人心安定。在这种行与不行的冲突中,使之达到融合,从而上升为和合治理国家。

在晏婴看来,食用和羹,"以平其心";听和声,"心平,德和";政治上,"政平而不干,民无争心"②。和的功能,及其价值,一是在和合中获

---

① 郑语//国语集解:卷16. 北京:中华书局,2002:466.
② 昭公二十年//春秋左传注. 北京:中华书局,1981:1419-1420.

得心理上的平衡；二是在和声中使人的精神获得享受和愉悦；三是培养主体道德行为的和谐；四是不同事物的和合可取得政治上的平和，人民没有争夺之心。

和合不仅见之于《国语》，也见之于《管子》《墨子》。说明此时和合是被学者认同的价值。《管子》载："畜之以道，养之以德。畜之以道则民和，养之以德则民合，和合故能习，习故能偕，偕习以悉，莫之能伤也。"① 修养道德，人民就和合。道是外在于主体身心的原理、规范；德是内在于主体身心的修养。和合所以和谐，和谐所以团聚。和合团聚，就不能伤害。和合是修养道德的目标。

墨子从"兼相爱，交相利"思想出发，认为和合是人与国家、社会、家庭关系的根本原理、规范。"内者父子兄弟作怨恶，离散不能相和合。天下之百姓，皆以水火毒药相亏害。"② 家庭内父子兄弟相互怨恨、使坏，推及天下百姓，亦相互亏害，国家社会就会离散灭亡。和合才能使家庭、国家、社会和谐、协调。过去越王勾践喜好士的勇敢，"教驯其臣和合之"③，教育士兵，相互和合，才能战无不胜，国家才能富强起来。

春秋战国时期的战争是非常频繁的，怎样来制止战争？那就是思想上要树立和合的观念，所以墨子讲不应该冤冤相报，不应该互相仇恨，而应该搞和而不同的和合。中国古代的有智慧的、有远见的思想家，如老子、孔子、孟子、庄子等，都希望和平，老百姓也是希望和平的，当时的一些有见解的人也是认为诸侯国争夺权利的兼并战争，给社会与人民带来无穷的灾难。他们希望统一，以为统一可以制止战争。这是当时之所以能够提出和合思想的内因和外缘。

二、和合二圣

中国在秦汉时期实现了全国的统一，思想领域有了变化，那就是不讲多元而要搞"同"。到汉武帝的时候，就搞"罢黜百家，独尊儒术"，从秦始皇到汉武帝，法、道、儒思想轮番登场。秦始皇以法家思想为其意识形态，在咸阳宫开了一个庆贺攻匈奴、征百越胜利的会议，在这个会议上，有72个博士参加（当然，这里的博士跟现在的不是一样的），当时争论是

---

① 幼官图//管子校注：卷3. 北京：中华书局，2004：183.
② 尚同上//墨子校注：卷3. 北京：中华书局，1993：109.
③ 兼爱中//墨子校注：卷4. 北京：中华书局，1993：159.

实行封建制还是实行郡县制这样一个体制问题。仆射周青臣为秦始皇歌功颂德，赞扬废封建，立郡县，秦始皇听了非常高兴。博士淳于越提出不同的意见，他说古籍所载，商、周两朝，相传千年，是因为开国后大封子弟功臣，共同辅佐的结果，今不封子弟功臣，如果乱臣贼子作乱，谁来相救？凡不按古代规制来做，是不能维持长久的。当时李斯就非常反对，他说如果这样的话就是"法古"，那就否定"今"，后就发生了焚书坑儒的事件。秦末动乱人民遭殃，汉初用道家黄老思想为意识形态，与民休养生息，以恢复经济，到汉武帝独尊儒术，要求思想统一，和合思想遭到了压抑。

和合思想就从上层落实到下层，变成了草根文化。和合思想渗透民间，与老百姓生活密切结合，化生了许多寓有深意的传说。唐代有个"万回哥哥"，他家有四口人，哥哥到边疆去打仗了，常年没有音讯。他的父母就非常惦念这个儿子，不知道情况究竟怎样，有的时候就哭哭啼啼想念自己的这个儿子。弟弟万回，看到这个情况心里难过，他就决定去一趟边疆，然后把哥哥的信息带回来。他早上出发，晚上就回来了，并且带回了他哥哥的一封平安信，一天万里来回，寓意家庭和合，后人视为团圆之神。

2005年台湾的连战和宋楚瑜以及新党郁慕明访问大陆，其中新党主席到中国人民大学演讲，学校送给他一幅和合二圣图，由徐悲鸿的儿子徐庆平作画，图上两个天真烂漫的孩子，一个孩子手持荷花，谐音"和"字；一个孩子手捧盒子，谐音"合"字；盒里飞出五只蝙蝠，寓意五福临门。由我题"和合"两字，意思是说台湾和大陆是血肉相连的一家人，是兄弟相亲，命运相关。

和合的思想在民间成为信念。传说唐代有两个和尚，一个叫做寒山，一个叫拾得。在佛教中，寒山为文殊菩萨化身，拾得是普贤菩萨的化身。传说寒山和拾得在唐贞观年间到苏州妙利普明塔院任主持，此院遂改名为寒山寺。唐代张继有首诗叫作《枫桥夜泊》："月落乌啼霜满天，江枫渔火对愁眠，姑苏城外寒山寺，夜半钟声到客船。"这首诗写的就是这个寺庙。到了清代雍正十一年（1733年），就封寒山为"和仙"，拾得为"合仙"，即"和合二圣"，又称"和合二仙"。寒山的诗直抒胸臆，或嬉笑怒骂，或玩世不恭，或疯疯癫癫，或阐释佛理。其诗直透心灵，天然自得，禅趣盎然，发人深思。公认其对日本的俳句、短歌有深远的影响。20世纪寒山成为西方嬉皮士的精神领袖，其蓬头跣足的形象亦被效仿，其诗在美国风行一时。

和合通过戏剧、跳舞等各种形式，深入民间生活，而成为民间趋利、避邪、避凶的普遍信仰。于是和合神的祭祀在一些地区非常盛行。民间祭奉和合神的最高目的可以用《万法归宗》"和合咒"中的话来概括，即"万和千合万事偕"。明末茅维《闹门神》杂剧中对"和合神"的功能有更形象的描写，多次借剧中人口说和合神"主和谐""主和合"等。如果说和合神起源之初是驱邪与祈祥并举，而后世之奉祀，则主要在于祈祥。很多地区过年的时候，要贴《和合二仙》年画，或用彩纸剪成和合之形，贴挂在门窗上。江南地区更是如此，很多人家习惯在单扇门上贴一圆形和合，称之为"一团和气"，象征着"和合双全""百事和合"等，这蕴涵了人们对和平安乐生活的渴望与祝愿。民间年画除了《和合二仙》《和合赐神》外，还有与其他神仙共祈之图，如《和气致祥一品当朝》《和合二仙状元及第》等。

人民的愿望、追求、想望是要和合。从经典到神话的流传，都在期望有一个人和天和的和合境界。

三、中西理论思维的分野

和合在现代意义上，是指自然、社会、人际、心灵、文明间诸多形相、无形相互相冲突、融合，与在冲突、融合的动态变化过程中诸多形相、无形相和合为新结构方式、新事物、新生命的总和。

天地间一切现象的背后都蕴涵着和合，在和合的视野下，自然、社会、人际、心灵、文明蕴涵和合，和合是各生命形相的创生、发展、整合而融突成整体的过程，是对和合经验的和合反思。

和合蕴涵着差分与和生的纲缊原理，存相与式能的互补原理，冲突与融合的变化原理，自然与选择的互动原理，烦恼与和乐的中和原理，这便是融突和合的基本内涵。原理在事物变化、转生的过程中具有必然性，它规范事物在其演化过程中的理路和指向。

由和合提升为和合学，是在洞悉和尽究和合概念的内涵、性质、特征及其在演变的过程中不同变化，依据人类世界现实的、化解种种冲突的需要，概括为一种理论思维形态的原理、原则，以体现时代精神的精华，而成为一种具有中国特色、风格的学术观点、方法、体系的学说，是为和合学。

和合学蕴涵着然与所以然、变化与形式、流行与超越、对待与整合、中和与审美等内涵，它是中华文化迈向现代化的最佳选择，它彰显着中华文化的现代转生，它使一个多世纪以来关于中华文化的现代转生由方法论争转向文化形态的选择，使方法论落实到现代理论思维形态的创新转生上。

哲学作为求真知的智慧之学，都追求天地万物从哪里来的问题。西方的哲学家都要在事物的背后寻找一个本质的、本原的东西，这种思维在《新旧约全书》的第一章《创世记》中就有体现，上帝创造了天地万物和人类始祖亚当和夏娃。上帝告诉亚当、夏娃，伊甸园里所有的东西，都可以吃，但是智慧树上的果不能吃。后来夏娃听了蛇的引诱，把智慧树上的果摘来吃了，同时也给亚当吃了，吃了智慧树上的果以后，人就有了智慧。

有一天，上帝到伊甸园视察来了，他们两个人就躲了起来，上帝知道他们吃了智慧树上的果实。他们为什么要躲起来呢？因为他们赤身裸体，吃了智慧树上的果之后就有了羞耻感，有了羞耻感就意味着这个人有了智慧。两人没有听上帝的话，所以上帝就惩罚他们，罚亚当终身劳动，罚夏娃生孩子的时候一定要痛苦。而且将两人逐出伊甸园，再不准回来。他们违反了上帝的意志、上帝的命令，那就犯了罪，这就是原罪，因为人类的始祖亚当、夏娃犯罪，所以其后续的人便都有原罪，都要来赎罪、来忏悔自己的罪恶。

创造天地万物和人类的上帝是唯一的，是全知全能的，他是真理的代表，违反他就是谬误。古希腊的巴门尼德讲"存在就是一"，譬如是一个变形的上帝。从西方哲学家的理论思维来看，从柏拉图的理念到黑格尔的绝对观念都是这个"一"的延伸，凝聚着人类最高智慧的哲学，竟然是对最简单的"一"的追求。从这个意义上讲，哲学尽管是爱智慧的结晶，但是西方哲学最终是求一，即形而上学唯一的本体，这就导致了其理论思维形态为二元对立和非此即彼，导致了一种斗争哲学，而具有排他性、独裁性。

中国思想不一样，中国思想对于天地万物从哪儿来、人从哪儿来的回应是和西方不一样的，《国语》上讲："和实生物，同则不继"，是说"和"才能生万物，"同"就不能继续下去。怎样和生万物？"先王以土与金木水火杂，以成百物。"① 金木水火土尽管有矛盾，但可相反相成，有矛盾的事物互相杂合而成百物。中国不是不讲水火，也讲水火。西方最初也讲水火，古希腊泰勒斯讲水，赫拉克里特讲火是万物的本原，但是中国并没有

---

① 郑语//国语集解：卷16. 北京：中华书局，2002：470.

以单一的水或火作为万物的本原，而是把金木水火土五种不同的、冲突的事物作为本原，本来水火不容，矛盾对立，但是它们能够相反相成的融合起来，然后产生万物。中华民族理论思维不讲一元，而是讲多元事物的冲突→融合→和合体（新生儿、新事物）。其理论思维就具有包容性、和合性，能海纳百川，有容乃大，能以"和为贵"，"和而不同"，而和西方非此即彼的理论思维异趣。

从这个意义上讲，中西哲学从源头上，其理论思维就有差分。中国理论思维不讲一元，不讲单一，而讲多元的冲突融合而和合。《周易·系辞》讲："天地絪缊，万物化醇；男女构精，万物化生。"天地、男女是阴阳，两个相互矛盾、对立，但是它们可以互相化合，就像男女、夫妇可以构精、结婚，然后生儿育女，天地絪缊和合，化生万物。

中华民族尚和合的理论思维，是讲多样事物互相包容、互相融合、厚德载物，能把各种不同的、冲突的事物、思想融合进来，具有宽容性、多元性，而不具有排他性、独断性、独裁性。如印度的佛教传到中国以后，不是被简单的排斥，而是被中国的思想融合，而成为中国化的佛教。中华民族理论思维是在不断吸收、容纳、和合不同的思想过程中，繁荣发展。

尚和合的时代价值*

　　和合是中华民族人文精神核心理念和首要价值之一，是中华传统文化思想的精粹和生命智慧，是中华民族精神的精华和道德精髓，也是中华心与体、根与魂的表征，是中华民族一以贯之的文化理念、思想实践、理想追求的目标。在现代意义上的所谓和合，是指自然、社会、人际、心灵、文明中诸多形相、无形相的互相冲突、融合，与在冲突融合的动态变易过程中诸多形相、无形相和合为新结构方式、新事物、新生命的总和。尚和合作为中华优秀传统文化，以其悠久、博大、精深的内涵，具有持久的民族凝聚力、向心力、亲和力，唤起民族的认同感、归属感、安顿感，是中华民族建设精神家园的需求，是滋养当下我国社会主义核心价值观的重要源头活水。

一、和合的世界观

　　天地万物从哪里来的？这是哲学思想的出发点。西方认为是由唯一的、全知全能的上帝创造的，无论是水、火、原子，还是理念、绝对精神，都与上帝一样，是"一"派生万物。中华和合思想主张"和实生物"。和如何生物？《国语·郑语》说："先王以土与金木水火杂，以成百物。"杂是和的意思，多元的五行互相差异、冲突融合、相克相生，而和成万物。《周易·系辞》说："天地絪缊，万物化醇；男女构精，万物化生。"①

---

* 本文原载于《浙江学刊》2015年第5期。
① 周易系辞下传//朱子全书：第1册．上海：上海古籍出版社；合肥：安徽教育出版社. 2002：141．

王充接着说:"天地合气,万物自生,犹夫妇合气,子自生矣。"① 天地、男女是阴阳两极,是多元,多样矛盾冲突,通过絪缊、构精的融合形式,和合化生万物(包括人类)。《国语》认为"同则不继""以同裨同,尽乃弃矣"②。"同"就是单一性、一元性,排斥差异性、多元性,便不能化生万物,一事无成。犹《周易·革卦》说:"二女同居,其志不相得。"③ 不能生育新生儿。上帝是"一","一"就是同,"同则不继"。"一"便认为自我是"真上帝",他者是异端。在当代就搞单极、一元的霸权主义,而排斥他者;多元、多样就搞和合,包容他者,不搞对抗、冲突,而倡导和平、合作、互利、双赢。这样,"万物并育而不相害",世界各国、各民族共同发展、繁荣,即"万物丰长而物归之"。

从和合的世界观出发,而海纳百川,有容乃大,"形成和巩固中国多民族和合一体的大家庭","形成和维护中国团结统一的政治局面"而不分裂,一些居心叵测的人,总期望中国分裂,因为他们根本不懂中华民族的和合文化的强大魅力。

二、和合的价值观

人对物质世界和精神世界的价值判断、评价、取向和选择,构成一定的价值观。中华民族上下五千年,以"和为贵"作为自己所追求的价值目标和价值评价体系。以和合为体认、处理自然、社会、人际、家庭、国家、民族、宗教之间关系的指导思想,以及作为治国理政、民族振兴、经济发展、文艺繁荣、外交政策的根本原则。自古以来,人类的社会制度、政治体制、经济发展、文化水平、风俗习惯、文字语言、宗教信仰、价值观念各不相同,或者说是"道"不同,中华文化并非是"道不同不相为谋",而是"道并行而不相悖"。道不同可以并行、共行、共同发展,而不相背离、不相戕害,犹如太平洋、五大洲有广袤的天地空间,道可以并行地和合发展,并不相悖。这就是孔子所说"君子和而不同"的精神,不同也可以和平地相处,不同不可以导致对抗、动乱、战争,若如此便是"小人同而不和"。即使在中国春秋战国时期,诸侯争霸,百家争鸣,但和合

---

① 自然//论衡校释:卷18. 上海:商务印书馆,1938:775.
② 郑语//国语集解:卷16. 北京:中华书局,2002:470.
③ 周易象下传//朱子全书:第1册. 上海:上海古籍出版社;合肥:安徽教育出版社. 2002:101.

仍是以"天下同归而殊途，一致而百虑"的同归、一致为价值追求的目标。《国语》给"和"下了一个定义："以他平他谓之和"①，他与他之间是平等、平衡、公平的。既要承认他者的存往，又要尊重他者，他与他之间没有尊卑、轻重、地位、价值、作用的不平等、不公平。譬如金、木、水、火、土都以平等的身份参与融突而和合万物的过程。尊重他者就是不以势压人，而以理服人；不以力凌人，而以情感人；不以谎言欺人，而以诚信待人。以和化解分歧、误解、冲突、对抗、战争。在彼此文化、他与他者文化思想之间，正如习近平同志所说："只有姹紫嫣红之别，而无高低优劣之分。"② 要和衷共济、互相包容。要排除唯我独尊、二元对立的冷战思维，抛弃你死我活的价值观，涤荡势不两立的宗教信仰，各个国家、民族、种族、宗教、文明等在平等、公平的原则下自由选择自己社会制度、发展道路，并都应得到承认和尊重，在机遇平等、公平的原则下，共同参与化解人类所面临的五大冲突与危机，建设天地人共和乐的和合理想世界。

三、和合的人生观

人生观是指人观照自我的生命价值，人为实现自我价值所构成的与自然、社会、人际间的信息、能量、物质的关系。人生是生命、命运、生活三个维度的和合。人生以什么样的形式存在是生命，人生以什么样的状态存在是命运，人生的内容和先决条件是生活。简言之，人为什么活着，活着为什么。现代人有各种活法，有为权、色、钱而活，有为国家、民族的繁荣富强而活，有为世界的和平、发展、合作而活。人的生命是与死相随、相伴。人的生命是宝贵的，之所以可贵是因为人的生命是唯一的、一次性的、消费性的，这因为人"禀阴阳之和，抱五行之秀"③，是禀受阴阳的"和气"和五行的秀气。认识人的可贵首先要认识人的价值，如肉体的、道德的、事业的、政治的、文化的、学术的、科技的、信息的价值。《左传》记载，叔孙豹说："'太上有立德，其次有立功，其次有立言。'虽久不废，此之谓不朽。"④ 立德为树立道德楷模，如雷锋；立功为在各个战

---

① 郑语//国语集解：卷 16. 北京：中华书局，2002：470.
② 习近平. 在纪念孔子诞辰 2565 周年国际学术研讨会暨国际儒学联合会第五届会员大会开幕会上的讲话. 人民日报，2014-09-25.
③ 天地之性人为贵论//陆九渊集：卷 30，北京：中华书局，1980：347.
④ 襄公二十四年//春秋左传注. 北京：中华书局，1981：1088.

线作出特殊功勋的功臣；立言为建构创新性的理论、学说，而推动社会进步、发展的学者、科学家，如孔子的《论语》、老子的《道德经》等等，他们虽死犹存，永远活在人民大众的心里，他们的德、功、言流芳百世，永垂不朽。这样，人活着才有价值和意义，若专为钱、色、权而活，就可能遗臭万年。

四、和合的道德观

道德观是指协调、和谐、平衡人与自然、社会、人际、心灵、文明间关系原则的总和。道德的宗旨和价值目标是和合。天地和合则美，万物和合则生，人身和合则康，人人和合则善，心灵和合则静，家庭和合则兴，社会和合则安，国家和合则强，民族和合则亲，世界和合则宁，文明和合则谐。如此必须培育、提升人的道德情操。自古以来中华民族就很注重道德修养，在传统文化中就蕴涵着丰富的道德资源和精髓。《孟子·公孙丑上》讲"人皆有不忍人之心"，"恻隐之心，仁之端也；羞恶之心，义之端也；辞让之心，礼之端也；是非之心，智之端也"①。孟子把四端之心比为四体，是人人所必须遵守的基本道德，犹如人的四肢，不可缺少，否则就不是人了。仁、义、礼、智四德加信，便称为五常，即五德的和合。仁德，孔孟将其规定为"爱人"，董仲舒《春秋繁露·必仁且智》讲"仁者所以爱人类也"，韩愈《原道》讲"博爱之谓仁"。超越了亲缘关系的"泛爱众"的人类之爱，体现为"老吾老以及人之老，幼吾幼以及人之幼"。义德是指与羞恶有关的扬善去恶，改过从善，坚持道义，以至"舍生取义"的德行。礼德是讲辞让、中节、礼节、礼仪，自古以来中华民族为"礼仪之邦"，是礼乐文明之邦，一切不文明的行为活动，都是违反礼的。智德是分辨、明辨复杂事物、行为是非的道德，唯有分辨是非，才能公平、公正地对待、处理、判断事情的是非曲直。信德讲诚信，在孔子与子贡关于如何治国理政的对话中，孔子认为在食、兵、信三者间，如果要去掉，可去掉食和兵（即粮食和军备），信不可去，"民无信不立"，没有信，国家就站不起来了。仁、义、礼、智、信既是每个人应遵守的道德，也是影响中华民族几千年的基本道德基因。

---

① 孟子集注．卷3：公孙丑上//朱子全书．第6册．上海：上海古籍出版社；合肥：安徽教育出版社．2002：289．

五、和合的审美观

审美观是指以审美情感为中心，以审美活动的关系为纽带，以艺术和合的范畴为框架，构成和合审美体系。它包含审美生存情感世界的"心境"为审美生态学，"心理"为审美心理学，审美意义情感世界的"心性"为审美人格学，"心命"为审美教育学，审美可能情感世界的"心道"为审美哲学，"心和"为审美境界学。一般而言，人们在常饱、常暖、常安的情况下，进入求美、求丽、求乐的审美精神境界。审美活动是由审美主体、客体、审美主客的联系及实现这种联系的审美心理活动的融突和合。陈子昂《登幽州台歌》："前不见古人，后不见来者。念天地之悠悠，独怆然而涕下。"这是他在斯时、斯地、斯情的审美活动关系中的心境，即"神与物游"的神的呈现，即进入审美活动关系的审美主体精神。其中审美客体，神与物游的"物"，如郑板桥画竹，不仅写神，而且写"物"的动态生命。瘦劲孤高，是神；豪迈凌云，是生；依石而不囿于石，是节；落于色相而不滞于梗概，是品，有似乎君子而不为俗屈。这竹是自然之物，又不是自然之物，是竹本身，又不是竹本身。与其说是竹的品德操守，不如说是人的生命人格。人在客体对象身上发现了自己的情感、忧思、愤慨、品格，其实是审美主体投入客体的过程，这便是"神与物游"的境界。但对于不同人的心情、素质、观念、想象、体验，便有不同的审美感受和审美体验。王安石和郑清之同居高位，他们在咏杭州高塔诗中所流露的审美感受，意象却迥异。王安石在《登飞来峰》中写道："飞来山上千寻塔，闻说鸡鸣见日升。不畏浮云遮望眼，自缘身在最高层。"郑清之《咏六和塔》："今日始知高处险，不如归卧旧林丘。"王安石以其"三不畏"的精神，决心变法，自信以其身居高层的权力，排除险阻，推行新政。郑清之却感受到身居高位的可畏，官场的险恶，不如归隐山林。这种审美心灵精神的感受、体验、融注、贯通审美关系的全过程。提升审美主体的知、情、意，创新审美生存情感世界的真、审美意义情感世界的善和审美可能世界的美。真、善、美三维情感世界的和合，便能建构真实、完善、优美的现代审美观。

六、和合的国际观

和合的国际观是指协调国际间各国、各民族、各宗教、各地区、各联盟间的矛盾、冲突、对抗，以构建和谐世界。《中庸》说："中也者，天下之大本也；和也者，天下之达道也。"中和是天下的大本、达道。"和"是交通、沟通天下的最普适的大道理。中华民族历来就以"协和万邦"作为处理国际关系的原则；以"己所不欲，勿施于人"① 作为指导自身行为的原则和化解国与国、民族与民族、宗教与宗教、文明与文明间冲突对抗的原则；以"己欲立而立人，己欲达而达人"② 的原则帮助不发达、落后地区和国家，以求共立共达；以"和而不同"的原则与世界各国、各民族、各地区、各联盟和平共处；以"以他平他谓之和"的原则与各国、各民族、各宗教、各党派平等地、互相尊重地相处；以"讲信修睦""以邻为伴，以邻为善"的原则与人际、社会、国际间友善共处；以和平、发展、合作、共赢的精神和人类命运共同体的理念，建设和合天下。中华和合文化主张国家无论大小、强弱、贫富，都有平等参与国际各种事务的权利和自由选择适合于国家发展道路的权利；主张在政治上互相尊重其政体、国体的选择及其主权的完整和国格；主张各国、各民族平等协商、互利共赢、合作互补，推动经济全球化，朝着均衡、普惠的目标发展；提倡在国际政治、经济、文化、宗教关系中，恪守公认的国际法及国际关系准则；主张国际外交中坚持博爱精神和人道主义原则，超越一切民族、种族、贫富、宗教及意识形态、价值观的差异；主张以"仁民爱物"的方式去处理国际争端，尊重人权，不损害其他国家的尊严和民族、种族、宗教的利益；倡导各国、各民族、各种族、各宗教互相借鉴、互相信任，协商合作，求同存异，以维护世界和平、发展、合作。

尚和合的"六观"，随时代的演进，与时偕行，革故鼎新，为道屡迁，唯变所适。"其中最核心的内容已经成为中华民族最基本的文化基因"③，形成了有别于其他民族的独特标识，成为时代价值鲜活的表征。

---

① 论语集注：卷8；卫灵公//朱子全书：第6册. 上海：上海古籍出版社；合肥：安徽教育出版社. 2002：207.

② 论语集注：卷3；雍也//朱子全书：第6册. 上海：上海古籍出版社；合肥：安徽教育出版社. 2002：118.

③ 习近平. 在纪念孔子诞辰2565周年国际学术研讨会暨国际儒学联合会第五届会员大会开幕会上的讲话. 人民日报，2014-09-25.

和合学的思维特性与智能价值*

罗素说:"哲学家们常常是从我们'如何知道'开始,然后进而至于我们'知道什么'。我认为这是一种错误。因为知道我们'如何知道'是知道我们'知道什么'的一小部门。"① 这里就从知道什么是和合学开始。

一、何谓和合与和合学

和合是指自然、社会、人际、心灵、文明中诸多形相、无形相的相互冲突、融合,与在冲突、融合的动态变易过程中诸多形相、无形相和合为新结构方式、新事物、新生命的总和。和合如何或怎样是一个真?和合之真,即融突关系之真。差分和生是和合的自性生生义,存相式能是和合的本性形式义,冲突融合是和合的变化超越义,自然选择是和合的过程真切义,烦恼和乐是和合的艺术美感义,统此五义,便是和合之真。

所谓和合学,是指研究在自然、社会、人际、人自身心灵及不同文明中存有的和合存有,并以和合义理为依归,以及既涵摄又度越冲突、融合的学说。和合的主旨是生生,这是中华文化人文精神的精髓。和合生生的追求,便揭示了和合学然与所以然、变化与形式、流行与超越、对称与整合、中和与审美的意蕴。和合学作为时代精神的精华的体现,是为化解人类当代所共同面临的种种冲突与危机而构建的理论思维体系。

---

* 本文原载于《中国哲学史》2018年第1期。
① 罗素. 我的哲学的发展. 北京:商务印书馆,1982:11.

二、和合学的思维特性

任何理论思维系统都具有规范的思维话语体系，每一个时代的哲学理论思维都围绕着一个需要理解的核心话题展开，这个需要理解的核心话题往往面对这个时代的人类所共同面临的冲突和危机，这就把人类命运不可分地联系在一起。"两地俱秋夕，相望共星河"。人们虽处不同地方，但同是在天地之间，仰观的是同一个银河。人类需要共同应对和化解共同面临的冲突和危机，从古今中外文化宝库和现实语境中铸炼出体现时代精神的核心话题的理念，这个核心话题的理念，支配着对时代所面临的冲突和危机问题的理解、回应和化解。在人类社会像川无停留的演变中，各个历史时期所要致力理解的核心话题的理念，构成各个时代的哲学思潮。就西方而言，从古希腊到现代，致力于存在、上帝、自然、自我、生命。就中国而言，先秦致力于道德之意，两汉致力于天人相应，魏晋致力于有无之辨，隋唐致力于性情之原，宋元明清致力于理气心性，当代致力于和合。这是因为哲学的构成是依哲学概念、范畴体现的，理论也不例外。哲学及理论都是规范和指导人们思想和行为的各种概念、范畴体系。哲学不是桌子、扇子本身，而是桌子、扇子所以然的概念、范畴，依公孙龙的"白马非马"论，也可以说白色的桌子不是桌子，因为桌子所以然的概念、范畴与白色的桌子不是一码事。

任何哲学之谓哲学，必具理论思维体系，没有独具特色、性质、风格、神韵的理论思维体系，不是照猫画虎式的"照着讲"，就是秉承衣钵式的"接着讲"，不是讲前人所未讲、阐前人所未发。

和合学理论思维体系是纵横得新意式的自己讲、讲自己。其理论思维具体体现在理论思维逻辑自身所具有往圣的承择性、时代的融突性、思维的包容性、逻辑的结构性、和合的天下性中。

往圣的承择性。是指"继往圣之绝学"的和合理论思维，是五千年中华文明史的结晶，是中华认识史的凝聚，是中华人对大道多视域选择的精粹，是中华人对实践经验教训的总结，亦是人类价值理性的积淀。其结晶、凝聚、精粹、总结、积淀，体现为哲学理论思维概念、范畴的逻辑结构，而构成理论思维体系。和合学理论思维是以自身为前提和结果的运动，是中华和人类不断继续理论思维的"驿站"，是中华民族往圣为和合理论思维精微创造的大道。周幽王八年，郑桓公为王室司徒，与太史史伯谈论"兴衰之故"和"死生之道"，史伯说："商契能和合五教，以保于百姓者也。"① 商契能够了解民情，因伦施教，父义、母慈、兄友、弟恭、子孝，使百姓和睦，皆得保养。史伯肯定周幽王必将衰败，其原因是"去和取同"，他说："夫和实生物，同则不继。"如何"和实生物"？"故先王以土与金木水火杂，以成百物"②。五行是天地间五种性质差异、冲突的质能元素，善于和合五种元素，就能生机勃勃地产生万物，王道荡荡地社会和谐。若只追求剷一，毁弃多样，"声一无听，色一无文，味一无果"③，势必危亡，违背和合生意。管子说："畜之以道则民和，养之以德则民合。和合故能谐，谐故能辑，谐辑以悉，莫之能伤。"④ 畜养道德，人民和合，和合所以和谐，和谐所以团聚，和谐团聚，就不会伤害。墨子以"兼相爱，交相利"为一切关系的根本原则，反对他与他者之间的怨仇，他说："内者父子兄弟作怨恶，离散不能相和合。天下之百姓，皆以水火毒药相亏害。"⑤ 和合使家庭、社会凝聚团结在一起，形成不离散的社会整体有序结构，反对互相伤害，使家庭、国家分离，人民遭殃。

"和实生物，同则不继"的和合生意，是天地、人事间相互冲突、差分、矛盾的事物通过工具理性和价值理性的工夫，融突而和合，和谐而团聚；是以矛盾、冲突、对立为理论前提，由畜养大道和德性的实践，而提升、化解矛盾、冲突、对立的智能。"若以同裨同，尽乃弃矣"⑥。犹如以水济水，不产生质的变化，就不能诞生新事物；弃异剷同，无异议和不同意见，同声附和，其结果是加剧矛盾、冲突和对立，以致世无宁日。所以和合是当时首要价值，也是当今时代价值。

时代的融突性。时代是理论思维的源头活水，任何理论思维都是在时代所面临的冲突、矛盾和对立中点燃，其中蕴涵着重大的理论课题，融突时代各种错综复杂的冲突、矛盾和对立，回答时代重大的需要理解的理论问题，提出化解冲突、矛盾和对立的理论观点和体系，是理论思维的大本大法。

"叹世间，多少恨，几时平"。当今世间，矛盾冲突不可胜计，人们积累了多少怨恨，何时能平。概而言之，人类共同面临着人与自然、社会、人际、心灵、文明间的五大冲突，由而产生自然生态危机、社会人文危机、人际道德危机、心灵精神危机、文明价值危机。如何化解此五大冲突

---

① 郑语//国语集解：卷16. 北京：中华书局，2002：466.
② 同①470.
③ 同①472.
④ 兵法//管子校注：卷6. 北京：中华书局，2004：323.
⑤ 尚同上//墨子校注：卷3. 北京：中华书局，1993：109.
⑥ 同①470.

和危机，与全球人人的生命财产、人身安全、安居乐业密切相关。全球共同面临的问题，必须全球来解决，一个国家、民族不可能化解，唯有各国、各民族共同致力化解，共同商议，在互鉴互信基础上，制订化解方案、措施，并切实致力实行，以求开全球的太平，这是各国、各民族必须担负的历史使命和时代职责。然化解人类面临的五大冲突和危机，需要有理论思维的引领。和合学以融突而和合的理念，吸纳古今中外的优秀思想文化，智能创新地揭示化解的五大理则：

一是，和生理则。天地万物从哪里来的？和实生物，天地万物都是和生的生命体。天为父，地为母，人人都是同胞兄弟，自然万物都是人类亲密的伙伴。各自我主体，如自然、社会、国家、民族、宗教，都在融突中和生，和生才能共荣共富。二是，和处理则。尊重生命，天地万物都有生存的权利，就要和平共处。尽管各个民族、国家、集团、社会、宗教殊相，但可以"和而不同"地"万物并育而不相害"。不能像小人那样"同而不和"，结党营私，党同伐异，阴谋他者，为自我利益、霸权，不惜挑起动乱、战争，制造严重人道主义灾难。唯有和平共处，才有发展、合作、共赢。三是，和立理则。任何事物都有自己独立的、特殊的存在形式、方式和模式，自然有自然生存、生长的方式，社会有自己独特社会制度和发展道路，各个文明有其自己的价值观念、思维方式、语言文字、宗教信仰、生活习惯等，大相径庭。因此，必须遵循孔子所说"夫仁者，己欲立而立人"的精神，绝不能搞唯我独优，唯我独尊，强加于人。要"己所不欲，勿施于人"，自己立起来了、独立自主了，也要尊重他者，帮助他者站立起来，使他者自主选择独立方式。四是，和达理则。孔子说："己欲达而达人。"自己通达、发达，要使他者通达、发达，唯有全球通达、发达，共达共富，才能万国咸宁。贫富差距拉大，是世界不安定的根源之一。五是，和爱理则。和生、和处、和立、和达理则的根基和动力是和爱，和爱是人类的生命智慧、智能创造的火焰和力量，是各个生命体大化流行、生生不息的活水和依据，亦是他与他者之所以互相尊重、互信互谅的因缘和基础，大爱无疆，润泽人人，这是人类终极关切的家园。此五大理则是化解人类共同面临的五大冲突和危机的最具智能的选择。

思维的包容性。理论思维错综复杂，百家争鸣，又融突和合，多元共存。"天下同归而殊途，一致而百虑"。理论思维唯有殊途百虑，百花齐放，才能姹紫嫣红。同归一致，融突和合，才能有容乃大。理论思维的他与他者，应该遵循"道并行而不相悖"的精神，在不相悖的包容中不断丰富发展。但包容有一个理论前提，即谁包容谁的问题，相似于"我注六经",抑还"六经注我"的意蕴。若你包容我,我成为你构造理论思维的资料,凸显你的主体性;若我包容你,是立足于我,"六经注我",为创造我的理论思维体系服务,这就应该像张载那样,为建构理学的气体学理论思维体系,他出入佛道,"尽究其说",为其所用。包容必须允许各种理论思维的存在,营造一个开放、宽松的氛围,自由争鸣的环境,才能有融突和合、智能创新的理论思维体系、观点、方法。当其形成以后,就具有一定的稳定性。然全球社会的发展,经验事实的瞬息万变,导致没有一种理论思维体系能够回应日新变化中的全部现实课题,即使"理在事中"亦很难做到;没有一种理论思维体系是绝对圆满的,不存在逻辑欠缺、矛盾。因此,任何一种理论思维体系都是"在途中"。封闭使自己走向衰败,而开放包容,吐故纳新,"日新之谓盛德"。这是和合学生生不息的生命力之所在。

逻辑的结构性。任何一个民族的理论思维体系,一个时代的哲学思潮或一个哲学家的哲学体系,都是通过一系列哲学概念、范畴来表达的,是由诸多互相联系、作用的哲学概念、范畴间的逻辑的有序性、内涵的确定性、性质的清晰性、结构的整体性构成的。理在事中,论在"名"中。金岳霖说:"哲学是概念的游戏。"冯友兰认为,"这个提法说出了哲学的一种真实性质"。金岳霖的话语虽有偏颇,但亦不无道理。理论思维逻辑结构展开的过程,是把人类体认天地万物的过程作为自己形成和积累丰富的进程,又把宇宙自然和社会政、经、文、法的历史发展进程作为自己产生和发育成长的依据。这是一个从无系统到有系统、无序到有序、无结构到有结构的过程,也是一个从具体到抽象,再从抽象到具体的历程。这便是和合学理论思维自我合理性论证的历程,而其他理论思维亦不例外。

和合的天下性。理论思维所构建的价值理想天下,是一个人类终极关切、灵魂安顿、精神家园的天下。中华民族自古以来就具有强烈的天下情怀。《礼记·礼运》建构了"大同世界"的价值理想,"圣人耐以天下为一家,以中国为一人者,非意之也"。孔颖达疏:"此孔子说,圣人所能以天下和合共为一家,能以中国共为一人者,问其所能致之意。"[①] 提出了和合的天下性。"天下和合"不是一种臆测,而是建立在知民情、义理教化、明白有利、避免祸患的基础上的,是切实可行的一种价值理想世界。

和合学理论思维的内在逻辑进路是:源自中华文化往圣的核心话题的

---

① 礼记正义·礼运//十三经注疏.北京:中华书局,1980:1422.

理念是和合学理论思维的活水,斩断这一源头活水,就割断了和合学的精神命脉,传承和弘扬、融突和创新这个命脉,是对往圣承择性的过程;任何民族的理论思维都是回应现实课题,在化解社会矛盾、冲突中完善自己,在融突和合中寻找自身时代价值和生命活力,这是时代融突性的使命;世界各民族在相互交往、开放包容的实践中创造各自文明,各文明多元共存,美美与共,这是思维包容性的体现;各民族的理论思维唯有经过逻辑的系统化、有序化、结构化,才能构成理论思维体系,这是逻辑结构性的开显;在理论思维结构性中已蕴涵着价值理想世界,这是人们所尊崇的和合天下世界,即和合的天下性。五性环环相扣,循环往复,生生不息。

三、和合学的智能价值

和合学理论思维若作为时代精神的精华和文明的活的灵魂的呈现,必然使和合学思维五特性由苦涩变为甘甜,由苍白进入澄明,以便引向自然、社会、人际、心灵、文明之间,使实存世界种种错综复杂关系理性化、逻辑化、度越化,而构成一种和合生生道体的超越形态。和合生生道体的理论思维形态的智能价值体现为传统与现代的和合、形上与形下的和合、本无与崇有的和合、负阴与抱阳的和合、明体与达用的和合、大本与达道的和合、认识与实行的和合、能知与所知的和合、天理与人欲的和合、中国与世界的和合。这种和合并非西方追求存在就是"一"为宗旨的二元对立关系,而是蕴涵致广大、尽精微的多元形相、无形相的和合体。

传统与现代的和合。传统是指历代沿传下来的,具有根本性的模型、模式、准则的综合,这是《后汉书·东夷传》所具的意蕴。在现代,我在《传统学七讲》中,将其规定为"人类创造的不同形态的特质经由历史凝聚而沿传着、流变着的诸文化因素构成的有机系统"[①]。传统是一种开放体系,它像生命之流,一代代的新生、成长、逝去,永无休止。它使时代与时代、历史阶段与历史阶段之间构成一种延传性、融合性,而呈现为和合性。现代是人类历史发展的一个阶段,它以高科技为杠杆,推动农业、工业、信息智能发展,以及推动政治、经济、文化、制度、道德、国防现代化的过程。传统与现代,即中国历史上所讲的古与今的话题。司马迁就说过"通古今之变",往古、现今、未来三维序态互通、互动、互济、互补,无

---

① 张立文. 传统学七讲. 长春:长春出版社,2008:6.

古即无今，无今即无未来，传统的遗传积累至今，现今的肩负，蕴涵往古传统，又孕育、化生着未来，三维融突和合。

形上与形下和合。《周易·系辞》载："形而上者谓之道，形而下者谓之器。"朱熹解释说："道是道理，事事物物皆有个道理；器是形迹，事事物物亦皆有个形迹。有道须有器，有器须有道，物必有则。"① 道理、规则是事物的形而上者的本质、本体，多元事物的形迹是形而下者的器物、现象。"道不能无物而自道，物不能无道而自物。"② 道理与事物，形而上与形而下，譬如风之有动，水之有流。据形而下而有形而上，离器而道毁。道与器、形而上与形而下融突和合。

本无与崇有的和合。无与有，甲骨、金文皆有见。《周易》和先秦诸子对有无范畴均有诠释，而老子最著。老子说："三十辐共一毂，当其无，有车之用。埏埴以为器，当其无，有器之用。凿户牖以为室，当其无，有室之用。故有之以为利，无之以为用。"③ 毂、器、室因其有空无，所以有其效用。"天下万物生于有，有生于无。"④ 天下杂多万物生于有，有生于无，有无差分而又融合。"有无相生，难易相成，长短相形，高下相倾，音声相和。"⑤ 有无融突而和合。魏晋时王弼发扬老子思想，认为无是有的根据，有是无的表象。他说："天下之物，皆以有为生，有之所始，以无为本。将欲全有，必反于无也。"⑥ 无是有的本质、本体，但必须通过有来体现、呈现。两者融突而和合。裴頠著《崇有论》，认为有是万有存在的根据，有无待于无，无已在有之中。本无与崇有构成中华多彩多姿的追求本体的园地。

负阴与抱阳的和合。阴阳概念、范畴在殷商时已成为对待思想。老子认为阴阳对待而融合。"道生一，一生二，二生三，三生万物。万物负阴而抱阳，冲气以为和。"⑦ 多元的"三"产生形形色色的万物，万物蕴涵着阴背负着阳、阳拥抱着阴的状态，而构成整体的和谐、和合。庄子说："吾又奏之以阴阳之和，烛之以日月之明。"⑧ 阴阳调和。王弼认为，阴阳

---

① 朱子语类：卷75. 北京：中华书局，1986：1935.
② 胡宏. 知言·修身//胡宏集. 北京：中华书局，1987：4.
③ 老子新译：十一章. 上海：上海古籍出版社，1985：82—83.
④ 老子新译：四十章. 上海：上海古籍出版社，1985：148.
⑤ 老子新译：二章. 上海：上海古籍出版社，1985：64.
⑥ 老子道德经注：四十章//王弼集校释. 北京：中华书局，1980：110.
⑦ 老子新译：四十二章. 上海：上海古籍出版社，1985：152.
⑧ 天运//庄子集释：卷5下. 北京：中华书局，1961：504.

交通成和合，是阴阳本身内在的需求。"阴求于阳，晦求于明，各求发其昧者也。"① 犹晦暗求于光明，蒙昧求于聪明，这种内在的需求是相互的。"夫阴之所求者阳也，阳之所求者阴也。"② 二程说阴阳相求，犹如男女相求配合，"阴阳交感，男女配合，天地之常理也"③。男女结婚，生儿育女，这是天地间的常理。朱熹进一步认为，"阴中自分阴阳，阳中亦有阴阳"④。阴阳之中各自有阴阳，构成多元对待而又融合的和合生生道体。

明体与达用的和合。体用概念是中国哲学独具特色的范畴，中国哲学中诸多概念、范畴都可以纳入体用，由体用范畴的规定性和逻辑关系，就可以把诸多范畴按一定哲学体系的内在逻辑，构建成思维逻辑结构。王弼说："万物虽贵，以无为用，不能舍无以为体也。"⑤ 万物以无为本体，不能离无，自以为用。形形色色的万物，是无的功用和体现，体用相依不离。柳宗元主张体用不二，反对相离。他说："有能言体而不及用者，不知二者之不可斯须离也。离之外也，是世之所大患也。"⑥ 体用须臾不离，相互依存，倘若相离，为世之大患。佛教天台宗、华严宗、禅宗都主张体用双融，理事互融，定慧体一不二。二程提出"体用一源，显微无间"⑦的思想，朱熹诠释二程这个思想说："盖举体而用之理已具，是所以为一源也。言事则先显而后微，盖即事而理之体可见，是所以为无间也。"⑧ 体用一源，理事互渗，据体用具，言事理在，即体即用，体用一如。体用不可分先后，有体则有用，有用则有体。王守仁亦主张即体即用。李颙在与顾炎武辩论时，提出"明体适用"之学，他说："六经、四书，儒者明体适用之学也。"⑨ 明体而不适用是腐儒，适用而不明体是霸儒，不明体不适用是异端，体用和合。

大本与达道的和合。《中庸》讲"喜怒哀乐之未发谓之中，发而皆中节谓之和。中也者，天下之大本也；和也者，天下之达道也。致中和，天地位焉，万物育焉"。中和作为主体心性的不同层次，升华为天下的大本

---

① 周易注·蒙//王弼集校释. 北京：中华书局，1980：241.
② 周易略例·明象//王弼集校释. 北京：中华书局，1980：591.
③ 周易程氏传：卷4//二程集. 北京：中华书局，1981：978.
④ 朱子语类：卷94. 北京：中华书局，1986：2374.
⑤ 老子道德经注：三十八章//王弼集校释. 北京：中华书局，1980：94.
⑥ 送琛上人南游序//柳宗元集：卷25. 北京：中华书局，1979：680.
⑦ 易传序//二程集. 北京：中华书局，1981：689.
⑧ 周子全书：卷2. 太极图说·附辩//万有文库. 上海：商务印书馆，1937：34.
⑨ 富平答问//二曲集：卷15. 北京：中华书局，1996：125.

达道的本体的高度。朱熹注：天下之理皆由中出，所以为大本；天下古今所共由，所以为达道。惟致中和，就可以位天地、育万物，与天地相参，天人相合，是心性与宇宙天地相合的最高境界。朱熹之后的哲学家、思想家乐此不疲地解释中和的大本与达道的学说。

认识与实行的和合。简称为知与行，它贯穿中国哲学始终，源远流长。《古文尚书·说命中》："知之非艰，行之惟艰。"知易行难。墨子讲："言必信，行必果，使言行之合。"① 蕴涵言行一致，知行相合。荀子认为"见之不若知之，知之不若行之。学至于行之而止矣"②。强调行在认识过程中的重要性，实行能明白事理，"明之为圣人"，能达到圣人的境界。王通亦重行，他在《文中子中说》讲："知之者不如行之者，行之者不如安之者。"二程针对"知易行难"和重行说，提出知行均难说，"非特行难，知亦难也"③。由知难而提出先知后行说，"故人力行，先须要知"④。朱熹继承二程先知后行说。"知之为先，行之为后，无可疑者。"⑤ 但朱熹提出知轻行重新命题，"论先后，知为先；论轻重，行为重"⑥。王守仁明确主张知行合一说，"我今说个知行合一，正要人晓得一念发动处，便即是行了"⑦。这是他"立言宗旨"，否定了程朱知行先后、轻重说。孙中山依其革命理论对行动的指导作用，把传统的"知易行难"命题颠倒过来，提出"行之非艰，知之惟艰"的知难行易命题。然从中国哲学本质特性来观，知行相依，认识与实行一致的知行合一说，是中华民族主导理念。

能知与所知的和合。这是指认知主体的认识能力与认知客体对象的关系范畴。管子说："人皆欲知，而莫索之其所以知，彼也。其所以知，此也。"⑧ 有此然后知彼，彼为所知客体对象，此为主体能知的能力，人类要获得知识，必须求索所知与能知的关系。后期墨家说"知也者，所以知也"⑨。所以知为主体能知，荀子更肯定地说："所以知之在人者谓之知。知有所合谓之智。所以能之在人者谓之能。能有所合谓之能。"⑩ 人具有自

---

① 兼爱下//墨子校注：卷4. 北京：中华书局，1993：177.
② 儒效//荀子新注. 北京：中华书局，1979：107.
③ 河南程氏遗书：卷18//二程集. 北京：中华书局，1981：187.
④ 同③.
⑤ 朱文公文集：卷42：答吴晦叔//四部丛刊初编缩本. 上海：商务印书馆，1919.
⑥ 朱子语类：卷9. 北京：中华书局，1986：148.
⑦ 传习录下//王文成公全书：卷3. 明隆庆六年刊本.
⑧ 心术上//管子校注：卷13. 北京：中华书局，2004：767.
⑨ 经说上//墨子校注：卷10. 北京：中华书局，1993：468.
⑩ 正名//荀子新注. 北京：中华书局，1979：367.

然固有的认知客观事物的能力叫作知,主体认知能力与客观事物相符合叫作智,人固有的认知能力叫作能。王夫之则把能知与所知推向高峰。他从体用、发副、思位、己物四层次论证了能知与所知的关系。就体用关系而言,"乃以俟用者为'所',则必实有其体;以用乎俟用而可以有功者为'能',则必实有其用"(《尚书引义》卷5《召诰无逸》)。有待于主体认知的客体对象是所,所是体;认知主体有待于认知功能,能是用。所与能、本体与作用、能知与所知相依符合,构成融突和合的关系。

天理与人欲的和合。饮食男女是人人都具有的情感、欲望,圣人也不例外。道家主张无欲,儒家提倡寡欲,墨家讲有限度的欲望。《礼记·乐记》载:"人化物也者,灭天理而穷人欲者也。"把两者对立起来。宋明理学家继承《乐记》思想,二程说:"灭私欲则天理明矣。"① 朱熹主张"革尽人欲,复尽天理"②。他们都把道德原则与感性欲望作为非此即彼、二元对待的关系。明代末年,中国商品经济发达,资本主义萌芽,形成一定的情欲张力。陈确打破传统理欲观,勇敢提出理欲合一论,他说:"学者只时从人欲中体验天理,则人欲即天理矣。"③ 反对把天理与人欲对立起来,天理皆从人欲中见。王夫之与陈确同,主张天理寓于人欲,天理人欲同行,天理人欲互体。戴震进一步对"存天理,灭人欲"进行批判,指出理存欲中,理不离欲,理欲不二,欲外无理,终统摄于天理于人欲融突而和合。

中国与世界的和合。自古以来,中国就以天下的情怀,把中国与世界联系融为一体。"圣人耐以天下为一家,以中国为一人者"④ 的大同世界。荀子也讲"四海之内若一家"。王守仁认为"以天地万物为一体者也,其视天下犹一家,中国犹一人焉"⑤。中国与世界犹为一家,两者相依不离,和合天下。

和合学的智能价值,据足于文明的活的灵魂,致思自然、社会、认识、心灵、文明的错综的十个融突而和合的话题,以开出体现时代精神的精华的和合生生道体的花朵。"尚和合"的鲜花,必将开遍中国以至世界。

---

① 河南程氏遗书:卷24//二程集.北京:中华书局,1981:312.
② 朱子语类:卷13.北京:中华书局,1986:225.
③ 别集:卷2:瞽言·近言集//陈确集.北京:中华书局,1979:425.
④ 礼记正义:卷22:礼运//十三经注疏.北京:中华书局,1980:1422.
⑤ 大学问//王文成公全书:卷26.明隆庆六年刊本.

"和"的文化内涵[*]

自古以来,中国人已经把"和"落实到生活中,"和为贵"成为中国人重要的信仰和思维观念。"君子和而不同,小人同而不和","万物负阴而抱阳,冲气以为和","夫和实生物,同则不继"。家庭内部有"家和万事兴"之说,人与人之间讲"和气致祥",做生意讲"和气生财",国家之间讲"和衷共济"。在国际上,其他国家领导人、政治家们如果有智慧的话,应当从中国的过去看现在,从现在看未来,中国过去主张和平,未来也是主张和平的。

一、传统经典中的"和"

"和"的历史非常悠久。"和"古为"龢",后来演变成了"咊",这两个字形在《说文解字》《康熙字典》中可以查到。"和"是一个形声字,从口,和声。口是用来吃饭的,禾代表粮食。"和"的本意可以理解为:人人都有饭吃,天下就和平;如果没有饭吃,天下就乱了,我们说"民以食为天",也是同样的意思。

《说文解字》讲"声音相和",我们现在也讲"唱和""和声","和"有附和的意思,也有和谐的意思。《周易·中孚卦》六二爻辞为"鸣鹤在阴,其子和之;我有好爵,吾与尔靡之"。意思是,有只鹤在树荫下鸣叫,它的孩子应声附和;我有好酒,与你共同享用,这是《周易》里面最优

---

* 本文原载于《人民论坛》2013年第28期。

美、最有诗意的一句爻辞。《兑卦》初九爻辞为"和兑，吉"，"兑"是愉悦的意思，这卦初九和九二都是阳爻，同性相遇，不是敌对而是和谐互助，所以大家都很愉悦，结果也是吉祥的。

《尚书·尧典》曰："克明俊德，以亲九族；九族既睦，平章百姓；百姓昭明，协和万邦，黎民于变时雍。"帝尧能发扬大德，使家族亲密团结。家族亲密和睦了，又明察其他各族的政事。众族的政事澄明了，又协调万邦诸侯，天下民众也随着变化而友善和睦起来。"亲九族"就是首先把自己的宗族治理好，使之相亲相爱，和睦相处；"平章百姓"就是继而把自己的国治理好；进而使各国团结起来，这就是"协和万邦"。因为周代有很多诸侯国，使之相互协调，和谐共处。周公曾讲，家族不和要努力使之和睦；国家之间不和，也应力争使之和谐，这是天的意志。因为当时人们有"天命论""君权神授"的观念，君主要"敬德保民""以德配天"，否则将会失去治理天下的资格。而国家之间的和谐正是天的意志。

"五经"中有诸多"和"的记载。《诗经》里有"和羹"一词，指很美味的肉汁或糊状食品。《左传·昭公二十年》记载了齐景公和晏婴有一段对话，讲"和"与"同"的关系。齐景公曰："和与同异乎？"晏子对曰："异。和如羹焉，水、火、醯（xī）、醢（hǎi）、盐、梅，以烹鱼肉，燀（chǎn）之以薪，宰夫和之，齐之以味，济其不及，以泄其过。……君臣亦然。君所谓可而有否焉，臣献其否以成其可；君所谓否而有可焉，臣献其可以去其否……声亦如味，一气，二体，三类，四物，五声，六律，七音，八风，九歌，以相成也；清浊、大小、短长、疾徐、哀乐、刚柔、迟速、高下、出入、周疏，以相济也。……若以水济水，谁能食之？若琴瑟之专一，谁能听之？同之不可也如是。"[①] 鱼肉加上酱、醋、盐等各种材料、调料，适当调和才能成为美味的汤汁。从政治上说，如果君主认为某个方案是正确的，臣子应当指出其中问题，使之完善；如果君主认为某个方案不好，臣子应当指出其中合理的地方，改掉其中不好的方面。君主应该听取不同的意见，才能使得一个政策、方案得到完善，国家才能够治理好。如果唯唯诺诺，始终与君主一致，那就没有进步，"同"就像水加水，没有任何味道。

孔子说："君子和而不同，小人同而不和"，也是这一思想的延续。"和"不排斥不同。正因为有矛盾、有冲突，才能和谐、和合。

---

① 昭公二十年//春秋左传注.北京：中华书局，1981：1419-1420.

过去曾认为"和谐"就是没有冲突和矛盾，实际上是对中国"和同之辨"的一个误解。如果没有冲突、矛盾，讲"和"就没有意义了。孔子讲"礼之用，和为贵"。礼的目的是可以促进社会中人与人之间的和谐。不仅儒家强调"和"，老子也讲和："道生一，一生二，二生三，三生万物。万物负阴而抱阳，冲气以为和"。为什么要讲"和"？因为春秋战国时礼崩乐坏，诸侯国战争频繁，所以都期望和平、和谐。

《国语·郑语》史伯对郑桓公曰："夫和实生物，同则不继"，这涉及天地万物从哪里来的问题，还说："故先王以土与金木水火杂，以成百物。"五行是相生相克的，例如水克火，看起来很矛盾、对立的事物，却正是产生新事物的基础。

《周易·系辞》曰："天地絪缊，万物化醇；男女构精，万物化生"，天地、阴阳、男女既对待又相互融合，才能生成万物。这说明，当时的思想认为，有冲突才有和谐，有和合才能生万物。这是当时中国人一个基本的思想，是中华文化的核心价值。

二、民间思想中的"和"

春秋战国时期，儒、道、墨、法等各家思想，百家争鸣，百花齐放。而秦汉时期，国家统一，统治者对"同"产生更多偏好，强调思想要统一。秦朝以法家思想治理天下，对于儒家思想有不同看法，所以有焚书坑儒之事。为了治理的方便，秦朝要求车同轨、书同文、行同伦。而汉武帝又倡导罢黜百家，独尊儒术。

在这种条件下，"和"的思想到了民间，变成了"草根文化"。民间对于"和"的追求一直不变，比如中国很多地方，男女结婚时都会供奉《和合二仙》的画像。"百年好合"便是有男有女，家庭和谐。

关于"和合二仙"，在民间有多种传说。唐代对于"和"有个故事。一家四口，父母兄弟，哥哥到边疆打仗，父母非常担心，挂念儿子在外是否安好，经常念叨，想起来也经常流泪。弟弟安慰父母："你们不要担心，我去看看。"于是他到边疆去，万里长途，一天就回来了，并带来了哥哥的平安信，于是被称为"万回哥哥"。以其象征家人之和合，自宋代开始祭祀作"和合"神。

除了"万回哥哥"，唐代还有关于"和合二圣"的传说。苏州有个寒山寺，因为张继的《枫桥夜泊》诗而很有名。相传当时两个和尚，有一位为寒山，有一位叫拾得，关系很好。寒山是个诗僧，曾隐居在天台山寒岩，因名寒山。拾得是国清寺的丰干和尚拾来的。拾得在国清寺做厨子。寒山和尚经常穿着草鞋、破衣服，显得有些癫狂，而拾得经常将寺院的饭菜给寒山吃。寒山和拾得很要好，他俩朝夕相处，亲密无间。寒山和拾得在佛学、文学上的造诣都很深，他俩常一起吟诗答对，后人曾将他们的诗汇编成《寒山子集》三卷。这两位唐代高僧，据传于唐代贞观年间由天台山至苏州妙利普明塔院任主持，此院遂改名为闻名中外的苏州寒山寺。至清代雍正十一年，雍正皇帝正式封寒山为"和圣"，拾得为"合圣"，和合二圣从此名扬天下。姑苏城外寒山寺是和合二仙"终成正果"之处，寺中的寒拾殿，至今供奉着寒山、拾得精美的木雕金身雕像。

民间年画里面，经常有一个天真可爱的孩子手里拿着荷花，一个手里拿着盒子，盒子里飞出五只蝙蝠，谐音就是"和合""五福临门"，表达了民间对于"和合"的认同，寄托了人们的美好祝福。

前几年台湾连战、宋楚瑜以及新党主席郁慕明等人访问大陆，连战到北大演讲，郁慕明到中国人民大学演讲。当时中国人民大学送他们一个礼物，是请徐悲鸿儿子徐庆平画了一幅《和合二仙》的画，我提了"和合"二字。当时这幅画很受关注，因为两岸是兄弟，兄弟应当和合，不应当敌对。

三、"和"的当代意义

自古以来，中国人已经把"和"落实到生活中，成为中国人重要的信仰和思想观念，对中国人影响非常大。家庭内部有"家和万事兴"之说，人与人之间讲"和气致祥"，做生意讲"和气生财"，国家之间讲"和衷共济"。

尽管秦汉以后国家讲"同"比较多，但是在处理国家、民族关系中，非常强调"和"，主张民族和谐，所以很多公主嫁到少数民族地区，用"和亲"的方法化解冲突，保障边疆人民生活的安宁，有重要意义。明代郑和下西洋，比哥伦布发现新大陆早好几十年。郑和到达的地方，并不是把那个地方变成我们的殖民地，而是传达和平的主张，而不是像后来的英国，称"日不落帝国"。郑和到"西洋"各地，不仅没有掠夺，还给他们的很多东西，例如瓷器、丝绸等。清代，承德很多寺庙，如"外八庙"，都是主张民族和平的表征。

中华人民共和国成立之后，"万隆会议"上我国提出和平共处五项原则，这成为我国处理国际事务的基本原则。我国奉行和平外交策略，主张国家之间的矛盾通过对话、谈判来解决，而不是通过战争来解决。例如关于钓鱼岛问题,老一辈领导人主张搁置争议、共同开发,这就体现了和平与合作的意义。中国处理国际争端,都是主张通过和平手段解决,这也是继承了几千年来和平外交的传统。主张和平,并不是我们的权宜之计,而是历来如此。国际上其他国家领导人、政治家们如果有智慧的话,应当从中国的过去看现在,从现在看中国未来,中国过去主张和平,现在主张和平,未来也是主张和平共处、合作共赢。我们只是保卫自己的领土,而不会侵占别人的领土,不会扩张,也不会称霸。

国家有和平才会有发展,国家和平共处才会安宁。现在一些国家动乱,人民无法安定地生活,也就难以发展经济。

"文革"十年动乱,就无法发展经济,受害的是老百姓。改革开放之后强调安定团结,经济就快速发展。这就证明了和平、发展、合作、共赢的现实意义和价值。

和平,是实现中国梦的保证。国家要富强,民族要振兴,人民要幸福,必须安定团结,这就是要"和合"。现在国际社会正处在转型期,有很多矛盾、冲突、问题,如贫富不均、难民问题、生态危机等。这些问题不能通过对抗、暴力方式来解决,必须通过对话、谈判的方式来解决。一些人和国家采取对抗的办法,对国家不利,对自己也不利。

我们讲"和谐"和合,并不回避矛盾。正因为有矛盾冲突,我们才需要"和合","和合"是最佳的解决方法。我们要建设和合天下世界,通过"和"的方式来解决矛盾、化解冲突。张载说:"有象斯有对,对必反其为。有反斯有仇,仇必和而解。"[①] 我们之间的矛盾冲突甚至仇恨,都可以通过"和合"来化解。这是中国几千年来经验的总结。

人类在 21 世纪所共同面临的冲突,错综复杂,千头万绪。概括起来有五大冲突和危机:文明的冲突,互联网普及化,把世界连成一片,这不一定就会消除不同国家、民族、宗教以及种族之间的冲突,有可能使不同文明传统国家在某些方面冲突加剧;人与自然的冲突,造成了生态危机,人类以自我为中心主义去征服自然,破坏了自然生态的平衡,自然不堪人类的蹂躏而报复人类,人类所酿成的苦酒,最终都要由人类自己来喝掉;人与社会的冲突,现代国际社会南北贫富不均,东西发达与不发达失衡,地区性的战争和冲突不断,恐怖活动猖獗,直接威胁人民生命财富的安全和社会发展;人与人的冲突,人情淡薄,道德失落,行为失范,只讲私利,

---

① 正蒙·太和篇//张载集. 北京:中华书局,1979:10.

尔虞我诈，坑蒙拐骗，人与人关系紧张，道德危机深重；人的心灵的冲突，现代人际疏离，老小失养，孤寡无依，加之竞争激烈，生活紧迫，人际紧张，人的精神世界极度空虚和孤独。

"和而不同""和为贵"的理念是化解这五大危机的利器。"和合"的人文语境是生命智慧的觉醒、时代精神的显示、社会风尚的趋向。在后冷战时期，世界多极化，经济全球化，网络普及化，和平、发展、合作成为世界绝大多数人的共同呼声和诉求，而成为时代的主题。中国在经历浩劫性的"文化大革命"动乱后，人心觉醒。安定团结、改革开放、经济建设和建构人类命运共同体的和合天下新纪元，成为人们共同的心愿和要求，在这种国内外格局大变化的语境下，提倡"和合"，应天顺人，和合化生。

论气候和合学[*]

"气清更觉山川近,意远从知宇宙宽"。清新的气候,使人视界开阔,倍觉山川离人更近;意志远大,胸怀全球,才知道宇宙的宽广。然而,当前人类与气候生态之间存在着严峻的、全面的紧张关系,清新的空气已成稀有之物;雾霾常常突袭人类日常生活,山川被涂上污泥而不见。"清气澄余滓,杳然天界高"。陶渊明认为,唯有澄清空气中的残余的渣滓、尘埃、雾霾,天空才会变得明净而遥远深广。

一、气候新兴学科的兴起

人类仰仗空气而活,空气清新,人无疾而长寿;空气污染,人患病而死亡。空气关系人类的生死存亡,也关系万物的生死存亡。空气与气候互相蕴涵,人类要在这个星球上生存下去,必须有清新的空气,这是人类基本的生存资料。若生活在雾霾中,人类终究要走向毁灭。不管你属于哪个国家、民族、种族、宗教、文明,都共同呼吸着被污染了的空气,人人均不可逃。气候具有公共性、普遍性、共有性、全面性,它影响着人类生存的方方面面:政治、经济、文化、科技以及各个领域和学科。因此在20世纪末与21世纪初,建立了各种气候学说,我从和合学的视域,提出了气候和合学。

就气候政治而言,它可以主宰国家、文明的兴衰和存亡。人类历史上

---

[*] 本文原载于《探索与争鸣》2015年第10期。

辉煌一时的玛雅文明，其鼎盛与毁灭都与气候变化密切相关。当地雨量充足提高了农业生产力，导致人口膨胀，资源过度开采，随后出现越来越干旱的气候，导致资源枯竭，从而引发政治混乱和战争，注定了玛雅文明毁灭的命运。① 中国楼兰文明也由气候变化而导致其毁灭。今人在凭吊其文明遗址时，应深刻反思气候变化的巨大政治能量，它既可以造就一个文明，也可以毁灭一个文明，甚至可以毁灭整个世界。因而产生了"气候政治学"新兴学科。②

气候变化对世界经济产生巨大影响。据德国、荷兰、瑞士、芬兰等国研究人员共同组成的国际研究小组发现，欧洲若不采取有效应对措施，到2100年，由气候变化导致的欧洲森林经济损失将达到数千亿欧元。据政府间气候变化委员会（IPCC）的气候变化预估方案，因气候变化引起的植被分布变化将导致欧洲木材工业1 900亿欧元的经济损失，而据其他三种气候变化预估方案，经济损失则最高达到6 800亿欧元，③ 使经济建设受损。气候变暖将造成台风、飓风、干旱、洪涝灾害多发。几十年不遇的"桑迪"飓风，袭击美国东部，造成巨大的生命财产和经济损失。60年不遇的大旱使"非洲之角"的索马里、肯尼亚、吉布提、埃塞俄比亚大部地区受灾，1 240万难民待援。④ 据不完全统计，气候灾害年均造成经济损失2 000余亿元。⑤ 于是，在20世纪90年代初兴起了"气候经济学"新兴学科。⑥ 人们意识到发展经济应与气候变化相协调、相适应。

从社会学的视域以观气候变化，联合国气候报告草案显示，国际气候专家越来越认定人类对全球变暖、海平面上升和极端天气事件负有责任⑦，认为有悠久历史的南极冰架将在2020年前消失，从而导致全球海平面上升

---

① 玛雅文明毁灭确与干旱有关. 参考消息，2012-02-25.
② 气候政治学，兴起于21世纪初，主要研究国际政治、全球治理与气候变化之间的关系，气候与国家安全、社区治理以及政治哲学中的正义问题。代表人物：安东尼·吉登斯、戴维·希尔曼、约瑟夫·史密斯。代表作：《气候变化的政治》《气候变化与国家安全》。中国社会科学报，2012-11-30.
③ 气候变化将致欧洲巨额经济损失. 中国社会科学报，2012-10-17.
④ 参考消息，2012-08-26.
⑤ 人民政协报，2011-09-11.
⑥ 气候经济学主要研究气候对经济的影响，气候变化的经济学特征，以及经济学在理解和解决气候方面的作用等。代表人物：尼古拉斯·斯特恩、威廉·诺德豪斯。代表作：《斯特恩报告》《均衡问题：全球变暖政策的选择权衡》。中国社会科学报，2012-11-30.
⑦ 专家认定人类活动导致全球变暖. 参考消息，2012-12-16.

速度加快。① 人类既是气候变暖的治理者，亦是其制造者。"每年地球上的人口会向大气中排放大约400亿吨二氧化碳。"② 若按联合国环境规划署执行主任阿希姆·施泰纳估计，2050年世界人口达到90亿，气候变暖制造者群体扩大，必将增加气候变暖治理的难度。在南非德班召开的《联合国气候变化框架公约》第十七次缔约方大会的开幕式上，乍得总统代比表示，乍得湖现在蓄水量不足储水能力的1/10，影响2亿人口的生存。南非水利和环境部长埃德纳·莫莱瓦表示，气候变化已给非洲造成了饥荒和冲突。与此同时，缺少饮用水、霍乱和疟疾等疾病带来的威胁正在增加和流行。③ 联合国机构绘制的全球变暖时代健康与气候交叉影响地图显示，自2005年以来，在撒哈拉沙漠以南非洲处于旱季时，每周脑膜炎发病病例增加，10年来，在这一个地区估计已导致2.5万人死亡；自1998年以来登革热的疫情在热带和亚热带地区于暴雨季节时发病增加，每年导致大约1.5万人死亡。④ 气候变化直接危害全球人的生命，中国亦不例外，在政府出台的首个有毒化学品环境及健康风险防控规划称："近年来……有毒有害化学物质造成多起急性水、大气突发环境事件，多个地方出现饮用水危机，个别地区甚至出现"癌症村"等严重的健康和社会问题。"⑤ 譬如山东淄博金南村。⑥ 人类的活动造成气候变化，而危害人的生命存在最低限度的生存环境，而带来种种疾病以及威胁人的安居乐业。疾病患者陷于痛苦，一般居民在担惊受怕中度日，生活质量和幸福感下降，故本世纪初气候社会学兴起。⑦ 经历过疾病痛苦的人才知道无病是最珍贵、最幸福的。

若使气候政治学、经济学、社会学得以落实和实施，必须有法律体系的保障，使气候文明建设有法可守、有法可依、有法可用。当前务要改变气候文明无法可守、无法可依、无法可用的状况，世界各国为使人的生命须臾不可离的空气得到改善，应把多年来气候文明实践中所形成的成功有效经验和措施，转变为法律，制定气候文明建设的法律法规；完善气候文

---

① 南极万年冰架将在2020年消失. 参考消息，2015-05-19.
② NASA拟用卫星"监视"各国碳排放. 参考消息，2015-05-20.
③ 王硕. 博弈德班. 人民政协报，2011-12-01.
④ 联合国绘制健康与气候关联图. 参考消息，2012-10-31.
⑤ 中国官方首次承认污染导致"癌症村". 参考消息，2013-02-23.
⑥ 污染造成淄博村庄患癌者增多. 参考消息，2013-04-05.
⑦ 气候社会学以社会学的立场、观点和方法考察气候与社会互动关系，如气候变化给社会学的挑战、社会制度对气候的影响等. 代表人物：乌尔里希·贝克、詹姆斯·加维. 代表作：《为气候而变化：如何创造一种绿色现代性》《气候变换伦理学》. 中国社会科学报，2011-11-03.

明的标准体系，提升产业准入的能耗、水耗、物耗、环保、终端用能产品能效、建筑节能、汽车燃油经济性、低碳产品、废气排放等标准。① 强化气候文明执法监督和执法机构的责任，全面提升公民气候文明法律保护意识和教育。建构气候法学学科。

气候政治学、经济学、社会学、法学关系的协调以及其理论思维的指导是气候哲学。气候哲学是指人类在反思自身在政治、经济、文化、科技等社会各项活动中价值、伦理、公平、正义等的和合。它主张主客融合、会通，摒弃排斥性的主客二分；事实与价值互渗，而非截然对立；气候动变本身具有生命性、创造性，并非世界是简单的物理实在的总和；求真的真诚是探索真理的必要条件之一，逻辑程序是一种方法。② 气候哲学具有现代性。

二、气候和合学的意蕴

气候变化系统既与政治、经济、文化、社会、科技等差分、冲突，又与其交织、融合。就其差分、冲突而言，有必要对气候变化系统做分门别类的研究；就其交织、融合而言，则有必要对气候变化做整体完善研究。前者是殊相的、多元的，后者是共相的、一体的。犹如中国哲学上讲的"理一分殊"。就其分门别类的殊相多元进路来说，是试图通过各气候变化具体学科的探索，使各学科的发展与气候变化相协调、相平衡，避免由冲突带来的损害，这是一种"逆向"的方法；就其共相一体来说，是试图通过各学科关系的梳理，探究其宗旨的共相，以寻求化解气候变化所造成的冲突与危机，这是一条"顺向"的方法。

气候和合学探索统摄共相与殊相、多元与一体，以建构气候变化何以与自然科学、人文社会各学科的联系、冲突与融合，其影响、作用如何，气候和合何以可能等。依照中国传统哲学的"理一分殊""显微无间"的理念，我提出了气候和合学。

所谓气候和合学是指气候动变与社会政治、经济、文化、伦理、法律、科技、宗教等诸多形相、无形相的冲突、融合，以及在冲突融合而和合智慧的指导下化解诸多形相、无形相的冲突危机，而获得通体的平衡、协调、和谐。

气候动变与社会政治、经济、文化、法律等，都是一种形相、无形相

---

① 解振华. 绿色发展：实现"中国梦"的重要保障. 光明日报，2013-04-15.
② 卢风. 生态文明建设的哲学依据. 光明日报，2013-01-29.

的质能现象，质能现象便具多质能，所以有差分，差分而异，异而有冲突，包括自身的与相互间的。冲突是对既有质能现象或结构形式的突破、破坏，也是对固有秩序结构、秩序方式的冲击、打散。由其无构、无序、无式而需重建结构、秩序、方式、形式。

重建的过程就是"融合"，"融"有明亮、融化、流通、和谐的意思；"合"有融洽、聚合、符合、合作的含义。融合是指气候动变与社会各学科的质能现象在其差分或继存过程中，它们各自的生命潜能、力量、价值、交往均有赖于多方聚会、会通、充实和支援。融合在差分、冲突中实现，无差分、冲突，何以融合？融合的生命必与冲突相关。即使是气候本身，其冲突的内涵和表现形式亦是多样的。譬如"天有六气，降生五味，发为五色，徵为五声，淫生六疾"①。其形相产生的质能现象的效果与影响亦差分，其冲突的形式亦异，融合的形式也殊。如六气"分为四时，序为五节，过则为灾"②。气候动变具有多样、多元性，其气候和合学回应、化解的方法也非单一、一元性。气候和合学统摄了冲突与融合，作为冲突融合的和合体，是一种超拔和提升，使原来的冲突融合进入一个新的领域或境界，而获得继续发展的价值。

气候和合学的哲学基础，蕴涵于中华文明智慧之中。"天地万物本吾一体者也"③，王守仁所言与朱熹所说"盖天地万物本吾一体"④ 同，气候动变对于天地万物以及人类的影响和作用是一体的、共同的，一损俱损，一荣俱荣，这便是气候和合学之所以能统摄错综复杂的气候动变与自然、人文社会各学科的根据所在。由于气候动变的"天地万物本吾一体"的一体性，构成了"其视天下犹一家"的人类命运共同体，便赋予世界各国、各民族、各宗教以共同应对、化解气候动变危机的责任和义务，严格遵守与实施其责任与义务，需放弃其只顾既得利益或个体利益，而不顾人类的公共利益和世界利益的行为，维护人类命运共同体利益，也即是"天下犹一家"的利益，这便是气候和合学所欲的气候动变的和生、和处、和立、和达、和爱的"和利"。

气候和合学实现"和利"的过程，是在气候动变中冲突融合而由和合

---

① 六气为阴、阳、风、雨、晦、明；五味为辛、酸、咸、苦、甘；五色为白、青、黑、赤、黄；五声为宫、商、角、徵、羽；六疾为寒、热、末、腹、惑、心。昭公元年//春秋左传注. 北京：中华书局，1981：1222.
② 昭公元年//春秋左传注. 北京：中华书局，1981：1222.
③ 传习录·中//王文成公全书：卷2. 明隆庆六年刊本.
④ 中庸章句. 第一章//四书章句集注. 上海：世界书局，1936.

智慧指导下实施的。这个实施是通过自然选择的过程。尽管诸多形相、无形相在气候动变中的大小、强弱、优劣不同,其在不同时代、不同民族、不同个体,由于其价值观的差异,其价值标准亦分殊,对何为大小、强弱、优劣,可以做出截然相对或相反的判断。如何实现和利,做到公平、公正,这是能否在气候动变中保障人类命运共同体利益的价值原则。此价值原则可分为两个层面:一是现实层面,即公平、正义、合理;二是超越层面,即真、善、美。

所谓公平,是指人们基于某些共同点来衡量气候动变中对于满足人和自然、社会共同的基本需求,以及实现人和自然、社会共同合作双赢、发展繁荣所达到的认同水平。公平不是先入为主或先确立某种价值观,而是在气候动变中各形相、无形相以及各方,都应遵守"以他平他谓之和"[①]的原则,各方的他与他者之间都以机会、权利、规则平等地参与气候动变的"和利"建设。这种平等是彼此间具有尊严和独立品格的互相尊重、互相理解和互相信任,而不被外在的权威所控制和威胁,也不被内在的某种绝对理性、绝对价值所左右和支配。这是气候动变的公度原则,是符合全人类整体利益,有利于人类永续发展的。

正义在古希腊亚里士多德那里,主要指人的行为。从气候和合学视域而观,是指从气候动变整体角度,协调、化解气候动变中诸形相、无形相之间的不正义,及由于各种原因而造成的不平等、不公平现象,除去由于自然、社会、人际、心灵等偶然任意因素,而造成气候动变对某些形相、无形相不公平、不合理的选择。气候动变的正义原则,包括平等自由原则、机会公正原则、机遇公平原则、合作共赢原则以及互相间的会通、融合。就正义的平等自由原则而言,每一形相、无形相对他者的形相、无形相拥有最广泛的与基本自由体系相容的类似自由体系,都应有一种平等的权利;就正义的机会公正原则而言,气候动变中的诸形相、无形相的气候变动各方以及参与各方在碳排放空间的分配的正义公正,国际气候的正义公正,即包括当代人之间、当代人与未来人之间的气候正义公正,在融突而和合中,使最少受惠者能获得最大参与气候和合的机会,使气候动变正义公正得以发扬光大;就正义的机遇公平原则而言,当发达国家把高排放、高污染的企业、工厂转移到发展中国家,而造成气候动变时,却把责任推给发展中国家,发达国家享受消费发展中国家的产品,造成不公平现

---

① 国语集解:卷16:郑语.北京:中华书局,2002:470.

象,生产与消费应该机遇公平,责任义务与共,使正义公平原则得以贯彻;就正义合作共赢原则而言,发达国家与发展中国家应该相互借鉴、会通、学习、交流、融合,实现互利互惠、合作共赢。发达国家应用先进环保技术支援发展中国家,共同维护地球气候动变,维护命运共同体利益。

合理是指对于气候动变中的诸形相、无形相以及其价值原则、气候伦理的选择是合乎道理、事理、群理、和理的,是唯变所适于自然、社会、人际、心灵及文明所需要而做出的选择。它在气候动变中诸形相、无形相的选择中,获得自然、社会、人际以及气候需求的制约、协调、调剂功能。它能排除外来干扰,或一切非理的选择。合理选择使公平、公正、正义原则得以贯彻或实现。和理就是合乎理性的、理智的、公正的、平等的规则和原理,排除感性的、偏见的、私欲的、等级的规则和原理。我们要立足于全球未来的维度,使气候动变向真、善、美方向发展。

真是指真实,即真实的或的确确的。如气候动变的真实性质、状况,而不是假的、伪的。真不是官觉或官能所私有或主观的,所以是实,实即具有客观性,它不仅是现象层面的客观性,而且是内涵意蕴层面的客观性。发达国家与发展中国家在气候动变中应该根据实际情况与能力,采取共同但有区别、分阶段应对原则。唯有如此,才能做出正确应对之方以及救治之策,做到名与实相符。这个正确应对、救治气候动变之方之策的真,是一种理解方式和认知方式的过程,真与假、伪相对待,求真才能做到实事求是,实事求是的目标便是求真。

善有吉、好、正的意思。善是指吉祥、美好、公正、正义的价值体系和合乎道德原则的事或行为,"人之初,性本善。性相近,习相远"。儒家孔孟主张人性善。孔子在回答季康子问政时说:"子为政,焉用杀?子欲善,而民善矣。"① 您治国理政,为什么要从事杀戮?您想用善政治理国家,百姓也会从善。孟子认为,善是人通过道德修养活动而实现所追求的目标,"穷则独善其身,达则兼善天下"②。从个人的独善扩展到兼善天下,这是一种救世、救天下的情怀。在全球气候变坏的情境下,各国、各民族、各宗教团体,应超越独善其身,而要共同合作。兼善天下,才能化解气候动变的危机,创造一个完善美好的生存环境。

---

① 论语集注:卷6:颜渊//朱子全书:第6册.上海:上海古籍出版社;合肥:安徽教育出版社.2002:174.

② 孟子集注:卷13:尽心上//朱子全书:第6册.上海:上海古籍出版社;合肥:安徽教育出版社.2002:428.

气候和合学不仅主张唯有和平合作，才能实现兼善天下，而且倡导创造一个美的艺术境界。气候和合学所谓美的艺术境界首要是对生命的尊重，是生命在瞬间的愤怒、悲哀、忧郁、焦虑、苦恼、微笑、快乐的艺术情感的强化。从东汉"弋射收获"画像砖的刚健有力的弋射动态中，可感悟到人的有意识、有目的生命活动和人在劳动实践中实现了人的自觉及人的力量；从阿炳的《二泉映月》中，我们可以领悟到生命搏动和与命运抗争的旋律；从张旭的《古诗四帖》《肚痛帖》的迅疾奔放、连绵萦绕、翻腾跌宕、奇诡多变的笔迹中，可以体会到笔的挥洒和生命内在律动的融合，强烈喷发出生命的情感。美是生命情感的感受，是生命存在所需的天蓝地绿、气新水清的审美价值要求。气候的动变应把人类带入"以太和为至乐"之美的艺术境界。在"太和"境界中的"至乐"，是一种超越气候动变的质能现象和食色欲相的满足，而达到精神自由、"从心所欲"的至善至美的气候动变的"太和"之境。

气候和合学的价值原则和目标，便是公平、正义、合理和真、善、美。这是对困囿于气候动变危机的主体精神和道德心灵的解放，具有超私欲、私利的特征，唯有胸怀公心、善心、真心、美心，才能美人之美，美美与共，共享气候动变的美好、和美的生态。努力建设美丽中国、美丽世界，为世界人民创造福祉。

三、气候和合学的建设

在气候动变中形成人与自然、社会、人际、心灵、文明的诸多冲突危机之际，如何落实建设美丽中国、美丽世界之时，气候和合学发挥其智能创造性，以和合学理论思维为主旨，以经济为基础，以政治为机制，以道德为规范，以制度为保障，创新气候动变建设。

气候和合学理论思维价值主旨是达致自然、社会、人际、心灵、文明间的和合。人类在尊重自然、顺应自然、保护自然中，应以自然是养育人类父母的心情，敬畏、赡养人类的父母。"乾称父，坤称母；……故天地之塞，吾其体；天地之帅，吾其性。"①《周易·说卦传》称，乾为天，坤为地。天地自然构成人的身体与天性。气候动变作为天地自然质能现象的生命体，应遵循和生原理，以"天地之大德曰生""和实生物"为原则。

---

① 乾称篇//张载集.北京：中华书局，1978：62.

若气候动变正常,风调雨顺,万物丰长;若气候动变恶劣,南涝北旱,戕害生物。天地万物既为生命体,气候动变也为生命体,人类基本道德是尊重生命,各生命体应和谐共处,"万物并育而不相害"地和处,若不遵守和处原理,气候动变可能引起社会动乱。人类与气候动变应遵守和立原则,"己欲立而立人",人类的建功立业与气候动变密切相关,天时地利,事业成功;天时突变,就能毁灭事业。人类的发展发达亦与气候动变相关联,玛雅文明的发展与衰落,气候动变是主因,应遵循和达原则。气候动变既然是决定人类命运的原因之一,人类应以"仁民爱物""民胞物与"的胸怀,尊重气候,爱护气候,保护气候,实现人类永续发展,而生生不息。

一是开放包容,认同共识。在人类共同面临气候动变严峻危机之时,为人类命运共同体的利益和福祉,提升人类气候文明意识,增强开放包容精神,如在治理气候动变时先进的、发达的与不先进、不发达的国家,应无保留地开放,相互包容,而不是相互排斥。互相交流,而不是封锁。唯有世界各国、各地区共同治理,才能化解气候动变危机。一国不能也不可能治理世界的气候动变,所以必须凝聚共识,共同治理。在当前分学科研究治理的情况下,必须认同共识,培育气候政治学、经济学、社会学、伦理学、法学、哲学的融突和合,使其成为人类的自觉意识和价值观的重要内容,引导全球以气候文明指导公众的生活方式,成为现代公共体系,不是各学科单打独斗,而是全球气候动变大系统共同应对治理。这是气候和合学为主旨的思想建设,并继承和发展各国与中华的优秀思想文化中有关气候文明的资源,提高世界公民的认识,自觉意识到气候文明建设人人有责,是对人人有益的千秋大业,不能以个体或某个国家之利,而干扰气候文明建设。

二是和合经济,节能减排。必须培育有利于气候动变的经济发展模式。在气候和合学指导下的经济发展模式,即为和合经济学模式。① 和合经济学旨在协调、和谐、融突人类与自然、社会、人际、心灵、文明间的物质、能量、信息交换关系,以化解人类衣、食、住、行、用等的冲突和紧张。和合经济学的逻辑结构具有三种基本类型和六种基本学科。再生型经济和合体(生存世界):中和经济学与环境经济学;互利型经济和合体(意义世界):制度经济学与结构经济学;创新型经济和合体(可能世界):信息经济学与虚拟经济学。气候经济学可融入环境经济学。在当前要优化

---

① 张立文. 形下和合与和合经济学//和合学——21世纪文化战略的构想. 北京:中国人民大学出版社,2006:721-772.

产业结构，发展绿色环保产业；要协调节能减排，开展低碳行动，执行建筑等行业节能标准，推广新能源交通运输装备；发展循环经济，构建覆盖全社会的资源循环利用体系；节约集约利用水、土地、矿产等资源，加强全过程管理，降低资源消耗程度。① 改善空气质量，大力治理雾霾，避免对人类和万物生命带来威胁。和合经济学既促进经济发展，又使人人都能呼吸到清新空气，以造福人类。

三是合作共赢，诚信协商。必须加强各国政府和合治理气候动变的效能。气候动变超越国界，影响全球，各国、各团体、各企业、各组织必须诚信协商、团结合作，以应对、治理、化解气候动变的威胁。一国、一方不能也不可能治理全球气候动变问题。当前气候动变已对人类的生命财产、日常生活、经济发展、环境污染等带来严重危机。如果全球气温上升 4℃，人类将面临沿海城市被淹没、食品短缺、干旱加剧等灾害。② 当下国民生活在"幸福的坟墓"中，既没有"免疫力"，也逃不脱。面对气候动变的紧迫性、危急性，各国政府应放下自己一国之利，放眼全球，加强合作，唯有合作，才能获得共赢，各国应以谋人类命运共同体之利的胸怀，无私开展互帮互助，以"己欲立而立人，己欲达而达人"的己立立人、己达达人的精神，共同为化解气候动变尽心尽力。但由于各国发展阶段、技术水平、管理能力的差别，其治理气候动变的力度也差分，如何在气候国际会议上加以公平、正义、合理的协调，既明确气候动变治理是所有国家的主体责任与各国政府的基本义务，也承认需要有差别、分阶段地努力实现的现实。以充分发挥各方面力量与效能，而有利于后嗣。

四是道德义务，物我一体。必须修养气候动变道德良知和德性人格。《大学》讲格致诚正，修齐治平，强调"自天子以至于庶人，壹是皆以修身为本"。修身是实践"内圣外王"的关节点。"内圣"在于加强道德良知的修养，"外王"要以"王道"精神治理气候动变危机。在"生态兴则文明兴，生态衰则文明衰"的时代，与人类生态道德价值观严重失落和道德工具理性片面膨胀的时下，必须重建生态、气候价值体系以及道德关系，必须用和合人文道德良知精神挽救人类极端自利化的道德工具理性，实现

---

① 中共中央国务院关于加快推进生态文明建设的意见. 光明日报, 2015-05-06.
② 美国国家海洋和大气管理局2015年5月6日发布, 今年3月全球范围内监测的大气中二氧化碳浓度达到创纪录的水平, 第一次超过400ppm, 这是全球变暖的重要事件（全球二氧化碳浓度首超400ppm. 参考消息, 2015-05-08），这是对全球发出严厉的警告；若继续下去，人类唯有走向时时刻刻呼吸毒气的时代。

人类和自然生态的气候动变道德和合。气候动变和合的道德价值原则：首先，内外不二的公正道德价值原则。要求在人类与气候动变的关系中，行为与责任、权利与义务、地位与作用之间，遵循正直、合理、适宜，即互相尊重对方的生态规律，共同爱护天地万物与人类的生命存在，相互努力共建人类自然生态家园和气候文明环境。"投我以桃，报之以李"。换言之，公正道德价值原则便是天人交泰的道德基础和伦理前提。其次，物我一体的无私道德价值原则。自然生态、气候动变在最深层、最底层意义上，人类与万物性理合一，气质圆通，便要求人类的道德意识、道德心理应当有怀抱自然天地万物的胸襟，以参赞化育自然万物为己任。这就是说人类应当具备一颗"仁民爱物"之德心、爱心。仁的"生生之德"流行不息，便是大爱流行，普惠人类万物。再次，责利圆融的平等道德价值原则。人类作为智能主体，是道德权利与责任、道德期望与奉献的和合体。人类与气候动变朝夕相处，若能自觉按公正、无私、平等道德价值原则认知与践行，就能人文化成、天人同伦、物我同乐，否则气候恶化、天人反目、物我成敌、生意否塞、人物毁灭。人类与气候动变同呼吸、同命运、同生死。[①] 在公正道德价值、无私道德价值、平等道德价值三原则基础上，升华为"生态人"，使人格生态化，培育德性气候人格，它包括法权、心理、道德人格等内涵。

五是有制可循，依法治气。必须加紧气候动变监管体制机制建设。气候文明体制机制建设是气候文明建设的重要保障，它为其提供了规范标准、监督约制、价值导向的力度。首先，促进气候文明的民主机制建设，发挥各国民众自觉参与气候文明建设的积极性和主体作用，使民众具有气候文明建设的参与权、知情权、监督权、决策权，使气候文明建设既充满活力，又满足民众的需求；其次，气候文明法制建设，完善法律法规体系，摒弃、清理各法律法规中不利于气候文明建设的法规、条约，各国、各级领导应起楷模作用，并加强法律监督、行政监察、舆论和民众监督，坚决追究有法不依、违法不究、执法不严的责任查处制度；再次，建立责任评价考核制度，使之具有科学性、完整性、严密性、可操作性，建立基本管理制度、资源有偿使用和气候生态补偿机制、科技创新机制、资金投入机制等；最后，积极推进气候动变的国际合作机制，全球共同面临气候动变严峻挑战和全球灾难，营造气候文明是各国、各民族、各宗教的利益

---

① 张立文. 道德和合与和合伦理学·人对自然的道德责任//和合学——21世纪文化战略的构想. 北京：中国人民大学出版社，2006：565-587.

聚合点，发扬各方和谐包容、坦诚互助、互利共赢、合作发展的精神，加强世界各国之间互相借鉴、交流、学习，提升应对、化解气候动变威胁的能力和水平。

气候和合学的宗旨是和平、发展、合作、共赢，为世界人民谋福祉。科学证明，气候动变所造成的危害，责任在人类自己。人类要继续在这个星球上生活下去，就必须克制、约束自己。"克己复礼为仁"，克服人类自己的私心、私欲、任性、恶性的膨胀，恢复或重建"礼义之邦"的道德规范和尊重、敬畏、爱护天地自然的礼仪，弘扬中华民族"王道"的仁爱精神和"道法自然"精神，使气候文明建设成为普惠民生的福祉。气候和合学将为世界人民奉上气清、天蓝、地绿、水净的美丽家园。

中华和合学与当代茶道文化的精神价值

和合学的和生、和处、和立、和达、和爱五大原理是茶道文化精神价值的体现。中华茶道文化的本质是其精神价值。中华茶道文化源远流长，裂而不断。茶道文化的核心精神内涵是自然、虚静、养性，它是中华儒、道、禅文化的结晶。茶道文化的特点是形而上与形而下的和合；俭朴与修身的和合；自然与养性的和合；茶性与人品的和合。当前要弘扬茶道文化的精神价值，建立中国茶文化学派。

茶道的道有本质、本体、本原、规律的意思，茶道精神本质为和[①]。茶道一词最早出现在唐代诗僧皎然的《饮茶歌诮崔石使君》一诗中，诗曰："孰知茶道全尔真，唯有丹丘得如此。"

和合——茶道文化的精神价值

中华民族为世界贡献了四大发明，还有茶道、花道、诗词歌赋、琴棋书画、文房四宝。茶道文化已有5 000多年历史，可谓源远流长。《茶经》说，从神农氏尝百草，而发现茶，到周公旦、晏婴等。对茶的品赏，从宫廷到文人雅士，推至民间。茶成为中华各民族百姓日常的饮品。

茶道文化的本质是其精神价值，和合是茶道之魂，亦是其最高精神境界。和合学的五大原理和生、和处、和立、和达、和爱是茶道文化精神的体现。

---

① 茶道文化以和为最高境界，斐汶的《茶述》"茶功"说"其功致和"。和有敬、清、廉、俭、美、乐、静等多重含义，也包含和敬、和乐、和善等。

和生：茶作为天地和合而生之灵物，是阴阳和合之道的结晶，陆羽说"阳崖阴林，紫者上，绿者次；笋者上，芽者次；叶卷上，叶舒次"。上等茶生长在向阳的山崖上，阳光照射，阳气充足，同时又有林木遮阴，使其阴阳和合，二气调和，形成茶色的不同，紫为上、绿为次等区别。陆羽又说"阴山坡谷者，不堪采撷"。为什么背阴山坡和山谷里生长的茶叶不要采摘，因为缺少阳光照射，阳气不足，阴气有余，阴阳不和谐，自然茶品低劣。这就是《周易》所说"一阴一阳谓之道"的道理、原理。茶为阴阳和合的精华。

和处：陈椽《茶经论稿序》中说："茶树种在树林阴影的向阳悬崖上，日照多，茶叶中的化学成分儿茶多酚类的物质也多，相对地叶绿素就少；阴崖上生长的茶叶却相反。阳崖上多生紫芽叶，又因光线强，芽收缩紧张如笋；阴崖上生长的芽叶则相反，所以古时茶叶品质多以紫笋为上。"这就是说地处悬崖向阳与向阴就大有区别，这就是地（悬崖）、阳光、紫笋和处的结果。譬如云南冰岛茶和昔归茶成为识茶人的极品，是陆羽所说"上者生烂石"。昔归村，在澜沧江奔流冲刷岸边的山崖上，古茶树就生长在风吹日蚀的大石之间。冰岛寨的古茶园，每天早上接受阳光的沐浴，生长在海拔上千米的"阳崖阴林"的高山上的古茶树，培育了极品茶。

和立、和达：云南双江县境内的勐库大雪山海拔 3 200 米，著名的勐库万亩野生古茶树群就位于此山海拔高度 2 300—2 750 米的地方，大雪山的 1 号树树龄 2 700 余岁（可谓茶神），至今枝繁叶茂。古茶树群相互成立而不相害，相互发展而不相悖。台湾阿里山所谓神树，3 000 岁的已枯死倒地，最早的是 1 800—2 000 年树龄。这里古茶树比阿里山神树早 700—1 000 年。

和爱：煮茶是水、火必备的。水为阴、火为阳，水处北、火居南。水、火、茶三和合，上下交融，得其中和，遂成饮中极品。《红楼梦》第 41 回"栊翠庵茶品梅花雪，怡红院劫遇母蝗虫"。贾母等吃过茶，又带了刘姥姥至栊翠庵来，妙玉忙接了进去，至院中见花木繁盛，便往东禅堂来，贾母道："我们才都吃了酒肉，你这里头有菩萨，冲了罪过。我们这里坐坐，把你的好茶拿来，我们吃一杯就去了。"妙玉忙煮了茶来，妙玉捧与贾母。贾母道："我不吃六安茶。"妙玉道："知道，这是老君眉。"贾母接了，又问是什么水，妙玉笑回"是旧年收藏的雨水。"贾母吃了半盏，就递与刘姥姥："你尝尝这个。"姥姥一口吃尽，说："好是好，就是淡些，再熬浓些更好了。"贾母与众人都笑起来。那妙玉把宝钗、黛玉衣襟一拉，宝玉悄悄地跟了来，妙玉自向风炉上扇滚了水，另泡一壶茶，见妙玉拿出两只杯来，"晋王恺珍玩"，又有"宋元丰五年（1082年）四月眉山苏轼见于秘府"一行小字，一一递与宝钗、黛玉，仍将自己常吃茶的那只绿玉斗来斟与宝玉。宝玉笑道："常言道'世法平等'，他两个用那古玩奇珍，我就是个俗器了。"妙玉笑道："这是俗器？不是我说狂话，只怕你家里未必找得出这么一个俗器来呢。"黛玉问道："这也是旧年的雨水？"妙玉冷笑道："你这么个人，竟是大俗人，连水也尝不出来。这是五年前我在玄墓蟠香寺住着，收的梅花上的雪，共得了那一鬼脸青的花瓮一瓮，总舍不得吃，埋在地下，今天夏天才开了。我只吃过一回，这是第二回了，你怎么尝不出来？隔年的雨水哪有这样轻浮，如何吃得？"宝玉细细吃了，果觉轻浮无比，赞赏不绝。这里可知水、火、茶叶、茶杯的和合，达到中和，是上品。不过我想，雪水寒性，埋地下五年吸收寒气，茶性寒，尽管有火来调和，恐怕像林黛玉这样体弱多病的人是寒性，她吃了合适不合适，大家可以研究，把研究成果给大家分享。妙玉的行为以茶表爱，以茶杯表爱，是一和爱，是敬爱，达到了赵佶《大观茶论》中所说"祛襟涤滞，致清导和……冲澹简洁，韵高致静"的意境。

一、本质——茶道真文化的核心内涵

一些人对茶道文化的内涵、特性，已有很深刻的体会，和敬静雅，或和敬静①，都是有见地的。我没有更深的体贴，只是从哲学的角度讲讲我的看法。茶道文化是中华民族优秀文化之一，是儒、道、释文化的结晶，它源远流长，裂而不断，正如《庄子·天下篇》所讲："道术将为天下裂。"但裂而不断延续，生生不息。我从哲学理论思维的视域，以其核心内涵为自然、虚静、养性六个字，这样概括是否妥当，请方家指正。

自然：自然是茶道文化之母。茶文化来自自然，回归自然。"天下有始，以为天下母。"② 老子说："人法地，地法天，天法道，道法自然。"③ 道是以它自己样子为法则，或道自成法则，那么什么样子？老子又说："道生一，一生二，二生三，三生万物。万物负阴而抱阳，冲气以为和。"④

---

① 有将其概括清、寂、廉、美、静、俭、洁、性、和、敬、理等，又说是静和雅。日本茶道为和、敬、清、寂，朝鲜茶礼为清敬和乐，和是共识，都很有见地。

② 老子新译：五十二章. 上海：上海古籍出版社，1985：172.

③ 老子新译：二十五章. 上海：上海古籍出版社，1985：114.

④ 老子新译：四十二章. 上海：上海古籍出版社，1985：152. 按：阳背负着阴，阴抱着阳，换言之，男背着女的，女的抱着男的，也是阴阳和合的形式。

道法自然就是要达到和的境界，即阴阳和合。这个和的境界是"道之尊，德之贵，夫莫之命而常自然"①，"是以万物莫不尊道而贵德"②，万物之所以尊道贵德，是因为道与德并不干涉万物，而让其自己化育，自我完成。茶道文化以自然之和为最高境界。老子说："是以圣人欲不欲，不贵难得之货；学不学，复众人之所过。以辅万物之自然而不敢为。"③ 圣人追求的欲望是别人不想要的欲望，不稀罕那些稀有的商品，学习别人所不愿学的，以免重蹈覆辙。辅助万物的自然而然的发展，不去干涉或勉强。以达到天地万物的和合，人的身与心灵的和合。茶扎根天地自然而生，沐浴阳光雨露而长，凝聚人的心血而成，茶是集天的精气、地之灵气、人之神气的灵草，终达天人合一的和的自然境界。

虚静：虚静是茶道之性。饮茶讲究"和静怡真"，使人虚怀若谷，静以养心，虚以去欲，要有厚德载物的精神，海纳百川的胸襟，无念、无相、无住的心境。禅宗讲无念为宗，无相为体，无住为本，无念者于念而不念，才能明心见性。虚是一种"若无闲事挂心头，便是人间好时节"。抛开俗念琐事，便会真正了解人生的乐趣，自然之美。茶道提倡饮茶，使人进入清虚之境而得到心灵的净化，神清气爽。清心静气使一颗躁动的心平静下来，忘却世事的烦恼，享受逍遥之乐，一缕茶香，使人心旷神怡。茶道文化洋溢着恬淡、洒脱、虚静的审美意境。儒家道南学派李侗等，从静中体认喜怒哀乐未发的状态。《大学》三纲领说："大学之道，在明明德，在亲民，在止于至善。"接着说："知止而后有定，定而后能静，静而后能安，安而后能虑，虑而后能得。"朱注：止于至善，志有定向，心不妄动，所处而安，处事精详，得其所止。④ 虚静就能与天地万物沟通，达到泰卦的境界，《周易·泰·彖》："天地交而万物通也，上下交而其志同也。内阳而外阴。"⑤《象》："天地交，泰，后以财成天地之道，辅相天地之宜，以左右民。"⑥ 虚静是乃天地人物，上下沟通的智慧渠道。欧阳修以"闲和，严静，趣远"为高逸境界。道家主张静是人的本质特征之一，虚静则明，无欲故静。《庄子》说："水静犹明，而况精神？圣人之心，静

---

① 老子新译：五十一章. 上海：上海古籍出版社，1985：170-171.
② 同①170.
③ 老子新译：五十二章. 上海：上海古籍出版社，1985：201.
④ 大学章句//朱子全书：第6册. 上海：上海古籍出版社；合肥：安徽教育出版社. 2002：16.
⑤ 周易彖上传//朱子全书：第1册. 上海：上海古籍出版社；合肥：安徽教育出版社. 2002：93.
⑥ 同⑤108.

乎，天地之鉴也，万物之镜也。"佛家禅的本意汉译为"静虑"，以静虑的方式达到顿悟，虚静使人放下，摆脱红尘苦海，超越六道轮回。

养性：修养心性是茶道之功。《茶经》曰："茶之为用，味至寒，为饮最宜。精行俭德之人。"即与砥砺精神、清静无为、俭朴谦逊、道德高尚相匹配。俭德之人，俭是有俭朴之意，俭也有节制之意。《周易·乾九三爻辞》讲"终日乾乾，夕惕若厉，无咎"。饮茶使人具有俭朴的美德，俭而不贪，不贪则廉，廉俭育德。晚唐时的刘贞亮《茶十德》中讲"以茶散闷气，以茶利礼仁，以茶表敬意，以茶可雅志，以茶可行道"，都与修身养性有关，以提升道德情操，达到无私无欲，或少私寡欲、大公无私的境界。修身养性是儒家的重要思想。

茶道之母、之性、之功，构成茶道文化的内涵。

二、特点——茶道文化的四和合

从茶道文化的精神价值的最高的和的境界，与茶道文化的核心内涵：之母、之性、之功，可明茶道文化之特点、特征、特色。

（一）形而上与形而下的和合

茶道文化既要有形而上的精神价值的享受，亦要有形而下器物的物质享受。无器物的物质享受，精神享受是空的；无精神享受，物质享受流于低俗。《周易·系辞上传》："是故形而上者谓之道，形而下者谓之器，化而裁之谓之变，推而行之谓之通。"茶道的和合精神价值，是为形而上者，达到自然、虚静、养性的道德审美，天人合一的境界，还必须与形而下的茶具、茶艺、茶、水、火，以及茶叶产地环境、饮茶的环境等相和合。我在日本讲学时，一位教授请我饮茶，茶馆地方不大，但进去却是古园林式的院落，曲径通幽，小桥流水，几束青竹，玲珑茶室，给人以清新的感觉，顿时使人放下烦恼，清心寡欲，满眼生机，心旷神怡。

水，《茶经》："其水，用山水上，江水中，井水下。其山水，拣乳泉、石池漫流者上；……其江水，取去人远者。井，取汲多者。"明张源《茶录·品泉》："茶者水之神，水者茶之体。非真水莫显其神，非精茶曷窥其体。"在冯梦龙《警世通言》中有一则故事，王安石年老患有痰火，太医院开方用瞿塘峡的水煎皇帝赐的阳羡茶（产自宜兴，宜兴古名阳羡）服用，王安石托苏东坡回蜀时取此水，苏东坡游三峡时，只欣赏两岸奇峰叠嶂美景，忘了取水，无奈船过中峡，取下峡之水呈与王安石，然后王安石烹水投茶，茶色半晌方见。王安石问："此水何处取来？"苏东坡说："巫峡。"王安石说："是中峡了。"苏东坡说："是。"王安石说："又来欺老夫了，此乃下峡之水，假名中峡。"苏东坡大惊，说："土人言：'三峡相连，一般样水'，晚生误听了，实是取下峡之水。"

好茶、好水、好器的三和合方能激发茶性、水性，赏到茶的至美至雅的意境。茶具成为人类智慧、审美观、工艺投入的精神产品，茶具经商周的瓷器，秦汉釉陶制品，魏晋陶、瓷比肩发展，唐南青北白，宋代五大名窑，元明花色陶瓷制品。紫砂茶具早见于欧阳修的《和梅公仪尝茶》"喜共紫瓯吟且酌"[①]。品茶到天时地利人和，如鲁迅在《喝茶》中说："有好茶喝，会喝好茶，是一种'清福'。"唐煎茶，宋点茶，清现代泡茶，都有不同程度与茶风、茶俗、茶艺结合的人文景观。

（二）俭朴与修身的和合

俭朴与修身互为体用，俭朴是修身的实践，修身的诚意正心是俭朴的指导。勤俭与朴素相通，即勤劳节俭。朴素其意为节约，不奢侈，艰苦朴素。"俭德之人"《尚书·大禹谟》："克勤于邦，克俭于家。"吕坤《呻吟语摘·修身》："勤惰俭奢，是成败关。"勤俭持家是中国的宗训、家训。《墨子·辞过》："俭节则昌，淫佚则亡。"《左传·庄公二十四年》："俭，德之共（洪）也；侈，恶之大也。"《大学》讲："自天子以至于庶人，壹是皆以修身为本。"孔子讲："修己以安人，修己以安百姓。"《国语·鲁语下》："民劳则思，思则善心生；逸则淫，淫则忘善，忘善则恶心生"[②]。韩愈《进学解》讲："业精于勤，荒于嬉。"茶园要精心管理，勤于茶艺，从种植、采制、加工、实用都要勤。茶艺为泡茶技艺和品茶，古代以茶宴替代酒宴表示俭朴平和，以茶会友，增进茶谊，互相交流茶德，以达修身目的。修身的目的造就完美人格，追求实现人生价值理想，王阳明说："能克己方能成己"。修身的工夫就是克己复礼的工夫，具体而言，即非礼勿视、非礼勿听、非礼勿言、非礼勿动，做到诚意慎独。

（三）自然与养性的和合

天地万物本吾一体，天人合一。宋代文人常从茶的清研、芳洁的自然性中，体会到人的修身养性的清芳、洁白的工夫；在茶的中和、恬淡的性情中，体认修身养性的实践目标。宋诗曰："中和似此茗，受水不易节。"历代茶道将其与人的道德修养联系起来，通过品茗的实践促进人格修养的完善。宋人又从清澈的山泉中，观照出人的心灵、人性的高洁。苏轼《廉

---

① 梅尧臣《依韵和杜相公谢蔡君谟寄茶》："小石冷泉留早味，紫泥新品泛春华"。
② 国语集解：卷5：鲁语下. 北京：中华书局，2002：194.

泉》诗曰："毁誉有时尽，不知无尽时。竭来廉泉上，捋须看鬓眉。"不管别人毁誉，唯以泉水为鉴，只注自身养性，清者自清，浊者自浊。苏轼在《次韵曹辅寄壑源试焙新芽》诗中说："要知冰雪心肠好，不是膏油首面新。戏作小诗君一笑，从来佳茗似佳人。"当时一些茶商以次充好，以旧充新，蒙骗不知茶者，常以红膏涂饰茶饼，使饮茶人误以为膏油首面者为优。他认为做人应该忠诚朴实，犹如新茶那样清秀俊洁的佳人。茶蕴涵着春天的奥秘，陆羽在《茶经》中说："采不时，造不精。""春主木，木主生，自然春茶味最醇。"陆羽又说："有雨不采，晴有云不采。"体认到采茶时节与人的生命节律相联系，促进人适时修身养性，以达高洁意境。

（四）茶性与人品的和合

人物交感，体用一源。陆羽《茶经》："茶之为用，味至寒"，味醇而不烈，茶性寒，使人清醒而不过度兴奋，饮后使人安静、宁静、冷静、文静、雅静。斐汶在《茶述》中说："其性精清，其味浩洁，其用涤烦，其功致和。……得之则安，不得则病。"陆羽将茶性与社会所推崇的君子人品相联系，以茶品与人品相激荡，赋予了茶性高洁、俭朴、率真的精神意蕴，使茶品与人品相得益彰。苏轼在《寄周安孺茶》中说："有如刚耿性，不受纤芥触。又若廉夫心，难将微秽渎。"好茶性刚耿，不因杂草而伤其本性，如正人君子，不因奸佞之陷害毁谤而改其忠直之心。茶水清澈，一尘不染又像廉洁端正之臣，在污浊的人欲横流中清廉自洁。这茶性如君子之性、如君子之人品。晁补之在《次韵苏翰林五日扬州石塔寺烹茶》中说："当年卧江湖，不泣逐臣玦。中和似此茗，受水不易节。轻尘散罗曲，乱乳发瓯雪。佳辰杂兰艾，共吊楚累洁。"把茶性与兰艾等香草并提，以吴越茶性的中和守节，来喻自己忠直遭贬，但决不移志易节的人格，赋予茶以贤臣君子的人品，把清苦的茶性与正直的君子人品和合起来。宋代文人在品茶中偏爱茶汁的苦味，正是他们人品和节操的投射和精神寄托。

三、创新——建构中华茶道学派

"博大精深的中华优秀传统文化是我们在世界文化激荡中站稳脚跟的根基"，弘扬中华茶道文化，讲好具有独特精神标识的茶道文化故事，提高中华民族文化自信，创新中华源远流长的茶道文化，有必要建构中华茶道文化学派，使之更好地走向世界。

什么是学派？依据彭永捷教授所说："学派是由具有共同学术渊源、学术宗旨、研究兴趣、研究倾向、研究范式组成的学术共同体。"依据这个定义，首先，我们要确认茶道学派渊源、宗旨、范式，换言之即茶道所崇敬的对象以及遵循的经典。我建议以陆羽（733—804 年）为崇敬、崇拜的人物，以《茶经》为经典（它是中外史上第一部茶学著作）。尽管茶道这个词是由比陆羽晚一些的诗僧皎然（730—799 年）提出的，"孰知茶道全尔真，唯有丹丘得如此"，但陆羽被世人所推崇。茶文化 4 世纪末传入朝鲜半岛，传入日本约为 8 世纪（唐朝），而传入欧洲约 16 世纪，北传俄罗斯为 17 世纪，南传印度、锡兰为 17 世纪，传入非洲为 19 世纪。日本茶道流派为三千家，又称千家流派，即表千家、里千家、武者小路千家，这也激励我们今天一定要成立学派。学派可以有不同流派，但崇敬对象，即祖师爷只能是共同的，经典是共同的。当前可统摄农业大学的茶叶系和茶叶学会以及民间组织，构建茶道学派。茶室可以有陆羽的牌位和《茶经》及皎然等人的语录以及景愿的安排。

其次，雅俗共赏。茶道既可以是阳春白雪，也可以是下里巴人。雅是高尚、文明、美好、规范之义，人的气质、风度、风韵透露出高雅、儒雅、文雅、优雅、幽雅、古雅等特征，茶道如唐代刘贞亮《茶十德》中说的"以茶可雅志"，人雅、茶室雅、茶雅构成雅的风范和内涵。但茶亦是大众的饮料，路边的茶亭、百众的茶座、北京的大碗茶、茶馆、茶坊、茶楼等，为茶道雅俗文化之场所，都应该在认同茶道的原则上有更大的发展，亦为传播茶道文化根茎的地方。做到雅俗共赏，相得益彰，即茶德与茶俗的共享。

再次，道器并行。茶道文化的精神价值追求，是茶道发展壮大的指导原则，为茶道的器具提供了丰厚的精神资源。一方面在品茶中通过对茶的色、香、味、形的感受，而获得审美意境的享受，并促进俭德。另一方面包含茶、水、器具、茶会等的选择。陆羽把茶具整理成规范，有生火、煮茶、炙茶、碾茶的器具以及贮水、饮茶、清洁、存放的器具等，都要按茶道的要求制作、操作等。道器并行，道指引器，器辅相道，相济相成，以达完美境界。

最后，艺技共进。茶艺既指品茶艺术，亦指茶道文化艺术。就品茶艺术而言，包含有技术的层面，但品茶作为一种享受，也是一种生活艺术。不仅要科学地，也要艺术地泡好茶，让人喝到清香爽心的茶，使人达致形而上之道的意境。茶艺始于晋，成于唐，熟于宋，发展于明清。陆羽把煮茶技艺概括为九项：茶叶采制、鉴别、茶具、用火、用水、炙茶、碾末、煮茶、饮茶，其间都讲究科学的高超技艺。茶道文化的文学艺术的创作，可谓洋洋大观，诗词、小说、茶文、绘画、戏曲、歌舞等，文以载道，抒发情感，凡咏茶明志，以明乐、怨、怒、哀、愤等情感。据粗略统计，从唐至明清诗赋约2 000首，茶书从陆羽到清120多种，一半流传至今。茶道小说、歌舞、戏曲，以此表现以茶敬人以礼，联姻、交友都以茶寄情，或以茶祭尽孝等，如《金瓶梅》《喻世明言》《红楼梦》等都多处写茶。《红楼梦》中与茶有关的有200多处。茶的歌舞戏如《采茶歌》，在九江是又歌又舞的，南昌采茶戏有《南瓜记》《鸣冤记》《辜家记》《花轿记》，共四记。《黄梅戏》原叫《黄梅采茶戏》。赋如唐顾况的《茶赋》，北宋梅尧臣的《南有嘉茗赋》。茶画有阎立本的《萧翼赚兰亭图》，宋徽宗的《文会图》，赵孟頫的《斗茶图》，唐寅的《品茶图》等，不一而足。茶文学艺术常常把品茶的活动描述于大自然、山水园林、幽雅茶室等情趣清静的氛围之中，致人体贴天人合一的神往意境。

中华茶道学派以自己独特、完美、自然、虚静、和合的新貌登上世界茶道的舞台，这是茶道学派的历史职责和使命。

附：张立文与他的"和合"世界

● 发端于中国哲学，同时结合时代特征，21世纪和合学显示出发展的蓬勃活力。作为抉发和合学的创始人，已过古稀之年的张立文教授在家中欣然接受了本报记者的专访。

这是一个真实、淡定、执著而又兼具孩童天真气的老人，和他交谈感受到的更多是长者的慈祥和师者的智慧。记者注意到，采访自始至终，张先生的夫人一直在旁边仔细聆听，一幅现实中和的画卷和他所讲的和合学相互辉映，深深映入记者脑海中。

化解人类冲突与危机，和合学向世界传达五种价值理念

《中国社会科学报》记者（以下简称"记者"）：张先生，您好！

感谢您接受《中国社会科学报》的采访。很多人都知道，几十年来，您一直从事着中国传统文化，特别是儒家文化的研究，出了很多成果。作为和合学的创始人，请您谈谈这一学术创新的原因，什么是和合学。

张立文：为什么提出和合学，其实也是我自己人生的心路历程的体验。1949年以后的历次政治运动我都参加了。如1950年的土改，1951年的镇反运动，随后的"三反"、"五反"、农业互助组、合作社，三大改造运动，粮食统购统销。1956年考上大学，紧接着是反右派运动，到"文化大革命"。经历许多人生波折、磨难之后，我有了些感触和体认，结合自己当时的学科方向慢慢体贴出"和合学"。20世纪90年代初我在日本、韩国、新加坡、美国讲过和合学，后来又在国内给我的博士生讲。

---

* 本文原载于《中国社会科学报》2009年12月17日第11版，记者：陈静。

和合学的建立是基于这样的思议。首先是世界格局的变化。社会主义、资本主义两大阵营对立时，世界格局是一个冷战时期、斗争时期。后来，苏联和东欧瓦解，后冷战使世界变成了多极化时代，欧盟、东盟等组织相继出现。世界的命运、世界的道路应该怎么走，当时有两种路向：一种是邓小平提出的"和平与发展是世界的主题"；另一种是亨廷顿提出的"文明冲突论"。"文明冲突论"是冷战思维和西方中心论的继续，是斗争的思维，而邓小平提出的则是和平发展的思维。在这样的格局下应该采取怎样的指导思想，这是我思考的一个路向。

　　其次是国内格局的变化。从"以阶级斗争为纲"到十一届三中全会提出"以经济建设为中心"，以前那种发动群众搞阶级斗争的指导思想行不通了，经济建设需要一个团结稳定的社会环境做后盾，这也是一个指导思想的转变。

　　再次，从20世纪末到21世纪，思想的传播已经跨越地域的限制，电脑的普及运用使得信息沟通超越了时间、空间的差距，"地球村""宇宙船"的概念相继提出，世界变得越来越小。当今世界，人类共同面临着很多冲突和危机，我概括为五大冲突和五大危机：人与自然的冲突带来生态危机、人与社会的冲突产生人文危机、人与人的冲突引发道德危机、人的心灵的冲突产生精神和信仰危机、文明之间的冲突带来价值危机。化解这些冲突危机，可以用和合的思想为指导。

　　最后，中国如何从传统转化到现代，我们怎样现代化，现代化走什么样的道路，也是我思考和合学的深层原因。现在我们看得很清楚，现代化必须是一个平衡的发展、协调的发展。东、中、西部要注意均衡，而不要失调，所以我们在经济发展中要经常调整。总的来说，基于这四点考虑我提出和合学。

　　和合学是为着化解人类所共同面临的五大冲突危机，所谓和合是指自然、社会、人际、心灵、文明中诸多形相、无形相互相冲突、融合，与在冲突、融合的动态变易过程中诸多形相、无形相和合为新事物、新结构、新生命的总和。和合学建构了三个世界：和合生存世界、和合意义世界、和合可能世界。架构这三个世界关键在人，人是自我创造的和合存在。和合这个词，较早见于《国语·郑语》："商契能和合五教，以保于百姓者也"。

　　记者： 改革开放以来中国的经济取得了巨大成就，与此同时，中国的传统文化尤其儒家学说日益受到国外的关注。在这样的大背景下，您认为和合学是向世界传达一种怎样的价值理念？

张立文：在经济全球化、政治多极化、文化多元化的情况下，中国硬实力走向全球化，软实力也要走向全球化。孔子学院在全世界已经办了200多所，遍布80多个国家，孔子讲堂达到100多个。儒学在世界的传播其实就是中华文化的传播，孔子学院通过让人学习汉语，传播中华文化，因为语言文字是文化的载体。

在这样的背景下，和合学向世界传达一个什么样的理念？我想，总的来说正如胡锦涛同志所言，传达的是一个和平、发展、合作的理念，是要建构一个和谐世界的价值理念。具体来说包括以下几点：

一是和合的宇宙观。天地万物从何而来的？这个千古问题在当代依然存在，中国人对此的回答是从"和"来的，"和实生物，同则不继"。如何"和实生物"？"土与金木水火杂，以成百物"。《周易·系辞》说："天地缊氤，万物化醇；男女构精，万物化生"，天地、男女是阴阳两极，是冲突矛盾的，化醇构精是融合，然后和合为人物。由五行、男女等差分之间构成了"以他平他谓之和"，这句话意蕴着他与他之间都是平等的，应该尊重他者。"以他平他"，用后现代主义的话语讲就是他者意识，把他者看作和自己一样去尊重他。古语讲他与他者之间是公平的、平衡的，所以和合的宇宙观是对他者的尊重，从而开出多元和合的思想，塑造了中华海纳百川、有容乃大的璀璨文化。

二是以和为贵的价值观。5 000年来中国文化一直提倡"以和为贵"的价值目标和价值评价体系，和合是体认、处理自然、社会、人际、家庭、国家之间关系的指导思想和社会政治、国家治理、万物生育的根本原则，在"五经"中都体现了这种价值观。无论是"家和万事兴"也好，"和衷共济"也好，都是这一理念的表征。我们和西方不同，并不是把哪个国家变成殖民地，变成掠夺资源和财富的对象，而是和平友好，郑和下西洋就是这样做的。

三是和合的人生观。简言之，人活着为什么？有为财富、名利、酒色而活，这样生不如死。人生的目标是立德、立功、立言，这才是不朽的。现在我们提出以人为本的价值观就是一种和合的人生观。中国强调"天地之性，人为贵"，人是最宝贵的，是天地之精英，五行之秀气。人应该把实现人生价值和实现社会、国家的价值结合起来。

四是和合的道德观。道德的宗旨和价值目标，是追寻自然、社会、人际、心灵、文明的和谐有序、有范、有定。

五是和合的国际观。《中庸》讲："中也者，天下之大本也；和也者，天下之达道也。"和是天下的大道，是四通八达的道路，也是天下交往、交流、对话的普遍性的道理。就中国而言，在两个方面体现这个道理。一是我们承认每个国家都是独立的主体，国家不分大小、贫富、强弱，一律平等。以"己所不欲，勿施于人"的原则，化解各种冲突，主张对弱小民族、国家采取扶助和帮助的办法。以"己欲立而立人，己欲达而达人"的原则，主张各国、各民族应该互相帮助、互相信任，互利共赢。以和而不同的原则化解国家之间、民族之间的冲突，不应该用战争的办法、冲突的办法来解决争端。无论解决朝鲜核问题、巴以问题，或者伊朗核问题，我们都主张谈判与对话。以仁民爱物的原则处理各种问题，在国际问题上提倡平等协商，尊重各国、各民族的尊严和利益，提倡人道主义和博爱精神。海啸也好，其他自然灾害也好，我们对各国都伸出了援助之手，建设和平、发展、合作的和谐世界。

和与合连在一起构成一个动态的完整体系

记者：近几年，"和"被越来越多的人认为是中国传统文化的价值核心。众所周知，"仁"是孔子思想的核心，在《论语》中出现了一百多次，您怎么看待"和"与"仁"的关系？

张立文：我认为，在孔子思想中，仁是前提，和是达到的目标。

孔子《论语》中提到"和"的地方是"礼之用，和为贵""君子和而不同，小人同而不和"。尽管孔子讲"和"比较少，但是他对"和"的理解是与"仁"结合在一起的。"樊迟问仁，子曰：'爱人'"，人与人之间、自然之间、社会之间、国家之间怎样能够和谐、和合，这就需要爱。只有仁爱，才能真正做到和。

按照《说文解字》的说法，"仁，亲也"。亲就是爱。亲爱才能达到和谐、和合，前提是爱。孔子说的"己所不欲，勿施于人""夫仁者，己欲立而立人，己欲达而达人"都蕴涵着深沉的仁爱思想，是仁爱的体现。如此才能尊重对方，然后爱对方，就能达到和谐，这就是"以他平他谓之和"的和。从这点来看，孔子仁的思想体现了和，达到了和的境界。

记者：我注意到您对"和"的诠释比较多。相比之下，"合"在和合学中处于怎样的位置？

张立文：和是不同性质的以至互相冲突的事物和生、和处的过程，合是使不同意志、不同观念、不同宗教的事物、不同国家、不同民族能够互相和谐，达到合作的目标。举个例子，我们在经济谈判或者外交谈判中，不免有冲突、矛盾，甚至对立，经过互相了解、沟通，使冲突和矛盾的双方彼此谅解和理解，最终达到合作的结果。和的过程就是互相冲突的过程、互相沟通的过程、互相谅解的过程,或者说互相妥协的过程;合则是达成一个结果,签订一个条约,办成一件事情。和与合连在一起,构成一个完整的体系。和的过程实际上是个动态的过程,是导向合作的过程。在这里,和是基础和前提条件,合是所达到的价值目标,有和才能有合的可能和价值目标的实现;无合,和只能停留在差异的交往、互动的状态,而无成果。和合联用,构成了具有完善性、系统性、辩证性的整体概念,是概念内涵的深邃化、理性化的体现。

记者:那和合学在我国文化发展战略中的重要意义是什么呢?

张立文:我们的文化要走出去,从文化战略来看,要使更多的人了解我们,这就需要有一个全球的眼光,需要增强我们的和实力。很多西方国家戴着有色眼镜和固有的偏见看中国。这次法兰克福书展就有一些不和谐的杂音。和谐、和合是中华民族五千多年来形成的核心价值观、精神理念、道德信仰之一,是中华民族应该世代呵护、传承、弘扬的中华心、文化魂。

增强文化和实力,中华文化还要与各国多交往。现在要加强人文社会科学方面的交流。民间学者之间交流也应该加强,国家应该支持。弘扬中华文化,建构我们的精神家园,需要加强内在道德水平的提高和亲和力的提升。中国的精神依托,中国精神的终极关切在哪里?就在中国心、文化魂当中,在和合精神之中。

珍惜时间,珍惜学术生命

记者:回顾过去,您对自己的学术和人生有什么样的感悟?

张立文:我评教授比较早,1984年中华人民共和国成立35周年国家特批了一些教授,哲学学科当时全国特批了5个人。别人说,你教授都拿到了,应该歇一口气了吧!但我觉得,人生在于奋进,生命在于创造。评上教授对我来说,其实是一个起点,更是一个鞭策。

我始终对自己有个要求,就是勤勤恳恳、踏踏实实地做学问。做学问也是我的乐趣。做事情分乐意做的事和不乐意做的事,不乐意做的事情就是负担,乐意做的事情就是享受。人活着总得做点什么,年轻时可以多做一些,年纪大了量力而行,学校也没让我退休,这样自己总觉得得做些什么,现在评了一级教授,更要承担自己应尽的责任。

另外,我觉得自己有一颗平常心。有几次碰到人生道路中当时看起来很好的人生选择,我都放弃了,一直倾心于做学问。"文革"中,曾要调我到北京军区参加一个大评论组,那时我正在写《朱熹思想研究》。不言而喻，当时的教师是臭老九，军队是领导阶级，二者的地位有天壤之别。但是后来一想，自己还是喜欢做学问，于是就放弃了，因此还挨了一顿"批评"。

  我还有个感悟就是，不管做什么事，心一定要静，心不平静什么事都做不好。人被外在的因素所牵制静不下心来，就会产生很多杂念，做不了学问。现在学术很浮躁，学者一定要定心，定而后能静，静而后能安，安而后能虑，虑而后能得，不静、不安就不能冷静思考，不冷静地思考，就不能获得成就。

  人对自己的要求应该顺其自然，不要过多，能做多少就做多少。要知己，知道自己的缺点、短处。另外，我这个人也不善于和别人争来争去，能够反省自己，检查自己的不足，这样才能不断改正自己。总的来说，就是凡事要有平常心，心要宁静，不能要求过多。

  对于自己这个已过古稀的人来说，时间就是生命。珍惜时间，就是珍惜学术生命。

附：气候变化的和合之思[*]

编者按： 11月30日，世界气候大会在巴黎召开，世界各国为解决威胁人类福祉的气候变化问题继续努力。当前，气候变化引起的一系列灾害和危机对人类社会方方面面产生深远影响。在此背景下，著名学者张立文先生提出建构气候和合学，从哲学的角度为化解气候变化所造成的冲突与危机寻求路径。本报记者近日就气候和合学相关问题对著名学者、中国人民大学哲学院教授张立文先生进行了专访。

气候问题是"人"的问题

学术家园： 张先生您好！20世纪80年代末，您提出了和合学，当时就关注人类社会的生态冲突，并对其进行了哲学分析。现在您提出气候和合学，这是否是一脉相承的？

张立文： 传承中华优秀传统文化需要与时代相结合，对时代的问题做出回应，解决时代的冲突和危机问题。提出新的理念，化解冲突和危机，才能给传统文化赋予新的生命。在全球化程度日益提高的背景下，中国是世界的一部分，我们不光要思考中国的问题，还要思考世界的问题，提出化解世界冲突矛盾的理念和方法。正是在这样的背景下，我提出了和合学。进入21世纪，人类共同面临着多种冲突和危机：人与自然的冲突造成生态危机，人与社会的冲突产生人文危机，人与人的冲突引发道德危机，人的心灵的冲突导致精神危机，文明之间的冲突又会造成价值危机。对

---

[*] 本文原载于《人民政协报·学术家园》2015年11月30日第9版，记者：谢颖。

此，我们应该以和生、和处、和立、和达、和爱的理论思维来化解五大冲突和危机，"以他平他谓之和"，讲求"和而不同""己欲立而立人，己欲达而达人"，追求和平与合作，达到自由幸福，人人和乐、和美的和合世界。和合是中华民族精神的体现，植根于根深叶茂的中华文化母体之中。

生态冲突、危机及其化解之道是和合学框架中的重要部分。从和合学建构来说，需要广泛分析人类社会的冲突危机，而现在，生态问题越来越凸现出来，已成为人类发展面临的严峻危机之一，尤其是气候变化带来的一系列问题具有世界性。如果说和合学具有当代理论思维形态的整体性，那么气候和合学则是具体性的，我希望用和合学的思维来关照气候问题，建构一个气候和合哲学。

学术家园：气候变化影响了人类生存的方方面面，建构气候和合哲学的必要性何在？气候和合学要解决什么问题？

张立文：正如你所说，气候变化对人类社会影响深远。气候具有公共性、普遍性、共有性、全面性。在应对气候变化的过程中，政治、经济、文化、科技等各个领域均受其影响并变化发展，相应的学科也是如此。现在，与气候相关的新兴学科不断兴起。比如，人们意识到气候变化与世界经济发展密切相关。据德国、荷兰、瑞士、芬兰等国研究人员共同组成的国际研究小组发现，欧洲若不采取有效应对措施，到2100年，由气候变化导致的欧洲森林经济损失将达到数千亿欧元。气候变暖将造成台风、飓风、干旱、洪涝灾害多发。几十年不遇的"桑迪"飓风，袭击美国东部，造成巨大的生命财产和经济损失；60年不遇的大旱使"非洲之角"的索马里、肯尼亚、吉布提、埃塞俄比亚大部地区受灾，超过1 200万难民待援。据不完全统计，气候灾害年均造成经济损失2 000余亿美元。于是，在20世纪90年代初兴起了"气候经济学"的新兴学科，人们意识到发展经济应与气候变化相协调、相适应。除了气候经济学外，气候政治学、气候社会学、气候法学等诸多学科领域均有发展。

气候问题关系到文明的延续，曾经在人类历史上辉煌一时的玛雅文明，就毁灭于干旱。随着人口膨胀和资源过度开采，越来越干旱的气候导致了生存资源的枯竭，从而引发政治混乱和战争，最终导致了玛雅文明的毁灭。中国楼兰文明也是如此。历史是一面镜子，从这个角度来看，我们可以认识到，气候问题虽然与政治、经济、社会等诸多方面相关，但归根结底还是人的问题。人既是应对气候变化的主体，也是造成气候恶化的主体。而人对善恶的看法，人只顾私利还是从公益出发，都牵涉到哲学思维。气候问题是人造成的，这也使其成为一个哲学问题。解决气候危机，必须把它提高到哲学的高度来认识，反思人类在与气候相关的活动中价值、伦理、公平、正义等的和合。因此，气候和合学要分析气候变化与社会政治、经济、文化、伦理、法律、科技、宗教等因素的诸多冲突、融合，并通过和合智慧化解获得通体的平衡、协调、和谐。

学术家园：和合是中华民族精神的体现，气候和合学是否与中华文化密不可分？

张立文：当然。人同自然的关系，中国自古以来就有论述。比如"天人合一"。有人认为这里的"天"与自然无关，其实不然。在中国，天的含义比较多，其中很重要的一点就是自然。一千多年前，唐代思想家韩愈在与柳宗元辩论天人关系时，就极其严肃地讲到人类对地球自然的破坏。韩愈说："物坏，虫由之生；元气阴阳之坏，人由之生。……其为祸元气阴阳也，不甚于虫之所为乎？"① 他认为，人类祸害、破坏自然，犹如害虫祸害、攻穴树木。而人类祸害天地自然比害虫祸害树木更厉害，所以韩愈主张："吾意有能残斯人使日薄岁削，祸元气阴阳者滋少，是则有功于天地者也；繁而息之者，天地之仇也。"② 这是多么深刻的见解，他对人类祸害天地自然提出了尖锐的批评。孔子也说："钓而不纲，弋不射宿。"③ 孔子认为，钓鱼，不用绳网捕鱼；射鸟，不射已归巢的鸟。用网捕鱼，大鱼小鱼一齐捕来，会断了鱼的生长和资源，所以反对妄杀滥捕。不射栖宿巢中鸟，体现了一种仁爱动物的思想。中华文化讲求敬畏、爱护自然，与自然和谐相处。

以和合智慧和谐发展

学术家园：从和合的思维来看，气候变化带来了哪些问题和冲突？

张立文：总的来说可以从这些方面看：一是减排和生产的冲突。世界各国都需要发展生产，提高GDP。在这个过程中，减排必然会损害经济利益，如何使生产与减排取得平衡是世界各国尤其是发展中国家面临的难题。二是穷人与富人的冲突。相关研究表明，富人的二氧化碳排放当量明显高于穷人。由于社会贫富差距的扩大，穷人享受不到生活水平的提升，一些富人则越来越奢侈，这加剧了社会矛盾，对气候造成不良影响。三是农村和城市的冲突。城乡差异较大，相对来说，农村缺乏有效的资金和措

---

① 天说//柳宗元集：卷16. 北京：中华书局，1979：442.
② 同①.
③ 论语集注：卷4：述而//朱子全书：第6册. 上海：上海古籍出版社；合肥：安徽教育出版社. 2002：127.

施,处理气候问题能力有限。但是,城乡之间缺乏互动,而气候问题却不因地域间隔而有所分别。四是生产国和消费国的冲突。对于世界各国的二氧化碳排放量,世界气候大会一直难以达成协议。当发达国家把高排放、高污染的企业、工厂转移到发展中国家,而造成气候动变时,却把责任推给发展中国家。发达国家享受、消费发展中国家的产品,造成不公平现象。联合国报告称20年来气候灾难导致60余万人丧生,受灾人口超过23亿,多达75%是中国人和印度人。此四方面冲突应当有全球性考虑的应对之策。

此外,世界各国发展不平衡,发达国家掌握了治理空气污染的高科技,但发展中国家则很缺乏,这加剧了治理的困难,影响了治理的效率。

学术家园:如何化解这些矛盾冲突呢?

张立文:现在,世界各国对气候问题非常重视,从《京都议定书》到马上要召开的巴黎气候大会都显示了这种重视。应对气候变化冲突,必须要意识到人类已是一个命运共同体,要以和平、发展、合作、共赢的态度来寻求共识:

第一,和生互利。朱熹说"盖天地万物本吾一体",王守仁也说"天地万物本吾一体者也"。气候变化对于天地万物以及人类的影响和作用是一体的、共同的,一损俱损、一荣俱荣,都不能独善其身。因此,"万物并育而不相害"。治理气候变化,个体不能也不可能完成。如果以二元对立思想为指导,不同国家之间针锋相对,认为你的气候问题与我没关系,是行不通的。只有改变个体价值观,以人类命运共同体的和生思想为指导,先进的、发达的与不先进、不发达的国家,相互包容、相互交流,世界各国、各地区共同治理,才能化解气候动变危机。

第二,和处互助。在人类命运共同体下,各国如果只从私利出发,不管别国利益,则无法形成平衡共处。面对气候危机的紧迫性、危急性,各国政府应放下自己一国之利,放眼全球,加强合作,唯有合作才能获得共赢。各国应以谋人类命运共同体之利的胸怀,无私开展互帮互助,以"己欲立而立人,己欲达而达人"的己立立人、己达达人的精神,加强互相借鉴、互相交流、互相学习,提升应对、化解气候动变威胁的能力和水平,共同为化解气候动变尽心尽力。

第三,和立互鉴。人类社会,各个国家按照自己的实际来独立发展,因此各国发展模式不同。但道不同不一定不相为谋,在应对气候问题上,世界各国共同为"谋"。不过,由于各国发展阶段、技术水平、管理能力的差别,其治理气候的能力和力度也有差分,所以减排方式也会有差异,采取措施也不一样。因此，我们应在气候国际会议上加以公平、正义、合理的协调，既明确气候动变治理是所有国家的主体责任，是各国政府的基本义务，也承认有差别、分阶段地努力实现的现实。在与气候变化的关系中，人类要明确行为与责任、权利与义务、地位与作用，遵循公正、合理、适宜的原则，即互相尊重对方的生态规律，共同爱护天地万物与人类的生命存在，相互努力共建人类自然生态家园和气候文明环境。

第四，和达共富。世界只有共同发达、富裕，才是真发达、真富裕，发达是为了美好的生活。在全球化下，解决气候危机是为了人类更好、更和谐的发达。世界只有共同发展才能稳定、团结，人民才能安居乐业，世界才会太平，这就是中国人说的"为万世开太平"。

第五，和爱互信。世界各国在联合国气候变化框架公约下缔约，共同努力、互相信任，应用爱心来对待气候问题，对自然敬畏。气候和合学讲究真、善、美，具有超私欲、私利的特征，唯有胸怀公心、善心、真心、美心，才能美人之美，美美与共，共享美好、和美的生态，努力建设美丽中国、美丽世界，为世界人民创造福祉。

附：人因和合而灵昭不昧[*]
——张立文先生谈儒学的当代意义

采访背景：《张立文文集》近日由韩国学术信息出版社出版。文集共38辑，囊括了张立文先生2006年前全部重要论著，包括在学界名噪一时的《周易思想研究》《朱熹思想研究》《中国哲学逻辑结构论》《传统与现代》《新人学导论》《中国哲学范畴发展史》《儒学与人生》，以及建构了和合学体系的《和合学概论——21世纪文化战略的构想》《和合与东亚意识——21世纪东亚和合哲学的价值共享》《和合哲学论》等。文集还收录了张立文先生首度出版的学术自传《学术生命与生命学术》。

问：《张立文文集》共38辑，不久前在韩国出版，请您谈谈这套文集的出版过程。

答： 1995年我在韩国进行学术交流，韩国的出版社就找我，想出文集，后来他们又专门到北京谈这件事。韩国学术界对我较熟悉，1983年韩国国际退溪学会邀请我参加在哈佛大学召开的退溪学国际学术研讨会，后来我又陆续参加过不少韩国著名思想家、学者的研讨会。我研究李退溪和韩国儒家思想、人物的著作在韩国有一定影响，他们把我作为第一个研究和发表韩国思想著作的中国学者。我的书在韩国有翻译本。在商量出版的过程中，我们主要谈的是用中文出版还是韩文出版，韩国人同意出中文版，事情就定下来了。这部文集，囊括了我在2006年以前的几乎全部著作，国内出版费用较大，韩国出学术著作没有要资金补贴。综合几方面因

---

[*] 本文原载于《人民政协报·学术家园》2011年8月15日，记者：王小宁、王夕雨。

素。我在韩国出版了这部文集,是由韩国学术信息出版社出版的。

解决人类自身危机的一个思路

问:中国的历史文化能赓续,文化力量辐射亚洲,主要是儒家的作用。有人说"和合学"的提出超越了传统形而上学和意识形态,您在书中说"和合因人而生生不息,人因和合而灵昭不昧",您提出"和合学"基于怎样的思考?

答:《文集》中有对《周易》的研究,有对其他思想包括韩国思想的研究,还有"和合学"。人的欲望是无极限的,但地球已经到了极限。人类在21世纪面临着共同的危机:生态危机、社会危机、道德危机、文明冲突……建构和合学的理论体系,是想提供解释和解决这些问题的架构。不久前,我去韩国参加儒教复兴的研讨会,《东亚日报》采访我。当时正是韩国和朝鲜关系比较紧张的时候。东亚日报记者问我怎么看待这个问题。我说,韩国和朝鲜是同种族、同语言,是亲兄弟一样的关系,虽然兄弟间也会争吵,但这样的吵架应以"和"的方式、理念来处理,这才是最终的出路和解决办法。这位记者之所以拿这个问题问我,是看到了儒家"和合"理念所具有的影响力。

韩国自古以来受到中华文明的影响,儒家思想根深蒂固,但今天也面临着和整个人类同样的问题。比如近年来,韩国年轻人自杀率上升,有人吸毒,韩国的博士生毕业以后很难找到固定工作,年轻人生存压力增大。这样那样的问题,造成社会上有一种苦闷焦虑的情绪,韩国学者也在思考怎么解决。

我们都看到,儒家解决文明冲突的方法,和西方的解决办法是不同的。首先,从西方哲学来看,上帝和人是二元的,除了正确就是错误:一个是存在的,一个就是理念的;一个是进步的,一个就是落后的。它是二元对立、非此即彼的观点。因此西方解决冲突的方法,常常是用一方消灭另一方的方法。东方的儒家观点不是这样,它讲究"万物并育而不相害",讲究"道并行而不相悖",从中演化出和平和合作。合作,是今天的一种生存的方法,是解决很多冲突、很多危机的最佳选择。和平合作达到共赢是"和合"思想的体现,人们越来越看到,这是人类解决自身危机的一个思路。

对时代核心问题的思考和解读

问:《文集》汇集了您从《周易思想研究》《朱熹思想研究》《中国哲

学逻辑结构论》《儒学与人生》到建构和合学等一系列著作,体现了您的学术历程。您能否结合这个学术历程,谈谈是如何思考中国哲学的?

答:冯友兰在去世前不久说过,中国哲学将来会大放光彩的,我觉得冯先生的话很有道理。

西方从黑格尔到德里达都有一个观点:中国只有思想没有哲学。他们从西方价值观来衡量中国哲学,得出这个观点。我们知道,中国本来连哲学这个词都没有,是从日本,再早从西方翻译过来的。而在近代建设中,我们又用西方学科的规范来规定学科尤其是哲学,用西方关于哲学的定义来讲中国哲学,更是把中国哲学做成了西方哲学的注脚。在20世纪国内就有过一个讨论到底有没有中国哲学的热潮,说明中国哲学怎么发展的确是我们要面对的一个问题。

首先,中国有哲学,有优秀的富有中国特色的哲学。哲学不是固定概念,它是一个动词——爱智慧。各个国家、各个民族都有其哲学模式。从中国哲学来看,不同时期有不同的体现。先秦、秦汉、魏晋、隋唐,每个时期不一样,它是在不断变化的。应该承认这一点,否则除西方之外,所有其他民族都没有哲学了。

其次,哲学是时代精神的体现。西方国家有时代精神,中国也有时代精神,四大文明古国都有自己时代精神的精华。时代精神是一个民族在面对、解决时代问题的时候所产生的思考。例如汉代董仲舒的"天人感应"论,是为了回答汉武帝所提出的"大一统"问题。西汉经过"七国之乱",诸侯王起来叛乱,统一是那个时代的问题。此外,天人怎样相应?体制怎样改革?所以我们从《汉书》中看到,董仲舒用《天人三策》来解答这些问题。"天人感应"就是当时哲学的主题——时代的核心话题。没有时代的核心话题,就没有讨论,也就没有哲学。每个时代都有要解决的问题,都要有讨论,从而形成哲学的中心。从这个意义上讲,中国的哲学是非常丰富的。

问:您认为当代哲学的核心问题是什么?

答:每个时代都有它的核心问题,从而产生富有时代特色的哲学思想。如现代新儒学熊十力、冯友兰、马一浮等人,他们的哲学思想主要是在抗战时期形成的,是为了应对可能亡国灭种的民族危机,挺立中华民族的主体精神。今天我们所遇到的主要问题和熊十力、冯友兰、马一浮的不同,我们面对的是电脑、网络和全球化的问题。时代变了,也该有新的哲学理论。今天我们面对着全球所带来的诸如自然冲突、生态危机、心灵危机等问题。中国这边扬起沙尘暴,沙尘可能会影响到日本;恐怖主义没有国界，一个国家很难解决；人与人之间的冲突加剧——精神问题、道德问题、文明问题。所以我认为，当代中国哲学不仅要思考中国，还要把视野放到全人类的层面上，思考如何面对人类共同的危机。

问：《文集》中还有一本您的学术自传《学术生命与生命学术》，系首次出版。请谈谈这本自传。

答：自传中我把自己的学术生涯分成两个阶段："文革"之前和"文革"之后。一个是"学术的生命"，一个是"生命的学术"。我想，"文革"前这段，我是以求生命为第一位，学术为第二位的。我的重要的学术著作都是"文革"后撰写的。《周易思想研究》《朱熹思想研究》是当时该研究领域具有开山性质的著作。《中国哲学逻辑结构论》用中国哲学的逻辑来讲中国哲学。再往后，和合学的提出是为应对当前危机，提出化解的理念。王充讲"天地合气，万物自生"。中国是多元的思维，讲包容性而非排他性。我想，这是中国文化的根和魂的所在。那么第二个阶段，我是把自己的生命全部投入到学术中去了，所以我称之为"生命的学术"。

新儒学　新人格

物之不齐，物之情也[*]

近年来，习近平主席在2014年联合国教科文组织总部演讲、博鳌亚洲论坛2015年年会、2015年9月访美前夕接受《华尔街日报》采访等场合，多次引用《孟子·滕文公上》的"物之不齐，物之情也"，透彻而深刻地阐明了世界是多样的、文明是多彩的。一棵树上的千万片叶子也不相同，何况这个世界存在着不同的肤色头发、民族种族、宗教信仰、历史文化、社会制度、风俗习惯、发达程度、价值观念等差异。孟子反对许行不认同事物的差异性、多样性的观点，而讲了这句具有普遍意义的箴言。朱熹注释说："孟子言物之不齐，乃其自然之理。"

物之所以不齐，是物的性情不同。赵岐注："其不齐同，乃物之情性也。"高诱注："情，性也。"世界东西南北中，各民族、各文明都有其本身的性情、独具的特点。其性情、特点是这个民族在长期的实践中妙合而凝，是这个民族传统文化的钩深致远，也是这个文明思想精髓的光彩绽放。

事物与事物，文明与文明之间，虽不齐同，但应是平等的。"夫和实生物"，物应"以他平他谓之和"。宇宙万物在多元、多样事物中融突和合而成，构成了"他"与"他者"的关系。他文明与他者文明之间是平等的、公平的，没有尊卑、强弱、高下、优劣、美丑的差分。"老树著花无丑枝"，每一民族的传统文明，每一个国家的古老文化，在世界文明大家庭中其地位、价值、作用都是平等的，要反对一切以自己的强势将他与他

---

[*] 本文原载于《光明日报》2015年11月11日第2版《评论·观点》。

者文明置于不平等的框架内，建立一种互学互鉴、互尊互信的关系。不以势压人，而以理服人；不以力强人，而以情感人；不以强凌人，而以仁惠人；不以虚言哄人，而以笃行动人。以互相尊重化解对抗，以互相诚信化解冲突，以互相和爱化解仇恨。"仇必和而解"，这是中华民族"和为贵"精神的体现。

当今世界多极化、经济全球化、信息普及化、危机多发化、文化多样化，各国、各文明之间的利益和命运更加紧密地联系在一起，构成你中有我、我中有你的命运共同体，犹如太极图，阳中有阴、阴中有阳。"青树碧蔓，交罗蒙络。"藤蔓青树，交错缠绕，不可分离。多发的危机，不是一国之力所能应对，需要各国、各文明协商合作来化解。和平、发展、合作、共赢是世界的主流。各国、各文明之间唯有遵循"万物并育而不相害，道并行而不相悖"的原则，根除数百年来列强通过战争、殖民、贩毒、划分势力范围等不平等、不正义的方式争夺利益的行为。当前尽管物有分、道有别，文明有差异，价值观有不同，然世界之大，海洋之宽，世界各国、各文明都有施展的空间，万物和道并育并行，而不会相害相悖。

物之不齐，此物与彼物，他物与他物之间，尽管不同，但都要像尊重、关心、爱护自己一样，尊重、关心、爱护他者。要排除一切对他者文明的成见或破见，或先入为主之见，及善恶美丑之见，要以一种客观心、清净心、不迷心、觉悟心来看待不同事物、不同文明之间的差异。国家与国家、民族与民族、文明与文明之间，唯有平等地互相尊重，诚意地互相信任，才能通达和平、发展、合作、共赢的目标。某种文明不能高居在上地蔑视他者文明，也不能以自己的强势来推行自己的价值观，以自己的强大到处搅局、挑起、制造动乱、战争、破坏和平、安定，以致发生难民潮和人道主义灾难。从无难民潮到难民潮，其根源在哪里，世界人民已看清楚了。

事物和文明各有其性情和特点，这就需要开放包容。开放胸怀，才能有容乃大；包容差异，才能海纳百川。如此就要照孔子所说的"己所不欲，勿施于人"的恕道来实行。孔子的学生子贡又从正面发挥孔子的话："我不欲人之加诸我也，吾亦欲无加诸人。"论述了己与人，换言之，他文明和他者文明之间的人道主义原则，体现了爱人的人道精神。这就是说，每个人、每个国家民族、每个文明都应该得到人道主义的对待，这是其应有的尊严。无论是他人、他国家民族、他宗教、他文明，都应该是我所不欲的，也不欲加给他者，我不希望动乱、战争、人道主义灾难，我也不把动乱、战争、人道主义灾难加给别人。德国哲学家费尔巴哈在《幸福论》

中说，我希望幸福，我也希望他人幸福。反之，如果将动乱、战争、人道主义灾难、不幸福加给他者，这是不道德的，有违天理良知的，是"己所不欲，要施于人"的霸道、霸权主义，是违背世界发展潮流的，必然为世界人民所谴责，所抛弃。

"物之不齐，物之情也"，不可避免地产生各国、各民族、各种族、各宗教间的一些矛盾、冲突、对抗，这就需要坚持"己所不欲，勿施于人"的原则，以和合学的冲突、融合而和合来化解。习近平主席多次讲和合。他说："我们的祖先曾创造了无与伦比的文化，而和合文化正是这其中的精髓之一。"[①] 和合文化认为各种矛盾、冲突、对抗可以和生、共同生存。"天地和合，生之大经也"；和处，"和而不同"地和平共处；和立，"己欲立而立人"，自己独立，成功立业，要帮助他者独立，成功立业；和达，"己欲达而达人"，自己发达了，帮助他者共同发达，这便是亚投行和"一带一路"之所以实施的宗旨；和爱，"泛爱众""兼相爱"，才不会发生杀人、恐怖、战争，而建设天和、地和、人和的天地人和爱、和美、和乐的和合世界。

---

① 习近平. 干在实处，走在前列——推进浙江新发展的思考与实践. 中共中央党校出版社，2006：295.

儒学是中华民族发展壮大的重要滋养^{*}

"千秋龟鉴示兴亡,仁义从来是国宝"。观鉴、反思千年来国家的兴亡,以仁义治国理政从来就是宝贝。讲仁爱、崇正义、尚和合不仅是中华优秀传统文化的核心内容之一,而且具有当代的时代价值。中华优秀传统思想文化是中华民族的心和魂、根和体,是中华民族团结奋进、繁荣昌盛的智慧源泉,是巩固民族和合一体大家庭、维护国家统一局面的精神支柱,是民族凝聚力、向心力、亲和力和民族认同感、归属感、安顿感的生命活水。中华优秀思想文化亘古亘今,生生不息,是中华民族共有的精神家园。

一、浴火新生

儒学作为中华民族两千多年来优秀传统思想文化的主干,她塑造了中华民族的民族精神,民族精神是这个民族的灵魂,无魂的民族就会成为行尸走肉;培育了中华民族的伦理道德、价值观念、思维方法、行为方式、审美情趣、风俗习惯、宗教信仰,为人类文明进步作出独特的贡献;建构了中华民族的政治文明、经济文明、文化文明、德法文明、生态文明、制度文明、精神文明,而成为世界"礼仪之邦""文明之乡";开启了化解当代人类所共同面临的人与自然、社会、人际、心灵、文明五大冲突与生态、人文、道德、信仰、价值五大危机的有益资源;激发了中华民族自强

---

* 本文原载于《社会科学战线》2015 年第 8 期。

不息、厚德载物的民族自信心、自尊心、自立心、自律心，而屹立于世界舞台；启发了中华民族天人合一、知行合一、情景合一、真善美合一的思想文化，而造福人类；启迪了海纳百川、包容受容、与时偕行、唯变所适的实践道路；发扬了中华民族以和为贵、和而不同、和实生物的思想文化，使人人安居乐业，世界和谐；展示了经世致用、实事求是、革故鼎新、诚信修睦、民为邦本的思想，维护了社会的和谐与稳定。

虽然在历史上，孔子和儒学屡遭批评、批臭的厄运，但每被批判、打倒一次，便促进儒学丰厚、发展、繁荣一次，浴血新生，更显灿烂。秦始皇以法为教，以吏为师，统一六国，建立了中央集权的国家。秦始皇三十四年（前213年），嬴政置酒咸阳宫，周青臣与淳于越就分封制与郡县制进行了辩论，丞相李斯批判淳于越是以古非今，惑乱人心，他建议"天下敢有藏《诗》、《书》、百家语者，悉诣守尉杂烧之。有敢偶语《诗》《书》者，弃市。以古非今者，族"①。便惹成"焚书坑儒"的惨祸，也加速强秦的灭亡。汉初思想家在检讨、反思强秦速亡的原因时，归结为"仁义不施者也"。汉武帝为求大一统和长治久安，董仲舒建议"推明孔氏，抑黜百家"②，被汉武帝所采纳。"卓然罢黜百家，表彰'六经'"③，重新发现、认识了孔子与儒学，奠定了孔子与儒学在中华民族历史上的崇高地位和价值。

历史变迁，社会演化。东汉末年，三国和魏晋南北朝动乱，儒学已无力担当化解社会冲突和危机的重任。特别是印度佛教的传入，在社会动乱中其影响力逐渐增强。佛教由于其般若智慧与涅槃妙道获人信仰，而使人皈依佛教，"处处成寺，家家剃落"④。梁武帝萧衍，四度舍身入寺，在梁天鉴三年（504年）下诏佛教为"正道"，以儒教为邪教、伪道，下令要大家反伪就真（佛），舍邪入正。隋唐时，佛教成为强势文化，孔子儒学被边缘化，在思想信仰上佛盛儒衰，在经济上佛强儒弱，"十分天下之财，而佛有其七八"⑤。韩愈认为，在汉末至唐近400年的动乱和佛教的冲击下，儒学被遮蔽了、误解了，他要回到儒学的源头，接续尧、舜、禹、汤、文、武、周公、孔子、孟子的"道统"，重新弘扬儒学基本内涵。"博爱之

---

① 史记：秦始皇本纪//国学基本丛书. 上海：商务印书馆，1932：19.
② 董仲舒列传//汉书：卷56. 北京：中华书局，1962：2525.
③ 武帝纪//汉书：卷6. 北京：中华书局，1962：212.
④ 郭祖深传//南史：卷70. 北京：中华书局，1975：1721-1722.
⑤ 辛替否传//旧唐书：卷101. 北京：中华书局，1987：3158.

谓仁，行而宜之之谓义，由是而之焉之谓道，足乎己无待于外之谓德。仁与义为定名，道与德为虚位。"① 仁义道德是先王之教，而与佛教的道迥异。仁义道德是社会发展、稳定的支柱，这是儒家的一次自我觉醒。

唐末藩镇割据和五代的大动乱，摧毁了儒学的仁义道德、礼乐制度。"五代，干戈贼乱之世也，礼乐崩坏，三纲五常之道绝，而先王之制度文章扫地而尽于是矣！"② 儒学在现实中被否定，被蒙上了沉重的尘埃。宋明理体学家力挽儒学"几至大坏"的危机，接续韩愈的"道统"，而焕然大明儒学。他们重构儒学的伦理道德、礼乐文化和价值理想，使"《诗》、《书》、六艺之文，与夫孔、孟之遗言，颠错于秦火，支离于汉儒，幽沉于魏、晋、六朝者，至是皆焕然而大明，秩然而各得其所。此宋儒之学所以度越诸子，而上接孟氏者与"③。宋明理学家胸怀担当振兴儒学的历史责任意识、价值创新意识，开出儒学新生命智慧，而把儒学推向"造极"，也把中国传统文化推向致广大而尽精微的高峰。

靖康二年（1127 年），金朝俘虏宋徽、钦二宗，北宋亡。天兴三年（1234 年），金被蒙古灭亡。在蒙金战争中，人民屡遭屠戮，儒学经书被毁，孔庙遭焚。"金季板荡，中原丘墟，所在庙学，例为灰烬。"④ 庙学即指孔庙之学，各地办的学校尽废，百不存二。蒙古将军大肆掳掠人口（包括儒生），作为私属"驱口"。儒生丧身兵乱，或病死、饿死不计其数。"大夫、士、衣冠之子孙陷于奴虏者，不知其几千百人"⑤。儒学面临严重厄运，坠落于水深火热之中。明代复兴儒学，承宋兴办书院，创新儒学学派，心体学派、气体学派相互切磋，相得益彰，儒学繁荣。

近代从鸦片战争以来，清王朝已是大厦将倾之际，帝国、军国主义的侵略使清王朝已临被宰割之日。在内外危机交困下，救亡图存成为时代的课题，侵略者依其船坚炮利向中国大肆输出其商品、毒品以及价值观，太平天国领袖洪秀全接受西方传教士传播的基督教思想，建立"拜上帝教"，以上帝是"天父"，为天上的族长，耶稣为"天兄"，他为"天王"，为地上族长。凡不符合上帝旨意的言行都是"阎罗妖"。在《诏书盖玺颁行论》

---

① 韩昌黎集：卷 11：原道//国学基本丛书. 北京：商务印书馆，1958.
② 晋家人传//新五代史：卷 17. 北京：中华书局，1974：188.
③ 道学传//宋史：卷 427. 北京：中华书局，1977：12710.
④ 徐琰. 金石萃编未刻稿：卷上：大元国京兆府重修宣圣庙记//石刻史料新编：第 1 辑第 5 册. 台湾：新文丰出版公司，1977.
⑤ 段咸己. 明成化《山西通志》卷 15：创修栖云观记//四库全书存目丛书：吏部第 174 册. 济南：齐鲁书社出版社.

中提出灭"阎罗妖"的措施："当今真道者三，无他，《旧遗诏圣书》《新遗诏圣书》《真天命诏书》也。凡一切孔孟诸子百家妖书邪说者尽行焚除，皆不准买卖藏读也，否则问罪也"。所谓的旧新诏书就是基督教的《旧约》和《新约》。不仅要把儒家的"四书五经"全部烧毁，百子书也不幸免，在中国历史上又一次焚书。曾国藩在《讨"粤匪"檄》中说："匪焚郴州之学官，毁宣圣之木主。十哲两庑，狼藉满地。嗣是所过郡县，先毁庙宇。即忠臣义士，如关帝岳王之凛凛，亦皆污其宫室，残其身首。"儒学又遭大劫。

中国近代是一个大动荡、大变革的时代。在五四运动前后，德、赛二先生成为人们追求的目标，吹响了批判、痛斥、打倒传统文化的声音。儒学被作为吃人的礼教，首当其冲。吴虞读了鲁迅的《狂人日记》有感，写了《吃人与礼教》一文，把吃人与仁义道德联系起来做了历史的论证，结语说："孔二先生的礼教讲到极点，就非杀人吃人不成功，真是残酷极了！一部历史里面，讲道德说仁义的人，时机一到，他就直接间接的都会吃起人肉来了。"① 吴氏被胡适赞为"四川省只手打孔家店的老英雄"，是"打扫孔渣孔滓的尘土"的"清道夫"。陈独秀用二元对立的思想讲，"要拥护那德先生，便不得不反对孔教、礼法、贞节、旧伦理、旧政治；要拥护那赛先生，便不得不反对旧艺术、旧宗教；要拥护德先生又要拥护赛先生，便不得不反对国粹和旧文学"②。以西方科学与民主的价值观来反对、批判、打倒孔教、伦理道德、礼乐宗教，即国学。这种与传统文化一刀切的彻底决裂，不加分析、不加区别的一律打倒，造成了不良的后果。

如果五四运动是"打倒孔家店"，那么在十年"文化大革命"中，便是批倒、批臭"孔老二"。孔子、儒家、儒教、儒学统统都成了"牛鬼蛇神"。不仅要批倒、批臭，而且要踏上千万只脚，使他永世不得翻身；不仅要"破四旧"，而且要烧毁"封、资、修"的"大毒草"，所谓封建主义大毒草就是指儒学的书等。孔子和儒学成为中华民族历史上的大罪人。今天中国人热爱孔子，世界亦爱孔子，尊崇孔子。美国联邦众议院通过的《纪念孔子诞辰第784号决议案》中说："孔子的教诲已发展成一套被称为儒家思想的哲学体系，影响了整个东亚的文化和生活。一些人把孔子对东

---

① 吴虞．吴虞文集：卷上：吃人与礼教//中国现代思想史资料简编：第1卷．杭州：浙江人民出版社，1982：377．原载于《新青年》6卷6号（1911年11月1日）。

② 陈独秀．《新青年》罪案之答辩书//中国现代思想史资料简编：第1卷．杭州：浙江人民出版社，1982：34．原载于《新青年》6卷1号（1919年1月15日）。

亚的影响与苏格拉底对西方的影响相提并论。……他的教导长期为数以百万计的东亚和东南亚居民奉为道德的指南。"① 中国、韩国、日本以及中国台湾、香港地区等开展纪念活动,孔子永远活在人的心里。

历史上六次反孔批儒,究其原因,可以说明这样的一种历史逻辑:

凡社会动乱,便生反孔批儒,凡反孔批儒,社会便会无序,如南北朝、五代时期王朝更迭迅速,战乱不断,道德沦丧,为争权夺利,不择手段,或父子相杀,或兄弟相残,儒家伦理道德与其利益相冲突,所以产生反孔批儒。

凡政治腐败,奸佞当道,人民陷于水深火热之中,为求活命,农民起来造反,造反派为冲击现有的国家制度和社会秩序,以及为说明造反的合理性,便反孔批儒,唯恐批之不倒、不臭。

凡以"马上打天下"而"马上治天下",不认识"逆取"与"顺守"关系的,仍以"打天下"的方法"治天下",即以"逆取"的方法"守天下",必产生反孔批儒的行为。强秦之所以速亡,就在于仁义不施,故焚书坑儒,这是陆贾与贾谊的洞见。他们主张以儒家的仁义治天下,社会才会稳定,人民安居乐业,国家才会长治久安。

儒学的价值目标,一言以蔽之,就是求稳定、安定;求稳定、安定必须要和合、和谐;破坏和合、和谐,便导致社会不稳定、安定,而产生社会动乱、造反;动乱、造反以为有理,必反孔批儒,这便是中国几千年来的历史逻辑。

二、生命不息

中国几千年的历史逻辑还证明,孔子打不倒,儒学批不臭。孔子被打倒一次,便更坚强挺拔、意气风发地站起来;儒学被批臭一次,便更显其合情合理、光鲜璀璨;孔子被打倒一次,便获得一次修身养性的机遇,更显其高山景行;儒学被批臭一次,便获得一次"夕惕若厉"的机会,更显其广大精微。这是为什么?需从两方面来探赜,一是内因,二是外缘。

就内因而言,儒学有深刻的反省、反思意识和深沉的忧患、担当意识,这是儒学文化价值系统的"精神"。每一次反孔批儒,社会都面临着严峻的冲突和危机,不能不激烈地刺激着有忧患感、担当感的儒学家反思

---

① 尼山世界文明论坛组委会秘书处. 世界文明对话日——来自中国的声音. 北京:五洲传播出版社,2010:137-138.

儒学，重新发现孔子思想。在秦汉之际的社会大转型、大动乱中，曾以法家和道家思想为主导意识形态来治国理政，结果却造成了强秦速亡和吴楚七国之乱。汉武帝"夙兴以求，夜寐以思"，董仲舒"三年不窥园"地反思"大一统"、改制和长治久安课题。儒学文化价值系统自觉"推明孔氏，抑黜百家"。这是一次反思与"大一统"相适应的"一道德"的需要，以便建立以儒学为主导的意识形态。

儒学有宽阔的胸怀，有开放意识、包容观念，这是儒学文化价值系统的品德。开放而不封闭，包容而不拒斥，开放而能致广大，包容才能极高明；开放而能视野开阔，接触、体察形形色色的各民族、各国家、各文明的文化形态，包容才能分辨、选择、吸收各民族、各国家、各文明的思想文化。开放包容中外古今文化思想，海纳百川，有容乃大，智能创新，才能使儒学永葆青春，生生不息。时代变迁，春秋易代，从战国七雄转变为秦汉大一统，儒学所面临的并非是百家争鸣的形势，儒学必须融突创新而赋予元典孔孟儒学以新生命、新理念。董仲舒以孔孟仁义之道为核心价值，广纳先秦阴阳、道、法、墨、名各家思想，融突和合为新儒学，开创了儒学的新学风、新思维、新时代，在儒学史上具有重大的影响力。汉朝印度佛教传入中土，隋唐时佛教适应人们追求终极关切的诉求，以及对般若智慧和涅槃妙道的信奉，佛教成为强势文化，儒学在思想领域被边缘化，重新发现孔子，传承道统，复兴儒学便成为时代课题。宋明理学家对佛教、道教不像韩愈那样采取"人其人，火其书，庐其居"[①]的拒斥方法，而是开放包容，出入佛道几十年，"尽究其说"，对佛教、道教的学说深入研究，并对儒学做对象性的深刻反思后，吸收佛教对本体的追寻、终极的关切和细密的名相逻辑分析及道教对生命的关注、自然人性的修炼、虚静无为之道的激荡启发，融入儒学，丰厚儒学，增进儒学，体贴出以儒学为宗、道统为旨、仁义为本、佛道为资的新儒学，又一次开创了儒学的新生命、新学说、新学风、新体系、新方法。由于宋明理学智能创新多向度的实践，把中华思想文化价值系统推向"造极"。中华思想文化价值系统贴近了"致广大而尽精微，极高明而道中庸"的目标。

儒学有与时偕行、不可为典要、唯变所适的生命力，这是儒学文化价值系统的特质。儒学由于其开放包容的品德，不保守，不守旧；不保守才能变革，不守旧才能创新；不断变革才能与时偕行，不断创新才能唯变

---

① 韩昌黎集：卷11：原道//国学要本丛书. 北京：商务印书馆，1958.

所适；与时偕行必须"终日乾乾"，整天勤勤恳恳地奋发工作，唯变所适必须"不可为典要"，没有定规，若有典要犹如"祖宗之法不可变"，这就违背了儒学为道屡迁、变动不居、上下无常、刚柔相易的性质。儒学的理论思维形态随历史时代的人文语境、冲突危机的变化而变化，随理论思维的核心话题、依傍的经典诠释文本的转换而转换，随文化价值理想、精神境界的诉求转变而转变，即顺应时代的发展而转生，以适应时代的需要。先秦元典儒学以"道德之意"为核心话题，孔子"述而不作"，依傍"六经"，其价值理想是追求没有杀人、没有战争的和平、安定、统一的生存世界；两汉为儒学奠基，以"天人相应"为核心话题，依傍《春秋公羊传》为其诠释文本，其价值理想、精神境界是追求人之所以生存的根源，盼望大同世界的人人安居乐业；宋明儒学在融突而和合儒、释、道三教中发展到高峰，其核心话题由魏晋的"有无之辩"、隋唐的"性情之原"向"理气心性"转变，其依傍诠释文本为"四书"，其价值理想与精神境界是追求"为天地立心，为生民立命，为往圣继绝学，为万世开太平"的理想世界；在全球化信息智能革命的时代，核心话题由"理气心性"向"和合学"的和平、发展、合作、共赢转变，其依傍的诠释文本是《国语》，辅以《墨子》《管子》，标志着儒学在化解人类所共同面临的冲突和危机中有着特殊的意义和作用，其理论思维形态由理学儒学向和合学儒学转生，其价值理想和精神境界是追求天和地和人和、天美地美人美、天地人共和乐、和美的和合可能世界。儒学与时偕行，唯变所适的特质，冲破"天不变，道亦不变"的网罗，使儒学永葆青春活力而体现时代精神的精华。

儒学有自我协调、自我修复、自我创新的活力和功能，这是儒学文化价值系统自强不息、永续生生的动能。人生有生老，花木有荣枯。人体有病痛，阴阳有不调。凡事物都有差分，差分便生冲突，冲突是对平衡、协调、和谐的破坏。工具使用久了便有破缺，破缺便渐失使用功能，思想文化流行久了，也渐显其破绽，就需要修补弥合。儒学若长期守成而无革故鼎新，就会成为工具化的教条或僵死化的陈迹。董仲舒的新儒学之新，就在于他把天道的阴阳冲突、地道的刚柔矛盾、人道的仁义差分，自觉以"王道通三"来协调三才之道，使三道配合适当，达致平衡、和谐，促进儒学的新生。当儒学价值机体、逻辑结构、思想体系出现缺损时，就会从儒学自我机体、结构、体系内诞生一种度越性新机体、结构、体系来修理、整治其缺损，如韩愈认为在佛道"法统"的冲击下，儒学的"道统"缺失了，他自觉地以"道统"来修复、修理，使其恢复完整，修复、修理本身就蕴涵着清除旧污、消毒病菌、清扫垃圾，使儒学思想文化价值系统获得创新性的新生。

儒学有"接地通天"的能量,这是儒学思想文化价值系统之所以打不倒、批不臭的本根。"接地"就是不空谈、不虚无、不不食人间烟火,是接地气,滋养着社会政治、经济、文化、制度、审美、科举,渗润着家庭、伦理、道德、风俗、习惯,以至教育、礼仪等人的生活的方方面面,深深地融入人的言行举止、生活习惯、思维方式、价值观念,真正地融入人的血液,成为人和国家的精神支柱,以及为人处世的自然准则。谚语说:"江山易改,本性难移"。儒学思想文化已成为中华民族的禀性,这是其一;其二,儒学思想文化原是从自然、社会、人生、生活实践中提升、精炼出来的精华、结晶,而具有普适性、真理性、不朽性,如仁、义、礼、智、信、孝、廉、诚、耻、和,这种中华民族优秀传统文化思想精华和道德精髓,构成中华民族的魂与根,丢掉这个魂与根,就"等于割断了自己的精神命脉";其三,儒学文化思想讲求尽心、知性、知天和存心、养性、事天。心具神明之德,穷尽心的全体,体认人物之性,而知天;或者保存神明之心而不放失,修身养性以事奉天,尽知心性以通天。所以能够"与天地合其德,与日月合其明,与四时合其序,与鬼神合其吉凶"。人与天地、日月、四时、鬼神相配合而不违,儒学便超越了有限时空而进入无限时空,度越了形而下而超拔为形而上,这便是"盖天地万物本吾一体"的"天人合一"境界,儒学自身由内度越而具有形上性、宗教性、家园性,而获炎黄子孙的崇拜和敬畏。

儒学思想文化价值系统自身内在所具的精神、品德、特质、动能、本根是儒学生生不息的生命智慧,是儒学之所以批不臭、孔子打不倒的内因。就外缘而言,可从两个层面探赜:一方面,中华民族是"和合一体"的大家庭,中央集权君臣共治的政体具有无上的权威,汉武帝接受董仲舒的建议,就能实施"独尊儒学,罢黜百家"。两宋时程朱理体学未被统治者所体认时,程颐被作为"元祐奸党"中一员,绍圣四年(1097年)诏追毁其出身以来文字,被贬到"涪州编管"。朱熹晚年被作为"伪学逆党籍"中重要成员,"选人余嚞上书,乞斩朱熹以绝伪学"[①]。诏道学家的语录之类尽行除毁。到元明时程朱理体学逐渐成为其占主导的意识形态,科举考试"一宗朱子之书"。从乡学到太学,从私塾到书院"咸尊以为师者,唯朱文公"。康熙在《御制朱子全书序》中说,其学为"亿万世一定之规"。

---

① 冯琦. 道学崇黜//宋史纪事本末:卷80. 北京:中华书局,1980:825.

这种由上而下的推行，使其便成为全国人民必须遵守的规则，而具有法律的性质，政治、经济、文化各部门、各领域均统摄在程朱思想之下，决不能违背，否则就是"异端邪说""邪门歪道"。董仲舒和程颐、朱熹新儒学就成为中央集权君臣共治在全国所推行的意识形态，各方面必须遵守和实行的指导思想和最高准则。

另一方面是宽松、包容的思想学术环境，北宋的"不得杀士大夫及上书言事人"[①]的佑文政策，为文化学术思想界创造一个自由的著书立说的人文语境，使得儒臣、道学家敢于解放思想，冲决陈陈相因的"法师""家法"的网罗，建构理学新儒学的理体学、心体学、气体学、性体学等，充分焕发了儒学智能创新的潜能和生命智慧的能量，儒学以新理念、新文化、新学风、新方法，体现了儒学浴血再生的生命力。如果说儒学之所以批不臭、孔子打不倒的内因为主，那么这两方面外缘为辅，构成了儒学不朽的新生和演化。

三、和合儒学

牢记历史传统才能开拓未来，善于继承才能有创新。因为今天是昨天的延续，当代的思想文化是传统思想文化的开出。换言之，传统思想文化是当代思想文化的根与源，挖掉了根，再大的树也会枯萎而死；斩断了其源头活水，也会干渴而亡。习近平同志深中肯綮地说："抛弃传统、丢掉根本，就等于割断了自己的精神命脉。"[②] 若一个人割断了其精神命脉，等待他的唯有死亡；一个民族割断了其精神命脉，这个民族在世界上也就销声匿迹了。

在全球化信息智能革命的当代，儒学面临新的挑战，即如何转生儒学，赋予儒学新观念、新思维、新生命，以能唯变所适，与现代社会相协调，与思想文化相适应，与现实需求相融合。

继往开来，继承创新。继往、继承并非照着讲，也不是守旧守成、僵死不化，而是理性地超越"天不变，道亦不变"，智慧地冲决"祖宗之法不可变"。继往、继承，简言之，就是使中华优秀传统思想文化与现代思想文化相通，"穷则变，变则通，通则久"，孔学、儒学作为中华民族优秀传统文化主干的思想，唯有与现实思想文化相拥抱，才有知、情、意的交

---

① 潘永因. 君范//宋稗类钞：卷1. 北京：书目文献出版社，1985：1.
② 把培育和弘扬社会主义核心价值观 作为凝神聚气强基固本的基础工程. 人民日报，2014-02-26.

流、会通，相互适应，相得益彰。

中华民族五千年来从未中断的文明史，与中华传统文化相辅相成，它滋养了儒学，儒学亦丰富发展了中华传统思想文化，这是儒学依以创新的根基。创新儒学首先是正确认识儒学的现代价值与意义，清理、打消一些人思想中以中华传统思想文化、孔学、儒学为封建的、落后的、保守的，是阻碍现代化发展的思维定势，需要有诲而不倦的精神进行教育，通过实际的事例使其自觉，使全民族团结一心为弘扬中华传统思想文化而努力；其次，胸怀全球，登高望远，借鉴各民族优秀文化，精致剖析儒学的成分，识别儒学的意蕴，有选择地弘扬当今与未来所需要的思想文化，而不是一股脑儿照搬、照抄，以利于儒学创新；再次，建设新屋，必须清理地基，创新儒学必须清扫与现代社会思想文化相悖逆的、过时的污泥浊水，以清新鲜活面貌迎接新儒学的新生。当代新儒学是从三个维度和合起来的：一是通过超拔认知度，解构思维定势，转生传统，将往古、现今、未来和合成一条不断超越的思议升华之路；二是通过仰望俯察中外古今思想文化，互鉴互济，和合成一条不断通达儒学新生命智慧之路；三是通过解构旧观念、旧思维、旧方法，澄明一条精神家园的新儒学之路。

民本民主，相互促进。五四运动时，中国人向西方追求民主，而抛弃中华传统文化中民本精华。一些人甚至拜倒在民主的石榴裙下，而不自觉。从现代全球化视域观之，所谓西方民主，实是一种以集权为体，分权为用的形式，如其民选和多党制，看似分权于各政党和选民，但当选者必定具有一定的政治、经济、家族、出身等背景，一般民众和穷苦百姓是根本没有资格和可能当选的。当选者基本上都属于一定党派，代表该党派所属阶级、阶层、集团的利益，通过竞选的方式，多党制集中为两党，两党再集中为一党，在一党独大的情况下，可联合某些小党，大党可以把自己的意志，加于联合执政的小党，大党产生的最高领导人，就掌握该国的军、政、财、人事、外交等权力及最终裁决权，这种民主形式实是手段、是用，而非体，用为体所用。①儒家的民本政治学，以"泛爱众""博爱"为魂，立足于"天人合一"，倡导"民惟邦本"②，"民之所欲，天必从之"③，"天视自我民视，天听自我民听"④。上古宗教信仰中最高权威天，

---

① 张立文. 论集权与分权. 哲学动态，2014（8）：27-34.
② 尚书正义：卷7：五子之歌//十三经注疏. 北京：中华书局，1980：156.
③ 尚书正义：卷11：泰誓上//十三经注疏. 北京：中华书局，1980：181.
④ 尚书正义：卷11：泰誓中//十三经注疏. 北京：中华书局，1980：181.

服从民众的意欲，民视、民听与天视、天听是一致的，这样便提升了民的权威性，故而孟子提出："民为贵，社稷次之，君为轻"的理念，民的珍贵价值超越国家和君主。荀子把民众譬为水，君主喻为舟，"水则载舟，水则覆舟"①。君主上台与下台、委任与罢免的权力掌握在民众手里。这种民本政治学赋予民众以主宰权、主导权，体现了以民做主的权威性、天从民欲的合法性、民贵君轻的合理性。当代建设民主价值观，必须以中华民本为魂、为根，使民主价值形式真正体现民本的魂与根的精神，也使中华民本的价值理念具有现代民主的形式；民主的价值在民本的指导下为民做主，民本价值在民主形式的促进下更加完善；民主并不必然导致善政和代表多数人的利益，民本以博爱为魂、为根，必然导致仁政、德政、惠政标的，能代表大多数人的利益②；民本与民主互补互济，互相促进，相得益彰，是现代政治的创新。

礼法互济，公平正义。孔子说："道之以政，齐之以刑，民免而无耻。道之以德，齐之以礼，有耻且格。"③ 如何治国理政？凡刑政，凡德礼，刑政为法治，德礼为礼治。孔子从两者治理的效果视角考察，一是暂时免于犯法，但没有廉耻感；一是有廉耻，人心归服。前者他律，后者自律，人就自觉不会犯法，两者相辅相成。依法治国就是一个国家、社会、政府尊重法律权威，使法律成为人们自觉遵守的行为准则。法治核心内涵是其法治精神，法治精神的建设，使人人信仰法律权威和自觉遵法、守法、用法，营造安定和谐社会。中华民族自古以来便是"礼仪之邦"，《左传》讲："礼，经国家，定社稷，序民人，利后嗣者也。"管理国家，安定社稷，百姓都遵守秩序，有利后代子孙。

礼治与法治所体现的精神与社会效果有相同之处。就此而言，现代法治精神与中华传统礼治精神相结合，使现代法治精神具有更显明的中华特色、内涵和神韵，更能适应中国的国情；中华传统礼治精神也在包容、吸收现代法治精神中改善自身，以符合现代社会的需要。之所以说两者可以互济，是因为礼治精神较法治精神更注重启发人遵法、守法、遵礼、守礼的自觉。孔子讲"克己复礼为仁"。如何克己，"非礼勿视，非礼勿听，非礼勿言，非礼勿动"。要正视勿邪视；听忠言、正言，不要听阿谀奉承、

---

① 王制//荀子新注. 北京：中华书局，1979：118.
② 彭永捷. 论儒家政治哲学的特质、使命和方法. 江汉论坛，2014（4）：64-70.
③ 论语集注：卷1：为政//朱子全书：第6册. 上海：上海古籍出版社；合肥：安徽教育出版社. 2002：75.

歌功颂德的话，也不偏听偏信；要正言，不要编造假信息，造谣传谣；要正动，发挥正能量，不要乱动、盲动及参与违法活动。视听言动都符合礼的规范，也就达到了仁义的标准，以至天下归仁，如此人无偏私、谋私，一心为公，伸张正义。再由现代法治精神滋养和施行，社会的公平、正义就能实现。这是新儒学所开出的公平、正义之路。

仁义礼智，精神家园。孟子认为，人之所以为人，是因为人具有四德的恻隐、羞恶、辞让、是非的四端之心，若无此四德四端，"非人也"。这是人作为人的道德标准底线。后来四德加"信"为"五常"。仁包含四德，孔子规定仁为爱人，后引申为爱人类、博爱，度越了亲缘而成为大爱、泛爱、普遍的爱，推而广之为"仁民爱物"，爱万物。义，"人路也"，走正路、正道，这才是义。荀子说："正利而为谓之事。正义而为谓之行。"① 为正当的利益去做，叫作事业；为正义而做称为德行。杨倞注："苟非正义，则谓之奸邪"。正义为善行。"夫义者，所以限禁人之为恶与奸者也。"② 限禁恶奸，扬善去恶。"义胜利者为治世，利克义者为乱世。"③ 义超越个人道德行为而与社会治乱相关联，"多行不义必自毙"。礼呈现为三个维度：礼法、礼义、礼仪。"不学礼，无以立"，做人必须遵守这三个维度的规范，否则就是违礼，造成社会的动乱。礼的目标是使每个人知道自己的身份，孔庙里有"明伦堂"。在韩国"明伦堂"中都挂着写有"父子有亲，君臣有义，夫妇有别，长幼有序，朋友有信"的牌子，人尽伦、尽职、尽责，社会就有序和谐，人民安居乐业。智，"知者不惑"，为君子的三达德之一，具有明辨是非的能力和价值，这是人的生命智慧所具有的智能创造的动能，"人是会自我创造的和合存在"，就在于人有智慧、爱智慧，善于运用智慧。信，"民无信不立"，孔子认为，信对于人和国家来说比粮食和军备更重要。信是言行一致，诚实不欺。信与四德是圆融的，《左传》载："信以守礼""信以行义"。孔子也说："信近于义。"一个诚信的社会，是一个和谐的社会。

仁义礼智信是每个宗教所具有的品德。仁爱、博爱是基督教、儒教、佛教、伊斯兰教、道教的信条；义，劝人改过从善，改恶扬善；智，明辨是非，超越群己，化解烦恼，获得精神解脱；信，天地四时都著信不殆，信以立国，信以立教；这四德与礼相圆融，构成中华民族的信仰，古礼尊天

---

① 正名//荀子新注.北京：中华书局，1979：367.
② 强国//荀子新注.北京：中华书局，1979：265.
③ 大略//荀子新注.北京：中华书局，1979：456.

法祖，荀子说："礼有三本：天地者，生之本也；先祖者，类之本也；君师者，治之本也。"① 它是人类生存、宗族生命、治己治人的根本。"故礼，上事天，下事地，尊先祖而隆君师，是礼之三本也。"② 事奉天地，尊敬先祖，祭天祭祖，几乎成为全民族的终极信仰体系，既维护着中华民族和合一体的大家庭的团结，也是中华民族终极关切的精神家园。今天可继承重建，给人以精神的寄托和慰藉。

诚实守信，互惠互利。市场经济是经济全球化的需求，是信息智能革命渗入经济各领域的需要。它极大地调动人们参与经济活动的积极性，经济快速发展，社会财富不断丰富，百姓生活得到改善。但由于资本垄断和人的贪婪，而造成贫富分化加剧，见利忘义横行，假冒伪劣泛滥，贪污腐败成灾，凸显了利益集团与非利益群体、金融集团与非金融群体、权力集团与人民大众的严峻冲突，造成社会与人际间不公平、不正义、不和合的危机。为化解危机，要积善成德，革除"人不为己，天诛地灭"的恶心、私心，以"公天下之善而不为私"的善心、良心、正心、公心出发，视听言动，以澄清天下；要诚实守信，不欺骗，不虚伪，不作假，不坑人，以真诚、诚意、真心、真言、真行、真实清除贪心、嗔心、痴心、嫉心、害心、私心；要以义取利，清扫金钱崇拜、唯利是图、见利忘义、假公济私的思想行为。在现代市场经济竞争的时代，企业家、商业家、金融家、事业家应以和合学的五大原理作为其企业、商业、事业的核心内涵：一是和生为生财之道，财源生生不息。《周易·说卦传》："（巽）为近利，市三倍"。利用三倍，成为买卖吉利的话语，"和合利市""和气生财，生意会来"。当今中国企业、商业等需要重构竞争力基础，转变生产方式，通过技术、产品、商业模式的创新，整合与优化资源要素，开辟企业、商业新路径。二是和处为处事之道，事事合作互利。在全球化信息智能革命时代，市场全球化，国家与国家、企业与企业、地区与地区之间一体化，形成你中有我、我中有你、互相依赖的命运共同体，必须互惠互利，合作共赢。三是和立为立诚之道，诚信为成功之本。"君子爱财，取之有道"。企业、商业要把"道"摆在第一位，守诚信，讲道义，严律己，知廉耻。如要走向世界，必须把企业、商业的社会效益、社会责任和企业、商业目标无缝对接，指引企业、商业心怀善念，以诚善为本，才能走向世界。四是和达为通达之道，人人安身立命。有一副对联："财源茂盛达三江，生意

---

① 礼论//荀子新注. 北京：中华书局，1979：310-311.

② 同①311.

兴隆通四海"。达三江、通四海，企业、商业、事业"走出去"，必须对那个国家、地区的天时、地利、人和仔细地考察、研究，整体地估量，全局地谋划。天道阴阳是变化的，那个地区、国家的政治环境、政治制度、领导人的更替、社会状况，都需全面考量；地利，就要对物产资源的储量、质量，以及资金、能力、交通、安全都要有科学的估量和研究；人和，要调查了解那个地区、国家的民情、民风、民俗，以至对其社会的政、经、文、法都要"穷理尽性以至命"，这是有关企业、商业、事业的命运。五是和爱为博爱之道，世界和合太平。以仁爱之心作为企业、商业、事业的核心理念，对顾客、同业、合作方，都要以"己所不欲，勿施于人"为指导，爱人像爱自己一样，不要把自己不欲的加给别人，这样就不会做出伤天害理的事。爱人，人便爱己，推而广之，世界和合太平的美好愿望便可实现。

和合生态，尊重生命。孔子说："钓而不纲，弋不射宿。"① 钓鱼不用绳网，不射已归巢的鸟，反对妄杀滥捕。体现了仁爱生物生命的环保意识。《史记·孔子世家》记载：剖腹取胎，竭泽而渔，覆巢毁卵。这种灭绝生物的做法，使人类必遭巨大的灾难，这是古人保护生态的自觉。当今人与自然冲突已造成严重生态危机，它威胁人类的生存环境，损害人的生命财产和生活质量。为了人类的福祉、国家的繁荣、民族的未来，必须发扬孔子儒学的生命智慧和智能创造，以"万物并育而不相害"为大本，以敬畏、尊重、爱护自然为指导，以建设文明、和谐、持续发展以及天蓝、地绿、水净的美好家园为宗旨，化解生态危机，建构生态文明社会。要继承弘扬中华民族独具魅力和卓越智慧的和合生态理论。如：（1）天人合一的智慧，如大人与天地、日月、四时、鬼神合其德、明、序、吉凶。朱熹认为由于"天地万物本吾一体"，吾心正天地之心亦正，吾气顺天地之气亦顺，爱护、保护天地自然就是爱护、保护人类自己。（2）敬畏尊重的智慧，孔子基于"知天命"，而"畏天命"，因为"唯天为大，唯尧则之"。这是一种以天为大的敬畏天的宗教情感的体现。敬畏天地自然就是敬畏、尊重生命体，这构成天地自然与人类互相尊重的互动关系。（3）仁民爱物的智慧，仁爱人民推而爱护万物，人类有了这种爱心，便会有尊重自然生命的自觉。（4）顺应自然的智慧，《礼记·月令》是将政令与月令的农事季节活动和保护生态的管理条例相结合的条令，而具有国家法律的意义。如此，当下必须提升对生态重要性、突出性的教育和认识；建构科学合理

---

① 论语集注：卷4：述而. 王引之《经义述闻》："纲乃网之误"。

的发展模式,发展绿色经济以及消费模式,走出一条自然生态资源节约型、人民生活幸福安康型的模式;建构生态创新新体制,把生态发展评价、考核、检查、奖惩机制和生态资源开发、利用、保护、补偿监管制度化、体制化;健全生态监管的法律法规、方针政策、技术标准、审检机制等,实现中华民族永续发展,以惠及子孙后代。[1]

和合儒学,理论创新。在全球化信息智能革命时代,我们所面临的冲突与危机已与农业革命、工业革命时代迥异,以至与现代新儒家所面临的救亡图存的危机亦有天壤之别。现代新儒家的理论思维把形上学问题引向道德,偏离了知识论、形上学绝对与绝对形上学,致使道德形上学与现实疏离等[2],已不能回应与化解全人类所共同面临的冲突与危机。和合新儒学在解构"古今之变""中西之争""象理之辨"基础上为和合新儒学奠基。[3] 它为回应与化解人类所共同面临的人与自然、社会、人际、心灵、文明间冲突,从而造成自然生态、社会人文、伦理道德、精神信仰、价值观念的严重危机而建构的。和合既是中华传统文化思想的精华和生命智慧,亦是和平、发展、合作、共赢的时代主题和世界潮流。

和合的世界观。"和合"语出《国语·郑语》,主张"和实生物",由多元五行互相冲突融合而成万物,亦是天父地母,阴与阳冲突通过缊缊、构精而成人类万物。"万物并育而不相害",世界各国、各民族共同发展繁荣。

和合的价值观。中华民族自古以来以"和为贵"作为自己所追求的价值目标和价值评价体系,以和合作为认识、处理各种错综复杂的冲突的指导思想和根本原则。和,便是"以他平他谓之和"。各国、各民族、各种族、各宗教间要平等地、公平地承认、尊重他者。他与他之间相互包容,和衷共济。

和合的人生观。儒家认为"天地之性,人为贵",人的生命有珍贵的价值,其珍贵的价值就在于能立德、立功、立言,这样人活着才有意义。

和合的道德观。在中华传统思想文化中蕴涵着丰厚的道德资源和精髓,仁义礼智信"五常"应被继承发扬,赋予其现代新的内涵,这成为中华民族核心价值观的重要滋养。

---

[1] 张立文. 儒家和合生态智慧. 黑龙江社会科学,2013(1):1-7.
[2] 张立文. 现代新儒学能否化解冲突//和合与东亚意识. 上海:华东师范大学出版社,2001:50-111.
[3] 张立文. 和合哲学论. 北京:人民出版社,2004:2-16.

和合的审美观。以审美情感为中心，审美活动的关系为纽带，以艺术和合范畴为框架，构成新和合审美体系，提升审美主体的知、情、意，建构真实、完善、优美的现代审美观。

和合的国际观。《中庸》说"和也者，天下之达道也"。和是交通、沟通天下最普适的大道。中华民族素来"讲信修睦"，以"协和万邦"为处理国际关系的原则。以"己所不欲，勿施于人"为指导自身和化解国际间冲突对抗的原则。以"己欲立而立人，己欲达而达人"为求各国、各民族、各宗教共立共达。以"和而不同"原则与所有国家、民族、宗教和平共处。以和平、发展、合作、共赢的精神，建设和谐世界。

和合儒学"六观"的核心内容已成为中华民族最基本的文化基因和独特标识。这些基因滋养儒学适应当代社会大变革、大转型所需要的理论思维观点、方法的创新及革故鼎新。唯变所适的当代新儒学，其新之所新，便是和合儒学开出了新生面，建构和合学理论思维体系，成为化解当代人类所面临五大冲突与危机的优化武器，是中华民族生生不息、发展壮大的重要滋养。

论儒学的创新[*]

中华民族是一个智慧的民族,是一个不断创新的民族。在上古时代就初步形成民族共同体,商周时建构了"协和万邦"的联邦式的和合体,这在世界文明古国中是唯一的,也是理性的、合理的睿智结构机制。弘扬中华民族精神和老祖宗的智慧,如何使中华传统文化现代化?如何唯变所适?转古为今、转旧为新、转死为活、转丑为美、化腐朽为神奇,是历史价值时空赋予今人的使命和职责。

从儒学在历史价值时空的逻辑演变中,可以获得儒学之所以能不断转生其存在样式和连续创新其理论思维形态的借鉴、启发,为当今儒学创新提供参照。

一、觉醒动能

儒学文化价值系统是历史觉醒的动能。每一次思想的突破创新、文化价值系统的自觉,都是对时代所面临的冲突和危机的深刻洞察和体贴,然后激发了从理论思维高度提出化解之道的自觉动能,而成为时代思潮。

时代的严峻冲突和危机激烈地刺激着知识精英的神经,使他们不得不反思时代课题。东周时"礼崩乐坏",战争连绵,杀人盈野,社会无序,"协和万邦"的形势被破坏,价值信仰的天命被动摇。孔子在对"礼崩乐坏"的"是可忍,孰不可忍"的反思中,重塑价值理想,重构伦理道德,

---

* 本文原载于《中国人民大学学报》2015年第3期。

重建社会秩序，使乱臣贼子不敢不非礼勿视听言动，祈求社会和平安定，人民安居乐业。这是儒学在元创期的文化价值系统的自觉。

秦统一中国，标志着天地人"三才之道"向"天下同归而殊途，一致而百虑"的同归、一致转化，董仲舒的"王道通三"道出了由战国七雄分裂向统一转变，由封建向郡县制转型，以及"道术将为天下裂"向"罢黜百家，独尊儒术"转变。在这个社会大变革、大转型中，曾经历以法、道为主导思想治理国家的试验，结果造成强秦的速亡和吴楚七国之乱。汉武帝和董仲舒在面临改制、大一统和长治久安的冲突和危机的情境下，汉武帝"夙兴以求，夜寐以思"，董仲舒"三年不窥园"地反思，终于重新发现了孔子，重新发现了儒学，"推明孔氏，抑黜百家"。奠定了儒学在中华民族历史时空中重构价值的自觉。

魏晋时期，历经汉末三国的动乱分裂，曹魏集团与司马氏集团惨烈而紧张的争权夺利斗争已登峰造极，动辄滥杀，诛夷名族，人民朝不保夕，名教与自然分裂，名教变成砍向名士的屠刀。残酷的现实，使名士们只能将自然理想境界寄寓在其精神世界；现实的无望，使名士们只能将自身无比痛苦的心情放置于纵酒之中，他们放浪形骸是反抗现实的一种形态。他们在道儒融突、自然与名教的调适中，追求精神的自由，这是儒学文化价值系统另一种发展形式的自觉。

南北朝时期，国家长期分裂，政治动乱，经济凋敝，人民疾苦，百业俱废，人民期盼统一和安居乐业。隋唐时期，儒释道三教鼎立，相互论争，冲突融合，佛教在与中华传统文化结合中而中国化。佛强儒弱，激发了以古文运动为先导的儒学复兴思想，韩愈等鉴于佛教所带来的社会政治、经济、思想、伦常的冲突和危机，倡导道统论，重新弘扬儒学仁义之道，这不仅是中华哲学思辨的深化，也是儒学文化价值系统又一次觉醒。

唐末藩镇割据，五代十国长期混战，致使纲常失序、道德沦丧、理想失落、精神迷惘，构成价值颠覆和意义危机。两宋面临着社会伦常冲突和价值危机、社会积贫积弱和社会危机，儒学式微冲突和其生命智慧危机。宋代儒学家奋起为化解冲突和危机，绍承孔孟道统，重整伦理纲常、道德规范、行为准则，重建价值理想、终极关切、精神家园，使儒学起死回生，开出新生命智慧，这是一次儒学文化价值系统的大觉醒。

当前中华民族所面临的冲突和危机，与现代新儒家所面临的帝国主义、军国主义的侵略，以及中华民族陷于亡国亡种深渊等危机已有根本的差异。在全球化、网络化的当下，地球村落化，天下如一家，世界已成为命运共同体，人类共同面临着人与自然、社会、人际、心灵、文明的冲突，由此带来自然生态、社会人文、伦理道德、精神信仰和价值危机，化解此五大冲突和危机关系着全人类的生命安全、发展。它激荡着人殚精竭虑。和合学作为化解五大冲突危机之道，标志着儒学文化价值系统的又一次觉醒。

时代的冲突和危机是儒学文化价值系统觉醒的基础和动力，是儒学温故创新的活水和根基，是儒学创新思想一浪高似一浪的内生增长力。

二、开放包容

儒学文化价值系统具有开放包容的品德。开放才能"致广大而尽精微"，包容才能"极高明而道中庸"。由其开放，而能海纳百川、博收广采古今中外文化；由于由其包容，而能有容乃大、融突转生中外古今文化。开放包容品德使儒学永葆青春、生生不息。

儒学创始者孔子就是具有开放包容品德的典范。先秦时百家争鸣，典籍五车，有《三坟》《五典》《八索》《九丘》等。孔子收集、整理、研究旧章。他"睹史籍之烦文，惧览之者不一，遂乃定礼乐，明旧章，删《诗》为三百篇，约史记而修《春秋》，赞《易》道以黜《八索》，述职方以除《九丘》"①。

孔子定礼乐，明《礼》《乐》《诗》《书》《易》《春秋》其文其义。此"六书"（后称"六经"）是中华民族关于宇宙、社会、人生、思维的存在样式或精神样式的符号踪迹，是中华民族在与宇宙、社会、人生、思维交往与反馈活动中凝聚的文化基因的遗传和文化意向的遗留，它对中华民族各个时期的政治、经济、文化、制度实践活动的体认、生命智慧的觉解、智能创造的阐释具有深远的影响。

孔子"述而不作"，实乃综合创新。先秦诸侯国林立，百家争鸣，此"百"是多的意思，司马谈归于六家，班固归为十家。秦汉大一统，儒学必须创新，赋予元典儒学孔孟之道以新生命、新理念。董仲舒以开放包容的态度，"推明孔氏"，以孔孟仁义之道为核心价值，吸收先秦阴阳、道、法、墨、名各家思想，融突和合为新儒学，构建了化解时代冲突和危机、体现时代精神核心话题的哲学思潮和时代所需要的意识形态指导思想的理论基础。

南北朝和隋唐时期，与佛学强势相对而言，儒渐趋弱势。然而，正是

---

① 孔安国. 尚书正义：卷1：尚书序//十三经注疏. 北京：中华书局，1980：114.

儒学崇高而理性的开放包容的品德、儒学的慧命促使儒释道三教互相对话、交流、切磋，不仅产生了儒学化的佛家，也产生了佛学化的儒家。儒学引领佛教中国化，即佛教在与中华传统文化价值系统会通、融合中，特别是与占主导的儒学融突而和合中，诞生了中国化的佛教，并传播到东南亚和世界各国。

儒释道三教在隋唐时论争不息，为适应中央集权统一国家"一道术"的需要，曾提出开放包容的"兼容并蓄"儒释道三教文化整合的方法，然而由于各教之间价值观的迥异，"兼容并蓄"长期不能落实。宋代儒家开放包容、解放思想，冲决"家法""佛法"的网罗，知己知彼地出入佛道几十年，而"尽究其说"。在对儒学深刻反思和对佛道之学尽精微地研究后，把三教"兼容并蓄"落实到"天理"上，程颢说："天理二字却是自家体贴出来"。这一体贴，便开创了儒学的新生命、新学说、新学风、新体系，这是以儒学为宗、道统为旨、释道为材的儒学智能创新实践，把中华文化价值系统推向高峰。

近代中国内外交困，外受帝国主义列强的侵略，不断被迫签订丧权辱国的不平等条约；内是清王朝腐败透顶，不可救药。胸怀救国救民悲愿的知识精英们以开放包容的品德，认识到"师夷长技以制夷"，学习西方长技以克制西方帝国主义侵略，于是涌现出了一批早期改良主义者。中日甲午战争失败，洋务运动的破产，更强烈刺激了中华民族的身心情感，也更坚定了有识之士变法图强、救中华民族于水火的决心和信心，诞生了波澜壮阔的戊戌变法维新运动，然却以谭嗣同等"六君子"的热血换来戊戌变法维新运动的失败，变法维新失败后，唯有推翻清王朝一途，于是有孙中山领导的辛亥革命。五四运动前后，在西风劲吹横扫下，作为中华传统文化价值系统代表的儒学及其创始人孔子，便成为被痛批、被打倒的对象，与传统文化彻底决裂的口号响彻云霄。然而，在中华民族危急存亡的抗日战争中，爱国知识分子胸怀"国家兴亡，匹夫有责"的悲愿，以忧国忧民的忧患意识和救国救民的责任意识，弘扬中华文化，振兴民族精神，现代新儒家接着宋明理学中的程朱理体学、陆王心体学及张（载）王（夫之）的气体学讲，以抵制和抗衡日本军国主义的政治、经济、文化侵略行径，而开出儒学的新生面。

在全球化的当代，儒学更以其开放包容的品德，胸怀全球，吸收各国、各民族的思想文化，外为中用，西为中资，马为中化，冲突融合，智能创新，开出当代和合学的新儒学文化价值系统。

儒学开放包容品德，是儒学文化价值系统之所以能不断创新的前提和条件，是儒学内涵更新发展繁荣的生命力，是儒学吐故纳新、生生不息的驱动力。

三、唯变所适

儒学文化价值系统具有唯变所适的特质。《周易·系辞》曰："为道也屡迁，变动不居，周流六虚，上下无常，刚柔相易，不可为典要，唯变所适。"天地人三才之道是不断变迁的，社会人事、制度、王朝不断替换，历史时空的政治、经济、文化、思想也变动不居。每个历史因素的发生，即每个历史时期的冲突和危机的出现和化解，必推动着新的哲学思潮的诞生。新的哲学思潮既体现了时代精神的精华，也适应了新历史时代的需求，赋予儒学文化价值系统以新智慧生命。

在儒学文化价值系统随历史时代唯变所适的过程中，儒学的理论思维形态随历史时代的人文语境、冲突危机的变化而变化，随理论思维的核心话题、诠释经典文本的转换而转换，也随着儒学文化价值理想、精神境界的诉求转变而转变。

儒学文化价值系统的逻辑演化是系统的、有序的，其理论思维形态的创新和转生都是对以往既定的、固化的理论思维逻辑体系、价值观念、思维方法的冲决，这个冲决使儒学逻辑发展经历了先秦的元创期，秦汉的奠基期，魏晋南北朝的发展期，隋唐的深化期，宋元明清的造极期，当代的创新期。随着此六个历史时空逻辑的变化，儒学文化价值系统的核心话题、诠释文本、理论思维形态，以及其价值理想、精神境界的追求均大相径庭。

先秦儒学思议"道德之意"的核心话题，其依傍文本为"六经"，其理论思维形态为人文性的元典儒学，其价值理想是追求一个没有杀人、没有战争的和平、安定、统一的生存世界。

两汉儒学思议"天人相应"的核心话题，其诠释文本为《春秋公羊传》，其理论思维形态从人文性的元典儒学转变为独尊性的经学儒学，其价值理想、精神境界是追究人之所以生存的根源、根据，回应人为什么生存的天人感应及其相互制约问题，追求大同世界的人人安居乐业，不受社会动乱、战争的痛苦。

魏晋儒学在会通儒道中，思议探索"有无之辩"的核心话题，其依傍的文本为"三玄"，其理论思维形态从独尊性烦琐的经学儒学转变为思辨性义理的玄学儒学，其价值理想、精神境界是回应人为什么活着、人活着有没有意义，以什么样的方式实现人生价值，能否实现人生价值等问题，追求"玄远"的自由人生。

隋唐儒学在儒释道三教融突中，由魏晋"有无之辩"向"性情之原"的核心话题转生，其诠释文本为佛经和道经。标志着在对人生本来面目的参悟上有了自觉。其理论思维形态亦从思辨性义理的玄学儒学向原道性复性的道统儒学转生，其价值理想、精神境界是追究人生从何而来，死了到何处去的灵魂安顿、终极关切问题。

宋元明清儒学在融突而和合儒释道三教中，由隋唐"性情之原"的核心话题向"理气心性"转变，其依傍文本是"四书"。标志着儒学价值自觉意识、智能创新意识、历史责任意识、忧国忧民意识的大发扬、大提升，其理论思维形态随之从原道性的道统儒学向"理一分殊"性的理学儒学转生，其价值理想、精神境界是追求"为天地立心，为生民立命，为往圣继绝学，为万世开太平"。现代新儒学接着宋明理学讲，而会通中西。

在全球化信息智能革命的时代，核心话题由宋元明清的"理气心性"向"和合学"转变，其依傍文本是《国语》辅以《墨子》《管子》。标志着儒学文化价值系统在化解人类所共同面临的冲突和危机中有着特殊的意义和作用，其理论思维形态由理学儒学向和合学儒学转生，其价值理想和精神境界是追求天和地和人和、天美地美人美，天地人共和乐、和美的和合世界。

儒学唯变所适的特质，是儒学文化价值系统之所以能"终日乾乾，与时偕行"的支撑，是儒学之所以能自强不息、厚德载物的能量。儒学唯变所适的特质使其能冲破"天不变，道亦不变"的网罗，与时俱进，随历史时空的变迁而周流六虚、上下无常，刚柔相易。唯有"变则通，通则久"，儒学才能永葆其青春活力和体现时代精神的精华。

四、仁和现释

儒学文化价值系统历史觉醒的动能、开放包容的品德、唯变所适的特质，是儒学之所以智能创新的根基动力、前提条件、支撑能量、生命活水。儒学若没有创新性的超越，就没有生意化的流行[①]，就会成为工具化的教条或僵死化的陈迹；如果没有创新性的流行，就没有实质性的度越，就会沦为虚伪性的粉饰或云烟般的消散。创新是一切理论学说的生命线，

---

① 生意化的流行，是指生命意义化的流行。

是中华民族发展繁荣、生生不息的动力。但在儒学文化价值的历史逻辑演程中未尝不历经此等惨痛的教训。

人类文明大体经历了农业革命、工业革命,现在进入了信息智能革命的新阶段。当代信息智能革命以惊人的速度蓬勃发展,不可阻挡。它虽不采取暴力的形式,但比之农业革命、工业革命更深入、更具影响力。它全面改变了人类在世的一切方式,如人的生活、交往、行为、写作、购物、议政、舆论、思维、情感、恋爱、心灵等传统方式,甚至偷盗方式。它突破了以往的现实性、经验性、时态性、空态性、面向性的世界。它度越了现实世界,而创造了一个虚拟世界。在虚拟世界中,虚拟时空代替了物理时空,以虚拟的自然、社会、人际、心灵、生态环境替代现实的自然、社会、人际、心灵、生态环境,创造新的时空观。在虚拟世界里,可以给人类带来更舒适、安逸、丰富、方便、快捷的生活方式,也可以给人带来实现自由、民主、平等、人权的希望,不费气力地实现自我价值的乐趣,创造了新的价值观。同时也创造了新的信息军事观、信息语言观。虚拟世界把不现实变成现实,把不可能变成可能。

在信息智能革命严峻的挑战面前,儒学文化价值系统如何创新?如何适应信息革命的诉求?如何转旧为新、转死为活?这是一个探赜索隐、钩深致远的过程,也是一个"善于继承才能善于创新的历程",因为儒学是中华民族的魂和根、体与源之一,"讲仁爱、重民本、守诚信、崇正义、尚和合、求大同"既是时代价值,也是儒学的核心价值,就以"讲仁爱"而言,仁既包"义、礼、智、信"①,亦含正义、和合及大同之意。

"仁爱"随儒学文化价值系统变迁而呈现不同的诠释,以便唯变所适。樊迟问孔子仁是什么?孔子说:"爱人"。孟子更直白地说:"仁者爱人"②。孔子有一天退朝,家人对孔子说:马厩起火。孔子说:"伤人乎?"不问马。在当时马的价值比人的价值要超出好几倍,可见其对人的尊重。在春秋无义战、杀人盈野的情景下,孔子高扬爱人旗帜,是对人的伟大发现,是对杀人者的抗议。换言之,要把人当人看待,这样才能尊重、关怀、体贴他人。所以孟子说:"仁也者,人也"③,《中庸》说:"仁者,人也。"人是

---

① 朱熹说:"仁所以包三者,盖义礼智皆是流动底物,所以皆从仁上渐渐推出。"(朱子语类:卷6. 北京:中华书局,1986:107.)又说:"仁,浑沦言……义礼智都是仁"(同上)。

② 孟子集注:卷8:离娄下//朱子全书:第6册. 上海:上海古籍出版社;合肥:安徽教育出版社. 2002:363.

③ 孟子集注:卷14:尽心下//朱子全书:第6册. 上海:上海古籍出版社;合肥:安徽教育出版社. 2002:448.

一个人，是独立的主体。① "立人之道曰仁与义"②。这是对人道的挺立和人道主义的发现和涌动。

秦汉时大一统，秦始皇"严刑峻法""以吏为师"，吕不韦主张"仁也者，仁乎其类者也"③。把人与人视为同类，同类相爱意识类似孔子的"泛爱众"，爱类就不能杀人。"杀民，非仁也。"④ 残杀人民，便不是人，这是吕不韦对秦政严刑峻法的箴弊。汉初陆贾、贾谊，在总结强秦速亡的教训时指出：仁义不施者也。董仲舒为化解汉代所面临的社会冲突和危机，提倡"天人相应"之道，主张"仁者所以爱人类"⑤，"仁之法在爱人"⑥。如何爱人？如何"天人相应"？他对人与天的关系做了创新性的解释。"为生不能为人，为人者天也。人之人本于天，天亦人之曾祖父也。此人之多以乃上类天也。"⑦ 人本于天，天是人的曾祖父，人与天同类，人的形体、血气、德行、好恶、喜怒等都是天之所化生。因而敬畏、尊重、仁爱天，就是敬畏、尊重、仁爱人自己，反之，就是对天对人的不敬畏、不尊重和不仁爱。这是仁的进境创新，是儒学文化价值系统的一次智能创造。

魏晋时崇有论派裴頠患时俗放荡、不尊儒学。何晏、嵇康、阮籍等名士，口谈浮虚，不遵礼法。⑧ 于是裴頠作《崇有论》，绍承儒术，主张"居以仁顺，守以恭俭，率以忠信，行以敬让"⑨。居守率行儒学仁义之道。尽管王弼与裴頠相对，属本无论派，但他作《论语释疑》，在释"孝悌也者，其为仁之本与"时说："自然亲爱为孝，推爱及物为仁也。"⑩ 以自然释仁、爱，是道法自然思想的贯彻。

隋唐时儒释道三教融突，韩愈忧"今也举夷狄之法，而加之先王之教之上，几何其不胥而为夷也"⑪。认为佛教乃外来的夷狄之法，并非中华文

---

① 孔子、孟子以往对仁的诠释，参见张立文. 仁义论//中国哲学范畴发展史·人道篇. 北京：人民大学出版社，1995：316-325.
② 周易本义：说卦传//朱子全书：第1册. 上海：上海古籍出版社；合肥：安徽教育出版社. 2002：153.
③ 爱类//吕氏春秋校释：卷21. 上海：学林出版社，1984：1462.
④ 离俗//吕氏春秋校释：卷19，上海：学林出版社，1984：1234.
⑤ 必仁且智//春秋繁露义证：卷8. 北京：中华书局，1992：257.
⑥ 仁义法//春秋繁露义证：卷8. 北京：中华书局，1992：250.
⑦ 为人者天//春秋繁露义正：卷11. 北京：中华书局，1992：318.
⑧ 嵇康从自然人性的养真出发，揭露外在仁义的虚伪性，激烈批判，"以六经为芜秽，以仁义为臭腐……于是兼而弃之"。(难自然好学论一首//嵇康集校注. 北京：人民文学出版社，1962：263)。
⑨ 裴頠传//晋书：卷35. 北京：中华书局，1974：1044.
⑩ 论语释疑·学而//王弼集校释. 北京：中华书局，1980：621.
⑪ 韩昌黎集：卷11：原道//国学基本丛书. 北京：商务印书馆，1958.

明的道统、正统，然而却加之先王之教之上。什么是先王之教？韩愈说："夫所谓先王之教者何也？博爱之谓仁，行而宜之之谓义，由是而之焉之谓道，足乎己无待于外之谓德。"① 先王的仁义道德是中华文明从尧、舜、禹、汤、文、武、周公、到孔孟道统的内涵，此"非向所谓老与佛之道也"②。韩愈释"博爱之谓仁"似与董仲舒释"仁者所以爱人类"同，然在唐人崇佛、道德仁义"不入于老，则入于佛"的情境下，韩愈却高举儒学道德仁义大旗，振兴儒学仁义价值，接续中华文明道统。

宋代在佑文政策的贯彻下，思想解放，各学派之间互相切磋，儒学文化价值系统"造极"，为重新唤起人们对儒学伦理道德的信仰，把仁提升为道德形上学的高度。周敦颐不仅以爱释仁，而且以生释仁。他说："生，仁也；成，义也。故圣人在上，以仁育万物，以义正万民。"③ 仁是生育天下万物的根源，义是端正万民的道德根据，这是道体学家（理体学家）的创发。二程不仅释仁为生，而且释仁为公。他说："万物之生意最可观，此元者善之长也，斯所谓仁也。"④ "仁者公也，人此者也。"⑤ "仁者，天下之公，善之本也。"⑥ 以天下为公释仁，作为儒学价值导向。仁既生，又爱、且公，是放之四海而皆准的价值原则。"是以仁者无对，放之东海而准，放之西海而准，放之南海而准，放之北海而准。"⑦ 仁是普遍性形式，是无对的形上学。

理体学集大成者朱熹，释仁别有一种意味。他以理体学的观点诠释仁。"仁者，心之德、爱之理。"⑧ "仁者，爱人""博爱"都是仁的一种表象，"爱之理"是对仁的表象的所以然的追究，即仁爱的根据为理，赋予其形而上的意蕴。朱熹绍承周、程，亦以生释仁。"'仁'字恐只是生意"。"如谷种、桃仁、杏仁之类，种着便生，不是死物，所以名之曰'仁'，见得都是生意。"⑨ 以具体事实论证仁的生意。

心体学学者陆九渊和王守仁，则以心性释仁。陆九渊说："仁义者，人

---

① 韩昌黎集：卷11：原道//国学基本丛书. 北京：商务印书馆，1958.
② 同①.
③ 周子全书：卷8：通书·顺化//万有文库. 北京：商务印书馆，1937：151.
④ 河南程氏遗书：卷11//二程集. 北京：中华书局，1981：120.
⑤ 河南程氏遗书：卷9//二程集. 北京：中华书局，1981：105.
⑥ 周易程氏传：卷2：复卦//二程集. 北京：中华书局，1981：820.
⑦ 同④.
⑧ 孟子集注：卷1：梁惠王上//朱子全书：第6册. 上海：上海古籍出版社；合肥：安徽教育出版社. 2002：246.
⑨ 朱子语类：卷6. 北京：中华书局，1986：113.

之本心也。"① 王守仁说:"盖其心学纯明,而有以全其万物一体之仁,故其精神流贯,志气通达,而无有乎人己之分,物我之间。"② 心可达天地万物一体之仁的境界。如果说朱熹的"仁"得于心外的天理而直贯心之德,陆王从"心即理"出发,以本心之仁,通贯天地一体之仁,而无人己、物我的分别。

气体学学者从"理者,气之理也"出发释仁。王夫之说:"在天为阴阳者,在人为仁义,皆二气之实也。"③ 仁义实为阴阳二气。戴震说:"气化流行,生生不息,仁也。"④ 仁是气化流行的一种形态。

理学儒学中各派,都从其价值观出发,对仁做了不同的诠释,无论是"性之理"之仁,"心之理"之仁,还是"气之理"之仁,都是在天理价值观逻辑范围内的论争,这对于理学儒学的丰富、繁荣、发展大有裨益。然而理学儒学经长期被奉为主导意识形态后,便逐渐固化、僵化,以致成为"理能杀人"之具。理学儒学在为道屡迁下,已不能唯变所适。近代政治家、思想家向西方学习,会通中西,以西方的进化论、契约论及其自由、平等、博爱等观念诠释仁,尤其是接引自然科学释仁,康有为说:"仁从二人,人道相偶,有吸引之意,即爱力也,实电力也。人具此爱力,故仁即人也;苟无此爱力,即不得为人矣。"⑤ 以物理学中的力解释仁的互相吸引的特性。"仁者,热力也;义者,重力也。天下不能出此二者。"⑥ 仁为爱力、电力、热力,都有吸引、流通、热能的功力,试图予已固化、僵化的仁以新的生命活力和能量。

谭嗣同自称私淑康有为,他著《仁学》,把儒家的仁者爱人、墨家的兼爱、基督教博爱互相融突,以仁爱救人救世,又把仁与西方自然科学中光热传导、电磁引力等现象的媒介体"以太"相结合,而通向自由、平等,构成仁(心、识)—通(以太、心力)—平等的理论思维逻辑结构。他认为仁之体,是不生不灭的形上学,"仁为天地万物之源,故唯心,故唯识。"⑦ 仁具有感而遂通的功能。"仁以通为第一义。以太也,电也,心力也,皆指出所以通之具。"⑧ 通有四义:中外通,上下通,男女内外通,

---

① 与赵监//陆九渊集:卷1. 北京:中华书局,1980;9.
② 传习录·中//王文成公全书:卷2. 明隆庆六年刊本.
③ 孟子·告子上//读四书大全说:卷10.
④ 仁义礼智//孟子字义疏证:卷下. 北京:中华书局,1961;148.
⑤ 康有为. 中庸注. 北京:中华书局,1987;208.
⑥ 人我篇//康子内外篇. 北京:中华书局,1988;21.
⑦ 仁学界说//谭嗣同全集. 北京:中华书局,1981;292.
⑧ 同⑦291.

人我通。谭嗣同以理论思维视域揭露清朝的闭关自守、不通而落后、落后而挨打的败局。故以通为仁的第一义。"是故仁不仁之辨,于其通与塞;通塞之本,惟其仁不仁。通者如电线四达,无远弗届,异域如一身也。"①通才能使中外、上下、男女、内外、人我平等,这是仁的标的,亦是谭嗣同的价值理想境界。

辛亥革命领袖孙中山把进化分为物质进化、物种进化、人类进化三个阶段,人类进化以互助为原则。"仁则不问利害如何,有杀身以成仁,无求生以害仁。求仁得仁,斯无怨矣。仁与智之差别若此,定义即由之而生,中国古来学者,言仁者不一而足。据余所见,仁之定义,诚如唐韩愈所云'博爱之谓仁',敢云适当。博爱云者,为公爱而非私爱。"② 发扬人类博爱精神,为救中国,"为四万万人谋幸福就是博爱。"这便是为革命服务之仁。

从对仁的两千多年的梳理中,可证儒学文化价值系统具有历史觉醒的动能,开放包容的品德、唯变所适的特质为创新的根基动力、支撑能量和生命活水。在当代信息智能革命及人类共同面临人与自然、社会、人际、心灵、文明五大冲突和生态、社会、道德、精神信仰、价值五大危机的情境下,和合学把仁诠释为和、和合,作为化解信息智能革命和五大冲突危机之道。其实把仁诠释为和,并非和合学的独创,朱熹曾说:"仁,便是个温和底意思。"③ "要识仁之意思,是一个浑然温和之气,其气则天地阳春之气,其理则天地生物之心。"④ 又说:"仁虽似有刚直意,毕竟本是个温和之物。"⑤ 仁具温和特质,就温和之气言,如春天温和之气生物;就温和之理言,则是天地生物之心;就伦理道德言,"试自看温和柔软时如何,此所以'孝悌为仁之本'"⑥,子女对父母要孝,兄弟间要悌,体现了亲情间的温馨与和合。和合学将仁释为和、和合,既体现儒学文化价值系统的开放包容精神、文化的自觉功能和唯变所适的特质,亦是当代世界人民的想望和世界精神的精华的体现。在化解信息智能革命时代五大冲突和危机中,和平发展、合作共赢、建构天地人共和乐、共和美的和合世界,这是和合学的价值理想,亦是儒学文化价值系统一次转死为生、转旧为新、转丑为美的智能创新。

---

① 仁学·四//谭嗣同全集. 北京:中华书局,1981:296.
② 军人精神教育·仁//孙中山全集:第3册. 上海:上海三民图书公司,1927:313-314.
③ 朱子语类:卷6. 北京:中华书局,1986:110.
④ 同③111.
⑤ 同③114.
⑥ 同③115.

儒学的生命在于创新*

当今世界,在经济全球化、科技一体化、网络普及化、文化多元化的情境下,宇宙性、世界性已成为日常话语的主题词。它与现代第一代新儒家为抵抗日本帝国主义军事、政治、经济、文化的侵略,"为生民立命"而发扬中华民族传统文化精神不同;与第二代新儒家"花果飘零"于异地的文化心理,已大异其趣。无论是世界的,还是中国的,其政治、经济、文化的人文语境已不可同日而语。哲学的思辨百年来经"古今之变""中西之争""象理之辨"的论争,其人文价值时间、全球生存空间和精神活动逻辑的理论思辨得以呈现。以往以地域性冲突和危机为化解对象的理论思维,已为化解全球性的冲突和危机的理论所代替。在当前这样的新时代、新形势、新危机、新冲突面前,儒学如何"与时偕行",以新的哲学理论思维体系、观点、方法来观照,建构体现当下时代精神的真正的儒学哲学理论思维体系,是当代学者的历史使命和不容推卸的责任。

一、儒学的唯变所适

哲学理论思维的生命和价值,就在于日新、日日新的创新。如果停滞新陈代谢和丧失创新力,那么,哲学理论思维的生命就会枯萎,价值就会隐去。换言之,当代儒学的生命就在于创新,无革故鼎新,儒学的生命也会凋谢。

---

* 本文原载于《光明日报·国学》2011 年 1 月 24 日。

儒学在两千多年演进过程中，尽管有时式微，但总体来说却生生不息。孔子是在"礼崩乐坏"的社会环境下，为救世而奔走各诸侯国，在整理编纂"六书"中，吸取其理论思维的营养，创立了儒家学派，奠定了儒学理论思维的基本内容、性质、特征和框架，而成为"显学"。从诸侯国分封割据到一统的中央集权君臣共治制度的建立，社会实现了大转型、大变革。儒学如何适应社会的大转型的需要？如何能长治久安？这是当时法、道、儒各家所思议的热门话题。汉武帝为使刘汉政权"传之亡（无）穷"，而举贤良文学之士，以对策的形式"垂问乎天人之应"。经董仲舒"三年不窥园"的殚精致思，吸收先秦名家、法家、道家、阴阳家等各家思想入儒，建构了"天人感应"的新儒学的哲学理论思维体系，回应了汉武帝"天人之应"的垂问，为当时社会治理中所存在的政治制度、伦理道德、政令刑罚、礼乐教化、学术思想等的不一统的冲突，与由此而产生的危机，提出了化解之道，儒学获得了新生命。

自汉末到唐，由于内外的种种因缘，儒学未能唯变所适地创造出化解现实社会错综复杂冲突和危机的方法，从而淡化了其在政治、经济、文化，以及理论思维、价值观念、伦理道德领域的应有智能和效用。尽管如此，在儒释道三教长期不断互动、交流、论争的冲突融合中，儒学以其特有的理论思维、礼乐制度的形式，获得了生命的存在。

宋元明清时的理学家，以其"为天地立心，为生民立命，为往圣继绝学，为万世开太平"的精神，面对佛教的强势文化，他们出入佛道，"尽究其说"。既挽救了"两汉而下，儒者之论大道，察焉而弗精，语焉而弗详，异端邪说起而乘之，几至大坏"的颓势，又融突和合儒释道三教，把唐代三教"兼容并蓄"的文化整合方法落实到"天理"上。程颢说："吾学虽有所受，天理二字却是自家体贴出来。"[①] 于是上自帝王传心之异，下自初学入德之门，融会贯通，无复余蕴。援佛道入儒，适应了新时代的政治、经济、文化、伦理道德、价值观念、终极关切的需要，体现了时代精神的精华，使颠错于秦火、支离于汉儒、幽沉于六朝的儒学，涣然而大明于世。儒学由于理学家的创新，不仅获得新生命，而且被发展到顶峰。

二、儒学的新之所新

儒学之所以开创，董仲舒和宋明理学之所以发展了儒学和赋予其新生

---

① 河南程氏外书：卷12//二程集. 北京：中华书局，1981：424.

命,归根到底就在于创新。创新是指在继承往圣和诸子基础上,度越往圣和诸子,既不是照着讲,也不是接着讲,而是在"穷理尽性而至于命"的效能上,充分体贴和把捉时代的现实需求和时代的主流精神,以新思想、新观点、新方法、新话题,建构新哲学理论思维体系,而自己讲,讲自己。

从董仲舒和宋明理学儒学新生命创新的实现来看,其动力源都来自开放地、"以他平他"地融突古今中外经典文献、人物思想的和合体。董仲舒是度越了秦法和汉初黄老,平等而尊重地融突吸收先秦各家思想,从而创新性地建构了具有新生命价值的新儒学。宋明理学度越了自南北朝隋唐以来强势的佛教文化以及僵化了的儒家训诂之学,解放思想,探赜义理,融合中外,创新儒学,使儒学新生命获得璀璨地开显。

从董仲舒和宋明理学创新儒学和儒学新生命的开显中,可以体认到:

(一)在致思时代所面临的冲突和危机中,化解冲突和危机的一种哲学理论思维,才能体现为一种时代精神。时代精神作为民族精神阶段性的体现,它是对民族的生命存在和民族的尊严、价值意义的理解和把握,是对民族魂、文化根的塑造,以及对民族价值理想、终极关切的追求。它是在长期共同生产、生活的社会实践和动态选择中形成的一种知识,如董仲舒的天人之学或宋明的天理之学,便作为一种时代精神的哲学理论思维而开出儒学的新生命。

(二)学术思想的开放、包容,是儒学创新和新生命转生的前提。开放、包容,才能虚怀若谷,广闻博采;广闻博采,便拥有与古今中外哲学文化对话、互动、交流的热情;这种热情转为建立一种不同哲学文化间互相平等、理解、信任、尊重地"以他平他谓之和"的机制,才能使儒学保持日新、日日新的状态。不管哪种学术文化、哲学理论思维,若封闭自我,自我设限,便是一条自杀之路,若儒学如此,其生命智慧就必然枯萎。儒学当今和未来的命运,只有坚持开放、包容,才能海纳百川,有容乃大。儒学才能唯变所适地大化流行,生生不息。

创新是获得新生命的动力源,这个动力源是古今中外多元无形相的理论思维、价值观念、伦理道德、审美情趣冲突融合而和合。如此,儒学必须敞开胸怀,汲取古今中外各种思想营养,其最佳的方法是"以他平他"地对话、互动、交流。无论对古代的还是现代的中外经典文献、人物思想、历史事件,都不要以自我主体已有的定见、先见、囿见、误见来做出肯定或否定的判断,这往往会曲解、误解他者。换言之,这是对他者的经典文献、人物思想、历史事件不尊重、不平等的对话、互动、交流,这样就不可能获得营养，也不可能公平、公正地评价他者。

（三）儒学作为一种时代精神的精华和汇聚，又是民族精神及其生命智慧的结晶和妙凝，亦是哲学家、思想家主体精神的度越和流行。因此，儒学不断创新新生命的内在根据，逻辑地蕴涵着三个分析维度：

其一，核心话题的转向。思想是精神的言说机制，精神总是思想着的精神，思想是确定作为精神的那种东西。哲学理论思维作为一种精神的存在，总是以核心话题（nuclear topic）的方式体现特定时代的意义追寻和价值创新。核心话题的转向是哲学理论思维创新的话语标志。董仲舒参通天、地、人三道，实现了从先秦"道德之意"向"天人之际"核心话题的转向，以"天人同类"、感应相动的"天人感应"学说，适应社会价值平衡、追求理想化中和之道的需要。宋代道学家在着手重建伦理道德、价值理想和精神家园中，完成了对儒释道三教的融突和合，消融了两汉"天人之际"的感应气象，又绍承了"道德之意"的源头活水，使魏晋"玄冥之理"成为"净洁空阔底世界"，让隋唐"性情之原"变为相对相关的价值空间，实现了"理气心性之辨"的核心话题的转生，核心话题创新性的转生，使儒学获得了新生命。

其二，诠释文本的转换。文本是思想言说的符号踪迹，是智慧觉解的文字报告，是主体精神超越的信息桥梁。哲学家必须凭借对一定文本的学习、思虑和诠释，才能准确提炼时代精神的核心话题，为哲学理论思维的不断创新打上自己的烙印。董仲舒"天人感应"哲学理论思维所依傍的诠释文本是《春秋公羊传》。《春秋公羊传》讲究义理阐释，微言大义地讲"大一统"，又杂合阴阳五行和刑名法术等，体现了两汉经学的天地人感通气象。宋明理学家以其开放的心态、创新的思维，从《礼记》中抽出《大学》《中庸》两篇，和《论语》《孟子》合为"四书"，作为理学所依傍的诠释文本。朱熹的《四书章句集注》成为元明清三朝的科举考试的教本，而与先秦孔子所诠释的文本"六艺"、两汉经学的《春秋公羊传》、魏晋玄学的"三玄"（《周易》《老子》《庄子》）、隋唐佛学的佛典相异，各个时期哲学理论思维所依傍的诠释文本随时代精神所体现的核心话题而转换。

其三，人文语境的转移。哲学智慧是生命的觉解状态。热爱生命必然追求智慧。哲学理论思维原属爱智的学问，哲学本是一个民族热爱生命、追求智慧的心路历程。因此，哲学理论思维的创新在宏观演替上，就表现为人文语境随民族精神及其生命智慧的历史变迁而不断转移。两汉大一统，象数繁衍和辞赋华丽的人文语境，以及"百家殊方"道术分裂的情境，董仲舒倡导"独尊儒术"而"罢黜百家"，从意识形态上维护大一统的格局。唐末五代的腥风血雨使百花凋敝，学术文化四处飘落。北宋的佑文政策，使民族精神及其生命智慧从训诂经学的桎梏中解放出来，凝聚出能度越以往各种学说的理学理论思维体系。广开书院讲授儒典，兴建学校培养士子，两宋以文德致治，既强化了学者对国家政权的自觉依赖，也促进了文人对民众生活的亲身感受和对哲学思想的自由创造。

哲学思想的核心话题随时代精神的偕行而转向；诠释文本随主体精神及其自由创造的选择而转换；人文语境随民族精神及其生命智慧的觉悟而转移。世界上不存在万古不变的哲学理论思维的核心话题、诠释文本和人文语境，一切都变动不居，唯变所适，儒学亦不例外。

当代儒学思想的生命与创新，要深刻反思儒学之所以创新和获得新生命的历史经验，以及儒学之所以衰落以至遭厄运的历史教训，在反省这个历史经验教训时，可以获得诸多的启迪。儒学的新生命在于创新，创新的核心是儒学哲学理论思维的创新，即理论体系的创新、学术观点的创新、研究方法的创新。宋明理学开出理学的哲学理论思维新体系，体贴出自家"天理"二字的新观点、新核心话题，运用义理之学的新方法，从而重新焕发了儒学的青春。

在当代，若要开出儒学的新生面、创新儒学新生命，必须接受宋明理学的经验，建构"自家"哲学理论思维新体系、新观点的新核心话题和新方法。若仍是唱唱老调子，就会使儒学愈唱愈衰落，愈唱愈脱离社会发展的实际，脱离生产，脱离百姓。若执著于儒家文本照着讲、跟着讲，还秉承衣钵式的接着讲、承着讲，就会使儒学愈讲愈枯燥无味，愈讲愈枯竭贫乏，为改变这种状况，使儒学得以新生，必须像程颢那样"自家"体贴出新理论体系、新核心话题、新诠释文本，开出新儒学的生命智慧。

儒学思想未来的命运，其发展的未来课题，和合学已做了一些相应的回应。儒学经和合学的转生，以达到人和天和、人乐天乐、天人共和乐的境界。人类在追求当代所面临的种种冲突和危机的化解之道中，升华出哲学理论思维的核心话题——和合，其和平、合作的和合价值目标，不仅是当代社会政治、经济、文化、制度、学术、宗教、道德的价值诉求，而且为生命体与他者生命体之间的世界文明对话提供了理论基础。期盼和合学在未来历史长河中大化流行，生生不息。

解决现代问题需要传统生命智慧

中国的崛起和中华文化的复兴是相联系的。世界四大文明古国当中，唯有中国五千年的文化一直没有断过。中国的文化像血脉一样不断在流动，不断贯彻于中华民族生存生活中。从这一点来看，中国的文化实际上是中华民族的灵魂所在。

中华民族的灵魂和根本在中华文化

除了五千年来能够延续不断、生生不息之外，中华文化也是团结中华五十六个民族的精神力量。中国疆域辽阔，有五十六个民族，也有不同宗教信仰，如新疆很多人信伊斯兰教，西藏信仰藏传佛教，云南也有信小乘佛教的。中国有不同民族、不同的宗教信仰、不同的生活习惯，但中国又是各民族团结的统一国家。这在国外很多人看来，觉得很不可理解。因为苏联解体以后，其不同的民族、宗教就分成了很多国家；印度和巴基斯坦原来是一个国家，就是因为宗教信仰不一样，一个是佛教，一个伊斯兰教，后来就分裂了，两国还经常有矛盾冲突。

那么，是什么力量把中国各民族凝聚起来而不分裂？这种力量就是中华文化。不管哪个民族，哪个宗教信仰，都认同中华民族这个文化。中华文化实际上是多元文化的和合。比如我们经常讲炎黄子孙，从源头来看，炎、黄过去是两个部落。中国文化本来是北狄文化、西戎文化、东夷文化、南越文化和中原文化融合而成，本来就是多元融合的文化。正因为内在包含了多元文化，所以有凝聚力、向心力和亲和力，各个民族文化都有共同的基因在里面，所以大家都能够认同中华文化。这个在其他国家来看是不可思议的，但是中国做到了。

一方面，中国的文化是中华五千年延续不断的血脉；另一方面，中国的文化是56个民族不同信仰、不同宗教文化的融合。海外华人建唐人街、中国城，不仅认同，而且宣扬中华文化。从这两方面来看，中华文化是中华民族的灵魂和根本，是精神家园。

中国文化对世界的贡献

中国传统文化，不仅可以解决当前中国的现实问题，而且对解决当前世界的问题也有重要的价值和意义。1988年，世界各国诺贝尔奖得主在巴黎集会，会上大家一致认为，人类要在21世纪生存下去，必须回到两千五百年前中国的孔子那里去寻找智慧。我认为以下几点传统智慧对解决现代中国和世界的问题最有意义。

第一，孔子讲的"己所不欲，勿施于人"，是处理人与人、国与国、民族与民族、宗教与宗教关系的基本原则，这个原则已经写进联合国宪章里面了。我不愿意做的，我也不强加给别人。譬如我不希望战争，也不把战争强加给别人。这个原则体现了推己及人的爱，设身处地为他人想一想。当前国内、国际的一些冲突、一些矛盾、一些战争都是不应该发生的，都应该以"己所不欲，勿施于人"这个原则来解决。比如个别国家，他们当然不希望自己国内发生战争、动乱，但是他们却在国外挑起动乱、战争，便是违背了"己所不欲，勿施于人"这个原则，而是实行"己所不欲，要施于人"的霸道主义。

当然，西方文化同中国文化不一样。西方文化是一元文化，从古希腊到费尔巴哈，都是要追求现象世界背后的"第一性"。西方人大都信奉一元论，比如上帝创造了万物，违反上帝都是不对的。一元论下二元是对立的，如民主和专制。西方总认为他们的自由、民主等政治价值是最好的，想把它推向世界，把它普世化，却不考虑其他国家的历史、文化、国情，这就容易出问题。

第二，以和为贵。人类能够繁衍发展，必须要有一个安定和平的环境。如果一个国家陷入动乱的话，人民的生命财产都受到破坏，哪还能够发展？

中国从西周以来，就讲"协和万邦"。当时有很多诸侯国，在当时来看，就相当于国际社会。"五经"当中不管《周礼》也好，《诗经》也好，《周易》也好，都非常强调"和"。孔子讲"和而不同"，有不同的意见没有关系，我们可以求同存异，还可以求同化异，通过沟通把不同的意见化掉。《国语·郑语》讲："夫和实生物，同则不继。以他平他谓之和，故能丰长而物生之。"中国文化讲究和合，和实生物，不同的因素、元素融突而和合起来才产生万物，才能够导致多元文化的融合。和就是"以他平他谓之和"，就是尊重他者，宗教与宗教、国家与国家、人与人之间怎么样能够做到和谐？就是要平等相待，互相尊重。在中美关系上，强调要相互尊重彼此的核心利益。

2013年美国考古学家在肯尼亚发现明代的铜钱，推测当年郑和下西洋时可能已经到过那里。郑和下西洋，到了很多国家，都是和平外交，到一个国家给他们很多好的东西，如茶叶、丝绸等，而不是去掠夺财产，掠夺人口，把其变成殖民地。中国自古以来一直是和平外交，到了现代我们又主动提出和平共处五项原则，和平外交政策是一贯的。现在有些国家提"中国威胁论"，都是出于自己的利益，为了遏制中国，是别有用心的。如日本讲"中国威胁论"，是为了自己能够修宪，达到军事扩张的目的。

贫富差距拉大、仇官仇富如何解决？

第三，己欲立而立人，己欲达而达人。我自己立起来了，成功立业了，自己国家独立了，也希望别的人和国家能够独立；我自己发达了，通达了，也希望别人能够发达起来。例如现在非洲国家不发达，我们有条件了，就去支持他们，帮助他们，使他们能够发展起来。立人达人，是允许每个国家根据自己的实际来选择自己的发展道路、发展方式，而不是把自己的意愿强加给别人。在经济全球化的情况下，各国间的联系越来越密切，共同发达是很重要的。国家间贫富差距拉大，是世界动乱的原因之一。一个国家内部如果贫富差距越来越大，也容易导致国家的动乱。如"占领华尔街"运动就是普通民众出于对华尔街垄断资本家的不满。

我们国内的发展也很不平衡，社会问题也比较多，例如网络上仇官仇富情绪，人与人之间的信任缺失等。仇富的观点为什么产生？一个原因是富起来的人，有的不是真正靠自己劳动，而是采取投机倒把，甚至是通过官商勾结等不正当手段富起来的。富而无道，又为富不仁，当然一些人就不满意了。另一个原因是富起来的人，炫耀自己的富，开豪华车、穿名牌衣服就以为高人一等了，以一种凌驾众人之上的思想态度、行为表现自己，引起了大家的不满。如果是正当赚钱，取之有道，富了之后表现低调的话，也不会让人产生仇富思想。如比尔·盖茨很富有，但他乘飞机还坐经济舱。富人对国家的经济发展有利，可以对社会做出更大的贡献。比如邵逸夫热心教育，全国各地学校都有他捐建的教学楼、图书馆、礼堂等，邵逸夫去世后很多人还纪念他。作为一般老百姓，并不想仇富，如果富起来的人能够有一种"己欲立而立人、己欲达而达人"的精神，回报社会，带动他人共同富裕，这样仇富问题就不会存在了。仇官的原因也是类似的。官员以权谋私，官商勾结，欺压百姓等，这样做的话大家肯定不满意，保定那个孩子撞了人还说"我爸是李刚"，仗势欺人，当然会引起仇官情绪。

第四，中国古人讲"天人合一"，讲"仁民爱物"，张载讲"民胞物与"。中国自古以来就注意人与自然的和谐，注意生态的平衡。中国古代很强调顺应天时，比如说二十四节气，每一个节气干什么，过去都有规定的。《吕氏春秋》有"十二纪"，讲了一年十二个月的自然规律，以及人应当如何做。春天万物生长的时候不能去砍伐、杀生，这也是人们的共识。例如北宋的程颐曾经当过皇帝的老师，有一次讲课休息的时候，皇帝年纪还小，就在花园里头，折了树上的嫩枝，程颐批评他说："万物正在生长的时候，怎么能够把它给掐断，这属于扼杀生命啊"。万物都有生命，佛教讲不仅人有佛性，能够成佛；石头、墙壁也有佛性，也能够成佛。他把石头、墙壁都看成有生命的东西，所以要尊重它们，保护它们。

我们古人讲尊重万物、敬畏自然。然而西方思想却是要利用自然、征服自然，这一思想和斗争观点也是一致的。我们过去讲"人定胜天"，说"与天斗、与地斗、与人斗其乐无穷"，这是非常错误的、有害的。改革开放以后，我们过于注重发展经济，忽视了环境保护和生态平衡，先发展、后治理，所以生态遭到严重破坏，结果现在尝到苦头了。

道德失落如何补救？

第五，中国文化一个很重要的特点就是注重道德。古人讲"仁义礼智信"，讲"礼义廉耻"，讲"恭宽信敏惠"，讲忠恕之道。仁就是爱；义就是适宜；礼就是懂礼貌，讲文明；智就是有智慧，能分清是非善恶；信就是讲诚信。我们现在很多问题，比如食品安全问题，都与道德失落有关系。

现代社会为什么会出现道德失落？这当然有很多的原因，第一是我们缺乏道德教育。从五四运动以来，我们一直向西方学习，引进西方的技术、制度、价值观念，把我们原来一些好的道德传统批判、破坏掉了，所以重建中国的伦理道德非常必要。我呼吁在中小学教学中，道德应该作为必修课。道德课不能只是说教，还应该学礼仪，成年人更要懂得礼仪。

中国古代有各种礼仪。如冠礼，即成人礼，成人礼上长辈会讲：你现在成人了，有社会责任了，不能像孩子一样了，就要对自己负责了，如果你犯罪就要按照法律判刑了。你就得对社会，对个人都要负责任了。进而就是婚礼，婚礼就表示你要对你的对象、你的家庭父母、孩子负责任了。还有一个是丧礼，亲人死了，寄托哀思，同时要继承父辈的一些好的传统。最后就是祭礼，祭祀祖先，要不断怀念你的先辈。中国文化四大礼，告诉人们在一个人的成长过程中，怎样对自己负责，对家庭负责，对社会负责。通过这些礼的活动，人有一个对自己的自觉，即道德的自觉或自我修养的自觉，所以，礼的教育也是道德的教育。

现在中国，礼仪的教育特别缺失，我们要注重冠礼、成人礼。婚礼也不能光穿礼服、吃顿饭就完了，应该有教育。为什么要有丧礼，为什么有祭礼？这些礼仪追根溯源，是在进行教育，这不是迷信，孔子讲"慎终追远，民德归厚矣"，丧礼和祭祀帮助我们思考自己从哪里来？到哪里去？思考生命的意义，并把个人的存在融入到更深厚的文化、历史当中。

道德失落的第二个原因是人的私欲膨胀。人本来就有私欲，有自私观念，过去一句俗话就是"各人自扫门前雪，不管他人瓦上霜"。人性当中，一种是社会性，一种是动物性。前者是善的，后者也有恶的成分，这不能避免。人如果不自觉，没有道德的自我约束力，人欲的方面就容易膨胀。

人的欲望不能说完全不好，人因为有生存发展的欲望才努力做事，去创造财富，这是推动个人上进、推动社会前进的动力。但是欲望如果过多的膨胀，为了赚更多的钱去造假，那就可能危害公共利益，超出了道德、法律的底线。所以，人的欲望需要节制。不加以约束的话，任它膨胀，它就可能导致道德的失落。道德的失落，不仅破坏国家的形象，而且也破坏国家的经济，也是一个民族堕落的表现。

怎样重建道德？每个人都要有一种对自己、对家庭、对社会负责任的态度，自觉加强自身的道德修养。我们国家也颁布了很多公民道德规范，包括家庭道德、社会公德、职业道德等，而为政者的示范作用非常重要。孔子讲："政者正也，子帅以正，孰敢不正？"当官的人首先要正直、端正、清正、廉正。现在一些官员为了自己的利益违反规则，贪污受贿，任人唯亲等，就把风气带坏了。孔子还讲："道之以政，齐之以刑，民免而无耻；道之以德，齐之以礼，有耻且格。"政治应该力求道德和法治并用。法治是一种他律，如果没有道德自觉，一些犯罪分子出来之后还会再犯，因为内心不知道羞耻。

燕赵文化的精神特质[*]

燕山万状，参差代雄。太行长陇，紫翠重叠。燕赵往贤，群星璀璨。河北文脉，世代绵延。学术精神，尤为精粹；文化特质，尽显民族风骚。其精神特质，大体有：

革新精神。革新是社会文化发展进步的动力，是革故鼎新的基石，是国强民富的基础。战国时赵武灵王[①]为富国强兵，抗衡北方胡、狄与诸侯国之间的兼并，他以顽强的毅力坚持实行"胡服骑射"的革新措施，即穿胡人的衣服，学习骑马射箭。改革车战为"胡服骑射"，但却遭到其叔父公子成的反对。公子成说："中国者，聪明睿知之所居也，万物财用之所聚也，圣贤之所教也，仁义之所施也，诗书礼乐之所用也，异敏技艺之所试也，远方之所观赴也，蛮夷之所义行也。今王释此，而袭远方之服，变古之教，易古之道，逆人之心，畔学者，离中国，臣愿大王图之。"[②] 中国是圣贤教化、诗书礼乐和仁义道德实行的地方，是四方少数民族和他国向往效法的地方，而今君王穿胡人的服装，变革古人的教化，变易传统的大道，违逆人的思想，叛逆学术原则，背离中国传统。公子成认为"胡服骑射"是大逆不道的，不应该实施。

赵武灵王说："夫服者，所以便用也；礼者，所以便事也。是以圣人观其乡而顺宜，因其事而制礼，所以利其民而厚其国也。"[③] 衣服和礼仪的功用是便于应用和行事而制定的，是利民利国的措施。但仍遭到赵文进和

---

[*] 本文原载于《光明日报·国学》2015年4月6日。
① 赵武灵王公元前325年—公元前299年在位（东周显王扁44年—赧王延16年）。
② 赵策二//战国策全译．贵阳：贵州人民出版社，1992：548-549．
③ 同②549．

赵造等人的反对，赵武灵王回应说："古今不同俗，何古之法？帝王不相袭，何理之循？……观时而制法，因事而制礼，法度制令，各顺其宜；衣服器械，各便其用。故治世不必一其道，便国不必法古。"① 社会是发展变化的，古今的风俗、礼法亦随之变化，当今应根据时势的实际情况制定法令和礼仪，法度政令应唯变所适，衣服器械应便于使用，治世不必效法古道，终于使"胡服骑射"的改革得以实施。

纵观历史，任何革新变法，总会触犯既成制度礼仪、既得利益，而遭遇反对、阻挠、破坏，唯有坚持不懈地革新，才有获得成功的希望。

和乐精神。人总有所向往，有所理想，这是精神的特殊需要，也是精神获得愉悦的一种度越需要。荀子，战国时赵国人（今邯郸）。他认为和乐能使精神获得提升，情操获得超拔，气质得到陶冶。譬如乐教，使人在性情的、美感的、快乐的享受中接受道德的教化。"故乐在宗庙之中，君臣上下同听之，则莫不和敬；闺门之内，父子兄弟同听之，则莫不和亲；乡里族长之中，长少同听之，则莫不和顺。"② 乐沟通了君臣上下、父子兄弟、乡里族长之间情感，唤起了追祀祖先的情思，增强了宗法社会的凝聚力和亲和力，使各阶层的人际在享受美妙的音乐中达到和敬、和亲、和顺的目标。声乐对人的影响很深，改变人的感情很快。"乐中平则民和而不流，乐肃庄则民齐而不乱。民和齐则兵劲城固，敌国不敢婴也。"③ 声乐表现形式虽然差异，但都有激发民和、民齐的效能，获得不流、不乱的效果。

荀子认为，民和、民齐和社会、人际的不流、不乱，不是通过暴力和刑罚，而是通过和乐的礼乐教化。"故乐行而志清，礼修而行成，耳目聪明，血气和平，移风易俗，天下皆宁，美善相乐。"④ 乐的推行，礼的修成，礼乐互济，相得益彰。"乐合同，礼别异"。别异是社会等级差异的现实需要；合同是调和等级差异所产生的种种冲突。在承认差别和冲突中和乐、和谐其差别和冲突。"故先王导之以礼乐而民和睦。"⑤ 礼乐既可以善民心，使人意志纯洁，又使礼义完备，德行高尚，移风易俗，和睦咸宁。"审节而不和，不成礼；和而不发，不成乐。故曰：仁、义、礼、乐，其致一也。"⑥ 审察礼节、制度的不和谐、不和合，不成其为礼；乐的五音

---

① 赵策二//战国策全译. 贵阳：贵州人民出版社，1992：557.
② 乐论//荀子新注. 北京：中华出局，1979：333.
③ 同②335.
④ 同②337.
⑤ 同②336.
⑥ 大略//荀子新注. 北京：中华书局，1979：444.

不和而发，不和不成乐。仁义礼乐都以和为标准，其目标是一致的。以达到"美善相乐"的和乐境界。和才能有乐，善才能有乐，不和不善，便导致悲和恶。

董仲舒是西汉广川（今河北景县西南）人。他认为不管是天地万物之所以生成的根据，还是最完美的道德，都以和为基础。"和者，天之正也，阴阳之平也，其气最良，物之所生也。诚择其和者，以为大得天地之奉也。天地之道，虽有不和者，必归之于和。"① 和作为天地间最普遍、最基本的原则、原理，与天地的正道相和合，和不仅是天地所崇奉的，也是不和而必归于和的终极境界，这是一个和乐的境界。

包容精神。燕赵文化"致广大而尽精微"，就其广义而言，有开"中医学之先河"的扁鹊，撰《黄帝八十一难经》，首创切脉诊断法；有法治主义的重势派慎到，以有权势便可行法令，施权术；有名辩学派的代表人物公孙龙，主张"白马非马"和"离坚白"，自觉把概念作为研究对象，分析概念多重关系及其差异性，对中国古代逻辑学的发展有重要贡献；有西汉今文诗学"韩诗学"的开创者韩婴（约前200—前130年），撰有《韩诗外传》。除韩婴为燕人外，慎到、公孙龙、荀子都是赵邯郸人，燕赵可谓人才济济，各学咸集。

就狭义而言，燕赵学者在智能创构自己的哲学理论、概念结构中，以高度包容的胸襟，或游学各地，或博收广纳，或融会贯通，或钩深致远，独造思维体系。荀子生于赵，其政治、学术活动遍及齐、楚、秦、赵等国，吸收道、墨、名、法各家思想，丰富和发展了儒学。《史记》虽以孟子、荀子同传，然孟子主性善论而重仁政，荀子主"人之性恶"而重礼治，荀子成为较早系统阐述礼治理论的代表之一。

董仲舒继承荀子开放包容精神，他面临当时学术思想上"师异道，人异论，百家殊方，指意不同"② 的情境。他博览先秦诸子著作，融会贯通儒、道、名、法、阴阳各家思想，而归宗儒学。他依傍《春秋公羊传》的"大一统"思想，以微言大义的方法，阐明无论是国家，还是指导思想的理论基础，都要"持一统"，必须"推明孔氏，抑黜百家"③，这被汉武帝所采纳。他的"天人感应"理论，体现了时代精神，适应了时代的需要，

---

① 循天之道//春秋繁露义证：卷16. 北京：中华书局，1992：446-447.
② 董仲舒传//汉书：卷56. 北京：中华书局，1962：2525.
③ 同②.

把儒学推进到一个新的阶段。王充评价说："孔子曰：'文王既没，文不在兹乎？'文王之文在孔子，孔子之文在仲舒。"① 董仲舒继孔子之文，是孔子之后对儒学的一次智能创新。由此可知董仲舒并非是王充的对立面。

包容精神是燕赵文化的特质。曹魏明帝曹睿诏刘劭作《都官考课》，以考核官吏，他海纳百川地融合儒、道、名、法诸家思想，撰《人物志》，以识辨人物才性，作为选拔官吏的依据，以为才性是人物本质的表征。他从人物才性的多角度、多层面综合分析了人物的情性，把平淡、无味与中和、中庸等儒道概念圆融无碍地和合起来，为清议、清谈提供坚实的才性基础，为魏晋玄谈做了铺垫。

求是精神。"实事求是"一词广为流行，被奉为经典。其典出于《汉书·河间献王传》。河间献王刘德"修学好古，实事求是"②。他积极学习和搜集先秦未被秦始皇所焚的典籍。"《周官》《尚书》《礼》《礼记》《孟子》《庄子》之属，皆经传说记，七十子之徒所论。其学举六艺，立《毛氏诗》《左氏春秋》博士。"③ 其学举六经，崇尚儒学，重修礼乐，被服儒术。各地名儒聚集其门下，共同校理、研究儒学。其间尤重"实事求是"，唐颜师古注："务得事实，每求真是也。"④ 实事若指客观存在的事物，便有其事物的现象层面、本质层面和虚拟层面等差异。如就感性所得客观存在事物的现象层面而言，有盲人摸象之见，有坐井观天之见，有身在此山中之见，有画蛇添足之举，并非其实事或事物的本真。"求是"就是求真，通过理性的探赜，体认事物的本质之真，获得对真理的认识，或在虚拟时空中求得对真理的认知。

"实事求是"由史称颜李学派的颜元发展为实学。颜元说："仆意朱子未觉程门教法之失，既觉而复蹈之，何也？倘因此便返于实学，岂非吾道之幸哉！"⑤ 所谓程门教法之失，就在于只讲形上学，而不讲形而下着实功夫，以至二程高弟谢上蔡、游定夫、杨龟山等皆入禅学去了。他认为孔子与程朱的区别就在于"孔子则只教人习事，迨见理于事"⑥，宋儒程朱"只教人明理"，而不能处事。只有尊重客观存在事物的本真，才能"求是"。无下着实功夫，不仅不能求是，反而流入虚空。

---

① 超奇//论衡校释：卷13. 上海：商务印书馆，1938：614.
② 河间献王传//汉书：卷53. 北京：中华书局，1962：2410.
③ 同②.
④ 同②.
⑤ 存学篇：卷2//颜元集. 北京：中华书局，1987：64.
⑥ 同⑤71.

忧患精神。这是一种忧国忧民的意识，是对于国家生命和人民生命存在的关怀，是对个体和整个人类生命存在的命运、变化的责任和使命意识的表征。孔子说："德之不修，学之不讲，闻义不能徙，不善不能改，是吾忧也。"①"吾忧"是自我意识的自觉。孔子面对"礼崩乐坏"的严峻冲突和危机，为了维护社会价值理想和道德价值理念，肩负起拯救社会无序、道德失落、理想迷惘的责任，激励起无限忧国、忧民、忧道的悲情。孔子的忧患意识影响深远。燕赵思想家大都胸怀"国家兴亡，匹夫有责"的担当，如慎到、公孙龙、荀子、董仲舒、孔颖达、邵雍、刘因、颜元、李塨等。

刘因（1249—1293年），容城人。他生活在金、元、南宋尖锐冲突、社会危机深重之际。元王朝实行民族歧视和压迫政策。统治者"贱民命如草芥"。刘因说："保州屠城，惟匠者免。"②尸积数十万，殆与城等；蠡州全城杀光，无噍类遗，使人毛骨悚然，强烈震撼刘因的身心。作为儒生的刘因，虽社会地位低下，却以兼济天下为自任，"胸中有石补青天"③，终日忧民忧道。"江山资寇盗，田亩化荆榛。领取天伦重，无君愁杀人。"④他期盼人民安居乐业，儒学得以传承。"乱后疲民气未苏，荒烟破屋半榛芜。平生心事羲皇上，回首相看是画图。"⑤现实虽残破和残酷，仍存对美好幸福生活的想望，尽管那是一幅空想的画图。

创新精神。创新是学术文化发展繁荣、生生不息的生命线。如果创新窒息，学术文化就衰微，以至消亡。燕赵诸子以其生命智慧、思想的智能创造，是与其生活交往于其中的特定社会文化氛围相联系的。不同地域的社会风气、生活习俗、交往方式默化人的思维方式、价值观念、伦理道德、思想意识的形成。如邹、鲁文化明在度数，礼义世传，成就了以儒家为主旨的文化形态；荆、楚文化建构常无有学说，归本为道，以虚无包容为实质，以上善若水为表征，造就了以道家为主旨的文化形态；宋、鲁殷周文化融合，兼爱非攻，尊神明鬼，节用交利，培育了以墨家为主旨的文化形态；齐文化以稷下学宫为重镇，存亡继绝，礼法相资，以民为本，开出以管仲为主旨的多元融合的文化形态；燕赵文化，为谋生存，革故鼎

---

① 论语集注：卷4：述而//朱子全书：第6册. 上海：上海古籍出版社；合肥：安徽教育出版社. 2002：121.
② 静修先生集：卷4：武遂杨翁遗事//丛书集成初编. 上海：商务印书馆，1936：64.
③ 静修先生集：卷9：初夕//丛书集成初编. 上海：商务印书馆，1936：179.
④ 静修先生集：卷8：杂诗：五首之四//丛书集成初编. 上海：商务印书馆，1936：146.
⑤ 静修先生集：卷11：里社图//丛书集成初编. 上海：商务印书馆，1936：226.

新，富国强民，开出融合儒、法、名、阴阳多元融合文化。

燕赵多元融合文化为其理论思维、礼法治理、伦理道德的创新开拓了广阔的天地。如有开中医学先河的扁鹊，名家"白马非马"论创发者公孙龙，与孔孟并称的儒家重要代表人物荀子，开创古今文诗的毛亨、韩婴，首开"独尊儒家"的董仲舒，人才学开创者刘劭，随经析理、主编《五经正义》的孔颖达，发扬易学图书学派的邵雍，"元曲四大家"之首的关汉卿，北方理学家奉之为泰山北斗的孙奇逢，开创颜李学派的颜元、李塨，著名辨伪学家崔述，以及中国国民党早期领导人张继，中国共产党主要创始人李大钊等。他们都立足于创新，而开出各领域的新生面。

燕赵学人在各个学术思想领域，海纳百川，智能创新，见前人所未见，发前人所未发。或建构哲学理论思维体系，而成为时代思潮的核心话题；或重构中华美德，陶冶情操，而成就文明的礼仪之邦；或重塑价值信仰，安顿心灵，共享温馨精神家园；或光大中华文化时代价值，唯变所适，生生不息。

"燕赵古称多感慨悲歌之士。"[1] 燕赵文化的革新、和乐、包容、求是、忧患、创新所筑起的精神特质大厦，其底色、其基座是慷慨悲歌精神。它是天造地设而成的慷慨豪放民风，是一种生存方式，是一种生命价值观。司马迁在《刺客列传》中通过对荆轲刺秦王形象的塑造，极度赞扬了慷慨悲歌精神。在易水河边，荆轲与燕太子丹诀别时，"皆白衣冠以送之，至易水之上，既祖取道，高渐离击筑，荆轲和而歌，为变徵之声，士皆垂泪涕泣，又前而歌曰：'风萧萧兮易水寒，壮士一去兮不复还。'复为羽声慷慨，士皆瞋目，发尽上指冠，于是荆轲就车而去，终已不顾"[2]。壮哉，慷而慨；奋哉，悲而歌；美哉，风萧萧兮。深刻刻画了壮美的精神境界。慷慨悲歌是燕赵文化的瑰宝，也是中华民族文化的精髓。

北国沧桑，燕赵精神。钟灵毓秀，人杰地灵。两千多年以来，英才辈出，文脉相继，未有断裂。在当前人类信息智能革命时代所面临的新冲突、新危机之际，发扬燕赵文化精神特质，为建构世界和平、发展、合作、共赢的和合、和美的人类命运共同体和合天下而做出新的努力。

---

[1] 韩昌黎集：卷20：送董邵南序//国学基本丛书. 北京：商务印书馆，1958.
[2] 史记：卷86：刺客列传：荆轲列传//国学基本丛书. 上海：商务印书馆，1932：78.

中印文明的互鉴互补*

"桃红李白皆夸好,须得垂杨相发挥。"中印作为世界文明古国,犹如桃红李白一样艳丽,还须互相辉映衬托才显得灿烂。桃红李白,若无绿柳的衬托相映,也损其艳丽。中印文化若能全面、多层次友好互补互济,定能造就两国更光辉灿烂、姹紫嫣红的文化。

一、互学互鉴

中印文明交往已两千多年,汉哀帝元寿元年(公元前2年),《魏略·西戎传》记载:"博士弟子景卢受大月氏王使伊存口受《浮屠经》⋯⋯《浮屠经》所记载与中国《老子经》相出入"。以后相继不断,交流频繁,冲突融合,互动互补,佛教在中国化的过程中,般若智慧的弘扬,涅槃妙道的传承,都应天顺人;其心性学说的契合,性情之原的彰显,皆唯变所适。

中印文化交流"请进来"与"走出去"是并行的,印度僧人到中国传法,中国僧人到印度取经,互学互鉴。从语言融合来观,语言是人类在实践中的创造,是一个民族文化的结晶,是人类交往和思维活动的工具,是人类社会特有的信息系统,人们凭借各种语言符号为中介,直接地、系统地表达人的思维、情感等信息。由于语言符号形式有别,一般分口头语言符号和书面语言符号,并各有其特点、价值,两者不可或缺。中印语言符

---

* 该文系在宋庆龄故居,中国人民大学孔子研究院承办的《中印友好与文明互鉴圆桌会议》上的发言稿。本文原载于《哲学家》,人民出版社2016年版。

号的融合，体现在译经的书面语言符号中，也体现在口头语言符号中。即佛教通过佛教经典的翻译、传播、讲解，以及教徒的宣讲，佛教语言渗透到汉语中，演变为汉语的习用语言，如"世界"，"世为迁流，界为方位"（《楞严经》四），相当于中国的"宇宙"，为时空观念。佛典上"世界"后演变为空间观念，成为汉语日常用语。"实际"指唯一、绝对、常往不变的本体。《大智度经》卷32载："实际者，如先说，法性名为实，入处名为际。"中国以之为客观存在的真实情况。"刹那"，《楞严经》（四）载："沉思谛观，刹那刹那，念念之间不得停住，故知我身终从变灭。"是讲极迅速、瞬息变化。又如觉悟、正直、彼岸、解脱、平等、知识、烦恼、悲观、地狱、大众、慈悲、修行、迎接、相对、绝对等都是佛教的名相，中国借用而成普遍使用的概念。

佛教文化的成语、典故被吸收到汉语中成为独放异彩的奇花，成语具有故事性、哲理性、深刻性、典雅性、含蓄性、生动性和犀利性的特点，是语言的精华。如五体投地、一针见血、三生有幸、三头六臂、生老病死、伤风败俗、不即不离、在劫难逃、隔靴搔痒、功德无量、唯我独尊、僧多粥少、牛鬼蛇神、因果报应、六根清净、心猿意马、泥船渡河、盲人摸象、味同嚼蜡、快马加鞭等[①]，可见佛教语言渗透到中国人的生活日用语言之中，对中印有很大影响。

二、互补互济

中印作为文明古国，都是从自己的实际出发，发展各自民族文化，因此中印文明是相通的、互补的，两个文明在相互借鉴中，取长补短，共同繁荣、发展。

无（空）与实的互补

大乘佛教中观学派（空宗）认为人法两空，一切的人与法、物质与精神，都是因缘和合而生，没有自性、自体。龙树在《中论》中说："众因缘生法，我说即是空（无）"。众因缘所生的法（事物）就是空，不是一个实体。若是一个实体，就不能因缘和合而生起。空虽不是生起万物的实体，但空与万物相即不离。玄奘翻译的《般若波罗蜜多心经》："色不异空，空不异色；色即是空，空即是色。受、想、行、识亦复如是"。色是

---

① 郭锦桴. 汉语与中国传统文化. 北京：中国人民大学出版社，1993：146-148.

物质现象，受、想、行、识为心理精神现象，一切存在（有）不离空，空不离存有。一切事物都处于不生不灭、不增不减的空无自性的状态。大乘佛教中观学派不同意小乘佛教一切有部的法有说。一切有部主张"我空法有"。我空即人空，因人的生命是由色、受、想、行、识五蕴和合而生，没有真正实在自我、自性。释迦牟尼在创佛教时，就主张无我，离我执，要从"我的东西"这种自我观念中解脱出来。法有，是指一切因缘和合而生的现象都是实有的，如地、水、火、风四大是实有的，心与四大因缘和合，而使众生主体生死流转，相续不断。中国宋时的道南学派在体悟《中庸》未发已发时，取静坐状态，以体悟其本来状态，而进入忘我境界，即是能天马行空的虚的世界。中国历来以事物为实在的。以老子的无来比附，无为或自然无为，这就改变了空的内涵，认为无与空在宇宙之先。在哲学的"和合期"，印度以地、水、火、风构成事物的基本元素，一切生理、物理依四大而生，四大统摄气、元气。中国以土与金木水火杂以成百物，相近似。《朱子语类》卷126记载："谦之问：'今皆以佛之说为（无）［空］，老之说为（空）［无］，空与无不同如何？'曰：'空是兼有无之名。道家说半截有，半截无，已前都是无，如今眼下却是有，故谓之（空）［无］'。若佛家之说都是无，已前也是无，如今眼下也是无，'色即是空，空即是色'。大而万事万物，细而百骸九窍，一齐都归于无。终日吃饭，却道不曾咬著一粒米；满身著衣，却道不曾挂著一条丝。'"朱熹认为老氏空兼有，佛氏都归于无，但朱熹并不完全否定佛教的空。他说："释氏见得高底尽高。"佛氏"说'玄空'，又说'真空'。玄空便是空无物，真空却是有物，与吾儒说略同"。儒佛可互补互鉴。

体与用的互补

中印传统文化关注宇宙、社会、人生本性、本质及其根据的本体反思，旨趣相似。印度佛教认为万物因缘和合而生起，否定实体性、本原性的本体，以空性为万物的本体，在此基地上，有"实有"本体说，心识本体说等。中国佛教吸收印度佛教本体学说，融合于中国传统文化之中，依据中国文化传统，提出独创性的本体论，建立中国化的佛教。使在印度被边缘化和接近衰落的佛教，在中国得到繁荣和发展。如对般若学的真俗二谛即有无关系不同理解，结合魏晋玄学，而发展出六家七宗。为解决如来藏和藏识的异同，调和各派及地、摄两家的矛盾，《大乘起信论》提"一心二门"的心性学说，以一心为宇宙万有本体，总摄一切世间法和出世间法。中国佛教既继承佛教经典，又超越印度佛教思想界限，自我解经，理论创新，独立发展，开出中国化的天台宗、华严宗、净土宗、禅宗等。中国古代哲学家主张"体用一源，显微无间"。事物的本体与其呈现的现象，既不杂又不离。作为形而上的本体、本源，是抽象无形的太极、道、天、气等。译经者有直接用中国传统的表述本体概念"无"来译"空"。支谦等以中国"本无"概念来译佛教真如，宣扬"道亦空虚"的本体论。特别是宋明理学，在融突和合儒释道三教中，吸收佛教本体论理论思维及其仔细的名相分析方法，使中国哲学发展到造极的高峰，建构了致广大而尽精微，极高明而道中庸的宋明理学理体论、心体论、性体论、气体论等本体论。程颐、朱熹从"体用一源"出发，吸收佛教的"体用无二"思想。天台宗慧思在《大乘止观法门》中说："今云体用无二者，非如揽众尘之别用，成泥团之一体，但以世谛之中，一一事相即是真谛全体，故云体用无二。"真谛与世谛为体用关系，本体作用产生现象界，现象界都是本体的直接显现。本体与现象相依不离，即体即用。华严宗与天台宗"体用不二"有异，法藏在《华严经探玄记》卷1说："体用各别，不相和杂，方成缘起。"因为诸缘各异义，所以在因缘和合中，体用对待有别，同时，又认为体用双融，举体便是全用，体用圆融为一；举用便是全体，体用相即相入为一。朱熹认为体用不相和杂言，体先用后，体立而后用行，道体事用；体用圆融说，体用互渗、互涵，体用一源无间。《朱子语类》卷27载："说体、用，便只是一物。""要之，体用未尝相离。"如果说程朱以理为本体，王守仁以心为本体。他说："心之本体即是天理。天理只是一个。"体用不能二分对待。《传习录上》讲："即体而言用在体，即用而言体在用，是谓体用一源。"体用都是良知的体用，没有度越良知的体用。王夫之则认为体情用名、体静用动，体先用后，体同用异，体用对待有分。同时王夫之又认为体用相需，交与为体；体以致用，用以备体；体用相依不离。在中印体用概念发展过程中，可见其互鉴互补的作用。

有与无的互补

佛教"本无"是来自梵文的翻译，后来译为"如""真如"，是万物本质和最高真理的意思。支谦译的《大明度经·本无品》中说："一切皆本无，亦复无本无，等无异。于真法中本无，诸法本无，无过去当来今现在。如来亦尔，是为真本无。"一切万物都本无，过去、现在、未来亦本无，如来佛也本无。本无是讲本来是无，万物本性空无。慧远与大乘般若性空思想异趣，认为性空是空掉性而得空名，法性、真法性是讲事物的性真有实有。慧远在《大智论抄序》中说："有而在有者，有于有者也；无而在无者，无于无者也。有有则非有，无无则非无。何以知其然？无性之性，谓之法性，法性无性，因缘以之生。生缘无自相，虽有而常无。常无非绝有，犹火传而不息。"不能执著无与有，执著为有与无的有与无是非有非无。事物是非有非无的，怎么知道呢？无性之性称其为法性，法性无性，因缘和合而生无性，虽常无但不断绝有，薪有烧尽的日子，火永传不息。"六家七宗"中有本无宗一脉，魏晋玄学何晏、王弼主本无，裴颜主本有。此前中华传统文化思想中有无之辩已为源远。《周易》《尚书》《论语》有无概念屡见，老子使有无概念度越政治、道德、伦理等实践理性，而成为抽象的哲学概念，以常有、常无来表述。庄子对有无概念有所创新，提有待与无待、有己与无己等独特概念。名家、后期墨家对此都有创新的论述。王弼、裴颜等吸收佛教有无的思想，将有无概念提升为天地万物本体论的高度。如果说佛教有无论是从性空、法性的视域立论，那么，王、裴是从中华文化的"体用一源"立论。王弼说："天下之物，皆以有为生。有之所始，以无为本。将欲全有，必反于无也。"有生于无，以无为本体。有与无犹如子与母的关系。裴颜著《崇有论》追究万物有始还无始时说："夫至无者无以能生，故始生者自生也。自生而必体有，则有遗而生亏矣。"万有自生，以自身为其存在本体，万有不能以无作为自身存在的根据。朱熹在讲儒释之别时说："释言空，儒言实；释言无，儒言有。"佛教讲空无、虚空；儒家讲实有、实理。朱熹讲佛老时说："佛氏只是空豁豁然，无有都无了……老氏犹骨是有，只是清净无为，一向恁地深藏固守，自为玄妙，教人摸索不得，便是把有无做两截看了。"佛教讲空，道讲无。"空是兼有无之名"，一切都空；老氏只讲无，不兼有。[①]

心性论的互补

印度佛教心性论为中国佛教所继承、受容、发展，并影响中华儒家、道家、道教思想，为儒道所吸收，促进儒道理论思维更具精微性、高明性、度越性。印度佛教亦吸收中华传统儒道文化的心性论，充实印度佛教的心性论，促进佛教的中国化。中国化佛教的关键点之一，就是中印心性论互相冲突融合而和合，造就了中国化的佛教天台宗、华严宗、禅宗等。印度佛教心性论的前提和出发点，是为了解脱人生的痛苦，如生老病死四种苦及其他苦，提升心性精神境界，以完善成佛的工具。如此，必须从主体人的心性源头处开发。人生痛苦的解脱和修持正果，都与众生心性不离。部派佛教认为心的本性有净染二种，"心性本净，客尘所染"。心本清净，这是解脱的内超越根据，解脱的方法是去客尘烦恼，由于被客尘所

---

① 张立文. 无有论//中国哲学范畴发展史（天道篇）. 北京：中国人民大学出版社，1988：461—493.

染，故有不净，去客尘即可恢复清净本性。大乘佛教认为一切众生皆有成佛根据的佛性，心本清净，协调净染心性说，倡导如来藏和佛性论。瑜伽行派主阿赖耶识（第八识）为万物根本，众生本性由其生起，提出心性论的五种种性说。

中国佛教心性论既继承印度佛教心性论，又融合中国传统儒道等心性论，形成具有中国特色的心性论。其特色：（1）心性的融突性。禅宗认为，《坛经》载："心即是地，性即是王。性在王在，性去王无。性在身心存，性去身心坏。"心地与性王不离不杂，就不杂言，心，自心、本心，本心是众生本来具有的心性，即净心；性，自性、本性，本性如真如本性。性在心中，心依存性，性统摄心，"识心见性，自成佛道"。直观自心，而成正果。尽管自心、自性不杂有别，实乃"自识本心，自见本性"，心性融合为一。（2）佛性的普适性。竺道生首倡断了善根的"一阐提"人也有佛性，"一切众生莫不是佛，亦皆泥洹"。后又有佛性本有始有之争。天台宗创始人智顗认为佛与众生相即，湛然则率先提出"无情有性"论，无情的草木瓦石、山河大地都有佛性，都可能成佛，打破了华严宗的无情无性说。（3）佛性的永恒性。华严宗的法藏认为众生佛性永存不失，"虽复随缘成于染净，而恒不失自性清净"。虽然众生的心随缘或染或净，但其中的佛性是恒常不失的。这是因为"见诸佛于众生身，观众生于佛体"。众生与佛一体，故众生具佛性为恒久不失。（4）佛性的善恶染净性。佛性是众生和无情之物成佛的根据。佛心所具有善恶染净，各宗说述有异。华严宗认为众生圆满具足成佛的根据，无情的草木瓦石具真如本体的理性（法性），有情众生所具佛性，无情识之物具有法性，不具有佛性。天台宗认为佛心中具有善恶染净之分，华严宗则认为佛性纯净至善，无染无恶；天台宗的真心，不排斥妄心，心具真妄，性具善恶，心性染净。华严宗五祖宗密认为心有四种，包括肉团心、缘虑心、集起心、真实心，前三心为相，即现象层面，唯真实心为性。"会相归性"，相依性而生起。"性相无碍，都是一心"，但"然虽同体，真妄义别，本末亦殊"。宗密的《原人论》为融突而和合佛教内部各派及儒道释做出了理论贡献。①

佛教传入中土后，与中华传统的儒道文化既冲突又融合，在长期的互相交流、沟通、对话、互渗、互容、互补、互鉴中，造就了佛教的中国化，也提升儒道文化理论思维的精微化、逻辑结构的体系化、思想方法的

---

① 方立天. 中国佛教哲学要义. 北京：中国人民大学出版社，2002：229-498.

系统化、命题范畴的分殊化。宋明理学家出入佛道几十年，而"尽究其说"。融突和合儒释道三教之学，以其生命智慧而创造性地开出理学新生面。理学以理（道）气（阴阳）心性为核心话题，建构和论证了理本体论、气本体论、心本体论和性本体论。[①] 清代陶素耜对儒释道三教心性论阐述说："儒曰存心养性，释曰明心见性，道曰修身炼性，三教圣人都教人从心性上超生死"[②]。教虽三分，理无二致，从心性上求解脱，超生死。

理与事的互鉴

东晋时觉贤译成60卷《华严经》，华严宗依傍此经立教，《华严经》其宗旨为"法界缘起"论，所以华严宗亦称法界宗。法界缘起对世间体悟由六相、十玄门而四法界，把在世间总摄为四类，为四重法界：事法界，理法界，理事无碍法界，事事无碍法界。是讲理、事与理和事、事和事相互关系的理论。事法界与理法界的两个界字，前者为分义，为分别、界限义；后者为性义，即本性同一。事法界犹如错综复杂的现象世界，理法界犹如现象的本质、本体世界。法界缘起的核心是事事无碍法界，这是佛在海印三昧中呈现的无碍而圆融及圆明德性的圆满缘起。事事无碍法界是理事无碍法界深进层次的法界缘起，理事无碍是讲理性与事物、性体与诸法，犹水与波，水即波，波即水，一体相依，理无形相，全在相中。理事熔融，存亡逆顺，通有十门。从理观往事，便是有成、坏、即、离；从事观望理，便是有显、隐、一、异。理与事逆顺自在，无障无碍，同时顿起，这便是理事圆融无碍。事事无碍法界，万事万物都处于相即相入，圆融无碍缘起之中，事如理融，遍摄无碍，交参自在。其第九门相在无碍门说：摄一入一，摄一切入一，摄一入一切，摄一切入一切，同时交参，无障无碍。第十门为普融无碍门，一切及一，普皆同时，更互相望，一一具前两重四句，普融无碍，总融前九门。事事无碍法界是宇宙最高层次，亦是修持的最高境界。

强调、突出事事无碍法界，是中国佛教的智慧创发，印度大乘佛教空有两宗传入中土后，其理论思维渐显偏颇，华严宗为弥补其"偏教"，判唯识宗的识真境虚之偏。境由识所变，境虚不真，识能真否。空宗以心境皆无，即否定了成佛的主体和境界，佛教信仰就无立足点和目标。华严宗

[①] 张立文. 心性论//中国哲学范畴发展史（人道篇）. 北京：中国人大学出版社，1995：95-145. 该文对中国心性论的内涵意义，心性论的起源，儒释道及名家论心性，以及心性论在各个历史时期的发展等均有详论。

[②] 悟真篇约注·杂义//藏外道书：第10册. 成都：巴蜀书社，1992：72下.

的法界缘起的四法界的事事无碍法界，以补空有两宗之不足。华严宗推而圆融无碍佛教各宗各派及中国传统儒道两教。宗密认为释迦、孔丘、老聃都是至圣，提出"三教同源"论。"始于混沌，塞乎天地，通人神，贯贵贱，儒释皆宗之，其唯孝道矣。"① 同倡孝道。又将《周易》的元、亨、利、贞四德配佛身的常、乐、我、净四德，并以儒家五常配佛教的"五戒"，推进了佛教向中国化路向的演化。

尽管华严宗的四法界继承印度大乘佛教思想，但事事无碍法界的思想是中国华严宗的创新，贯穿着中国传统思想元素。法藏称"一即一切，一切即一"蕴涵着《庄子·齐物论》的"天地一指也，万物一马也"的意蕴。其一多、体用、本末等概念为中国传统哲学范畴和理论思维方式，因此对圆融无碍儒释道三教思想的宋明理学来说影响至巨。无论是二程和朱熹的性即理说，还是陆九渊、王守仁的心即理说以及张载、王夫之的理者气之理说，都从四法界吸收其营养，以升华其理、心、气本体的理论思维。从朱熹哲学逻辑结构显示，理（太极、道）是其形上学的本体；气是理的安顿处、附着处；由于气（阴阳）的冲突融合、动静变化，造作出包罗万象的世界万物；所谓物，或叫作事，包括物理、心理的东西，即物质性和精神性的事物；理气圆融产生万物万事时，理随气进入事物之中，气把理与物事交参无碍无障起来，此时物事并非单独孤立，而是以"格物穷理"、即事穷理的方法，破除物（事）与理之间的界限、障碍，不仅达到理自己与自己圆融，而且使整体理（太极、道）——气（阴阳）——物（事）的圆融无碍，这是与华严宗的事事无碍法界相圆融的。陆王心体学，更加契合事事无碍法界，王守仁批判分别心与理、知与行等为二，而主张心与理、知与行等圆融无碍。王守仁在生前一再交代他的"四句教"是即本体即工夫，即工夫即本体，彻上彻下，圆满圆融。但王守仁死后，其弟子有的"把缆放船"，有的"悬崖撒手"，黄宗羲认为王畿（王龙溪）彻悟本体，悬崖撒手，坠落禅门。钱德洪工夫上磨炼，把缆放船，虽无大得，亦无大失，顺流师门。两人是王守仁的大弟子，虽对"四句教"体认有异，但实圆融无碍。从中国哲学思潮发展而统观，宋明理学通达、成就了儒释道三教兼容并蓄、圆融无碍的境界，使中国哲学思潮登上高峰的殿堂。

因果报应论的互鉴

中华民族自古以来就有一种朴素的因果报应的思想，它是一种规劝人

---

① 佛说盂兰盆经疏//大正藏：卷39.《大正藏》为《大正新修大藏经》的简称，日本昭和五十四年（1979）再版。

改恶从善、为人为善的有效益的功能和作用。《尚书·汤诰》载："天道福善祸淫。"《尚书·伊训》讲："惟上帝不常，作善降之百祥，作不善降之百殃。"天、上帝为最高的神，对作善作不善者降以吉祥或祸殃，这是善与不善所获的因果报应。《周易·坤·文言》说："积善之家，必有余庆；积不善之家，必有余殃。"强调个人、家庭、家族的善恶言行，都会给其命运以巨大影响，出现报应的回报。佛教倡导因果报应论，其目的为解释人生何以会有生死流转，点拨执迷众生使其解脱。人生的痛苦、死亡，一生一世很难逃避，使人产生恐惧，"千古艰难唯一死"。人死如灯灭，抑还人死精神在？这在中国引起激烈的论争，如范缜与萧子良的神灭、神不灭的论争，这个论争反映了人对死亡的恐惧和度越主体生死的期望。中国佛教家吸收印度佛教的三世说，慧远作《三报论》，现报、生报（生来便受报）、后报，认为有因必有果（有感必有应），如同有形必有影，又与中国古有因果报应的气数、命运、分命、天命观念相结合，而开出新因果报应论。"贫富有殊别，业报自相迎"。"业"是古印度的概念，是指造作。造作的人的身心活动与因果相联系，产生一种业力。业有身业、口业、意业以及善业、恶业、无记业等，善恶两业产生不同的因果报应，称为善恶业报。中国民间流传的"善有善报，恶有恶报，不是不报，时辰未到，时辰一到，马上就报"，限于人的一生一世。印度佛教三世、三报论，把因果报应论贯穿人的过去、现在、未来。并以此来解释现实社会中善人贫困短命，恶人富贵长寿，善人屡遭灾祸，恶人屡遇吉祥。善人与恶人之所以有不同的报应，是受前世业报的影响，现世行为所得的报应还没有表现出来，但今生（现世）作业，来生（来世）必报应，当然也有现世现报的，这是速报。因果报应论为什么在人的观念中一直存在，有其原因和功能。这与人祈求长生不死，追求家族繁荣、子孙平安富贵愿望相联系；化解现世生活的不公平、善恶报应的不公正，把它们归结于前世的业报，死生有命，起到平衡心理的作用和逆来顺受的功能，强化主体人在因果报应中的决定作用，把个人的身、口、意业和善、恶、无记业直接与因果报应联系起来，既推动受报应主体人的道德修养的提升、行为活动的端正、意识活动的纯洁，亦使受报应主体人的身、口、意、善、恶的业，受因果报应的制约、管控，使其见善必行，闻过必改，为今生、来世修道，稳定社会秩序和社会和谐。

泛爱众与慈悲互补

儒教主张泛爱众，而亲仁。仁爱百姓，爱护天下万物。尽管儒教仁民爱物有差等之别，但其"己所不欲，勿施于人"和"夫仁者，己欲立而立人，己欲达而达人"的仁爱精神，又具有普适性，而不讲亲疏远近。墨子的"兼相爱",便消除了儒教的"贵贱有等"的爱,而讲爱自己的国家与爱别的国家一样。"老吾老以及人之老,幼吾幼以及人之幼",这种爱是一视同仁的、平等的爱。佛教倡导大慈大悲,普度众生。儒佛两教以此为伦理原则的基础和出发点。近代以来康有为的《大同书》以去"九界",即取消儒教等级差别,去苦求乐,以达极乐的大同世界。谭嗣同的《仁学》提出仁—通—平等(生与灭、新与逝、过去与未来平等)。都体现了一种大爱的普遍伦理精神。佛教在中国化的过程中,与中国传统儒教相融合,以五戒(不杀生、不偷盗、不邪淫、不妄语、不饮酒)配儒教的五常(仁义礼智信)。五戒首戒为不杀生,爱护生命。甘地认为真理——神是创造力的永恒精神,宇宙最高本体,神是至高无上的善和爱。"神是真理和爱,真理与道德,是良知光明,非暴力就是纯粹的爱。"人类命运是肉体性质转化为精神性质,在爱他人中去证悟自己内在的神性。印度是多宗教国家,罗摩克里希那调和各宗教矛盾,提出"人类宗教"。世界各宗教信仰的神都是同一实体,名异实同,最终目标是实现普遍的爱和美好生活。泰戈尔生活在印度教与伊斯兰教斗争的时代,他反对教派主义的宗教,倡导"人的宗教"。拉达克里希南则提"精神宗教",我便可提倡"和合宗教"。人类信仰的对象,不能局限某一偶像,也可以是一种终极的价值理想境界。这种终极的价值理想境界就人的价值理想境界来说,佛教为成佛,儒教为成圣,道教为成仙。孟子讲"人皆可以为尧舜",王守仁讲满街都是圣人。儒教与道教认为人的终极境界不在死后,而在自己生命之中。佛教宗旨是教人成佛,佛是觉悟者,即对人生和宇宙有深切的觉醒和体悟,后来印度出现阿弥陀佛信仰,中国出现信仰西方极乐世界的净土宗。印度早期佛教并不提倡彼岸超越世界。中国天台宗、华严宗、禅宗都侧重于心性修养,求内在度越,与中国传统思想相协调。从这个意义上说,儒释道三教互相影响、互补,都强调人在生命中向内完善,以"不昧本心"为共同宗旨,以直指本心为修养的共同途径。

中印两国文化交流,源远流长,两国人民互鉴互学,世代友好。在当今全球化、信息智能革命时代,两国在政治、经济、文化交流上更加频繁密切,人民交往、互联互通更加方便、快速、及时。我们祝愿两国人民及世界人民在和平、发展、合作、共赢中通达富裕、文明、幸福、美好的天和、地和、人和、天乐、地乐、人乐的天地人共和乐的人类命运共同体的和合天下世界。

中国与朝鲜李朝朱子学的比较及特质*
——朱子、退溪、栗谷、艮斋思想的异同及其特色

"苍龙日暮还行雨,老树春深更著花"。艮斋田愚(1841—1922年)壮志不衰,不甘亡国,他胸怀满腔悲情,迫切期待朝鲜复兴;他以苍龙老树之身,挺民族脊梁,坚抗日意志,希冀"扶绿阳于既坠",迎来民族之花的绽放。

艮斋在民族存亡时,忧国忧民,高扬民族大义,坚守民族文化,抗拒日本文化侵略。柳永善评说:"箕条邈焉,武夷道东。潭华继作,穷源会通。允集厥成,谁得正宗,曰我先生……文在于斯,天责归矣。心性理气,能所帅役。阐发蕴奥,朱栗准的。不得弗措,深思穷赜。小大无遗,允蹈其实。"① 此说中其肯綮。艮斋学术造诣精湛,他探赜索隐,钩深致远,为朝鲜末之性理学大家。

一、朱、退、栗、艮理气观的异同

艮斋穷源会通箕子、朱子以来道统的正宗,沉潜经传,折衷百家,以朱子、栗谷思想为标准,衡量性理学诸家。他在《晦退栗三先生说质疑》和《朱栗吻合》两文中揭出了作为诠释者的立场、观点,以及三先生理论思维逻辑的异同。退溪、栗谷同为李朝朱子学大家,两人均以绍承、弘扬朱子学为职志,但由于诠释的要旨、体贴的节点、思维的方式之间的差分而分殊。艮斋纠结于两人之间,而认同栗谷为朱子学的正脉,但不以退溪为偏。诠释者在援本土文化融合朱子学时,就需要转元朱子学为本土朱子

---

* 本文原载于《社会科学战线》2017年第6期。
① 墓碣铭//艮斋先生全集·附录:下册. 汉城:保景文化社,1984:768下.

学，即朱子学的朝鲜李朝化，在这个转换中出现不同的体认，是很正常的现象。从这个意义上，无所谓正脉与非正脉的分殊。因为退、栗的学术理论思维的宗旨，都是为了发展朝鲜朝朱子学，而纠佛教的空虚、空谈之弊，为化解"士祸"的政治、思想、危机，以求国家的长治久安，人民的安居乐业。

从理气关系而观，朱子以理为形而上之道①，以气、阴阳为形而下之器，理为所以气、阴阳者道也。作为形而上者，"若理，则只是个净洁空阔底世界，无形迹，他却不会造作；气则能酝酿凝聚生物也"②。这里反映出诸多疑难：究竟理在气先、气外，抑还理在气内、无先？理能否动静？理不动，气为什么会动？"或问先有理后有气之说。曰：'不消如此说。而今知得他合下是先有理，后有气邪；后有理，先有气邪？皆不可得而推究'。"③ 朱子觉得很难简单推究，故接着说："然以意度之，则疑此气是依傍这理行。及此气之聚，则理亦在焉"。意度是一种意识、观念的猜度、推断，而非实存物理上的时空的先后次序，若说理气先后，只能是一种逻辑上的气依傍理行的理先。"要之，也先有理。只不可说是今日有是理，明日却有是气；也须有先后。"这种先后之分，只是为确立理形而上存有的地位。"且如万一山河大地都陷了，毕竟理却只在这里。"④ 确立理形而上先在地位，并不削弱、贬低气的作用和地位，"盖气则能凝结造作，理却无情意，无计度，无造作。只此气凝聚处，理便在其中"⑤。理这"三无"，是理本质内涵、特征和品格，作为气所依傍、所根据的理是一个纯粹的净洁的空阔世界。

朱熹既以"三无"规定理，便使理在动、静上陷入尴尬，理若能动，就与其对理"三无"规定发生冲突；若理不动，依傍理的气如何动起来？理又如何到了气中？是什么能使其凝聚造作？无奈，朱熹只得说："理有动静，故气有动静。若理无动静，则气何自而有动静乎。"⑥ "问：'动静，是太极动静？是阴阳动静？'曰：'是理动静。'"⑦ 不过，朱熹为了"理有动静"说便与理的"三无"规定产生激烈的紧张关系，他从两方面对"理

---

① "理也者，形而上之道也". 答黄道夫//晦庵先生朱文公文集：卷58. 四部丛刊初编缩本. 上海：商务印书馆.
② 朱子语类：卷1. 北京：中华书局，1986：3.
③ 同②4.
④ 同②4.
⑤ 同②.
⑥ 答郑子上//晦庵先生朱文公文集：卷56. 四部丛刊初编缩本. 北京：商务印书馆.
⑦ 朱子语类：卷94. 北京：中华书局，1986：2375.

有动静"做了限制：从未发已发而言，理作为太极，"太极无方所，无形体，无地位可顿放。若以未发时言之，未发却只是静。动静阴阳，皆只是形而下者"①。太极（理）未发固然是静，"若对已发言之，容或可谓之太极，然终是难说。此皆只说得个仿佛形容，当自体认"②。朱熹认为已发"中含喜怒哀乐，喜乐属阳，怒哀属阴，四者初未著，而其理已具"③。其意思是以未发是静，已发含动。另一方面从体用而言，"动不是太极，但动者太极之用耳；静不是太极，但静者太极之体耳"④。以体用分理（太极）的动静，体相当于未发，用相当于已发。

理（太极）动静问题颇使朱熹为难和斟酌："熹向以太极为体，动静为用，其言固有病，后已改之曰：'太极者，本然之妙也；动静者，所乘之机也。此则庶几近之。'"⑤ 以"本然之妙"与"所乘之机"替代太极（理）的体用动静之说。究竟什么是"本然之妙"与"所乘之机"？"盖谓太极含动静则可（以本体而言也），谓太极有动静则可（以流行而言也），若谓太极便是动静，则是形而上下者不可分，而'易有太极'之言亦赘矣。"⑥ 从本体而言，太极（理）蕴涵着动静的潜能和根据；从流行而言，太极（理）有动静。但不能说太极（理）就是动静，否则就混同本体与流行、形而上与形而下了。

朱熹以为如此解释，可谓圆满，然而，朱熹在进一步解释"所乘之机"时说："太极犹人，动静犹马；马所以载人，人所以乘马。马之一出一入，人亦与之一出一入。盖一动一静，而太极之妙未尝不在焉。"⑦ 乘是乘载之义，理乘载在气上，犹人乘载在马上。在这里朱熹回避了理自身会不会动静问题，而留下不周延之处，若理不自动，人怎么骑到马上去？于是明初的曹端提出："又观《语类》，却谓'太极不自会动静，乘阴阳之动静而动静耳'。遂谓'理之乘气，犹人之乘马……以喻气之一动一静，而理亦与之一动一静。若然，则人为死人，而不足以为万物之灵；理为死理，而不足以为万物之原。理何足尚，而人何足贵哉？"⑧ 假如太极（理）

---

① 朱子语类：卷94．北京：中华书局，1986：2369．
② 同①．
③ 同①．
④ 同①．
⑤ 答扬子直//晦庵先生朱文公文集：卷45．四部丛刊初编缩本．北京：商务印书馆．
⑥ 同⑤．
⑦ 同①2376．
⑧ 太极图说辨戾文//明儒学案：卷44．上海：商务印书馆，1933．

不自会动静，那么理与人便是死理、死人，如是，理与人便丧失了作为"万物之原"和"万物之贵"的价值和意义。换言之，太极（理）便不能作为万物之所以然的形而上的根据①。

朱熹在不同语境、场合、问答的情况下，对理（太极）能否自会动静作了不同的回答，这就给朝鲜性理学家的诠释留下空间。退溪与栗谷依据其对朱子学的体认与建构理论思维逻辑体系的需要以及援朱子学与朝鲜朝传统文化相融合，使朱子学韩国化的要求，对理（太极）能否动静做出了不同的诠释。退溪发挥朱熹理自能动静说，他在回答李公浩问时曰："理有动静，故气有动静，若理无动静，气何自而有动静乎！知此则无此疑矣。盖无情意云云，本然之体能发能生至妙之用也。"②退溪把朱子的"本然之妙"与"所乘之机"以体用关系，将其圆融起来，并改为"本然之体"与"至妙之用"的关系。体用圆融，并非混同，而是"动静者，气也；所以动静者，理也。圣人纯于理，故静以御动"③。这符合朱熹"所以一阴一阳者，道也"的思维逻辑，气为动静，理为所以动静的形而上之体，气为其作用和表现。这样退溪把曹端所说的"死理"，转死为活，当郑之云（秋峦）作《天命图说》，退溪作序以奖之，并将其"四端发于理，七情发于气"改为"四端理之发，七情气之发"④。奇高峰（大升）认为此说有差误，高峰答书说："今若以四端发于理而无不善，七情发于气而有善恶，则是理与气判而为两物也。是七情不出于性，而四端不乘于气也。此语意之不能无病，而后学之不能无疑也。"⑤四端七情由不同理气而发，导致四端不乘于气，七情不出于性，而有割裂理气为二之弊。高峰坚持理气浑沦说。这是对退溪"四端之发纯理，故无不善；七情之发兼气，故有善恶"⑥的回应。经此论辩，退溪最后改定为"四端理发而气随之，七情气发而理乘之"的理气互发论。并改《天命新图》中的四端七情分别置于理圈与气圈之中，而成分别理发气发的图式。他在晚年所作的《圣学十图》的《第六心统性情图》的《下图》中，打破四七分别置于理圈与气圈

---

① 张立文. 李退溪思想世界（修订版）. 北京：人民出版社，2013：6-9，130-134.
② 答李公浩·问目//陶山全书：三. 城南：韩国精神文化研究院，1980：185下.
③ 静斋记//陶山全书：三. 城南：韩国精神文化研究院，1980：268上.
④ 天命新图：天命图说后叙//增补退溪全书：二. 汉城：成均馆大学校大东文化研究院，1985：326上.
⑤ 高峰上退溪四端七情说：两先生四七理气往复书：上篇//高峰集. 韩国东洋哲学会影印，1997：102上.
⑥ 答奇明彦//增补退溪全书：一. 汉城：成均馆大学校大东文化研究院，1985：402上.

的界限，而置于两边，凸显理气互发的关系。①

退溪的理气互发说，不仅说明理有动静、气亦有动静，理气相资、不离不杂。形而上之理与形而下之气，在互发相须中，圆融无碍②，高峰主理气浑沦兼发，栗谷则主张气发理乘，三人都继承、弘扬朱子学，但体认、诠释有异。栗谷从朱熹所规定理的"三无"出发，无论是四端，还是七情都是"气发理乘"，而非退溪和高峰的理气互发或兼发论。栗谷说："夫理者，气之主宰也；气者，理之所乘也。非理则气无所根柢，非气则理无所依著。既非二物，又非一物。非一物故一而二，非二物故二而一也。非一物者，何谓也？理气虽相离不得而妙合之中，理自理，气自气，不相挟杂，故非一物也。非二物者，何谓也？虽曰理自理，气自气，而浑沦无间，无先后，无离合，不见其为二物，故非二物也。是故动静无端，阴阳无始。……理虽一而既乘于气，则其分万殊。"③ 理为形而上的本体，是气的主宰，是气依以存有的根据，气是理的顿放、依著处，因而理气为一而二、二而一的辩证妙合关系，而非此即彼的二元对立关系。

之所以讲"气发理乘"，是因为"理形而上者也，气形而下者也。二者不能相离，既不能相离，则其发用一也，不可谓互有发用也。若曰互有发用则是理发用时气或有所不足，气发用时理或有所不及也。如是则理气有离合、有先后，动静有端，阴阳有始矣"④。表示不同意退溪的理气互发说和高峰的兼发说。"退溪互发二字，则似非下语之失，恐不能深见理气不相离之妙也。……性情本无理气互发之理，凡性发为情，只是气发而理乘等之言，非珥杜撰得出，乃先儒之意也。"⑤ 互发说和兼发说是不能体认理气不相杂的妙合的道理。从不相杂而言，理自理，气自气，理无形、不动、无为，气有形、能动、有为；理为形而上者，气为形而下者；从理气妙合而言，"元气无端始，无形在有形，穷源知本合（理气本合也，非有始合之时。欲以理气二之者，皆非知道者也），沿派见群精（理气原一而

---

① 张立文. 韩国儒学研究：奇大升与李滉的四端七情之辨//张立文文集：第33辑. 韩国学术信息出版社，2000：198-205. 张立文. 李退溪思想世界. 北京：人民出版社，2013：81-84.
② 退溪对理的规定，参见：张立文. 退溪书节要·前言. 北京：中国人民大学出版社，1989：39-41。
③ 答成浩原：第九书//栗谷全书：一：卷10. 汉城：成均馆大学校大东文化研究院，1986：197上.
④ 答成浩原：第十书//栗谷全书：一：卷10. 汉城：成均馆大学校大东文化研究院，1986：202上.
⑤ 答成浩原：第十二书//栗谷全书：一：卷10. 汉城：成均馆大学校大东文化研究院，1986：210下.

分为二五之精)。水逐方圆器,空随小大瓶(理之乘气流行,参差不齐者如此。空瓶之说出于释氏,而其譬喻亲切,故用之)。二岐君莫惑,默验性为情"①。动静无端,阴阳无始,因无形之理在有形的气中。从源头上看,"理气元不相离,即气而理在其中"②。理在气中,犹如水在瓶中,随方圆、大小的器皿和大小的空瓶而方圆、大小。理气妙合,无所谓离合和先后之分。

之所以说"气发理乘",是因为理气体用,显微无间。"本体之理在于人,则为人底道理;在于物,则为物底道理矣。人物之性虽殊,而初不害其本体之理也。人物之性虽亡,而亦不添其本体之理也。……人与物亡,则理无禀受之形,故形虽无,而其所以为理者,亦尝自若也。推此论之,则气虽消长,而其本体之理,亘古亘今,固尝自若而少无欠缺之时也。"③栗谷又以瓶与瓮为例,说明瓶与瓮破,则瓶与瓮的空就其所依著之器没有了,但所以为空依然自若存在。人与物没有了,理所禀受的形象也没有了,但所以为理者依然自若存有,气有消长,本体的理亘古亘今,无所欠缺。换言之,气有消长,理无消长,理唯有乘气而消长、动静,理气既有分殊不杂,而又不离,体用一源。理气相互依存,相因相通,这是理所以能乘气的原因所在。

之所以说"气发理乘",是因为气为然,理为所以然者。"有是理则不得不有是气,有是气则不得不生万物。是气动则为阳,静则为阴。一动一静者,气也。动之静之者,理也。……其然者,气也;其所以然者,理也。"④ 气有动静,其所以动之静之者是理。自然之理无动静,乘气而一动一静。

之所以说"气发理乘",是因为"理通气局",这是栗谷对理气关系开出的新生面。"理通气局四字,自谓见得,而又恐珥读书不多,先有此等言,而未见之也。"⑤ 此四字是其自己的体认和创新,使"气发理乘"之辨

---

① 理气之未呈牛溪道兄//栗谷全书:一:卷10. 汉城:成均馆大学校大东文化研究院,1986;207 上.
② 统说第一:圣学辑要//栗谷全书:一:卷19. 汉城:成均馆大学校大东文化研究院,1986;423 上.
③ 语录上//栗谷全书:二:卷31. 汉城:成均馆大学校大东文化研究院,1986;235 上.
④ 易数策//栗谷全书:一:卷14. 汉城:成均馆大学校大东文化研究院,1986;304-305 上下.
⑤ 答成浩原:第12 书//栗谷全书:一:卷10. 汉城:成均馆大学校大东文化研究院,1986;208 下.

深刻化。"无形无为而为有形有为之主者，理也；有形有为而为无形无为之器者，气也。理无形而气有形，故理通而气局，理无为而气有为，故气发而理乘。"① 所谓"理通"，是指理无本末、先后，乘气流行，不论是在清浊、粹驳、糟粕之中，还是在煴烬、粪壤、污秽之中，理无所不在，而其本然之妙则不害其自若，这便是理通之意。所谓"气局"，是指气有形迹、有本末、先后的局限。当其流行之时，有不失其本然与失其本然之别，失其本然，就不是全气而是偏气，糟粕煴烬之气，而不是湛一清虚之气，这便是气局之义。理通气局为气发理乘做出新的论证。

退溪发挥朱熹"理有动静，故气有动静"说，尽管朱熹为此从体用、未发已发方面做了解释，以调和其对理性质"三无"的规定，但栗谷却从朱熹对理"三无"规定出发，而有退栗的理气互发说，气发理乘说。艮斋面对这两位朱子学大家双璧，又作何选择？明艮斋理气观，必先知其对理的规定。

其一，理无为、无声臭、无形。艮斋说："据愚所闻，理无声臭，无兆朕者。"② "今欲明理，理本无形。"③ 又在《理无为》中说："夫理之无为的然，而何以为气之主。凡气之有为，若无此理为之根极则何以有成乎！此理之所以为不宰之宰，而有不使之使也。"④ 理无形、无为、无征兆、无迹象、无声臭。这是对理内涵、性质的规定，与朱熹的"三无"及栗谷以理无形、无为的规定相类，但艮斋认为理作为气的根本、根据，气的有为是理不宰之宰、不使之使的使然，换言之，理具有主宰、指使气的逻辑潜能，这种潜能和根据是理作气的主的职责。

其二，理与道、太极、性相类。在艮斋理论思维的逻辑结构中，这些概念范畴具有相同的性质与地位。他说："理字是道与性与太极之谓也。"⑤ "太极是本然之理。"⑥ "道者当然之理，皆性之德。"⑦ "性者，人所禀于天以生之理也。"⑧ 在朱熹的哲学思维逻辑结构中，这四个范畴的性质、地

---

① 答成浩原：第 12 书//栗谷全书：一：卷 10. 汉城：成均馆大学校大东文化研究院，1986：208—209 下.
② 艮斋私稿：卷 33：杂著//艮斋先生全集：上册. 汉城：保景文化社，1984：757 下.
③ 艮斋私稿：卷 34：杂著//艮斋先生全集：上册. 汉城：保景文化社，1984：772 上.
④ 艮斋私稿：卷 37：杂著//艮斋先生全集：上册. 汉城：保景文化社，1984：854 下.
⑤ 艮斋私稿：卷 37：杂著·心字//艮斋先生全集：上册. 汉城：保景文化社，1984：840 上.
⑥ 艮斋私稿：卷 35：杂著//艮斋先生全集：上册. 汉城：保景文化社，1984：811 下.
⑦ 艮斋私稿：卷 31：杂著·尽心说前后本//艮斋先生全集：上册. 汉城：保景文化社，1984：717 下.
⑧ 艮斋私稿：卷 36：杂著·海上散笔//艮斋先生全集：上册. 汉城：保景文化社，1984：814 下.

位、作用是相互包含、融通的。① 艮斋绍承朱熹的逻辑思维，而纳入其理论思维结构，成为其哲学理论思维体系中的最高的形而上本体范畴，并由此推导出其本体论、心性论、道德沦、知识论、价值论、工夫论，以及"四七论"的基本观点和立场。

其三，理是至善的道德价值。艮斋说："理是至善而万无一分未尽者也。"② 此万无一分未穷尽至极至善的理，也即仁义礼智四德之理，"以仁义礼智之性属于太极之理，而使心之存主运用，必本于性，而不敢自用焉"③。"仁是吾人身上本然之理，一定而不可易也。"④ 这是就其心三月不违仁而言的，孔子说，"吾七十而从心所欲不逾矩"，矩是吾人身上本然之理，一定而不可易的。又说："盖仁是天地生生之理，人得之以为性者也。仁固是温然有爱之理者也。"⑤ 仁是天地生生不息的，是粲然有文的理，充然有实的理等。理作为伦理道德的价值，应是无私欲的，由于无私才能当于理，"则其所以去人欲，而复天理者，无毫发之遗恨矣"⑥。去人欲，而能复天理，才能做到明明德，而新民，无过不及。

其四，天人合一的理。艮斋说："余窃意天人无二道，亦无两气。"⑦ 又说："天人一也，斯理也。程、朱、栗、尤诸先生无不阐明矣。"⑧ 他引朱熹话说："天人本一理，若理会得此意，则天何尝大，人何尝小也。"⑨ 朱熹在《中庸章句》中曾说："盖天地万物本吾一体"。天地万物之所以一体，是因为宇宙间一理而已，天得之以为天，地得之而为地。理成为沟通、圆融天与人之间媒介，否则天人如何合一？艮斋说："愚窃谓天地生于理气，而又却将理气以生人物。天能生物，而不生于物，实则天亦生于

---

① 张立文. 朱熹思想研究. 北京：中国社会科学出版社，1981.
② 艮斋私稿：卷37：杂著·华岛漫录·理无知能//艮斋先生全集：上册. 汉城：保景文化社，1984：843下.
③ 艮斋私稿：卷33：杂著//艮斋先生全集：上册. 汉城：保景文化社，1984：740下.
④ 艮斋私稿：卷31：杂著·启蒙篇首两语//艮斋先生全集：上册. 汉城：保景文化社，1984：718上.
⑤ 艮斋私稿续编：卷11：杂著·求仁庵壁贴//艮斋先生全集：下册. 汉城：保景文化社，1984：224下.
⑥ 艮斋私稿：卷36：杂著·海上散笔//艮斋先生全集：上册. 汉城：保景文化社，1984：814下.
⑦ 艮斋私稿：卷32：杂著·天人无二//艮斋先生全集：上册. 汉城：保景文化社，1984：723上.
⑧ 艮斋私稿：卷34：杂著//艮斋先生全集：上册. 汉城：保景文化社，1984：778下.
⑨ 同⑦723下.

理也。"① 天地人物都生于理气，既然同生于理气，便是体用一源，所以能合一。而实则生于理，因为宇宙间一理而已，此理为形而上的本体，是天地万物之所以生的根据。尽管讲"天地生于理气"，以为是理气二元论，其实则表明是理体一元论。艮斋凸显理体在其哲学逻辑结构体系中最高范畴的地位和作用，就为其气发理乘说奠定了理论基础。

艮斋论理致广大，而尽精微。作为理的安顿、附著处的气，与理不离不杂，有理在，气亦在，理在气中；理自理，气而气，各处其位，各尽其责，理气不杂。在艮斋的心目中，气有为、有形、能发动。"气由有形，而有美有恶，亦理之所必然也。"② 他引朱熹《朱子语类》："太极理也，动静气也。"③ 尽管气有形，能动静，但不离理的使然。艮斋在《气能运理》中说："愚尝言，上帝能运用太极，非太极运用上帝，气化能运用天道，非天道运用气化。"④ 换言之，气的变化能发运天道（理），不是天道（理）发运气的变化，即气发理乘，非理发气乘。虽然气有形、有动静，但气不是某一具体的器物，而是能虚灵知觉至神的气，"学者欲不宗朱子，则已如不欲畔朱子，须是将虚灵知觉之心，属于至神之气"⑤。"气之精英者为神。"⑥ 这精英、至神的气是一个概念，是太极之理所乘的动态的概念，是生成万物的质料，或指浩然之气⑦，亦指人物所具的气质。若以艮斋之气是某一具体器物，便是一个已生成之物，气就便限定了，就不能作为生物的质料。

基于艮斋对理与气性质、特质、内涵的体认和其理论思维逻辑体系需要，而在"四七"之辨中同意"气发理乘"说。艮斋认为，"朱子曰：四端是心之发见处，四者之萌皆出于心，而其所以然者，是性之理所在也。此段分明是栗翁气发理乘之渊源也"⑧。追根溯源，栗谷的气发理乘是据朱

---

① 艮斋私稿：卷33：杂著//艮斋先生全集：上册. 汉城：保景文化社，1984：752下.
② 艮斋私稿：卷35：杂著·海上散笔//艮斋先生全集：上册. 汉城：保景文化社，1984：813下.
③ 同②.
④ 艮斋私稿：卷37：杂著·气能运理//艮斋先生全集：上册. 汉城：保景文化社，1984：844-845上.
⑤ 同①740下.
⑥ 同②802下.
⑦ 艮斋说："浩气至刚，本体也。"艮斋私稿续编：卷12：送安晦植序//艮斋先生全集：下册. 汉城：保景文化社，1984：233上.
⑧ 艮斋私稿续编：卷10：杂著·李氏瀷四七新编籤目//艮斋先生全集：下册. 汉城：保景文化社，1984：203下.

子的思想而来，艮斋自己是继承朱子和栗谷的，这是其理论思维的前提。前提确立，于是艮斋在《艮斋私稿续编》卷十中《四端字义第一》《七情字义第二》《四端有不中节第三》《圣贤七情第四》《四七相似第五》《四七有异义第七》《演乘马说第十五》《图说第十六》，就四端七情做了全面、系统的考证，而后艮斋引孔子的"人能弘道，非道弘人"而开出"所以有气而理乘之论"①，确定气发理乘为是。时下学者对此已有详论，本文兹不累赘。

二、朱、退、栗、艮心性论的异同

理气心性是性理学的核心话题，核心话题作为时代精神的精华和凝聚，是不能离开思想而存在的，精神总是思想着的精神，思想着的思想是作为精神的那种东西。朝鲜李朝通过核心话题的反复论辩，梳理盘根错节的生命情结，把朝鲜民族的理论思维推向高峰，也可以说是其"造极"时期，出现了一大批理论思维大家，他们是民族灵魂的所在。

由四七理气之辨，自然推致心性之辨。退溪、栗谷、艮斋的心性论都依据其民族现实实践的需要，绍承朱熹的心性论，而有所差分。朱熹认为，二程所讲的"性即理也"这句话是"颠扑不破"的道理。因此朱熹说："性即理也。在心唤作性，在事唤作理。"② 性是人之所以得于天的理。他在注《中庸》"天命之谓性"时说："性，即理也，天以阴阳五行化生万物，气以成形而理亦赋焉"。人物之生，各得所赋的理，以为健顺五常的德，是所谓的性。在朱熹哲学逻辑结构中理与气为形而上与形而下的关系，转换为性与气，亦是"性是形而上者，气是形而下者"③。性既有形而上性，便具有超越性和普遍性，它无所不有，无处不在，而寓于人物之中。作为形而上的性，与理相似"性无形象、声臭之可形容也"④。性具有"寂然至无"的特性。从体用而言，性体是"寂然不动"的，情用是"感而遂通"的。这是朱熹对性的基本规定。

朱熹依据《尚书·大禹谟》的"人心惟危，道心惟微，惟精惟一，允执厥中"，而分道心与人心，"道心者，天理也"⑤。"道心者，兼得理在里

---

① 艮斋私稿续编：卷10：杂著//艮斋先生全集：下册. 汉城：保景文化社，1984：206下.
② 朱子语类：卷5. 北京：中华书局，1986：82.
③ 同②97.
④ 孟子或问：卷11.
⑤ 朱子语类：卷78. 北京：中华书局，1986：2017.

面,'惟精'是无杂,'惟一'是终始不变,乃能'允执厥中'。"① 道心全是天理,是四端四德的仁义礼智的善心。"人心者,人欲也;危者,危殆也。"②"所谓人心者,是气血和合做成。"③ 但朱熹认为,简单地讲"'人心,人欲也',此语有病。虽上智不能无此,岂可谓全不是?"④ 上智的也不能无人欲,因此"人欲也未便是不好"⑤。道心与人心的关系,是船与柁的关系。"人心如船,道心如柁。任船之所在,无所向,若执定柁,则去住在我。"⑥ 道心、人心只是一心,并非心外复有一心,理在人心谓之性,性得于天而具于心,理在心中,犹性在心中。

道心与人心的柁与船的关系,是由心性关系推导出的。其一,是太极与阴阳关系。"性犹太极也,心犹阴阳也。太极只在阴阳之中……所谓一而二,二而一也。"⑦ 太极(性)是一,分阴阳为二,太极不离阴阳,二而一。"舍心则无以见性,舍性又无以见心,故孟子言心性,每每相随说。"⑧ 其二,虚实辩证关系。"性虽虚,都是实理。心虽是一物,却虚,故能包含万理。"⑨ 既虚又实,既实又虚。"性本是无,却是实理。心似乎有影象,然其体却虚。"⑩ 心为一物,似有影象,为一物体,其体又虚;性虚却是实理,体现其辩证思维。这里所说心其体却虚,是指心的体用的心体而言。其三,动与所以动的关系。"问心之动、性之动。曰:'动处是心,动底是性'。"⑪ 心处在运动中,心的所以动是性。"性是理,心是包含该载,敷施发用底。"⑫ 性理不动,心发用。其四,心性体用关系。"心以性为体,心将性做馅子模样。"⑬ 性为心的本体,心包含性,犹如心为包子,性是包子里的馅。性是心的所有的理,"盖心之所以具是理者,以有性故也"⑭。性体心用。其五,善恶关系。"心有善恶,性无不善。若论气质之性,亦

---

① 朱子语类:卷78. 北京:中华书局,1986:2013.
② 同①2017.
③ 同①2018.
④ 同①2010.
⑤ 同①2010.
⑥ 同①2009.
⑦ 朱子语类:卷5. 北京:中华书局,1986:87.
⑧ 同⑦88.
⑨ 同⑦88.
⑩ 同⑦88.
⑪ 同⑦88.
⑫ 同⑦88.
⑬ 同⑦89.
⑭ 同⑦89.

有不善。"① 尽管性善，性有天命之性与气质之性之分，天命之性是天理，所以善。气质之性是理与气的和合，所以有不善。本心是善的，但后来做了许多不善的事，所以心有善恶。

退溪、栗谷发挥朱子学说，退溪继承朱子性即理的思想。他说："性即理也。则彼所谓五行之性，即此元、亨、利、贞之谓也。岂可谓彼无而此有之乎？"② 人物各有其性，而无物无性，退溪在解释周敦颐"各一其性"时说，孔子讲"成之者性""各正性命"，孟子讲山性、水性等，性具有普遍性，是既超越又内在的概念。性内在于心中。"惟人也得其秀而最灵者也。灵者，心也。而性具其中，仁义礼智信五者也是。"③ 五常之性具于心中。性具心中，是性先动抑还心先动？"心之动即性之所以然也，性之动即心之所以然也。"④ 性心的动不可分先后，"心非性，无因而为动，故不可谓心先动也；性非心，不能以自动，故不可谓性先动也"⑤。心性的动，既互为动因，又互为动的所以然。退溪心性互动、互因是其理气互发说在心性论的贯彻，亦是理论思维逻辑体系完整性的体现。这是对朱子"动处是心，动底是性"的修改，也与栗谷异。

退溪认为心是理气的和合。"夫理与气合而有心之名。"⑥ 这是从构成论视域规定心，但理气所具有的不能不影响心的潜质和动能。他又细分心的不同层面："以其本然之善，谓之良心；本有之善，谓之本心；纯一无伪而已，谓之赤子心；纯一无伪而能通达万变，谓之大人心；生于形气，谓之人心；原于性命，谓之道心"⑦。此六心各置图的不同位置，虽属道德意识范围，但这是心的虚灵知觉的基础。其一，心是思的器官，具知觉能力。"耳听皆有天则，而主之者心也。"⑧ 耳有听的感觉，由心主使。"知者，心之神明。"⑨ 心的知觉能力，亦可谓之神明，呈现为思维活动能力。此其一。其二，心具万理。"盖人心虚灵不测，万理本具。"⑩ 心若虚灵不

---

① 朱子语类：卷5. 北京：中华书局，1986：89.
② 天命图说后叙//增补退溪全书：二. 汉城：成均馆大学校大东文化研究院，1985：322下.
③ 同②324下.
④ 答金而精别纸//增补退溪全书：二. 汉城：成均馆大学校大东文化研究院，1985：89上.
⑤ 同④.
⑥ 答申启叔别纸//陶山全书：三. 城南：韩国精神文化研究院，1980：164上.
⑦ 答李叔献//陶山全书：一. 城南：韩国精神文化研究院，1980：404下.
⑧ 答郑子中别纸//陶山全书：二. 城南：韩国精神文化研究院，1980：339下.
⑨ 答奇明彦别纸//陶山全书：四. 城南：韩国精神文化研究院，1980：69上.
⑩ 答金惇叙//陶山全书：二. 城南：韩国精神文化研究院，1980：433上.

测，能动静万变，神化妙用，不失其则，就不会出偏差。但被事物所蔽，私意所囿。其三，心作为神明升降之舍或精神力量，就其本然而言，无所谓善恶。其四，心具有天人合一的普适性。"理气之合则为心，故一人之心即天地之心，一己之心即千万人之心，初无内外彼此之有异。"① 内之一人之心，外之天地之心，一己之心与千万人之心，无有分别，通同为一。心具有能动性、贯通性、可入性、普遍性。

朱熹据《尚书·大禹谟》十六字心传，以道心为天理，或性命之正，合乎义理。退溪、栗谷接着朱子说，退溪认为道心是义理之心，固原于性命。是存天理、灭人欲而获得的。"遏人欲事，当属人心一边；存天理事，当属道心一边可也。"② 道心是一种最高的道德原则或理想境界。退溪重道心、人心之别，栗谷则注意两者联系。他说："人心、道心非二心也。人心、道心既非二心，则四端七情亦非二情也。"③ 两者为一心。进而说"朱子既曰虽上智不能无人心，则圣人亦有人心矣，岂可尽谓之人欲乎？以此观之，则七情即人心、道心善恶之总名也"④。既然认为圣人有人心，就不能说人心都是人欲；七情为人心，也不能说七情都是人欲。由此看来，七情是人心、道心善恶的总名或通称。不可以四端是道心，七情是人心；善为道心，恶为人心。七情包含道心，若说只指人心，只说对了一半。肯定人心有善的层面。

道心为义理之心，是至善的，为圣人所具有的心，出于性命之正，为四德四端的心，为朱、退、栗所同。至于对道心的追根溯源，及对道心范围的规定，退溪的发展异于朱子。栗谷从道心、人心的联系方面，说明七情是道心、人心善恶的总名，与朱子、退溪有异，即朱、退重一而二，栗谷重二而一，即一分一合。使道心、人心之辨以达圆满。

栗谷重道心、人心的二而一，是基于对心性为一路的体认。"若心性分二，则道器可相离也；情意分二，则人心有二本矣，岂不太差乎？须知性心情意只是一路而各有境界，然后可谓不差矣。"⑤ 所谓一心而各有境界，是指心的寂然不动时为性的境界，感而遂通是情的境界，因所感而细

---

① 答奇明彦论改心统性情图//陶山全书：二. 城南：韩国精神文化研究院，1980：113 上.
② 答李平叔//增补退溪全书：二. 汉城：成均馆大学校大东文化研究院，1985：259 下.
③ 答安应休//栗谷全书：一：卷12. 汉城：成均馆大学校大东文化研究院，1986：250 上.
④ 人心道心图说//栗谷全书：一：卷14. 汉城：成均馆大学校大东文化研究院，1986：283 上.
⑤ 杂著·杂记//栗谷全书：二：卷14. 汉城：成均馆大学校大东文化研究院，1986：297 上.

绎商量为意的境界。虽心性情意各有境界，但不能分二而为一路。从此思维逻辑出发，认为"气质之性、本然之性决非二性，特就气质上单指其理曰本然之性，合理气而命之曰气质之性耳，性既一，则情岂二源乎？……若如退溪之说，则本然之性在东，气质之性在西，自东而出者谓之道心，自西而出者谓之人心，此岂理耶"①。本然之性与气质之性为一性，而不同意退溪分东西两性，而分出道心与人心。理乘其本然之气而为道心，故理亦乘其所变之气而为人心。"人心道心俱是气发"②，这是其"气发理乘"逻辑思维的贯彻，而与退溪理气互发异趣。

  艮斋在心性论上，绍承朱、栗，批评陆九渊、王守仁的心即理说，并以形象的话语阐明性心关系。艮斋认为：其一，"性是理之真体"③。之所以是真体，是因为"性者，人所禀于天以生之理也，浑然至善，未尝有恶，人与尧舜初无少异"④。性是人禀于天理，所以人与尧舜一样无差异。其二，"性是至善之理，不容修。扬雄言修性，是揠苗也。"⑤ 至善的性不需要修理。因为"人性全善而无些子偏恶"⑥。"性理则始终本末全是善而无些恶。"⑦ 性理全善而无恶。其三，"性是太极浑然之体，心犹阴阳，太极为阴阳之主，而反为阴阳之所运用"⑧。在艮斋的思维逻辑结构中，理与太极同位，性是太极之体，即性是理的真体。其四，性为义理之性。"义理之性，性与义理只是一物，非有二体可分。气质之性，性与气质只是一物，非有二物可指也。"⑨ 性与义理为一物，性之本就具有仁义礼智的义理内涵。"仁义礼智，吾儒之所谓性，而异学之所谓障也。"⑩ 性是伦理道德价值。其五，本然之性与气质之性。艮斋在《气质之性》中开列五条：

---

① 答成浩原：第十二书//栗谷全书：一：卷10. 汉城：成均馆大学校大东文化研究院，1986：210-211 上.
② 同①210 上.
③ 艮斋私稿续编：卷12：题晦翁四斋铭后赠孙致诚//艮斋先生全集：下册. 汉城：保景文化社，1984：245 上.
④ 艮斋私稿：卷36：杂著·海上散笔//艮斋先生全集：上册. 汉城：保景文化社，1984：814 下.
⑤ 艮斋私稿：卷37：华岛漫录·修气//艮斋先生全集：上册. 汉城：保景文化社，1984：854 下.
⑥ 艮斋私稿：卷35：杂著·海上散笔//艮斋先生全集：上册. 汉城：保景文化社，1984：789 下.
⑦ 同④.
⑧ 同⑥812 上.
⑨ 同④832 下.
⑩ 同⑥801 下.

"一，理在气中曰本然之性，而亦曰气质之性。如阴阳太极，形色天性，成之者性。"① 理在气中，是本然之性与气质之性共同的价值根据。"余尝效形色天性，而曰气质本然，此指气上所载之理而言。"② 气上载理，其所载为气质、本然之性，这是其"气发理乘"逻辑思维体系的贯彻。"二，理为气面曰气质之性。""三，气质之禀，亦曰气质之性。""四，形气之欲，亦曰气质之性。""五，单指躯命，亦曰气质之性。"③ 这五种情况，均为气质之性，这是对气质在不同情境下的概括和体认。从气质之性来源说，"气质之性则以理与气杂而言之，合理与气质而命之曰气质之性。按气质之性是形而下之器也，气之局也"④。气质之性为形而下者，是栗谷"理通气局"的气局的表现。从本然、气质不离而言，"离了气质更无性"⑤。"天命之性和气质滚说"⑥。本然之性离了气质之性就无著落和安顿，气质之性离了本然之性就无根据和指导。此五层面为艮斋对性的规定，由此而可明心性之关系。

艮斋言心，其一，心为气，非理。"心事阴阳之属，无非是气"⑦ 接栗谷心为气说，心气之上是至善大全不偏的理，然心非理。"心合乎理，则心非是理，而理为心本明矣。"⑧ 他屡批陆王"心宗家"心即理说，并认为退溪讲心合理气，"有心即理之意来"⑨。为维护栗谷心为气说："心必待操而后存，则心之非理明矣，此栗翁所谓圣贤只要人检束其气而后复其本性者，所以为儒门尊性之道也"⑩。气与心是必须待澄明和操存的，理、天理不须澄明与操存，所以心非理。这是对心的内涵、性质规定理论前提。其二，为天地立心。"人君当以天地生物之心为心，君心正，则天心豫而庆

---

① 艮斋私稿：卷32：杂著·气质之性//艮斋先生全集：上册. 汉城：保景文化社，1984：720下.
② 艮斋私稿：卷36：杂著·海上散笔//艮斋先生全集：上册. 汉城：保景文化社，1984：814上.
③ 同①.
④ 同②835下.
⑤ 同②835下.
⑥ 同②834上.
⑦ 艮斋私稿：卷30：杂著·观语类吕焘录//艮斋先生全集：上册. 汉城：保景文化社，1984：689下.
⑧ 艮斋私稿：卷34：杂著//艮斋先生全集：上册. 汉城：保景文化社，1984：779上.
⑨ 同⑧776上.
⑩ 艮斋私稿：卷32：杂著·栗尤宗旨//艮斋先生全集：上册. 汉城：保景文化社，1984：723下.

祥集焉，君心不正，则天心不豫而灾害至焉，天人感应昭然可见也。"① 君心感应天心，君心正与不正，天心即降庆祥或灾害，人应以天地生物之心为心，人为天地立心，使天心依人心而定祸福吉凶。所谓君心正与不正，艮斋说："圣人之仁如天地生物之心，有教无类，仁民爱众……天理人欲不容并立于方寸之中，是以逼人欲而存天理也。"② 通过遏人欲，存天理，使人心得以正，若陷溺人欲，如"近世功利之说，陷溺人心，故世俗多尚功利"③。即为不正，存天理即为正。其三，心为身之主。"心固是一身之主，然其所以主乎一身者，以其静而涵浑然之天，动而循粲然之天，而有妙用耳。"④ 心的动静若能涵浑然和循粲然之天，便有妙用。心主之能运用是因为"心为主宰，以心之存主运用，必本于性也"⑤。心本于性，才有主宰的功能。其四，心本善。"心之本善，亦以其有觉而知性至善，有力而体性之善也，故谓之本善也。"⑥ 心之所以说为本善，是因为其有觉有力而能知和体性的善的缘故。若保持其本善之心，就要不断地奋力振作，"大凡人性皆善，人心亦皆灵明，若能奋励振作，今日研精一义，明日勉成一德，日日如是，莫要因循怠缓，一味紧紧做去，不过数月便见奇验。"⑦ 本善的心，需要不断修身养性。其五，心统性情。"心统性情，统犹兼义。性情皆出于心，故心能统之。统如统兵之统……愚窃谓：善恶者皆出于天性，情皆出于心，故曰天是统善恶的，而言曰心统性情者也。若必以将帅统率军兵之实迹拟之，则天何尝统率夫恶，而行其号令；恶何尝拥护夫天而从其指麾，心安有指麾夫理而行其节制，理安有退听于心而遵其金鼓也哉。"⑧ 心统性情的统字，若解为统兵的统，没有将帅统率军兵的实迹，他以天比拟理，心比拟善恶，既然天何尝统率恶，恶也何尝拥护天而听其指挥，那么心哪有指挥理，理哪有听命于心的。艮斋认为应定其"大体"，换言之，应该先确立其思维逻辑体系的宗旨，而来体认其语意，"《朱子语类》季通云：心统性情。不若云：心者，性情

---

① 艮斋私稿：卷33：杂著//艮斋先生全集：上册．汉城：保景文化社，1984：745上．
② 同①747上．
③ 同①747下．
④ 同①742上．
⑤ 艮斋私稿：卷35：杂著·海上散笔//艮斋先生全集：上册．汉城：保景文化社，1984：801上．
⑥ 同⑤．
⑦ 同⑤804上．
⑧ 艮斋私稿：卷31：杂著·心统性情统字//艮斋先生全集：上册．汉城：保景文化社，1984：857下．

之统名"①。统名与统兵的统，语意内涵异趣。统名是"心统性情是兼包该贯之义，非以尊统卑之谓也"②。不是将帅统兵的尊卑关系。"朱子论心性情之分曰：横渠云：包性情者也，此说最为稳当，据此则统只见统总之义，非以尊卑之辞也。"③ 这样心统性情是心兼包、统总性情。这就为其性尊心卑、性师心弟、性体心用、心本性等话题奠定基础和理论前提，也使其理论思维逻辑结构体系的完整性、一致性，不致出现遗漏。

明艮斋心性内涵意蕴的规定，便可论说其心性的关系，艮斋提出了既形象又有创见的性尊心卑、性师心弟、心本性等主张。艮斋对于性尊心卑与性师心弟均有专章论述。其一，性尊心卑。在《性尊心卑的据》④ 中，他从孔子、子思、孟子到二程、朱熹、尤庵共九条证据，并加按语："性尊心卑不其明乎！""万古最尊是性"。"以尊性为入道之门"，"性居尊位，而心从而尊之，则为儒者之学也。心不尊性而自尊焉，则为异端之学矣"⑤。又引朱子铭："尊德性，希圣学。心若自尊而不肯尊性者，决是异学规模"⑥。心不能自尊而不尊性，这便是异端之学。其二，性师心弟。"性师心弟"四字，是仆所创然。'六经'数十万言，无非发明此理，可一以贯之。中夜以思，不觉乐意自生，而有手舞足蹈之神矣。"⑦ "六经"之言，就是发明性师心弟的道理。"愚于性师心弟，虽未之能焉，而其自信之笃，亦可谓云尔已矣。古有心师、经师语，亦以心之师性，经之载道而言也。"⑧ 自古以来，心师性，他笃信性师心弟的创见是正确无误的。其三，就心本性言，艮斋著《心本性说》一篇，认为"昔尝与朋友讲论得心本性三字，今以之做骨子"⑨。他用君臣、父子、夫妇的伦理道德关系来证明，心以性为根本、本体。"愚所谓心本性一句……学者苟能以此意善观圣贤

---

① 艮斋私稿：卷31：杂著·心统性情统字//艮斋先生全集：上册. 汉城：保景文化社，1984：857下.

② 艮斋私稿：卷35：杂著·海上散笔//艮斋先生全集：上册. 汉城：保景文化社，1984：813上.

③ 同②.

④ 艮斋私稿：卷31：杂著·性尊心卑的据//艮斋先生全集：上册. 汉城：保景文化社，1984：716下.

⑤ 艮斋私稿：卷31：杂著·性师心弟独契语//艮斋先生全集：上册. 汉城：保景文化社，1984：719下.

⑥ 艮斋私稿：卷33：杂著//艮斋先生全集：上册. 汉城：保景文化社，1984：740上.

⑦ 艮斋私稿：卷34：杂著//艮斋先生全集：上册. 汉城：保景文化社，1984：774下.

⑧ 同②791上.

⑨ 艮斋私稿续编：卷10：杂著·心本性说//艮斋先生全集：下册. 汉城：保景文化社，1984：210下.

经传，则句句是心本性，篇篇是心本性。"① 此三层面，构成艮斋既接着朱子、栗谷心性论讲，与退溪有异，而又有自己独创性的诠释，其譬喻的通俗性，更易为民众所接受。

三、朱、退、栗、艮工夫论的会通

工夫论是为升华理想人格和风范，实现道德情操的崇高境界，主体通过修身养性、居敬持志、主一无适、克去私欲的工夫，而完善其理气论、心性论的理论思维逻辑体系。

朱子非常注重居敬穷理的道德修养工夫。他说："学者工夫，唯在居敬、穷理二事。此二事互相发。能穷理，则居敬工夫日益进；能居敬，则穷理工夫日益密。"② 居敬与穷理工夫不可分离而互发，才能两者日进日密。"持敬是穷理之本；穷得理明，又是养心之助"③，两者相资互发。居敬是持己之道，主体内在涵养工夫；穷理是格致之道，主体外在即物穷理工夫。从内在居敬而言，朱子认为"大凡学者须先理会'敬'字，敬是立脚去处。程子谓：'涵养须用敬，进学则在致知。'此语最妙"④。其妙处就在于"程先生所以有功于后学者，最是'敬'之一字有力。人之心性，敬则常存，不敬则不存"⑤。心性存与不存，就在于敬。朱子如何规定敬的工夫的内涵及功能：其一，敬乃圣门纲领。"'敬'之一字，真圣门之纲领，存养之要法。一主乎此，更无内外精粗之间。"⑥ 敬极其重要，它是圣门的纲领和操存涵养的重要方法，因此讲"'敬'字工夫，乃圣门第一义，彻头彻尾，不可顷刻间断"⑦。圣门第一义，要彻头彻尾地、不间断地进行敬的修养工夫。其二，敬具万理。"敬则万理具在"⑧。敬能聚德，"敬则德聚，不敬则都散了。"⑨ 敬能凝聚道德天理，不敬就散了，故"人能存得敬，则吾心湛然，天理粲然，无一分着力处，亦无一分不着力处"⑩。主体人存得敬，吾

---

① 艮斋私稿：卷34：杂著//艮斋先生全集：上册. 汉城：保景文化社，1984：771下.
② 朱子语类：卷9. 北京：中华书局，1986：150.
③ 同②.
④ 同②215.
⑤ 同②210.
⑥ 同②210.
⑦ 同②210.
⑧ 同②210.
⑨ 同②210.
⑩ 同②210.

心清澈澄明，天理显著美好。"敬则天理常明，自然人欲惩窒消治。"① 天理明，人欲消，即"存天理，灭人欲"之意。其三，敬为专一谨畏。"敬不是万事休置之谓，只是随事专一，谨畏，不放逸耳。"② 把心收敛起来，不放逸而"始终一事"，"只敬，则心便一"③。心一而谨畏，谨畏而专一，专一"只是内无妄思，外无妄动"④。内外无妄思妄动，做到专一谨畏。其四，敬为克己诚敬。"问持敬与克己工夫。曰：敬是涵养操持不走作；克己，则和根打并了，教他尽净。"⑤ 不走作意犹走样，纯一于敬。和根打并，如念欲之萌，自作主宰打并克去。才意诚，则自然无此病。诚为诚实、诚信，去许多伪。其五，持敬的表现形式。"持敬之说，不必多言。但熟味'整齐严肃'，'严威俨恪'，'动容貌，整思虑'，'正衣冠，尊瞻视'此等数语，而实加工焉，则所谓直内，所谓主一，自然不费安排，而身心肃然，表里如一矣。"⑥ 外在表现与内在思虑，内外表里如一。其具体表现"'坐如尸，立如齐'，'头容直，目容端，足容重，手容恭，口容止，气容肃'，皆敬之目也"⑦。视听言动的容貌要做到尸、齐、直、端、重、恭、止、肃。这是持敬的要求，并把其落实到行为的实践中，这是中华民族之所以成为文明之邦、礼仪之邦的缘由。

朝鲜朝退、栗、艮均结合其朝鲜民族的传统文化，绍承发展朱熹的持敬涵养工夫。退溪说："尝论持敬工夫。先生曰：'如某者朝暮之顷，或有神清气定底时节，俨然肃然，心体不待把提而自存，四肢不待羁束而自恭，谨意以为古人气象，好时必是如此'。"⑧ 什么是持敬工夫，在朝暮很短时间内，精神清朗，心诸安定，庄重整肃，心体不等有意而为便自存，四肢不等约束而自恭敬，这便是古人的持敬气象。退溪在《答金惇叙》中认为持敬与格物都不容易，"此与愚见异矣。格物固不易，然持敬亦岂易乎！盖敬者，彻头彻尾，苟能知持敬之方，则理明而心定，以之格物，则物不能逃吾之鉴，以之应事，则事不能为心之累"⑨。若能认知持敬工夫

---

① 朱子语类：卷 12. 北京：中华书局，1986：210.
② 同①211.
③ 同①.
④ 同①211.
⑤ 同①214.
⑥ 同①211.
⑦ 同①212.
⑧ 张立文. 退溪书节要. 北京：中国人民大学出版社，1989：551.
⑨ 同⑧427.

方法，就能理明心定，格物就可明察，应事而不心累。

持敬涵养的内涵与价值。其一，以敬为本而有体用。"夫子尝曰：道千乘之国，敬事而信，节用而爱人，使民以时。夫以敬为本，而有四者之事，岂不是兼该于体用。"① 本有根本、本体之义，与四者之事的用对言，"静而严肃，敬之体也；动而齐整，敬之用也"②。持敬的动静体用对举，体静为本，动为本的表现或作用。这是对程朱"以居敬穷理两言为万世立大训"③ 的发挥。其二，敬则心清气定。"盖怠惰则欲炽情流，而不宴不息，惟能敬则心清气定，而可以安养调息，故人能知宴息，亦以敬而非以怠惰，则可与论敬之理矣。"④ 怠惰便会放纵情欲，不能安逸，只有敬使其内心清明，情绪安定，安静地修身养性。其三，主敬专一。"思明思聪等事，合在一时，思一不思二之疑，此则切问也……但所云一事方思，虽有他事不暇思之，此亦心无二用，主一工夫。"⑤ 主一工夫，就是心无二用。"故朱先生《答吕子约》主一主事不同之问曰：主一只是专一，无事则湛然安静，而不骛于动。有事则随事应变，而不及乎他。是所谓主事者，乃所以为主一者也。若是有所系恋，却是私意。"⑥ 主一是专一，主事是无事有事湛然安静，随事应变。如果不主一主事，便是为私意所牵累，这就与"主一无适"相违反。其四，正衣冠、一思虑。李宏仲问："若程夫子所谓敬者，亦不过曰正衣冠，一思虑，庄整齐肃，不欺不慢而已。"退溪说："盖其曰正衣冠，曰庄整齐肃，是以静言。然而动时，衣冠岂可不整，容止事物岂可不庄整齐肃乎。曰一思虑，曰不欺不慢，是以动言。然而静时，此人尤不可不主于一，本原之地，又岂容有一毫欺慢乎。"⑦ 动静表里，主一无适，正衣冠、一思虑均是敬的内外体现，正衣冠，庄整齐肃，是敬表现为一种视听言动方面的自律，自节的方式；一思虑，不欺不慢是敬的精神价值的体现。其五，持敬涵养。在《李子粹语》中特编"《涵养》一节，朱子指出：惟平日庄敬涵养，为本领工夫一节，尤为警切"。持敬

---

① 重答黄仲举//增补退溪全书：一. 汉城：成均馆大学校大东文化研究院，1985：481下.

② 李子粹语//增补退溪全书：五增补退溪全书：二. 汉城：成均馆大学校大东文化研究院，1985：284.

③ 张立文. 退溪书节要. 北京：中国人民大学出版社，1989：486.

④ 张立文. 退溪书节要：答申启叔（癸亥）. 北京：中国人民大学出版社，1989：465.

⑤ 张立文. 退溪书节要：答金惇叙（丁巳）. 北京：中国人民大学出版社，1989：433.

⑥ 同⑤434.

⑦ 张立文. 退溪书节要：答宏仲. 北京：中国人民大学出版社，1989：450-451.

是讲明心中之理,永保天理;涵养是培养心性本原,养心中之理。退溪说:"是以君子之学,当此心未发之时,必主于敬而加存养工夫。当此心已发之际,亦必主于敬而加省察工夫,此敬学之所以成始成终,而通贯体用者也。"①"省察"是指随时随事体察心中的理,"存养"是对于心性本原的培养,与涵养有相同之义。心未发时,主敬存养工夫,使本体心性达到完善。心已发时,主敬省察工夫,察识物理,纠其偏失,事事中节,反馈即物穷理以明心中之理。

退溪以敬为本、主一无适、心清气定、持敬涵养、正衣冠、一思虑的工夫论,其宗旨是明天理、去私欲。他比喻为磨镜工夫,镜本明,被尘垢所蔽而不明,心中理本明,被私欲所蔽,通过其工夫论,去尘垢(私欲),恢复其明。完善其理想人格,实现道德理想境界。

栗谷在修养工夫论上绍承朱子、退溪。栗谷编纂《圣学辑要》五卷。他在《进札》中说明其价值:"凡帝王为学之本末,为治之先后,明德之实效,新民之实迹,皆粗著其梗概,推微识大因此明彼,则天下之道实出此。"② 其宗旨是"圣贤之学,不过修己治人而已。今辑《中庸》《大学》首章之说,实相表里,而修己治人之道,无不该尽"③。《圣学辑要》就是围绕其宗旨而把修己、正家、为政之道结合起来,体现其人间性、实践性、生活性。就修己工夫而言,栗谷从立志、收敛、穷理、诚实、矫气质、养气、正心、捡身、恢德量、辅德、敦笃、功效等十二个方面加以阐发,可见其致广大而尽精微。栗谷认为,修己工夫,必以"居敬以立其本,穷理以明乎善,力行以践其实,三者终身事业也"④。本立而道生,故从居敬其本讲起:其一,居敬主一。"朱子曰:敬乃圣门第一义,彻头彻尾,不可间断。故此章大要义敬为主焉。"⑤ 要彻头彻尾实现这圣门第一义的敬,就要主一无适。"主一无适,敬之要法,酬酢万变,敬之活法……盖静中主一无适,敬之体也,动中酬酢万变,而不失其主宰者,敬之用

---

① 天命图说//增补退溪全书:五增补退溪全书:三.汉城:成均馆大学校大东文化研究院,1985:144下.

② 圣学辑要·进札//栗谷全书:一:卷19.汉城:成均馆大学校大东文化研究院,1986:418下..

③ 圣学辑要·进札//栗谷全书:一:卷27.汉城:成均馆大学校大东文化研究院,1986:426上.

④ 击蒙要诀·持身章//栗谷全书:二:卷27.汉城:成均馆大学校大东文化研究院,1986:84上.

⑤ 圣学辑要·正心章//栗谷全书:一:卷21.汉城:成均馆大学校大东文化研究院,1986:472上.

也。非敬则不可以止于至善，而于敬之中又有至善焉。静非枯木死灰，动不纷纷扰扰，而动静如一。体用不离者，乃敬之至善也。"① 朱子曾把株守主一之静，遇事不辨是非、曲直、善恶，称为死法。把主敬时的义，行义便有敬，敬义夹持，内外透彻，称为活法。栗谷称要法和活法，体用不离，动静如一，内外贯通，必须寡欲，"敬，主一之谓，从事于敬，则可以寡欲至于诚矣"②，才能达到止善境界。其二，敬为圣学的始终。"敬者，圣学之始终也。故朱子曰：'持敬是穷理之本，未知者，非敬无以知'。程子曰：'入道莫如敬，未有能致知而不在敬者'。此言敬为学之始也。朱子曰：'已知者，非敬无以守'。程子曰：'敬义立而德不孤，至于圣人亦止如是'。此言敬为学之终也。今取敬之为学之始者，置于穷理之前。"③ 圣学的始终都在于敬，持敬是穷理之本与入道之始，非敬无以守已知之理，立敬义，这为圣学之终。其三，敬体义用。"敬体义用，虽分内外，其实敬该夫义，直内之敬，敬义存心也，方外之义，敬以应事也。"④ 敬以直内，义以方外，体用一源，直内方外，都是敬，只是存心与应事的差分。之所以都要敬，直内是无纤毫私意，胸中洞然，彻上彻下，表里如一。方外是方方正正，自将去做圣门工夫。敬义夹持，直接上达天德。其四，恒主诚敬。"学者须是恒主于敬，顷刻不忘，遇事主一，各止于当止，无事静坐时，若有念头之发，则必即省觉所念何事，若是恶念，即勇猛断绝，不留毫末苗脉。"⑤ 时刻不忘主敬，不断克去恶念私欲，毫末不留，若是善念，穷理不断，使其明亮，回复本心之善。"诚者，天之实理，心之本体。人不能复其本心者，由有私邪为之蔽也，以敬为主，尽去私邪，则本体乃全敬，是用功之要。诚是收功之地，由敬而至诚矣。"⑥ 如何达到诚，由敬去私欲、邪念的遮蔽，以回复本心的天理。其五，穷理涵养。"居敬为穷理之本"⑦，穷理则居敬工夫日益进，居敬则穷理工夫日益密。穷理工夫大要为"凡一物上有一理，须是穷致其理。穷理亦多端：或读书讲明义理，

---

① 上退溪李先生别纸//栗谷全书：一：卷9. 汉城：成均馆大学校大东文化研究院，1986：176上下.
② 语录上//栗谷全书：二，卷31. 汉城：成均馆大学校大东文化研究院，1986：248下.
③ 圣学辑要·收敛章//栗谷全书：一：卷20. 汉城：成均馆大学校大东文化研究院，1986：431下.
④ 圣学辑要·正心章//栗谷全书：一：卷21. 汉城：成均馆大学校大东文化研究院，1986：478上下.
⑤ 同④480下.
⑥ 同④479-480上.
⑦ 同③434上.

或论古今人物，而别其是非，或应接事物，而处其当否，皆穷理也"①。此三项穷理工夫，均是主体向外通过即物、事、人、读书，而穷尽理，体认形而上的理本体。穷理工夫能否做到明义理、别是非、处当否，需要有极高明的主体内在卓越的素质、水准、判断智慧，这必须通过涵养工夫。"敬守此心，涵养积久，则自当得力，所谓敬以涵养者，亦非他术，只是寂寂不起念虑，惺惺无少昏昧而已。"② 敬守此心，就是指喜怒哀乐未发时，此心寂静没有一毫思虑，在寂静中知觉清醒不昧，万象森然。只要涵养积久，就能穷理而理明。其六，敬贯知行。问"未有致知而不在敬，此言何谓？曰：敬者通贯知行之间，故涵养致知，皆用敬焉"③。涵养致知、知行内外、主体客体、知行兼备，通贯如一，以完善理想人格。"用功之至，必有效验，故次之以功效，以尽知行兼备，表里如一，入乎圣域之状。"④ 由敬知行，而通达道德价值理想的"圣域"境界，也是其修己工夫所达到的最崇高、最华彩的功效。

艮斋"某自谓主程、朱、栗"⑤。其实工夫论，也继承退溪。其一，敬为圣门工夫。"学者用功，将如何而可以矫治气质，而复还其性，只有敬以就中而已。天下道理只中一字便括尽圣门工夫，只敬一字便说尽"⑥。变化、矫治气质而恢复本然之性，"中也者，天下之大本也"，敬就中，便可括尽圣门工夫，说尽穷理道理。"朱子曰：'圣人只理会一个敬字。'……性以敬知性，以敬尽，只一敬而已。"⑦ 敬之价值与意义，艮斋极其重视。其二，敬功至精至微。"敬功至于无亏阙，无动摇，至精至微，至正至方，时时渊莹，处处圆融，方是尽处。若仅取一番操持，瞥然有主时便谓之敬，恐少间已，不可恃矣。"⑧ 敬的工夫，要做到无缺无动摇、精微方正、

---

① 圣学辑要·穷理章//栗谷全书：一：卷20. 汉城：成均馆大学校大东文化研究院，1986：435上.
② 圣学辑要·正心章//栗谷全书：一：卷21. 汉城：成均馆大学校大东文化研究院，1986：472下.
③ 语录上//栗谷全书：二：卷31. 汉城：成均馆大学校大东文化研究院，1986：247下.
④ 圣学辑要·修己功效章//栗谷全书：一：卷22. 汉城：成均馆大学校大东文化研究院，1986：495下.
⑤ 艮斋私稿：卷36：杂著·海上散笔//艮斋先生全集：上册. 汉城：保景文化社，1984：839上.
⑥ 艮斋私稿：卷20：答庐宪九庐义圭金源学//艮斋先生全集：上册. 汉城：保景文化社，1984：470上.
⑦ 艮斋私稿：卷35：杂著//艮斋先生全集：上册. 汉城：保景文化社，1984：800上.
⑧ 艮斋私稿：卷33：杂著//艮斋先生全集：上册. 汉城：保景文化社，1984：744下.

渊莹圆融，才是敬工夫的尽处，不是操持一番就可以的，要坚持不懈地去用功。其三，敬为北斗。"敬者，心之所以为主宰也。只言心则只是虚灵精妙之气耳。著个敬字工夫，如舟在大洋中不辨方向，而仰见北斗，始有子午可指。心而无敬，便放倒无复可以承夫理，而宰乎身者也。"① 心为气，心如大洋中的船，它不辨方向，敬如北斗，北斗指示方向，才能使大洋中的船到达目的地，敬是心的主宰。"敬字工夫至则此心有事时，洞然外达。无事时，卓然中立。动而不累于物，静而不沦于空，此是敬功至妙处，然极难得力。"② 敬工夫至妙的地方，就在于此心有事无事、动静的情境下，都能做到外达和中立，既不累物，又不沦于空，这就是敬如北斗的魅力，"窃观圣人只一心敬，而万务皆叙。我辈学者只一舌敬，而百体皆肆，是所谓言行不相副也"③。圣人诚心为敬，万般事务都能澄明，若口头讲敬，放肆行为，便犯言行不副的病症。其四，敬则道凝。"敬则道凝而德成，不敬则道亏而德败，圣人聪明睿智，故自然能敬……今我辈学者，须勉强于敬功，时时处处必靠著敬字以为骨子。"④ 敬作为道德价值的凝聚与亏损，直接关系到道德价值的成败，从这个意义说，敬是主心骨。其五，诚敬为万善骨子。"诚敬二字，吾儒以之为万善骨子……朱先生教门人云：学者之心，大凡当以诚敬为主。"⑤ 批评心宗学者如陆九渊等不以诚敬为主的偏颇。诚敬之所以是万善骨子，是因为"敬以明理，诚以从道，此两句工夫尽时，已是换凡骨以接圣脉"⑥。敬诚的价值在明理从道，此工夫做尽，就能实现脱凡骨换圣脉的转生。其六，敬贯知行。"学问之道有四，格致、存养、省察、力行，而存养贯始终，此晦翁敬贯知行之说也。"⑦ "敬皆包得知行在内，不可一时一事不用诚敬也。余每谓有意时诚行焉，无意时诚立矣，格致时敬行焉，诚正时敬立矣。"⑧ 人不可须臾离开诚敬，时时事事要用诚敬，格物致知是敬的行为，诚意正心是敬的确立。敬贯知行，需通过存养、省察工夫，如"庄敬整齐以自持于言动事为

---

① 艮斋私稿：卷33：杂著//艮斋先生全集：上册. 汉城：保景文化社，1984：744上.
② 同①744上下.
③ 艮斋私稿：卷35：杂著·海上散笔//艮斋先生全集：上册. 汉城：保景文化社，1984：793下.
④ 同③.
⑤ 同③806上.
⑥ 艮斋私稿：卷36：杂著·海上散笔//艮斋先生全集：上册. 汉城：保景文化社，1984：818下.
⑦ 同③800上.
⑧ 同③800上.

之间"①。"学者工夫,只有操心治气,以顺其性一事而已"②,以达存天理、去私欲的境界。艮斋工夫论以敬为核心话题,与退溪、栗谷会通,而有所发挥,以敬为北斗,为指针。

四、朱、退、栗、艮思想精神的特质

朱子学的双璧退溪和栗谷生活在燕山君与宣祖时代,此时天灾频仍,经济凋敝,人祸迭起,生民涂炭。执政者内部斗争激烈,往往与"士祸"相终始,使诸多性理学家遭受杀身之祸。艮斋生活在民族灾难深重,国家为日本侵略者占据时期,他誓死与其不共戴天。退、栗、艮以强烈的忧患意识和经世济民的悲愿,以自己终生的忧患去担当忧道、忧国、忧民的大任,以自己民族大义的思想精神感召大众去实现"天理"的人间世。他们的思想精神特色是:

其一,义理精神。性理学家以求理为宗旨,以存天理为目标,以居敬、涵养、知行为工夫,在国家危机、民族灾难之际,为挺立民族脊梁而弘扬义理精神,为忧国忧民、经世济民而担当历史使命,这成为退、栗、艮思想精神与实践活动的核心内涵,体现了其民族精神和时代价值。退溪在《戊辰六条疏》中的第一条就是"重继统以全仁孝"。孝为百行之原,仁为万善之长,一行有亏与一善不备,就不能全仁孝。第三条为敦圣学以立治本。帝王和常人都应以"敬以为本,而穷理以致知,反躬以践实"为原则。第四条明道义以正人心,都凸显了其义理精神。退溪和栗谷义理精神表现在对四次"士祸"的忧患上,认为有损国脉,有害社会正义,他们痛心疾首,但忧患再次发生。因而提倡圣人之学,退溪造《圣学十图》,栗谷编纂《圣学辑要》,从圣学的各个层面,为性理学的义理精神规划了理气观、心性论、工夫论的内涵、性质的方向和实践活动的路径。艮斋在辱权丧国的患难中,坚守民族义理精神和礼仪大义,坚决反对日本侵略者的变服、断发令。他决不"牵制于仇虏之手……窃以为中正之道也"③。后决意"入海守道,讲明大义,以扶绿阳于既坠"④。

---

① 艮斋私稿:卷33:杂著//艮斋先生全集:上册. 汉城:保景文化社,1984:744上.
② 艮斋私稿续编:卷12:题朱子论性理语后示郑宪泰//艮斋先生全集:下册. 汉城:保景文化社,1984:245下.
③ 私潭别集:卷2:与金骏荣(丙午)//艮斋先生全集:下册. 汉城:保景文化社,1984:362上.
④ 年谱:庚戌先生七十岁·八月(壬申)丁丑始闻报//艮斋先生全集:下册. 汉城:保景文化社,1984:723下.

这是宏性理学义理精神,扬民族中正大义精神。

其二,敬诚精神。性理学家道德理想的实践,修身养性的实现,道德情操的提升,理想人格的完善,都需要通过敬诚的多方面不断培育,以达人生最高境界。退、栗、艮弘扬朱子理体学,"熹自少有志于圣道,为其学大抵穷理以致其知,反躬以践其实,而以居敬为主"①。自从经旨不明,道统之传昏暗,朱子竭其精力研究穷尽圣贤的经典古训,他所著的书为学者所宗。退溪以敬为本而有体用,主一无适,持敬涵养,心清气定,反躬践其正衣冠、一思虑,以去私欲、明天理。栗谷提倡敬是圣学的始终,主一主事于敬,便可以寡欲而至于诚。恒主诚敬,发扬善念,断绝恶念。居敬以穷理为本,由敬而至于诚,只要涵养积久,就能穷理而理明。存养知行,都需要敬,因为敬贯知行之间,而彰显躬身实践诚敬的功效,而达道德价值理想的"圣域"境界。艮斋以圣门工夫敬可说尽,敬是北斗、指南针,是使船航行于大洋中不迷失方向的子午。敬至精至微,渊莹圆融,圣人诚心为敬,万般事务澄明,诚敬是人的主心骨,它是万善的骨子,人须臾不离诚敬,从不间断,无所不贯,贯通知行。诚敬为立本的工夫,本立而达存天理、去私欲的道德理想境界。

其三,创新精神。退、栗、艮在义理、诚敬精神的大本大志、大是大非的地基上,建起了其新性理学的大厦,其间创新是新大厦之所以新之所在,是新之所新的生命和灵魂。创新是既继承又超越,不是旧瓶装新酒,而是新瓶装新酒。在理气观上,退溪着眼于朱子理的"三无"说,而化解被曹端所质疑的困境,主张理自会运动说,"濂溪云:'太极动而生阳',是言理动而生气也"②。因而"四端七情"之辨中主理气互发说,这是对理的动静的创新。栗谷的"理气妙合"和"理通气局"说,亦是对朱子理气观的发展和创新。他们既赋予理气观以新生命,也是朱子理气观转生为朝鲜李朝理气观的实现,换言之,退、栗的理气观是转生朝鲜李朝朱子学的关键节点。由理气观而推致心性论,退溪认为理气合有心之名,并将心细分为六层面,对道心、人心之辨的追根溯源和对道心范围的规定是其发展。栗谷重道心、人心的二而一,圆融无碍。艮斋提出"心本性""性尊心卑""性师心弟"说,这是对朱、退、栗心性论的发展和创新。理论思维逻辑的创新是退、栗、艮思想精神价值所在,唯有创新才能生生不息,唯有发展才能完善朝鲜的性理学的朱子学,使之永垂不朽。

---

① 宋志//续资治通鉴:卷155. 北京:中华书局,1964:4176.
② 答郑子中别纸//增补退溪全书:二. 汉城:成均馆大学校大东文化研究院,1978:18上.

其四，逻辑精神。这里是指其理论思维体系的概念范畴的逻辑结构性，因为任何一个民族的理论思维或一个哲学家的思想体系，都是通过一系列的哲学思想概念范畴来表达的，是由诸多相互联系、相互作用的哲学思想概念范畴按逻辑顺序或结合方式构成的，并从整体的逻辑结构上，确定诸概念范畴在整个哲学思想体系中的作用和地位。这就是说，哲学思想史作为观念逻辑的演变史，在某种意义说，就是概念范畴发展史。就本文所论之理、气、心、性、敬、诚等概念范畴而言，各哲学家的概念范畴在其哲学思想逻辑结构体系中的作用与地位是不同的，这种不同正说明不同概念范畴在其哲学逻辑结构体系中的差分，如退溪主理，栗谷主气，艮斋讲性尊心卑、性师心弟，为其明证。又如退溪《圣学十图》、栗谷的《圣学辑要·目录图》、艮斋的《命性图》等，每图都将其最高的核心概念范畴置于图式的最高位置，对整图有统摄的意义和价值。他们都曾以图式的形式来表现其理论思维逻辑结构体系，每造一图都是他们探赜索隐、钩深致远的精华所在。退溪《圣学十图》是："或绅绎玩味于夜气清明之时，或体验栽培于日用酬酢之际，其初犹未免或有掣肘矛盾之患，亦时有极辛苦不快活之病。此乃古人所谓将大进之几，亦为好消息之端"①。可体会其为造《圣学十图》的殚精竭虑的心得，是从日夜辛苦中得来。栗谷的《圣学辑要》是"深探广搜，采掇精英，汇分次第，删繁就要，沉潜玩味，反复檃括"②，反复剪裁改写，取其精华而成的，其得来不易。艮斋的《命性图》是与"湖中士友相与虚怀讲究，而解此迷蒙，实平生切愿尔"③所完成的。这些图式化的概念范畴逻辑结构，是其概念范畴运动形式以及各概念范畴之间相对稳定的排列顺序或结合方式，它是各概念范畴逻辑结构内各个层次、部分之间相互联系作用总和的表现方式和逻辑思维的形式。

其五，笃行精神。学问思辨、逻辑思维、理气心性、价值观念，都要落实到行上，无笃行，理论思维是空虚、是无生命力的，也不会持久和生生不息。退溪认为居敬要落实到实际行为之中，如正衣冠、一思虑，庄整齐肃，并落实到家道、家规上。"凡为子孙，当谨守家法。"④ 如果任意忘礼，废三世家规，这是很严重的事故。栗谷所规划的修己正家为政之道，

---

① 进圣学十图札//张立文. 退溪书节要. 北京：中国人民大学出版社，1989：4.
② 圣学辑要序//栗谷全书：一：卷19. 汉城：成均馆大学校大东文化研究院，1986：421上.
③ 艮斋私稿续编：卷10：杂著·命性图//艮斋先生全集：下册. 汉城：保景文化社，1984：199下.
④ 与完姪//张立文. 退溪书节要. 北京：中国人民大学出版社，1989：482.

把正家落实到孝敬、刑内、教子、亲亲、谨严、节俭上；为政落实到用贤、取善、识务、法先王、谨天戒、立纪纲、安民、明教上①，都是讲日用之学。艮斋认为居敬、涵养、省察不能停留在口头上，要言行一致，在《家规》②中规定德很仔细，从孝敬、守家礼到冠、婚、丧、祭礼的实行，以及女子必令读女戒、女范等无所不及。在《蓍洞书社仪》中规定"就座展卷，端庄肃敬，如对圣贤、从容诵读，仔细究索，不得与人说话，不得无事出入"③。在《凤寺山房规约》中规定"读书须整襟端坐，正置册子，专心诵念，勿高声，勿摇身，少顷掩卷思绎，务令指意分明，义理浃洽"④。退、栗、艮都是以身作则的言行一致、表里如一的实践家、思想家、哲学家。正是这种笃行精神，使他们的思想精神在现实中光彩夺目，为人所敬仰，为后世所高山仰止。

---

① 圣学辑要·目录图//栗谷全书：一：卷19. 汉城：成均馆大学校大东文化研究院，1986：423上.
② 艮斋私稿续编：卷11：杂著·家规//艮斋先生全集：下册. 汉城：保景文化社，1984：219-211上下.
③ 艮斋私稿续编：卷11：杂著·蓍洞书社仪//艮斋先生全集：下册. 汉城：保景文化社，1984：223下.
④ 艮斋私稿续编：卷11：杂著·凤寺山房规约//艮斋先生全集：下册. 汉城：保景文化社，1984：224上.

张璁革新精神的时代价值

"苍生有望山中相，白首愿观天下平。"① 张璁胸怀平天下的宏愿，忧国忧民，愿为天下苍生鞠躬尽瘁，以解民苦。时武宗"耽乐嬉游"，宸濠叛乱，宦官专政，苛政如虎，民陷于水火，激起他"为生民立命"的政治抱负，唤起他"忧国我头白""谁是山中相"的感叹。虽然"天运正艰难"，亦要自强不息地实现自己的政治理想。他不愿在山中"清心独安养"，虽处于"潜龙勿用""正在隆中卧"之时，犹诸葛亮身在隆中，却心怀天下，一旦得志，便可海阔天空，大献才智。

一、讲仁爱，重民本

张璁任首辅后，便由"山中相"成为朝中相，他克难攻关，实行一系列革新，其精神可嘉，其事业可歌。他开明代"嘉隆万大改革"之端绪，从张璁、高拱到张居正之间的改革，可谓一脉相承。故张居正称扬张璁说："刚明峻洁，一心奉公，慷慨任事，不避嫌怨。……终嘉靖之世，语相业者，迄无若孚敬云。"② 张璁力挽狂澜，使明中兴有望。他开出的革新事业的精神支撑，体现了时代价值。

讲仁爱的精神。"仁者爱人"，樊迟问仁，孔子说："爱人"。历来儒家

---

① 《书院成》诗曰："卧龙潭下书院成，白鹿洞主惭齐名……苍生有望山中相，白首愿观天下平"。张璁集·诗稿：卷1. 上海：上海社会科学院出版社，2003：262.

② 嘉靖十八年二月二日乙巳//明世宗实录：卷221. 台北："中研院"历史语言研究所，1962：4577-4578.

倡爱人、爱民、爱物,"仁民爱物",由人及物,博爱天下万物,"博爱之谓仁"。张璁长期生活在农村,对民间的疾苦深有体认,他八次赴京赶考,千里涉跋,沿途所见所闻,政府的腐败,官吏的盘剥,厂卫的凶恶,人民的死活,感同身受。于是他主张:"明仁爱德让,王道之本也"①。王道与霸道之别,一言以蔽之,王道行"己所不欲,勿施于人""己欲立而立人,己欲达而达人"之治,即实行爱人、爱民的仁政;霸道行"己所不欲,要施于人",实行以强力压迫人、强制人的统治。他认为孔子以"爱人为仁""仁以育万民,义以正万民"②,仁义并行。这就是说,"惟仁人为能爱人,能恶人。见贤而不能举,举而不能先,慢也;见不贤而不能退,退而不能远,过也。此平天下之要道也"③。仁爱德让的仁人,应举贤与能,使贤明公正的人率先被委以职位。而远奸佞之人,厌恶这种人,是为发扬正气,亦是为了爱人,因为奸佞之人当道,人民受苦,天下不平。为此选拔官吏如判官、县丞、主簿、儒学教职、司府卫首领官内保举堪任的人,"俱必其有爱民之诚,有守己之操,有处事之才,三者俱备,而后可任此职"④。为官之人,必俱三个条件:爱民的虔诚,为其出发点;修身养性的德操,为其根基;处事的才能,为其能力才智。知府、知州、知县都是亲民的官,若不具备这三个条件的官吏,即使有好官、好事也不能使百姓受惠。官员到任之后,"察其奉公守廉,而不尽心民事,才力不称者,改任品级相应职事。贪酷罢软者,即时罢黜。……如此选任,方得民受实惠,地方虽遇凶荒盗贼,可保无虞矣"⑤。"其有深得民心,愿留久任者,超擢府州正职。"⑥ 提拔爱民、亲民、得民心的官员。对于"掊克在位,残害百姓,虽一日有难容者,可待三年乎?"⑦ 不需要三年一任期,一日难容,即时罢免。如果守令"知所以亲民,则天下之民举安矣"⑧,人民就能安居乐业。朝廷要重视选择亲民、爱民的守令。怎样考察亲民、爱民的贤能守令,"如入其境,田野辟,人民安,礼让兴,风教厚,境无盗贼,吏无奸欺,即守令贤能可知"⑨。这是守

---

① 安民伤武//张璁集:卷5.张宪文,校注.上海:上海社会科学院出版社,2003:144.
② 奉对圣谕//张璁集:卷5.张宪文,校注.上海:上海社会科学院出版社,2003:140.
③ 应制陈言//张璁集:卷3.张宪文,校注.上海:上海社会科学院出版社,2003:69.
④ 论馆选巡抚兵备守令//张璁集:卷3.张宪文,校注.上海:上海社会科学院出版社,2003:97.
⑤ 同④.
⑥ 同④.
⑦ 同④92-98.
⑧ 重守令//张璁集:卷6.张宪文,校注.上海:上海社会科学院出版社,2003:153.
⑨ 同⑧151.

令能否贤能的标准，从实践的客观效果来检验，是检验其真否贤能、爱民、亲民最可靠、可信的方法。

张璁绍承儒家"仁民爱物"思想，由爱民、亲民而推致爱物。"苟存心以爱物，于人何所不济。"① 之所以要爱物，是因为"民胞物与"，天地万物吾一体之仁。爱天地万物自然爱民。"凡州县官无分进士、举人、监生、吏员，但有廉能爱民者，许一体推举擢用，庶在位者各有所奋发，而百姓蒙泽也。"② 这种不拘一格，唯以廉能爱民为选官的标准，是以百姓是否受惠、蒙泽为考量，便能出现"亲亲仁民爱物，广至德以绥万方"的局面以及"老老长长而恤孤，推絜矩以平天下"③ 的世界。这是由讲仁爱而推致天下平的宏愿的实现路径。

重民本的精神。张璁忧国忧民，仁民爱物，是与其爱国思想相联系的。嘉靖三年（1524）大礼之议遂定，张璁请放归田里。自述其所以参与议大礼，是"志在国家非敢后，道闻尧舜得陈前"④。"爱国心长切，忧时梦未安"⑤。出于爱国之心，志在国家之意，忧时忧国。"大礼之议，乃出所真见，非以阿世"⑥，亦非出于私意。爱国的根本在爱民，因此张璁重民。他说："昔唐陆贽之告德宗曰：'民者邦之本也；财者民之心也。其心伤则其本伤；其本伤则枝干颠瘁矣。'"⑦ 民为邦本，本固邦宁，这是中华民族文化的精髓。从荀子到唐太宗都遵循"水能载舟，亦能覆舟"之训，以人民为国家的根本，根本巩固了，国家就安宁了。若本不固，船就会倾覆，国家就会消亡。古人云："得民心者得天下，失民心者失天下。"财产是民心之一。如果官吏盘剥人民，使人民一无所有，生活不下去，伤人民之心，就伤了邦本，则国家也就衰微了、颠覆了。

重民本，就在于"重民生衣食之本"⑧。不使人民饥寒交迫、衣不蔽体、食不果腹。民以食为天，民生问题是国家的根本问题，亦是重民本的

---

① 论用人//张璁集：卷6. 张宪文，校注. 上海：上海社会科学院出版社，2003：153.
② 同①.
③ 进《明伦大典》//张璁集·文稿：卷4. 张宪文，校注. 上海：上海社会科学院出版社，2003：422.
④ 八月二日//张璁集·诗稿：卷3. 张宪文，校注. 上海：上海社会科学院出版社，2003：334.
⑤ 斋居//张璁集·诗稿：卷3. 张宪文，校注. 上海：上海社会科学院出版社，2003：335.
⑥ 明《国史·张孚敬传》//张璁集·附录. 张宪文，校注. 上海：上海社会科学院出版社，2003：487.
⑦ 禁革贪风//张璁集：卷3. 张宪文，校注. 上海：上海社会科学院出版社，2003：91.
⑧ 君臣同游//张璁集：卷7. 张宪文，校注. 上海：上海社会科学院出版社，2003：179.

根本问题。民生问题解决了,人民生活安定,国家亦会安定。张璁说:"臣窃谓治天下之本在安民。"① 就如何安民,如何解决生民衣食问题,张璁进行了一系列改革措施:

一是要任用体贴人民疾苦的清廉、公正的官员。"古称任官惟贤,凡郡得一贤守,县得一贤令,足以致治。"② 若郡守、县令"背公向私,侵渔百姓,聚敛为奸";"不恤疑狱,风厉杀人,烦扰刻暴,剥截黎元,山倾石裂,妖祥讹言";"选署不平,苟阿所爱,蔽贤宠顽";"违公损下,阿附豪强,通行货贿"③。凡贬谪,凡罢黜,凡犯法处理。对于各州县官员,分上中下和九、六、三载进行考核,量其品秩而第升擢,没有历任州县的不得升科道部属,没有历任郡守的不得升列卿,京官五品以下,没有经历外任州县官员的,吏部要推补守令,使其"习知民事",如此"则朝廷为亲民而重守令之官,而守令之官知朝廷所重皆亲民矣"④。一方面对官员进行定时考核,另一方面对没有经历州县任职、不知民事的官员,不能提升,京官要下州县任职,犹今之到地方挂职,中央主要领导要有县、地、省工作的经历,既习知民事,又锻炼了工作能力和智慧。

二是切实解决百姓生存权,使民有衣食的来源。张璁说:"臣等伏睹御制,念民生衣食之本而重农桑之劝,此诚举三代之盛典也。"⑤ 然而,明中叶土地兼并剧烈,农民丧失衣食之本的土地,因为不仅有豪强的掠夺,而且一些地方权贵豪奴妄夺民田以奉王府、勋戚,再加上皇帝所赐给藩王、勋戚、宦官的土地,构成了皇宫、王府、勋戚占有大量土地,所谓庄田。使得丧失衣食之本的农民,被逼背井离乡,而成为衣食无着的流民,至武宗时,全国流民600万,占全国总人口的十分之一。各地农民暴动接踵而至,政治危机深重,社会已到了沉疴积弊的临绝之时,为拯民于水火,嘉靖六年张璁会同杨一清奏言:"近畿八府之地,为各监局(指太监衙门)戚畹世豪之家乞讨,或作草场,或作皇庄。民既失其常产,非纳之死地则驱而为盗。……小民控诉,亟赐审断,使畿内之民有所恃以为命。"⑥ 清理庄田,使民的生命有所依恃。清理范围由畿辅扩大到各省,由庄田兼及僧寺。京畿一带共查勘勋戚等庄田528处,庄田57 400余顷,除

---

① 重守令//张璁集:卷6. 张宪文,校注. 上海:上海社会科学院出版社,2003:150.
② 同①151.
③ 同①150-151.
④ 同①153.
⑤ 召游西苑//张璁集:卷7. 张宪文,校注. 上海:上海社会科学院出版社,2003:202.
⑥ 明世宗实录:卷82。

保留钦赐庄田 28 600 余顷外，其余 26 000 余顷分别还给业主或农民，使百年积弊得以清理，一些农民获得衣食之本，生存权有了保障。

三是切实保障百姓的生命，消除恐怖统治。明代宦官专权乱政，祸害天下。宦官王振专权，国厦将倾，后有刘瑾乱政，国将不国。宦官首领为司礼监太监，在宫内设大小衙门 24 个，他们拥有出使、专征、监军、镇守、刺探全国臣民隐事、罗织罪名的大权，并向全国各省和重要城镇派出镇守太监，掌握军政大权，形成全国统治网。他们结党营私，陷害忠良大臣，动辄制造罪名，掀起大狱，草菅人命；他们横行霸道，无法无天，鱼肉人民，大肆搜刮，人人提心吊胆，举国不宁。再加东厂、西厂等特务机构，操纵一切，凌辱官吏，蹂躏人民，以至斥逐杀害朝廷大臣。张璁对宦官害国，深有体察，他反复建言："各省镇守、守备、监枪、市舶、内臣及锦衣、官校、旗勇、内府、诡匠皆破祖宗法，依城社坐耗国储，朘民膏血，令人莫敢谁何者，请裁革？"① 撤除镇守太监等。他"敢再冒昧上陈，伏乞圣明断然为之，使百年流毒一日顿除，四海生民从此乐业矣。臣无任恐惧迫切之至"②。为解臣民无生命保障的恐惧和愁苦，张璁迫切陈言撤除镇守太监，使四海生民，从此安居乐业。

通过此三方面重大措施，使重民本精神得以落实，并在现实中得以贯彻。"至于清勋戚庄田，罢镇守内官，百吏奉法，苞苴路绝，海内治矣。"③ "他若清勋戚庄田，罢天下镇守内臣，先后殆尽，皆其力也。"④ 为重民本做出重大贡献。张璁虽扫除了百年流毒，也触犯了掌握大权的既得利益者，不能不遭致权贵们的痛恨，他们罗织种种恶名，攻击张璁。张璁入阁辅政七年间，四次被罢免，又四次被起用。这便是改革的风险，唯有不怕罢官，不怕打击，不怕戳脊梁骨者，不怕丢掉性命者，才能将改革坚持到底。

二、严禁贪风，修齐治平

严禁贪的精神。贪官害民害国。武宗时政治腐败，贪风盛行。张璁爱

---

① 密议裁革镇守内臣//普门张氏文献综录. 张侃，张中卫，辑注. 北京：中国文史出版社，2011：125.
② 议南京守备催革各处镇守//张璁集：卷 5. 上海：上海社会科学院出版社，2003：143.
③ 明《国史·张孚敬传》//张璁集·附录. 上海：上海社会科学院出版社，2003：487.
④ 明史·张璁传//张璁集·附录. 上海：上海社会科学院出版社，2003：493.

国爱民，对贪官污吏，深恶痛绝。他说："臣闻为治之道莫先于爱民，愿治之君必严于赃禁。"① 严禁贪赃枉法，是治国的大道，亦是"祖宗致治良法"。如果"大臣无忌惮，朝多贪墨，如之何民不穷且盗也"②，民不聊生，铤而走险，落草为盗，在所难免。官员贪暴，残害百姓，以致民穷财尽，这是治国理政之大患，亡国的祸根。

张璁鉴于"近来中外交结，贪墨成风，夫贪以藏奸，奸以兆祸，臣窃惧焉"③ 的严峻局势。譬如官员"每年进表，三年朝觐，官员往往以馈送京官礼物为名，科派小民，箠挞诛求，怨声载道"④。张璁通报中外，严加禁约：一是"敢有仍前科派小民馈送京官者，在外许巡按御史纠察，在内许缉事衙门访捕，依律治罪"⑤，将赃物没收入官；二是自他入内阁，"兹凡各衙门事务在臣当与闻者，止应议于公朝，不得谋于私室"⑥，如有侯门投送私书兼行馈谒者，乞敕缉事衙门访捕拿问，严禁私下交易；三是，"天下之治，正家为先"⑦。他遵修身齐家、治国平天下之训，告诫家乡族人不要因他在朝做官，倚势做不法之事，"仍恐间有未能体臣之心、遵臣之训者，有司当绳以法，勿得容情"⑧。请地方官注意访察，如有犯者，重治其罪，"本院转行原籍禁谕，庶得杜绝敝风"⑨。张璁居朝十载，"不进一内臣，不容一私谒，不滥荫一子侄"⑩，为人堂堂正正，光明正大。他严私门之禁，绝请托之交，以及清理庄田，撤除镇守太监，打击了权贵和既得利益者，他们必定鼓动馋口，设为阴挤之计，陷害张璁，但张璁大义凛然地说："皇上试召吏部官问之曰：'张孚敬自入阁以来，曾专主行取某官，升某官，为私人开侥幸门，坏祖宗选法否乎？'召户部官问之曰：'张孚敬自入阁以来，曾专主盐引，卖窝买窝，为奸商作盗贼主，坏祖宗边储之法否乎？'召兵部官问之曰：'张孚敬自入阁以来，曾专主某钻求将官任某镇，某钻求将官任某营，坏祖宗择将之法否乎？有一于此，

---

① 禁革贪风//张璁集：卷3. 上海：上海社会科学院出版社，2003：91.
② 论馆选巡抚兵备守令//张璁集：卷3. 上海：上海社会科学院出版社，2003：98.
③ 同①.
④ 同①.
⑤ 同①.
⑥ 严禁约//张璁集：卷3. 上海：上海社会科学院出版社，2003：92.
⑦ 应制诗词四章//张璁集·卷续. 上海：上海社会科学院出版社，2003：366.
⑧ 同⑥.
⑨ 同⑥.
⑩ 李贽：续藏书·内阁辅臣太师张文忠公//张璁集·附录. 上海：上海社会科学院出版社，2003：500.

臣罪当诛也'。"① 此三问，铿锵有力，掷地有声，一身无染，正大光明，无所畏惧。

张璁"持身特廉，痛恶赃吏，一时苞苴路绝"②。改变了社会风气。由于他廉洁奉公，未尝有纤芥之私，"道有不合，即奉身而退。衣裳一箧，已渡潞河，既有温旨，旋踵复入，以行李鲜而内顾轻也。嘉靖末年，华亭（徐阶）当国，世亦共以为贤，然庄田美屋跨州郡；出京之日，大车几百辆，弥月不辍，方舟而下，连数百艘，于文忠何如也"③。衣裳一箧与大车几百辆，确有天壤之别，其持身特廉，可见一斑。

三、倡导革新，为国利民

倡革新的精神。中华民族倡导"日新之谓盛德"，"苟日新，日日新，又日新"。张璁在任兵部侍郎与掌管都察院及初入阁辅政的时候，便已在他职权范围内实行革新。除改革清理庄田，撤镇守太监和严禁贪污外，又进行多项革新。一是革新科举制度。他认为科举是为了罗致才贤，恢张治化，但当时士心日薄，风俗大坏，穷经者失其旨，有侮圣人之言。他指出："科目之坏，其弊有三，文体不正，一也。刻文不以实录，二也。聘延考官不得其人，三也。以是三者之弊，而欲人才尽如国初，难矣。"④ 唯有革此三弊，才能使科举公正无私，选拔贤才。其革新措施有：（一）正文体。"取士之文，务要平实尔雅，裁约就正。说理者必窥性命之蕴，论事者必通经济之权。判必通律，策必稽古，非是者悉屏不录。"⑤ 摒弃那种夸多斗靡，经义浮夸，论议鄙俚的文章。（二）明实录。乡试、会试所录文字，必用考生本色文字，考官不得加以粉饰，考官不得借润色之机，尽自己出，上以欺君，下以疑士，不忠不信，不是录士之道。（三）慎考官。各省乡试主考，临期许令吏礼二部查照旧例，举翰林科部属等有学行者疏名上请，分命二员以为主考官，两京乡试简命主考官外，添命京官二三人分考。各省同考官由该省巡按御史聘任，必采有实学者，毋徇虚名，必出公言，毋容私荐。摒弃以往私荐考官，外帘之官得以预结生徒，密通关

---

① 请宣谕内阁//张璁集：卷4. 上海：上海社会科学院出版社，2003：110.
② 明史·张璁传//张璁集·附录. 上海：上海社会科学院出版社，2003：493.
③ 李贽：续藏书·内阁辅臣太师张文忠公//张璁集·附录. 上海：上海社会科学院出版社，2003：500.
④ 慎科目//张璁集：卷3. 上海：上海社会科学院出版社，2003：85.
⑤ 同④.

节，干预去取等不正腐败之风。此项科举制度革新，相袭至清，为公正、公平取士取得有效效果。

二是改革边防制度。张璁指出：近年边将种勋纳贿事败，辱及本兵，幸蒙宽容，有类故纵，故今苞苴及门，称为学例，篚篚不饬，恬然成风，必须严惩。鉴于今知兵之将常少，仓卒之变，将每不在边境的情况，对于"有才名出众，屈于下僚，士卒素所爱戴者，责令抚巡官公举，以需不次简用。如此，庶本兵有用舍之公，无权势之挠。将帅得人，士卒感激，有不战、战必胜矣"①。破格提拔才名出众、士卒爱戴的边将，以保国家的安全。张璁建言："臣愚以西有甘肃，北有宣大，实皆要害之地，宜俱设总制之官，然必谋略出群，如新建伯王守仁者乃足以当之也。"② 称赞王守仁谋略出群，推荐其出任总制之职。如果总制官得人，便可驭巡抚，巡抚得人，可以驭边将，鼓士气，以永保安全。

明以来，倭寇侵犯沿海各地，杀人放火，抢掠财物，气焰猖獗。对于抗倭无力，没有豫待之智，缺乏临机应变之策，造成抄掠我民庶，燔毁我公署，丧师辱国的将官即行罢黜或治罪。必须起用才名出众将官，保卫国疆，以保百姓生命财产的安全。

三是改革监察制度。张璁出于对世道之幸、生民之福的考量，对于近来官非其人，法多废弛，弊风踵至的情况，已将巡抚中不称职官员淘汰更替，重申《国朝宪纲》，务要各巡抚监察御史著实遵行，不许虚应故事。申明《宪纲》规定：都察院按察司堂上官及首领官、各道监察御史、吏典，但有不公不法等事，许互相纠举。其巡按、清军、巡盐、刷卷御史，同事地方，固宜同寅协恭，亦须互相纠察，以清宪体。监察御史巡历去处，不许出郭迎接。凡监察御史、各道按察司官，每出巡审囚刷卷，必须遍历，不拘期限。违限怠事者定行参究。郡邑皆得遍历，而奸弊无不察。监察御史巡历去处，如有陈告官吏不公等事，须要亲行追问。巡按所至博采诸司官吏、行止廉勤公谨者礼待之，荐举之。污滥奸佞者戒饬之，纠劾之。五品以上，赃迹显著者指实参奏。风宪之官，当存心忠厚。立法贵严，用刑贵宽，凡一切酷刑之具皆宜屏去不用。死刑重事，必须亲审无冤，庶体圣明钦恤之意。今后巡按自巡捕官、护印、皂隶、清道之外，不许多带人马随行。凡设采铺毡无名供馈之属，一切不用。其有分外奉承者，定治以罪③，以免

---

① 论边将//张璁集：卷3. 上海：上海社会科学院出版社，2003：76.
② 论边务//张璁集：卷3. 上海：上海社会科学院出版社，2003：71.
③ 申明《宪纲》//张璁集：卷3. 上海：上海社会科学院出版社，2003：88-89.

百姓负担过重过繁。

四是改革祀孔制度。张璁认为："臣窃惟先师孔子，有功德于天下万世，天下祀之，万世祀之，其祀典尚有未安者，不可不正。"① 从汉平帝追谥孔子为宣尼公，唐玄宗时为文宣王、宋真宗、元武宗，又在文宣王之前加至圣、大成至圣等。孔子谥为王，名不正、言不顺。孔子祀典之繁，实由于谥号不正引起，应称孔子为先圣先师，不称王。孔子为万民之师，亦为帝王之师。师者，君之所不得而臣者也；祀宇称庙不称殿；章服、笾豆乐舞都相应而变，笾豆用十，乐舞六佾；孔子从祀弟子不用公侯伯的封号，改称先贤先儒。尊孔子为人道大伦，"圣人为万世道德之宗主"② "圣人，人伦之至也"③。故称孔子为至圣先师。人们但知"称王为尊孔子，而不思使孔子僭王实诬孔子也"④。使孔子享祀万世，在有王道，而不在有王号。世宗据张璁孔子祀典建言，尊孔子为至圣先师，一改以往的谥号。

张璁的革新，为国为民，利国利民，使科举制度、监察制度、边防制度、祀孔制度，更加公正、合理，符合实际，实为人民造福祉。

四、崇尚和合，天地人和

尚和合的精神。和合是中华民族传统文化的首要价值之一，是中华文化的道德精髓，是中华传统宇宙观、人生观、价值观、审美观、国际观的重要内涵。张璁在回应世宗的批评"卿性资刚速，或伤于过，宜思所以济者"时说："臣窃思太刚则折，宜济以柔；欲速不达，宜济以缓。"⑤ 他在反思中和之极的价值和意义时，引用了孔子的"君子和而不同，小人同而不和"以及《春秋左传》的齐景公与晏婴的对话，"'和如羹焉，酸苦以剂其味，君子食之，以平其心；同如水焉，若以水济水，谁能食之。'观和同之辩，则可以知同寅协恭之义，言事君之道矣"⑥。张璁所引的《春秋左传》的话是一节引。晏婴在回答齐景公"和与同异乎？"时说："异。和如羹焉，水、火、醯、醢、盐、梅，以烹鱼肉，燀之以薪，宰夫和之，齐之以味，济其不及，以泄其过。君子食之，以平其心。……若以水济水，谁

---

① 议孔子祀典第一//张璁集：卷7. 上海：上海社会科学院出版社，2003：181.
② 同①183.
③ 附：先师孔子祀典或问//张璁集：卷7. 上海：上海社会科学院出版社，2003：194.
④ 议孔子祀典第二//张璁集：卷7. 上海：上海社会科学院出版社，2003：193.
⑤ 病痊陈奏//张璁集：卷5. 上海：上海社会科学院出版社，2003：125.
⑥ 同⑤126.

能食之?"①"同如水焉"是张璁为上下文相接而自加的。原文"以平其心"后,转而讲君臣关系。"君所谓可而有否焉,臣献其否以成其可;君所谓否而有可焉,臣献其可以去其否,是以政平而不干,民无争心。故《诗》曰:'亦有和羹,既戒既平'。"②和是不同的,甚至对立矛盾的事物(如水火)融合,协调在一起,而达到中和之极的大本达道境界。

张璁引用孔子与晏婴的话,是为了说明治国理政与事君之道,不能像梁丘据那样,君以为可,你也应声可;君以为否,你也应声否。这就是一些奉承拍马的佞臣,这无疑为以水济水。张璁引汉刘梁的话:"得由和兴,失由同起"③。接着张璁发挥说:"现在朝廷官员,位高年长的以为他日利益吾见不到了,位低资历望浅的以为谋议不能参与,一切事情都怠缓悦从,务相雷同,国家怎不能无危,这如何能革新兴旺,张璁怎能无忧!"

治国理政之道,就要去同而取和合。"商契能和合五教,以保于百姓者也。"④和合父义、母慈、兄友、弟恭、子孝,以保养百姓。张璁说:"君德和于上,则群臣和于朝,万物和于野,而治道成矣。"⑤由君和到朝廷群臣和于朝,到百姓与天下万物都和谐、和合,则治国理政之道就成功了。他建言,对于在议大礼中受充军、贬为民、降调等处罚的臣子,应解除其查处,或恢复其官职,使"举朝和气薰蒸,忠诚感激。群臣上下,咸有一德,而太平悠久无疆之治,端在兹矣"⑥。张璁议大礼并不为私,与反对者亦无怨仇,为国家社稷安定和谐,他奏请嘉靖敕免,亦可见张璁的光明磊落,包容大度。他认为即使臣子"面诤于君,退而不失其和,道也。今诏更礼定,正宜协和以定国是"⑦。大礼已定,应协和国是,"臣窃谓仲尼有曰:'礼之用,和为贵。先王之道斯为美,小大由之。'……此皆和之道也"⑧。他祈盼议大礼后能够"喜见今朝天地和"⑨。虽然昨夜雷风变,但已过去,唯有合朝百姓天地和合,国家不能处于纷争之中,才能兴旺发达。"地解冰从释,天和木向荣。"⑩冰释地解,天地人和合,大地树木欣

---

① 昭公:二十年//春秋左传注. 杨伯峻,编著. 北京:中华书局,1981:1419-1420.
② 同①1419.
③ 病疡陈奏//张璁集:卷5. 上海:上海社会科学院出版社,2003:126.
④ 郑语//国语集解:卷16. 北京:中华书局,2002:466.
⑤ 论解言礼诸臣//张璁集:卷2. 上海:上海社会科学院出版社,2003:50.
⑥ 同⑤51.
⑦ 三辞//张璁集:卷1. 上海:上海社会科学院出版社,2003:42.
⑧ 奉圣母游宴//张璁集:卷6. 上海:上海社会科学院出版社,2003:178.
⑨ 又次韵三首//张璁集·诗稿:卷3. 上海:上海社会科学院出版社,2003:319.
⑩ 庆成赐宴二十韵//张璁集·诗稿:卷4. 上海:上海社会科学院出版社,2003:343.

欣向荣。

追究中华民族文化中为什么主张天地人和，张璁认为是因为中华文化主张性善。他说："夫人之性原于天，天所赋无有不善。性善则情亦无有不善。而心则统性情者也。夫元亨利贞，天之道也。仁义礼智，人之性也。恻隐、羞恶、辞让、是非，人之情也。"① 他不同意性恶论、善恶混、性三品论，亦不同意性善情恶论。认为人性是天赋予人以善性，性善情亦善。从孟子所说的仁义礼智四德而有四端之心，是因为"人皆有不忍人之心"，所以讲"心统性情"。心无不正，而天地正大之情可见。由此运用于行政用人之间，礼是天叙，乐为天和，赏为天命，罚为天讨，"泰和雍熙之治端在兹矣"②。太和的和谐欢乐的治国理政的端始就在这里了。

张璁的思想精神作为中华民族优秀传统文化之一，既是中华文明的传承，亦是中华民族最深层精神追求的实践。习近平主席说："中华文化有其优长之处，我们的祖先曾创造了无与伦比的文化，而'和合'文化正是这其中的精髓之一。"③ 习近平在温州调研时讲："选商引资的落脚点是要形成一种'和合'的文化氛围。……一种大气开放的创业环境，一种多元和合的价值取向，一种大开大合的都市文化。"④ 他在中共中央政治局第十三次集体学习时强调指出："深入挖掘和阐发中华优秀传统文化讲仁爱、重民本、守诚信、崇正义、尚和合、求大同的时代价值，使中华优秀传统文化成为涵养社会主义核心价值观的重要源泉。"⑤ 张璁讲仁爱、重民本、严禁贪、倡革新、尚和合的精神，具有重要的时代价值和意义，我们应善于继承和大力弘扬。

---

① 奉对圣谕//张璁集：卷5. 上海：上海社会科学院出版社，2003：141.
② 同①142.
③ 干在实处，走在前列——推进浙江新发展的思考与实践. 北京：中共中央党校出版社，2006：295-296.
④ 同③492.
⑤ 光明日报，2014-02-26.

附：萃取时代之精华[*]

编者按：近日，"张立文教授执教55周年暨'和合学与中国哲学创新'学术研讨会"在中国人民大学国学馆举行。张立文先生是我国著名学者，他的《周易思想研究》《朱熹思想研究》《宋明理学研究》《中国哲学范畴发展史》等著作是改革开放后最早出版的中国哲学史方面的专著。1989年，张立文先生提出并建构"和合学"，对21世纪人类面临的人与自然、社会、人际、心灵、文明之间的冲突和危机，提出了化解之道。本报记者在会后专访张立文先生，他畅谈多年来对中华文化研究的感悟。

研究时代的问题

问：张先生，今年是您执教55周年，您致力于中华文化与中国哲学研究几十年，就在几个月前还出版了近200万字的新著《中国哲学思潮发展史》，这是您多年学术研究的总结吗？

答：《中国哲学思潮发展史》是根据我对中国哲学的体会来写的。我今年80岁，这本书申报了"国家社科基金重点项目"，本来可以按时完成，整理一下我50多年来写的中国哲学史讲稿和专题讲座的稿子，就能结项。但随着社会飞速发展，价值观念、思维方式、审美情趣、人文语境都与以往大异，虽"终日乾乾"，但需与时偕行。适应时代精神的需要，哲学的生命智慧才能永葆青春活力，中华的哲学才能大化流行，生生不息。所以我完全撇开了《中国哲学史》的旧讲稿，另起炉灶。

---

[*] 本文原载于《人民政协报》2014年11月24日，采访记者：谢颖。

过去我们对中国哲学较为注重每一阶段思想的研究，给学生授课也是这样，讲完先秦讲两汉，再讲魏晋、隋唐、宋元明清及近代哲学等，对彼此的联系转化关注不够。中国哲学思潮发展的历程，是一个系统的、有序的、逻辑的演化过程，话题环环相扣，步步走向深入：先秦"道德之意"，两汉"天人相应"，魏晋南北朝"有无之辨"，隋唐"性情之原"，宋元明清"理气心性"等构成了中国哲学思潮发展史生生流变的全过程。各哲学思潮之间连接转化有什么规律性？为什么会这样转化？是有其内在性的逻辑演化过程，一般来说，涉及核心话题的转向、诠释文本的转换、人文语境的转移。哲学思潮不离时代精神的反思，时代精神的反思不离哲学思潮，所以我要重新思议中国哲学之所以潮起潮落的内外因缘，各哲学思潮如何体现时代精神的精华，这些都是推动学术创新的动因。

问：您非常强调时代的变化发展，适应时代精神的需要，这是否也是您研究中华文化所秉持的理念？我们今天传承中华优秀传统文化如何"与时偕行"？

答：是的，哲学是时代精神的精华，我们研究中华优秀传统文化必须与时代相结合。习近平主席在纪念孔子诞辰2565周年国际学术研讨会上强调，中华文明不是封闭的，而是一个开放的体系，也是一个不断发展的过程。从儒家来看，作为传统文化的主干，儒家思想的发展过程是开放的，每一阶段都在前一阶段思想的基础上发展。先秦时期百家争鸣，汉代董仲舒把先秦思想综合起来，吸收了阴阳家、名家、道家、法家各家思想，成为汉代的新儒家。他一方面对经典加以解释，另一方面又有融突创新，对解决当时社会面临的诸多问题、实现社会的长治久安发挥了巨大作用。魏晋时期，玄学产生，这个时候儒学转型同道家相结合，探讨人怎样实现自己的价值。隋唐时期佛教成为强势文化，唐末藩镇割据和五代十国造成社会动乱和道德失落，到宋明理学时，如何把儒释道三家融合起来，成为主要问题。宋明理学家出入佛道，反诸六经，使唐以来兼容并蓄的文化整合方法得以落实到"天理"上，开创了宋明理学新时代。所以说儒学的发展是不断吸收时代文化、融合提出新观点的过程。

近代以来，冯友兰等前辈学人面临西方文化的进入，他们对中西会通做出了巨大的贡献。冯友兰先生的《贞元六书》是抗战时写的，我们可以从中看出，在中华民族面临亡国亡种危机的时刻，冯先生是如何弘扬我们自己的优秀文化，提升民族自信心的。抗战时期，马一孚先生在浙江大学迁校路途中给学生讲课，讲张载的四句话："为天地立心，为生民立命，为往圣继绝学，为天下开太平"。他告诉年轻人应该有这样的抱负和信心。这些学者在民族危亡时能够发扬中国传统文化来抗衡侵略，做出了时代的贡献。

今天，我们传承中华优秀传统文化，同样要与时代相结合，对时代的问题做出回应，解决时代的冲突和危机问题，提出新的理念，化解冲突和危机，才能给传统文化赋予新的生命。尤其是在互联网信息智能技术高速发展，全球化程度日益提高的背景下，我们不光要思考中国的问题，中国是世界的一部分，我们还要思考世界的问题，提出化解世界冲突矛盾的理念和方法。正是在这样的背景下，我在 20 世纪 80 年代末提出了和合学。人类共同面临着人与自然、社会、人际、心灵、文明五大冲突，并由此造成生态、人文、道德、信仰、价值危机，我们应该以和生、和处、和立、和达、和爱的理论思维来化解五大冲突和危机，"以他平他谓之和"，讲求"和而不同""己欲立而立人，己欲达而达人"，追求和平与合作，达到自由幸福、人人和乐、和美的和合世界。和合是中华民族精神的体现，植根于根深叶茂的中华文化母体之中。

中华文化的自信和认同

问：传承中华文化不仅要结合中国当前的发展，还要思考世界的问题，那么中华文化对世界发展有积极的影响吗？

答：随着中国经济文化的发展，中国在世界上的话语权越来越增强。我曾经提过"和实力"的概念，即融合了政治、经济、军事、文化的综合实力，核心就是我们的文化自信。经济发展离不开文化底蕴，文化底蕴恰似盖房子的地基，地基牢固才能越盖越高。反之，发展的动力和后劲就会不足。从这个意义上讲，传统文化对我们今后的发展意义重大。

中国文化视野开阔，2005 年我在葡萄牙讲和合学，当时有国外学者跟我反馈说，你们中国思考的问题比较广阔和深入。比如西方关注环境危机，但他们的视野相对单一，只看到自然环境的恶化。中华文化则是全面地看问题，看到环境危机与社会和人紧密联系在一起。中华文化的优秀思想正对世界发展产生积极的影响，中华文化讲求"和为贵""和而不同""和衷共济"，历来主张和平、合作，爱好和平的思想深深嵌入了中华民族的精神世界。现在，和平发展、合作共赢逐渐成为世界发展的趋势，近期举行的亚洲太平洋经济合作组织（APEC）会议、东亚会议，以及二十国集团（G20）峰会达成的一系列共识都是这一理念的体现。中国的思想越来越得到世界的认同，中国的话语权增强，我们的民族自信和文化自信也得到很大提升。

问：今年的祭孔大典的祭文是由您创作的，其主题也是和平与合作。

答：是的，祭文的主要思路是和合学思想的体现，强调和平与合作。首先从人类怎么产生说起，"和实生物，同则不继。阴阳絪缊，五行相杂"。然后讲中国文化自古以来就注重人本思想，"惟德是辅，敬德保民。"孔子强调德的重要，"人道仁义，天下文明。天文察变，人文化成。"习近平主席在多个场合谈到要把中国自己的传统文化讲清楚，深入挖掘和阐发中华优秀传统文化讲仁爱、重民本、守诚信、崇正义、尚和合、求大同的时代价值，所以我在祭文中也加入了这些要素。最后关注现代的问题，在物欲横流的时代如何保持清宁，多重世界如何达到和谐？"君子九德，进退守正。礼义为纪，各正性命。经国序民，坤宁乾清。多重世界，差分融突。和而不同，协和万邦。和平发展，合作共赢。"在和合的思想下，希望达到"天人和美，身心和乐。家和则兴，国和则强。天和人乐，和乐与共。和合世界，幸福永享"的和谐世界。

为人为学的指导

问：今年是您执教 55 周年，您在中华文化的研究领域取得了丰硕的成果，中华文化对您自身的影响怎样，您有什么感悟？

答：我在纪念会上说"感恩"，除了感恩之外，我深深感到，中华文化塑造人的道德修养，培养人的人格理想，对于我们怎样做人、怎样做学问有深刻的思想启迪。为人与为学是联系在一起的，有的人尽管学问很大，但为人的道德修养不足，这是一个很大的缺陷。历史上有很多这样的例子，比如严嵩，他的青词写得很好，学问很高，从而得到嘉靖皇帝的赏识，但他为人不行，在历史上留下骂名。几年前，我有一次在中国人民大学新生开学典礼上给新生们讲话，我对他们说：马丁·路德金讲人要有一个梦想，德里达说人应该学会生活，我想应该补充一句，人还应该学会做人。如果不学会做人，梦想会变成泡影，生活也不会幸福，优秀传统文化恰恰给予了我们为人为学的指导。

《大学》中说，"知止而后有定，定而后能静，静而后能安，安而后能虑，虑而后能得"。中华优秀传统文化开阔了我的视野，教给我认识客观事物和世界的方法，使我秉持一颗平常心，通过读书丰富知识，不断创作和创新。

后　　记

"桃花潭水深千尺，不及汪伦送我情"。我编完这本集子，心里洋溢着一腔潭水深千尺的无限友情。不仅是一个汪伦，而是众多友人的支持、帮助的真情，它是不虚、不私、不妄之情，才使这本集子中的诸多拙文在《光明日报》《新华文摘》《人民政协报》《中国文化报》《人民论坛》《学术前沿》《探索与争鸣》《浙江学刊》等报纸、杂志发表。且他们的真情使我的拙文与读者见面，有机会接受读者的指正。在这里我以满腔真情感谢杜飞进、贾立政、方国根、王善超、梁枢、杜风娇、樊葆玲、李亚彬、曹建文、罗容海、谢颖、段海宝、张利明等编审、编辑，他们终日乾乾、厚德载物、刚正无私的精神，对拙作字斟句酌，补苴罅漏，费尽心力。由于我眼睛开过刀，人又笨，未学会用电脑，因此我深情地感谢赵淼、耿子洁、于媛、李芙馥、王文军、谢海金、刘畅、全定望、高晓峰、董凯凯等各位博士，以及各位记者，是他们把我的手稿和录音认真、仔细地输入电脑，张健帮我把修改的文字输入电脑，亦尽心尽责，如果没有他们的帮助，不可能集成此书，也不能奉献拙著，接受大家的批评指正。如果本书能得到读者的认同，那亦是他们的功德所在，特此谢忱。

张立文

于中国人民大学孔子研究所

2017 年 6 月 8 日

图书在版编目（CIP）数据

中国传统文化与人类命运共同体/张立文著. —北京：中国人民大学出版社，2018.5
ISBN 978-7-300-25643-6

Ⅰ.①中… Ⅱ.①张… Ⅲ.①中华文化-研究 Ⅳ.①K203

中国版本图书馆 CIP 数据核字（2018）第 052356 号

中国传统文化与人类命运共同体
张立文　著
Zhongguo Chuantong Wenhua yu Renlei Mingyun Gongtongti

出版发行	中国人民大学出版社			
社　　址	北京中关村大街 31 号		邮政编码	100080
电　　话	010-62511242（总编室）		010-62511770（质管部）	
	010-82501766（邮购部）		010-62514148（门市部）	
	010-62515195（发行公司）		010-62515275（盗版举报）	
网　　址	http://www.crup.com.cn			
	http://www.ttrnet.com（人大教研网）			
经　　销	新华书店			
印　　刷	北京东君印刷有限公司			
规　　格	165 mm×235 mm　16 开本		版　　次	2018 年 5 月第 1 版
印　　张	19.75 插页 2		印　　次	2019 年 3 月第 2 次印刷
字　　数	338 000		定　　价	68.00 元

版权所有　　侵权必究　　印装差错　　负责调换